Herbert Ehrenberg

29. 10. 73

Herbert Ehrenberg

Zwischen Marx und Markt

Konturen einer infrastrukturorientierten und verteilungswirksamen Wirtschaftspolitik

Societäts-Verlag

„Angesichts von Hindernissen
mag die kürzeste Linie
zwischen zwei Punkten
die krumme sein"
(Bertolt Brecht, Leben des Galilei)

Societäts-Verlag Frankfurt am Main

Satz und Druck Poeschel & Schulz-Schomburgk, Eschwege
Ausstattung Udo Hermighaus
Einband C. Fikentscher, Darmstadt
Printed in Germany 1973
ISBN 3 7973 0244 4

Vorwort

Dieses Buch hat einen Titel, den Fachleute für werbewirksam halten und der mir erst einfiel, nachdem alle früheren Versuche als zu ökonomisch, zu lang und überhaupt nicht für gut befunden wurden. Inzwischen glaube ich, daß der Titel einen Eindruck von dem vermittelt, was zwischen den Buchdeckeln steht, nur tut er dem Nationalökonomen Marx Unrecht, der nicht in ausdrücklichem Gegensatz zum „Markt an sich“ stand – seine Apologeten freilich oft um so mehr. Und obwohl dieses Buch weder eine Marxstudie noch Marxismusanalyse ist, war es notwendig, gelegentlich zwischen dem großen Gesellschaftswissenschaftler Marx und seinen übereifrigen Anhängern zu differenzieren; nicht um des Titels, sondern um der Aufgabe dieses Buches willen.

Diese Aufgabe umschreibt der Untertitel – darum gibt es diesen – bedeutend besser. „Konturen einer infrastrukturorientierten und verteilungswirksamen Wirtschaftspolitik“ sollen gezeigt werden. „Konturen“ wurde mit Bedacht gewählt; es geht nicht darum, die „Grundlagen der Nationalökonomie“ neu zu entwerfen und auch nicht um ein wirtschaftspolitisches Handbuch für fortgeschrittene Semester. Das Ziel ist wissenschaftlich anspruchsloser und politisch anspruchsvoller: Den Versuch zu unternehmen, eine Wirtschaftspolitik darzustellen, die jene ökonomischen und sozialen Voraussetzungen schafft, die notwendig sind, um die Verfassungswirklichkeit der Bundesrepublik mit dem Verfassungsauftrag zum demokratischen und sozialen Rechtsstaat in mehr Übereinstimmung zu bringen.

Nun sprechen gute Gründe dafür, daß das Grundgesetz unterschiedliche Wirtschaftsordnungen als verfassungskonform gelten läßt und das Bundesverfassungsgericht hat auch bereits eindeutig in diesem Sinne entschieden. Aber *jede* Wirtschaftsordnung ist daran zu messen, ob sie mehr oder weniger zur Erfüllung des Verfassungsauftrags, einen demokratischen und sozialen Rechtsstaat zu schaffen, beigetragen hat.

Bisher ist dieser Auftrag in der Bundesrepublik nur teilweise erfüllt worden – in den letzten Jahren allerdings zunehmend mehr. Das zeigt die Möglichkeiten dieser Wirtschaftsordnung, die Ludwig Erhard im Anschluß an Alfred Müller-Armarck „Soziale Marktwirtschaft" nannte und die in diesem Buch (umständlicher, aber treffender und nicht „laissez-faire"-vorbelastet) „marktwirtschaftliche, aber sozial gebundene Wirtschaftsordnung" genannt wird.

Das ist mehr als ein Spiel um Worte. Tragendes Element einer marktwirtschaftlichen Ordnung ist unter anderem das Privateigentum auch an Produktionsmitteln; aber in den Artikeln 14 und 15 des Grundgesetzes stehen der Schutz des Eigentums und seine Sozialpflichtigkeit gleichrangig nebeneinander. Das hat auch für die Wirtschaftsordnung zu gelten – und ergibt auf dem Konto „Sozialpflichtigkeit" aus den Jahren 1949 bis 1969 eine große Nachholforderung.

Aufgaben und Instrumente zur Erfüllung dieser Nachholforderung zu zeigen, ist die Aufgabe dieses Buches. Es kann aber auch nicht daran vorbeigegangen werden, daß die lange Vernachlässigung der Sozialbindung die praktizierte Wirtschaftsordnung „an sich" diskreditiert hat. Soziales Unbehagen breitet sich aus; wird dem „System" angelastet. Neben dem Programm „Innerer Reformen" der Bundesregierung werden „systemüberwindende Reformen" diskutiert. Zu dieser Diskussion werden hier Fragen gestellt und Antworten versucht.

Die Aufgabenstellung erlaubt die Unterteilung in drei ungleichgewichtige Hauptteile: In Kapitel I wird versucht, die ökonomische und soziale Lage im Sommer 1973 grob zu umreißen, in Kapitel II nach konkreten Konzepten bei der Neuen Linken (vergeblich) gesucht, Kapitel III enthält dann *Konzeptionen* für die künftige Wirtschaftspolitik und angrenzende Sektoren. Dabei wurde bewußt darauf verzichtet, etwa den „Orientierungsrahmen 85“ zu kopieren und Vorstellungen für alle übrigen politischen Bereiche zu entwickeln – bei solch einem Vorhaben dürften beispielsweise die Bildungs-, Gesundheits- und Verkehrspolitik in keinem Falle fehlen. (Von allen drei Bereichen gibt es auch Aus- und Rückwirkungen zur Wirtschaftspolitik.) Aber dies soll ein wirtschaftspolitisches Buch und kein politisches Handbuch sein, das erfordert Beschränkungen. Ohne konkrete Bezüge zur Infrastrukturpolitik aber ist Wirtschaftspolitik in Zukunft nicht mehr machbar; und auch Mitbestimmungsfragen und ein großer Teil der modernen Sozialpolitik müssen hier verzahnt behandelt werden. Der Abschnitt 17 über „Neues Beamtenrecht und Länderneugliederung“ sieht in diesem Zusammenhang allerdings auf den ersten Blick willkürlich aus – freilich nur auf den ersten Blick. Beides gehört zu jenem Teil der „institutionellen Infrastruktur“, von dem die Durchführung der hier skizzierten wirtschaftspolitischen Konzeptionen entscheidend abhängt.

Vielleicht wird der eine oder andere Leser Ausführungen zur Steuerpolitik vermissen; ohne Zweifel ein Sektor, der von der modernen Wirtschaftspolitik nicht zu trennen ist. Aber eine der Bedeutung dieses Bereichs angemessene Behandlung hätte den Umfang dieses Buches verdoppelt – Einzelheiten herauszugreifen schien mir von geringem Nutzen. So wird (stillschweigend) von den Grundzügen der Steuerreform ausgegangen, wie sie gegenwärtig in Vorbereitung ist.

Kapitel IV ist nur ein Appendix mit dem Versuch, selber die Chancen der Realisierung dieser Konzeptionen zu beurteilen.

Kein Vorwort ohne Danksagung, bei der freilich immer (wie bei Begrüßungsreden) das Problem der Auswahl eintritt. Dieses Buch ist aus der wirtschafts- und sozialpolitischen Praxis der letzten Jahre hervorgegangen, und so habe ich vorweg zahlreichen ehemaligen und gegenwärtigen Kollegen und Mitarbeitern aus Bonn und Frankfurt für nützliche Hinweise, Anregungen und Hilfeleistungen zu danken. Meinen alten Freunden Karl Anders, der das Rohmanuskript gelesen und mich vor manch unnützer Polemik bewahrt hat und Oskar George, der immer mit freundschaftlichem Zuspruch und technischer Hilfe zur Hand war, schulde ich besonderen Dank, aber vor allem meiner Sekretärin Ellen Jaedtke, die Woche um Woche ihren eigenen Rekord im Abschreiben von Tonbändern überbot. Wie immer zuletzt: Meiner Frau Isa, die in den letzten neun Monaten noch mehr Geduld mit mir hatte als ohnehin.

Wilhelmshaven, Anfang August 1973

Inhalt

Seite

I. DIE LAGE

Es ist unmöglich, nach einer Orientierungsmarke zu segeln, die wir an den Bug unseres eigenen Schiffes genagelt haben.

D. M. Mackay

Die Erarbeitung von Konzeptionen erfordert eine Standortbestimmung. Der berühmte Punkt des Archimedes, dessen exakte Lokalisierung es ermöglicht, die Welt aus den Angeln zu heben, versinnbildlicht auch die Ausgangslage politischer Programme. Diese wiederum entscheidet weitgehend über Wirkung oder Wirkungslosigkeit programmatischer Konzeptionen. Karl Marx' genialer Wurf des Kommunistischen Manifests traf den Kern der politischen und ökonomischen Probleme *seiner* Zeit. Sein Gesamtwerk – in seinen vielfältigen Wirkungen über alle Kontinente nur noch der Bibel vergleichbar – wäre sehr viel früher oder später vielleicht eines unter vielen gewesen. So wurde es Zentrum und Motor einer Bewegung, die gründlicher die Welt verändert hat als alle Usurpatoren der Geschichte zusammengenommen. Und ein Ende der Wirkungen dieses Mammutwerkes ist ebensowenig abzusehen, wie entschieden werden kann, ob die Vulgärmarxisten oder der vulgäre Antimarxismus mehr zu seiner Diskreditierung beigetragen haben.

Zumindest seit Joseph A. Schumpeter, dem großen Wiener Ökonomen in Harvard, wissen wir, daß „Marx der Prophet" weniger ernst zu nehmen ist als „Marx der Ökonom"; das aber der höchste Rang „Marx dem Soziologen" gebührt[1]. Leider wissen die Neomarxisten dies nur teilweise und der Vulgärmarxismus kennt überhaupt nur die Marxsche Prophetie. Das macht die Auseinandersetzung schwierig – weil man sich nicht versteht, da man über Verschiedenes redet – und gibt dem marxistischen Instrumentarium für die Anwendung auf die ökonomische Praxis des letzten Drittels des 20. Jahrhunderts einen geringen Gebrauchswert[2]. Trotzdem ist die Faszination der Marxschen Gedankengänge für intellektuelle Bürgersöhne unverändert geblieben.

Für die gegenwärtige politisch-ökonomische Diskussion zählt dieser Tatbestand mit zu den Standortmerkmalen. Der vom „deutschen Wirtschaftswunder" scheinbar bestätigte Sieg des Neo-Liberalismus hat in der breiten Öffentlichkeit der Bundesrepublik in den fünfziger und in der ersten Hälfte der sechziger Jahre eine ernsthafte ökonomische Diskussion so gut wie ausgeschlossen. Was von einzelnen Lehrstühlen der Nationalökonomie aus (z. B. Gisbert Rittig in Göttingen und Erich Preiser in Heidelberg[3]) Konkretes gesagt wurde, erreichte kaum die Öffentlichkeit. Und die Ablösung der Erhardschen Populär-Formel „Wohlstand für alle" durch Karl Schillers „Wachstum nach Maß" bedeutet keine *grundlegende* Änderung der theoretischen und praktischen Situation; sie ersetzte lediglich den blinden Fortschrittsglauben eines „Seid-nett-zueinander-Apostels" durch die nervöse Anwendung des antizyklischen Konjunkturinstrumentariums von John Maynard Keynes. (Aber dieses Instrumentarium stammte aus der Überwindung der großen Weltwirtschaftskrise.)

Doch weder das Keynessche Instrumentarium noch die Marxsche Ökonomie – auch nicht in neuester neomarxistischer Ausgabe – können das Rezept für die notwendige politische Ökonomie der siebziger und achtziger Jahre in der Bundesrepublik bieten. Der Verfassungsauftrag, der Bundesrepublik Deutschland den Charakter eines demokratischen und sozialen Rechtsstaates zu geben, ist in vielen Teilbereichen noch nicht bzw. ungenügend erfüllt; die zunehmende Industrialisierung und Technisierung und die damit verbundene Verdichtung und Komplizierung aller Beziehungen erhöhen die Schwierigkeiten und die Anforderungen bei der Durchführung dieses Auftrags. Und dieser Auftrag kann von der Ökonomie – auch von sehr politischer Ökonomie – allein nicht erfüllt werden. Aber die Wirtschaftspolitik kann und muß einen entscheidenden Teil von Voraussetzungen schaffen, deren Vorhandensein die Verwirklichung des Verfassungsauftrags „sozialer Rechtsstaat“ auf demokratischer Basis möglicher macht. Mehr darf vernünftigerweise von der Ökonomie nicht erwartet werden – diese Aufgabe ist schon schwer genug.

Verfassungsartikel sind wie alle Rechts- und Verwaltungsnormen interpretierbar. Aber alle ernstzunehmenden Variationen des Verfassungsauftrags, einen demokratischen und sozialen Rechtsstaat zu schaffen, laufen parallel mit den Zielvorstellungen des demokratischen Sozialismus aus dem Godesberger Grundsatzprogramm der SPD. Sozialdemokratische Wirtschaftspolitik, die sich bemüht, die ökonomische Basis für den demokratischen Sozialismus zu verbessern, ist darum gleichzeitig Wirtschaftspolitik, die auf eine Erfüllung des Verfassungsauftrags zum sozialen Rechtsstaat hin abzielt. Von diesem Standort und mit dieser Blickrichtung wird hier der Versuch unternommen, wirtschaftspolitische Konzeptionen für die siebziger und achtziger Jahre zu erarbeiten. Vorweg aber eine Abschätzung der Ausgangslage in den ökonomisch relevanten Teilbereichen.

1. Von der Wachstumseuphorie zum großen Unbehagen

Wirtschaftswachstum als sozialer Lückenfüller

Ausgehend von der extremen Ungleichbehandlung der Geld- und Sachwertbesitzer durch die Währungsreform begannen die fünfziger Jahre ökonomisch mit dem Start zu einem Wirtschaftswachstum bisher ungekannten Ausmaßes. Dieses Wachstum war so kräftig, der Hunger der Bevölkerung so groß und die Erwartungen so klein, daß der ungleiche Start zwar permanent politisch artikuliert wurde, aber nur wenig Beachtung fand. Der Erfolg dieses Wachstums überdeckte sowohl die Schwächen der Wirtschaftsordnung als auch die Fehler der Wirtschaftspolitik bzw. deren Abstinenz. Insofern war Ludwig Erhard[4] der geeignete Wirtschaftsminister für die fünfziger Jahre: nach den entscheidenden Weichenstellungen zur massierten Forcierung der privaten Investitionen durch

- die Währungsreform
- das DM-Bilanz-Gesetz
- das Investitionshilfe-Gesetz und
- die Steuergesetzgebung der Siebener-Gruppe des Einkommensteuergesetzes

unterblieb jede aktive Wirtschaftspolitik – mit dem Erfolg ungehemmten wirtschaftlichen Wachstums. Damit wuchsen auch die Zahl der Arbeitsplätze und die Einkommen der Arbeitnehmer; daß diese im Tempo des Anstiegs hinter den Unternehmereinkommen weit zurückblieben, fiel bei der Ausgangslage vom absoluten Nullpunkt her nicht sonderlich auf. Die positiven und seit Jahrzehnten unbekannten Aspekte des wirtschaftlichen Wachstums verhüllten die Verteilungsproblematik.

Zunehmende Ungleichgewichtigkeiten hinter dem Schutz falscher Wechselkurse

Die ungleichen ökonomischen Startbedingungen bei der Geburtsstunde der Bundesrepublik förderten nicht nur das wirtschaftliche Wachstum im privaten Sektor, sondern zugleich dessen Ungleichgewichtigkeiten – und zwar in zwei Richtungen: die öffentlichen Investitionen blieben (absolut und relativ) weit hinter den privaten zurück und innerhalb des Sektors der privaten Investitionen lag das Schwergewicht des wirtschaftlichen Wachstums bei der Investitionsgüterindustrie. Das entsprach scheinbar den Notwendigkeiten eines Wiederaufbaus vom Nullpunkt aus. Doch dieses Argument von der Notwendigkeit der Disproportionalitäten um des Gesamtaufbaus willen galt für die Gewichtsverlagerung zwischen der Investitions- und der Konsumgüterindustrie bestenfalls für die ersten Aufbaujahre, für die Verteilung zwischen privaten und öffentlichen Investitionen galt es nie.

Der Wachstumseffekt öffentlicher Investitionen wird heute ernsthaft nicht mehr bestritten – er war auch damals bekannt, wenn auch zugedeckt unter der neoliberalen Ideologie. Die Scheinrationalität der neoliberalen Argumentation konnte fast zwei Jahrzehnte lang das notwendige Wachstum der öffentlichen Investitionen auf ein Minimum zurückdrängen; ein noch am kaiserlichen Staat orientiertes Staatsverständnis, vor dessen Autorität man sich schützen müsse, half dabei ebenso wie das Argument von der angeblich größeren Produktivität privater Investitionen. Die ungleiche Verteilung des Investitionsvolumens auf die beiden großen Sektoren Investitionsgüter und Konsumgüter wurde gefördert durch den bis heute nicht auszurottenden Irrglauben von den Segnungen einer permanent aktiven Handelsbilanz. Der bis zum Sommer 1973 falsche Wechselkurs der Deutschen Mark leistete dabei erhebliche Schützenhilfe.

Dieses Tabu der aktiven Handelsbilanz und die Rolle des Wechselkurses der Deutschen Mark lohnen einige Anmerkungen:

Seit die Merkantilisten Fürsten und ihre Diener glauben machten, daß der Wohlstand der Nation von dem zur Verfügung des Fürsten aufgehäuften Staatsschatz abhängig sei und daß der wiederum am leichtesten durch Exportgeschäfte vermehrbar sei, herrscht in Deutschland der Glaube an die aktive Handelsbilanz. Nun besteht kein Zweifel daran, daß eine so hochgradig industrialisierte Volkswirtschaft wie die westdeutsche ihren Leistungsstand – und damit bei vernünftiger Verteilung auch den Wohlstand aller Bürger – durch intensive Beteiligung an der internationalen Arbeitsteilung wesentlich erhöhen kann. Aber die Teilnahme an der internationalen Arbeitsteilung ist für eine Nation nur dann wohlstandsteigernd, wenn auf mittlere Frist Export und Import sich die Waage halten. Ständige Exportüberschüsse sind dagegen gleichbedeutend mit ständigem Verzicht auf mögliche Steigerungen der gesamtwirtschaftlichen Leistungskraft für die Bürger des eigenen Landes. Sie bilden außerdem eine beständige Quelle zur Vermehrung des Geldvolumens und damit der Verstärkung von Preissteigerungstendenzen. Da dieser Vorgang – gefördert durch die nationale Exportgläubigkeit – oft nicht durchschaut wird, sei er kurz erläutert.

Jede Exportlieferung nimmt heimische Produktivkräfte in Anspruch. Bei der Produktion dieser Güter werden entsprechend Löhne, Gehälter, Zinsen und Zahlungen an die Vorlieferanten geleistet. Die Exportgüter selber werden mit ausländischen Zahlungsmitteln, d. h. Devisen, bezahlt, die der Exporteur (über das Bankensystem) bei der zentralen Notenbank in nationale Zahlungsmittel umtauscht. Diese nationalen Zahlungsmittel – auch wenn es sich nur um Buchgeld im Bank-zu-Bank-Verkehr handelt – vermehren das einheimische Geldvolumen. Bei ausgeglichener Handelsbilanz wird dieser Geldvermehrungsvorgang durch den entgegengesetzten Verlauf bei Importgeschäften ausgeglichen. (Der Importeur muß die durch ihn vom Ausland bezogenen Waren mit Devisen bezahlen und tauscht dementsprechend einheimische Zahlungsmittel gegen ausländische bei der Zentralbank um.) Ist aber die Außenhandelsbilanz nicht ausgeglichen, sondern weist sie – wie in der Bundesrepublik seit 1951[5] einen permanenten Exportüberschuß aus, so führt die durch die Importeure vorgenommene Verknappung des Geldvolumens nicht zum Ausgleich; es bleibt ein Überhang in der Höhe des Exportüberschusses. Dieser Überhang wirkt stimulierend auf Preisbewegungen nach oben. Restriktive Maßnahmen der Bundesbank oder der Bundesregierung, die nachfrageverknappend wirken, führen wiederum bei der Industrie zu vermehrten Exportanstrengungen. Ein Teufelskreis, der bei einem System fester Wechselkurse kaum zu durchbrechen ist.

Dieses System fester Wechselkurse – entstanden in einer Welt des Mangels, aber täglich gefordert in einer Welt des wenigstens partiellen Überflusses[6] – bringt schon dann eine Fülle von Schwierigkeiten, wenn bei der Ausgangsbasis die Relationen der Kurse zueinander den Kostenrelationen der verschiedenen Volkswirtschaften entsprechen. Schwierigkeiten würden in diesem Falle nur dann nicht entstehen, wenn die Kosten in allen am Weltmarkt beteiligten Volkswirtschaften sich im Gleichschritt und in der gleichen Richtung verändern würden. Bringt schon ein unterschiedliches Tempo in der Kosten- und Preisentwicklung Schwierigkeiten im internationalen Waren- und Kapitalverkehr – und dieses unterschiedliche Tempo ist die Regel – um wieviel größer müssen die Schwierigkeiten werden, wenn bereits bei der Erstfestsetzung der Kurse die Kostenrelationen nicht stimmen? Bei der Festsetzung des US-Dollar-Kurses der Deutschen Mark nach der britischen Pfundabwertung im Jahre 1949 war das in so hohem Maße der Fall, daß hiervon die weitere Entwicklung entscheidend beeinflußt wurde.

Wer versucht, den Motiven der damaligen Kursfestsetzung auf die Spur zu kommen, der kann zum eigenen Trost nur an jenen berühmten Ausspruch des schwedischen Feldherrn Oxenstierna denken, der seinem sehr jungen Sohn auf dessen zweifelnde Fragen, ob er denn auch der Klugheit der vielen zu Münster und Osnabrück versammelten Staatsmänner gewachsen sein würde, lakonisch antwortete: „Mein Sohn, wenn du wüßtest, mit wie wenig Weisheit die Welt regieret wird." Man braucht die historische Erfahrung des alten Oxenstierna, um sich nicht noch mehr als zwei Jahrzehnte später darüber zu erregen, wie sich die von der Bundesregierung konsultierte Bank Deutscher Länder in dieser Frage verhalten hat.

Die Bundesrepublik stand 1949 vor dem Beginn einer neuen wirtschaftlichen Entwicklung; seit der Währungsreform galt der von den Alliierten festgesetzte Kurs von einem Dollar zu drei Deutschen Mark. Mit der Veränderung dieses Kurses wurde die Richtung der künftigen Entwicklung entscheidend beeinflußt – je höher der Abwertungssatz, desto größer die außenwirtschaftliche Orientierung, je niedriger, desto stärker die künftige Ausrichtung auf den Binnenmarkt mit entsprechend größeren Chancen für einen ausreichenden Anstieg der öffentlichen Investitionen. (Die Zerstörungen während des Krieges hatten private Produktionsanlagen und Einrichtungen der Infrastruktur gleichermaßen betroffen, das Startkapital war überall begrenzt – um so wichtiger war es, für eine gleichgewichtige binnenwirtschaftliche Entwicklung zu sorgen.) Die binnenwirtschaftliche Struktur und die Gesamtentwicklung der Volkswirtschaft würden um so gleichgewichtiger werden – und die Vorteile aus der internationalen Arbeitsteilung um so größer –, je besser der neue DM-Kurs den Kostenrelationen zwischen der Bundesrepublik und ihren wichtigsten Handelspartnern entsprach.

Die Ermittlung dieser Relationen ist nicht einfach, aber möglich – doch die Bank Deutscher Länder nahm 1949 nicht einmal eine grobe Abschätzung vor, selbst nicht den naheliegenden Versuch, bei der Neufestsetzung des Kurses zum Dollar wenigstens die Kostenverhältnisse bei den wichtigsten Weltmarktgütern zwischen den Vereinigten Staaten von Amerika und der Bundesrepublik zu ermitteln. Das Direktorium der Bank Deutscher Länder schlug stattdessen schlicht vor, zu dem alten vor 1933 gültigen Kurs von US-$ 1,00 : DM 4,20 zurückzukehren.

Zwar hatte schon vor 1933 nichts dafür gesprochen, daß dieser Kurs den effektiven Kostenrelationen entsprach, und eine Begründung für die Wahl gerade dieses Kurses ist auch nicht bekannt. So bleibt nur die Annahme, daß hier Motive wie „Rückkehr zu den guten alten Zeiten" eine Rolle gespielt haben. Hätte man 1949 den neuen Kurs der Deutschen Mark ausgewürfelt, die Chance, daß der neue Wert den bestehenden Kostenverhältnissen zwischen den wichtigsten Handelspartnern und der Bundesrepublik entsprechen würde, wäre mindestens ebenso groß gewesen wie bei diesem von der Bank Deutscher Länder praktizierten Verfahren.

Dieser einseitig exportorientierten Grundhaltung entsprechend haben bis 1973 alle Kursänderungen der Deutschen Mark zu spät und in zu geringem Ausmaß stattgefunden. Auch wurden die öffentlichen Diskussionen selten mit ökonomischen Begründungen geführt, dafür um so mehr mit emotional nationalen. Bundesbankpräsident Blessing wollte z. B. 1960 im Falle einer Aufwertung sein Amt zur Verfügung stellen und einer der großen Päpste der deutschen „Lehrbuch-Währungspolitik" – Professor Melchior Palygi – charakterisierte jede Aufwertung als den Beginn eines „Wechselkursdirigismus[7]". (Devisenpolitische Zwangsmaßnahmen wie das Ausländereinlagen-Verzinsungsverbot, das Verbot der Banksicherung von Auslandskrediten und ähnliches wurden als vereinbar mit der marktwirtschaftlichen Ordnung angesehen. Die Anpassung des Wechselkurses an die sich ändernden Kostenrelationen dagegen als Dirigismus!)

Auf eine aktive Handelsbilanz fixiertes nationales Prestigedenken ging in der Bundesrepublik so weit, daß die Aufwertung von 1969 zum politischen Spektakulum wurde. Von Bundeskanzler Kiesingers „Niemals!" bis zu des damaligen Bundesfinanzministers Franz Josef Strauß' Äußerungen, die jede Aufwertung als eine Art Verrat an der nationalen Sache darstellten, gibt es zu diesem *ökonomischen* Thema eine lange Reihe starker Worte, dem Lamento der Maschinenstürmer in der ersten Hälfte des 19. Jahrhunderts vergleichbar. Freilich zeigte sich 1969 auch erstmalig, daß zumindest in einem Teil der deutschen Öffentlichkeit ökonomische Fragen des nationalen Prestiges entkleidet und sachbezogen diskutiert werden konnten. Die sich damals länger als ein halbes Jahr hinziehende Aufwertungsdiskussion ist ein gutes Beispiel für einen sich in aller Öffentlichkeit vollziehenden Lernprozeß zu einem jahrzehntelang tabuisierten Thema. Gleichzeitig zeigt aber auch die Verbesserung des DM-Dollar-Kurses um rund 55 Prozent vom Spätherbst 1969 bis zum Sommer 1973 mit drastischer Überdeutlichkeit, wie groß die Unterbewertung der Deutschen Mark war. (Die Überbewertung des Dollar war zwar noch größer, aber die immer noch zunehmenden Exportüberschüsse des Frühjahrs 1973 und die Kursbewegungen innerhalb des europäischen Block-Floating-Raumes zeigen auch die Unterbewertung der DM gegenüber den meisten anderen Währungen an.)

Für die Neuordnung der Wechselkurse war es freilich auch höchste Zeit. Die ungleichgewichtigen Strukturen der deutschen Wirtschaft haben sich inzwischen zunehmend verschärft. Die steigende Zahl der Gastarbeiter hält das Lohnniveau niedriger als dem möglichen Leistungsgrad unserer Volkswirtschaft entspricht, weil der sonst vorhandene Druck auf mehr Rationalisierung und Technisierung durch diese (künstliche) Vermehrung des Faktors Arbeit gemildert wird. Die durch den falschen Wechselkurs der letzten zwei Jahrzehnte verschleierten Wettbewerbsverhältnisse auf den internationalen Märkten haben es möglich gemacht, Exportgeschäfte auch dort auszubauen, wo die echten Kostenrelationen dem widersprochen hätten. (Der überdimensionierte Ausbau des Volkswagenwerkes z. B. ist nur durch die Überbewertung des Dollar zu erklären, wodurch VW-Exporte in die USA noch Erträge brachten, obwohl eine nicht durch falsche Kursrelationen überdeckte Arbeitsteilung dies hätte unmöglich machen müssen.) Diese ungleichgewichtigen Strukturen sind aber – wenn soziale Härten vermieden werden sollen – nur allmählich zu verändern. Auch hier ist das Volkswagenwerk mit seinen eine regionale Monostruktur begründenden Standorten in wirtschaftsschwachen Gebieten ein besonders arges Beispiel zu wenig differenzierter Industrie-Ansiedlung.

Undifferenziertes Wachstum fördert die Furcht vor einer Eskalation der Wachstumsfolgen

Die Eigentumsordnung des Bürgerlichen Gesetzbuches, falschverstandener Liberalismus und eine Art blinder Fortschrittsgläubigkeit haben länger als ein Jahrhundert die industrielle Produktion wuchern lassen, ohne ihre Nebenwirkungen auf Mensch und Landschaft zu beachten. Zwar fehlte es nicht an frühen kritischen Stimmen, doch die öffentliche Resonanz und die Reaktion der zuständigen Instanzen war gering. Auch als Willy Brandt 1961 (damals noch als Regierender Bürgermeister von Berlin) seinen Bundestagswahlkampf auf das Thema der vernachlässigten Gemeinschaftsaufgaben konzentrierte und dabei vom „Blauen Himmel über der Ruhr" sprach, beeindruckte das die Mehrheit der Wähler nur wenig. Die Zeit für ein aktives Erkennen dieses Problems war auf breiter Front noch nicht reif. Und es spricht für die Macht der Literatur – mindestens in den Vereinigten Staaten –, daß erst mit Rachel Carsons beschwörender Darstellung der Folgen ungehemmter Anwendung des technischen und wissenschaftlichen Fortschritts das öffentliche Umweltbewußtsein zu wachsen begann. „Der stumme Frühling"[8] hatte die Bevölkerung der Industrieländer in ihren Tiefen getroffen.

Die Folgen waren freilich nicht nur ein Anwachsen wünschenswerten Umweltbewußtseins. In nicht geringem Maße folgte der Wachstumseuphorie zu Beginn der zweiten Hälfte des 20. Jahrhunderts an der Schwelle der siebziger Jahre eine undifferenzierte Antiwachstumsreaktion, die gelegentlich zu einer Art „Zurück-zur-Natur-Bewegung" zu entarten droht. Die sehr wenig differenzierten aber weltweit beachteten Thesen des „Club of Rome"[9] haben hierzu ein beachtliches Teil beigetragen. Zwar ist es das große Verdienst dieser Arbeit, die Dimensionen expotentiellen Wachstums drastisch aufgezeigt und damit unübersehbare Warnsignale gesetzt zu haben, aber das konstruierte „Weltmodell" ist ebensowenig überzeugend wie die Mehrzahl der gezogenen Folgerungen schlüssig. Das liegt nicht an den Computerrechnungen, die selbstverständlich *rechnerisch* richtig sind, aber an der oft sehr vorbehaltlosen Art der Annahmen. Hier sei als Beispiel nur auf die „Regelkreise“ bei den Berechnungen über das Bevölkerungswachstum hingewiesen, wo ohne jede kritische Anmerkung die „bekannte Lohn-Preis-Spirale“ als Voraussetzung angenommen wird[10]. Aber auch die Grundannahmen für die Entwicklung des Bevölkerungswachstums und die daraus abgeleitete Konsequenz eines gewaltsamen Rückgangs der Bevölkerung in absehbarer Zeit durch Nahrungsmittelknappheit sind ähnlich undifferenziert und erinnern letzten Endes an die Theorien von Thomas Robert Malthus[11], nur daß dessen Berechnungen ohne die Hilfe von Computern erfolgten.

Die Thesen des „Club of Rome“ sind darum einzureihen in jene (inzwischen glücklicherweise lang gewordene) Reihe der nützlichen Warner, aber sie sind nur sehr begrenzt oder gar nicht brauchbar als Grundlage der notwendigen Schlußfolgerungen für die künftige Politik. Vor allem die Empfehlungen „freiwilliger Wachstumsbeschränkungen“ mit der Konsequenz, daß in Zukunft „die Rate der Kapitalerzeugung gleich der Rate der Kapitalabnutzung[12]“ gehalten werden muß, ist nicht zu verantworten. Zumindest solange immer noch ein Drittel der Menschheit hungert[13], kann es nicht Aufgabe der Wirtschaftspolitik sein, das Wirtschaftswachstum einzuschränken, sondern muß es vorrangige Aufgabe werden, die Produktionsmöglichkeiten voll auszuschöpfen – aber entsprechend zu differenzieren.

Auch der Bau von Krebsforschungszentren, die Errichtung umweltsichernder Mülldeponien (z. B. Einlagerung nicht wiederverwendungsfähiger Stoffe in unterirdischen Salzstöcken, was kostspieliger, aber entschieden umweltfreundlicher als alle bisher praktizierten Verfahren wäre!) und die Konstruktion abgasfreierer Motoren zum Beispiel sind in der volkswirtschaftlichen Gesamtrechnung Bestandteile des wirtschaftlichen Wachstums – aber sie gefährden die Umwelt nicht, sondern verbessern sie. Auch in der Studie des „Club of Rome“ werden als „ebenso notwendige wie begrüßenswerte ... technologische Fortschritte ... im Stadium des Gleichgewichts“ angeführt:

- „Neue Methoden zur Erfassung von Abfällen, um die Umweltverschmutzung zu reduzieren und Rohmaterialien zurückzugewinnen;
- wirksamere technische Methoden zur Rückgewinnung, um die Rate des Rohstoffverbrauchs zu senken;
- bessere Konstruktionen von Produkten, um deren Nutzungsdauer zu erhöhen und die Reparaturfähigkeit zu verbessern und entsprechend die Kapitalverringerungsrate zu verkleinern; Nutzung der Sonnenstrahlung als Energiequelle, die praktisch keine Schadstoffe freisetzt;
- Methoden zur natürlichen Schädlingsbekämpfung, die auf einem besseren Verständnis ökologischer Vorgänge beruhen;
- medizinische Fortschritte, um die Todesrate zu senken;
- Fortschritte bei der Empfängnisverhütung, um die Angleichung der Geburten- an die Sterberate zu erleichtern[14]."

Aber diese und andere technologische Fortschritte werden sich bei der empfohlenen Gleichschaltung von „Kapitalerzeugung und Kapitalabnutzung" zu langsam entwickeln, zu langsam für die Überwindung von Not und Hunger in der Welt. Ausschöpfung *aller* Wachstumsmöglichkeiten bei entsprechender qualitativer Differenzierung – hier sei als Beispiel nur auf die neueste biologische Entdeckung stickstoffbindender Bakterien hingewiesen, deren Einsatz anstelle des heute gebräuchlichen Kunstdüngers „eine Stickstoffversorgung von Pflanzen sichern und Gefahren der Wasserverschmutzung beseitigen[15]" würde – vergrößert die Möglichkeiten zu einer humaneren Gestaltung des Lebens in allen Teilen der Welt. Die Schwierigkeiten der Verteilung der Güter bleiben groß genug – aber die Voraussetzungen für positive politische Lösungen werden besser als bei generellen Wachstumsbeschränkungen.[16]

„Falsch programmiert" waren nicht nur Politik und Wirtschaft – die Lehrstühle ebenso

Politische Fehlentscheidungen wie die Unterbewertung der Deutschen Mark bei der Kursfestsetzung von 1949 und die einseitige Bevorzugung der Sachwertbesitzer und des Investitionsgütersektors im Anschluß an die Währungsreform wurden in den fünfziger Jahren in der Bundesrepublik nicht nur geduldet, sie wurden auch lautstark von wissenschaftlichen Lehrstühlen unterstützt. Das war nicht nur eine Folge der neoliberalen Ideologie in der Bundesrepublik, sondern fand sich in der gesamten westlichen Welt. John Kenneth Galbraith, der das große Verdienst für sich in Anspruch nehmen kann, die zunehmende Schlagseite zwischen „privatem Wohlstand und öffentlicher Armut“ weltweit bewußt gemacht zu haben, hat diesen Zustand der Wirtschaftswissenschaften auch treffend beschrieben:

„Der allgemeinen Ansicht zufolge ist nämlich nur die private Erzeugung wichtig – eigentlich sie allein. Sie fördert den Wohlstand der Nation. Ihr Wachstum bedeutet ein Wachstum des nationalen Wohlstandes. Öffentliche Dienstleistungen hingegen (staatliche und kommunale Versorgungsbetriebe zum Beispiel) sind nichts als ein Alpdruck. Sie sind – so hört man allenthalben – zwar notwendig, ja, sie mögen in erheblichem Umfang notwendig sein; trotzdem sind sie eine Last, die im Endeffekt von der privaten Produktion getragen werden muß. Wird diese Bürde zu schwer, kommt die private Produktion ins Stocken und bricht zusammen.

Im besten Fall sind die öffentlichen Dienste ein notwendiges Übel, im schlimmsten Fall haben sie eine gefährliche Tendenz, vor der eine wachsame Allgemeinheit ständig auf der Hut sein müsse. Auch wenn sie wichtigen Zwecken dienen, sind sie doch steril. Der Staat ist außerstande, etwas in dem Sinne zu schaffen, in dem die Wirtschaft Werte und Wohlstand erzeugt ... (Francis X. Sutton, Seymour E. Harris, Carl Kaysen und James Tobin in „The American Business Creed“, Cambridge-Mass. 1956). Eine solche Einstellung führt zu interessanten Widersprüchen: Autos sind wichtiger als die Straßen, auf denen sie fahren. Wir begrüßen den Ausbau des (in den Vereinigten Staaten privaten) Telefonnetzes, weil es das allgemeine Wohl fördert, fügen uns jedoch in eine Einschränkung des Postdienstes, weil sie als eine notwendige Sparmaßnahme gilt. Wir legen großen Wert auf die Vermehrung des Privateigentums, bejammern aber die zusätzlichen Ausgaben für die Polizei, die es schützen soll. Staubsauger für den Hausgebrauch sind lobenswert und gehören zu unserem Lebensstandard, Straßenreinigungsmaschinen aber sind ein lästiger Budgetposten. Deshalb sind auch unsere Wohnungen meist sauber und die Straßen im allgemeinen schmutzig[17]."

Dieses lange Zitat aus dem aufsehenerregenden und umstrittenen Werk des bekannten Harvard-Ökonomen charakterisiert drastisch auch das, was von der Mehrzahl der nationalökonomischen Lehrstühle in der Bundesrepublik gelehrt wurde und teilweise noch wird. Der Vernachlässigung des Ausbaus der Infrastruktur zur Zeit der Erhardschen Wirtschaftspolitik entsprach die Vernachlässigung der Infrastrukturpolitik an den deutschen Universitäten. Als Wilhelm Hankel 1970 auf der Tagung des „Vereins für Socialpolitik" in Innsbruck – wo endlich einmal das Thema Infrastrukturpolitik gründlich, wenn auch nicht zureichend[18], behandelt wurde – provozierend feststellte, daß bei dem Thema Infrastrukturpolitik sich das wiederholen würde, „was seit Beginn der dreißiger Jahre zu beobachten ist: Die dominierenden und ihre Zeit prägenden Problemstellungen und Ziele der Weltwirtschaftspolitik: Vollbeschäftigung, Wohlfahrtsstaat, außenwirtschaftlicher Bilateralismus und Devisenbewirtschaftung, die Wiederherstellung einer funktionsfähigen internationalen Geldordnung nach dem Kriege und schließlich die Förderung der Entwicklungsländer – das waren meist Problemstellungen, auf die der Wirtschaftspolitiker selber kommen mußte. Sie wurden ihm nur per Ausnahme von der Wissenschaft als neue Entdeckungen annonciert[19]", erntete er von den anwesenden Lehrstuhlinhabern zwar lebhaften, aber keineswegs überzeugenden Widerspruch. Die trotzdem (oder gerade deswegen) verdienstvolle Tagung des „Vereins für Socialpolitik" in Innsbruck machte im Gegenteil deutlich, daß die heutige Infrastrukturmisere in gleicher Weise von Politik, Wirtschaft und Wissenschaft zu verantworten ist.

Der Zeitpunkt der Tagung des „Vereins für Socialpolitik" im Herbst 1970 rechtfertigt die Hankelsche These noch zusätzlich: in der Politik hatte der Umbruch zur infrastrukturorientierten Wirtschaftspolitik – wenigstens programmatisch – seit einem

Jahr mit dem Start der sozial-liberalen Koalition begonnen. Für die nationalökonomischen Lehrstühle galt aber immer noch in ihrer Mehrzahl Gottfried Bombachs Feststellung: „Die Theorie hinkt hinterher[20]." Der im Oktober 1969 eingeleiteten „Kurskorrektur[21]" sind an den Hochschulen weder Theorie noch Praxis bisher zureichend gefolgt, während in der programmatischen Rede des Bundeskanzlers und Parteivorsitzenden auf dem Saarbrücker Parteitag der SPD im Mai 1970 die politische Umorientierung deutlich akzentuiert wurde. Über die Notwendigkeiten und Möglichkeiten eines Programms innerer Reformen sagte Willy Brandt dort u. a.: „Ohne wirtschaftliches Wachstum – keine inneren Reformen, und andererseits: ohne innere Reformen langfristig kein wirtschaftliches Wachstum.

Das wirtschaftliche Leistungspotential unseres Volkes ist groß genug, um die Möglichkeit einer permanenten Verbesserung der Lebensbedingungen aller kontinuierlich zu erhöhen. Doch es wird für die künftigen Aufgaben nur groß genug bleiben, wenn wir eine bessere Infrastruktur und bessere Umweltbedingungen schaffen. Zukunftorientierte Stätten der Ausbildung und Bildung, erfolgreiche Gesundheitsvorsorge, ein funktionierendes Verkehrssystem und befriedigende Wohnverhältnisse sind nicht nur gesellschaftspolitisch notwendig, sie tragen gleichzeitig wesentlich dazu bei, die wirtschaftliche Leistungsfähigkeit zu steigern. Auch wer ökonomische Überlegungen anderen überordnet, wird sich der Notwendigkeit innerer Reformen nicht verschließen können. Sozialdemokratische Zielvorstellungen von einer humanen Welt treffen sich hier mit den Erkenntnissen der Ökonomen, wenn diese langfristig genug denken. Doch um die objektiven Möglichkeiten auch in ihrer gesellschaftlichen Verzahnung voll auszuschöpfen, um den optimalen Nutzen anstreben zu können, bedarf es noch – und das sollen wir uns alle klarmachen – mancher Veränderung des Bewußtseins" und „nur wenn das gesellschaftliche Bewußtsein mit der technischen und wissenschaftlichen Entwicklung Schritt hält, ja, eines Tages den Naturwissenschaften vorauseilt, wird es dauerhaft gelingen, diese Welt humaner zu gestalten und ihre heutigen Unvereinbarkeiten und

Unzuträglichkeiten zu überwinden. Mit dieser Zukunft müssen wir leben, nicht gegen sie[22]."

Der im Anschluß an den Saarbrücker Parteitag erarbeitete „Entwurf eines politisch-ökonomischen Orientierungsrahmens für die Jahre 1973 bis 1985[23]" hat – bei allen seinen Unzulänglichkeiten – erheblich zur Vertiefung der Diskussion und zur Bewußtmachung der Infrastrukturprobleme beigetragen. Die Tatsache, daß in dieser Diskussion auch Grundprobleme der Wirtschafts- und Gesellschaftsordnung aufgeworfen wurden, ist nicht nur unvermeidbar, sondern auch nicht bedauerlich. Nach der „theorielosen, der schrecklichen" Zeit in den fünfziger- und der ersten Hälfte der sechziger Jahre war eine Diskussion dieser Art längst fällig. Und ihre Ergebnisse werden um so positiver sein, je weniger sie mit vorgefaßten Meinungen oder vor dem Hintergrund „letzter Wahrheiten" geführt werden.

Die angebliche Unvereinbarkeit von Wachstum und Stabilität

So unbewiesen wie hartnäckig hält sich in der öffentlichen Diskussion die These von der Unvereinbarkeit kräftigen wirtschaftlichen Wachstums mit Preisniveaustabilität. In ihrer Dauer und Wirkung der Populärformel von der „Unproduktivität" der öffentlichen Investitionen vergleichbar, hat diese gängige These einiges zu den Schwierigkeiten der Wirtschaftspolitik und der Diskrepanz zwischen der Entwicklung der privaten Einkommen und der öffentlichen Leistungen beigetragen. Empirische Daten gibt es für Beweis und Gegenbeweis gleichermaßen: In allen entwickelten Volkswirtschaften lassen sich Zeiten kräftigen Wirtschaftswachstums und Vollbeschäftigung bei *steigendem* und bei *stagnierendem* Preisniveau nachweisen, ebenso liefert die Statistik Beweise für Wirtschaftsschwäche und zunehmende Arbeitslosigkeit bei *gleichzeitig* kräftig steigendem Preisniveau[24]. (Hierfür ist Großbritannien schon beinahe ein klassisches Beispiel: Preissteigerungsraten zwischen sechs und neun Prozent werden von Arbeitslosenziffern zwischen einer und einer halben Million begleitet. Vgl. Tabellen 16 und 18.)

Wer ohne Präferenz für eines der wirtschaftspolitischen Ziele die Ergebnisse der Diskussion betrachtet, muß zu dem Schluß kommen, daß nicht die Ziele unvereinbar sind, sondern daß noch niemals die zur *gleichzeitigen* Erreichung der Ziele notwendige Maßnahmenkombinationen rechtzeitig und kräftig genug angewandt worden ist. Außerdem fehlte bisher immer die als Ergänzung unabdingbare verteilungspolitische Komponente[25].

Inzwischen gewinnt die Erkenntnis allmählich Raum, daß unter den Bedingungen der industrialisierten Welt Stabilität nur im Wandel und Sicherung der Vollbeschäftigung damit nur im Wachstum zu gewährleisten ist. Und da das breit angelegte Instrumentarium zur gleichzeitigen Realisierung der anzustrebenden Ziele selten komplett angewendet wird, verschärft sich die Diskussion um die Priorität von Wachstum und Stabilität. Diese Frage wird auf der europäischen Ebene besonders brisant, weil unter den Staaten der Europäischen Gemeinschaft unterschiedliche Zielvorstellungen über die angemessene Wirtschaftspolitik vorhanden sind. Klaus Dieter Arndt hat in der Bundestagsdebatte vom 24. Januar 1973 dargelegt, daß unter den gegenwärtigen politischen Bedingungen Europas die europäische Einigung und absoluter Vorrang der Preisstabilität in der Wirtschaftspolitik nicht *gleichzeitig* erste Priorität haben können. Das befreit nicht von dem ständigem Bemühen zum gleichzeitigen Ansteuern der Ziele Vollbeschäftigung, Preisniveaustabilität und gerechte Einkommensverteilung, aber die europäische Dimension erschwert dies ohnehin schwierige Geschäft noch zusätzlich.

Über die Rolle autonomer Zentralnotenbanken

Die schwierige (europäische) Gratwanderung zwischen möglicher Gefährdung der Arbeitsplätze und/oder des Geldwertes wird durch die unterschiedliche Bedeutung, die in den europäischen Staaten den Zentralnotenbanken beigemessen wird, weiter erschwert. In der Bundesrepublik hat selbst eine Kette eklatanter Fehlbeurteilungen der wirtschaftlichen Entwicklung durch die

Bundesbank den Glauben der Öffentlichkeit an den „Frankfurter Areopag" nicht zu erschüttern vermocht. Um diesen harten Vorwurf zu untermauern, seien hier die (nach der Kursfestsetzung von 1949) schwerwiegendsten Beispiele kurz angeführt:

– Das „Memorandum über die Lohn- und Preisentwicklung", das die Deutsche Bundesbank im Januar 1960 vorlegte – „berühmt" geworden als „Blessing-Gutachten" – sagte für 1960 *totale* Überbeanspruchung der Konjunktur voraus; „ . . . schlimm ist . . . das, was passieren wird, wenn man diesen Gefahren nicht entgegentritt, . . . die von der konjunkturellen Übernachfrage und den massiven Lohnforderungen auf die künftige Preisentwicklung ausgehen"[26], hieß es dort und daran anschließend wurde die Forderung geknüpft, den Lohnanstieg auf *vier* Prozent zu begrenzen. Die reale wirtschaftliche Entwicklung (vgl. Tabellen 1 bis 3) zeigte dann 1960 einen Anstieg des Bruttosozialprodukts um nominal 11,7 Prozent und *real* 9,0 Prozent bei einer Steigerung der Nettoeinkommen aus Unternehmertätigkeit und Vermögen um 10,9 und aus unselbständiger Arbeit um 10,6 Prozent, was – zusätzlich bedingt durch den weiteren Anstieg der Zahl der Arbeitnehmer – einen Rückgang der „rechnerischen Lohnquote" von 60,9 auf 60,4 Prozent ergab. (Wie hätte diese Entwicklung erst ausgesehen, wenn sich Blessings „vier Prozent" durchgesetzt hätten?)

Den eigentlichen Ursachen des Konjunktur- und Preisauftriebs aber, den zunehmenden Außenhandelsüberschüssen (vgl. Tabelle 11) gegenüber, blieb Bundesbankpräsident Blessing blind; seine für den Fall einer Wechselkursänderung ausgesprochene Rücktrittsdrohung im Jahre 1960 hat entscheidend mit dazu beigetragen, daß die längst überfällige Aufwertung der Deutschen Mark[27] noch bis zum Frühjahr 1961 vertagt wurde.

– Im Frühjahr 1966 diagnostizierten die Konjunkturforschungsinstitute übereinstimmend eindeutige Anzeichen für einen konjunkturellen Tendenzumschwung auf breiter Front. In der Gemeinschaftsdiagnose der Arbeitsgemeinschaft Deutscher wirtschaftswissenschaftlicher Forschungsinstitute vom 1. April 1966 hieß es dazu u. a.: „In der Wirtschaft der Bundesrepublik ist seit Jahresfrist ein Prozeß der konjunkturellen Entspannung im Gange ... Für die Änderung der konjunkturellen Situation war die nachlassende Bereitschaft, in Ausrüstungen zu investieren, von ausschlaggebender Bedeutung ..." Und die Forschungsinstitute plädierten auch damals bereits deutlich für eine Lockerung der Restriktionsmaßnahmen: „Der Versuch, die Abflachung des Preisanstiegs durch kontraktiv auf die Nachfrageexpansion einwirkende Maßnahmen zu forcieren, könnte die in der gegenwärtigen Konjunkturphase sehr labile Investitionsneigung so schwächen, daß die Voraussetzungen für ein angemessenes Wachstum nicht mehr gegeben wären."

Die Bundesbank aber nahm weder die Konjunkturindikatoren noch die warnenden Stimmen der professionellen Konjunkturbeobachter zur Kenntnis; sie verschärfte den schon strammen Restriktionskurs noch zusätzlich: Im Mai 1966 wurde der Diskontsatz um ein volles Prozent heraufgesetzt! Und noch im Spätsommer 1966 – als nicht nur Frühindikatoren wie Auftragseingänge und Investitionsdispositionen den Umschwung signalisierten, sondern steigende Arbeitslosenziffern den *Ab*schwung dokumentierten – schrieb die Bundesbank in ihrem Bericht über die Wirtschaftslage im Sommer 1966: „Die Gesamtnachfrage muß noch mehr als bisher dem verfügbaren Güterangebot angepaßt werden, damit ein hinreichend stabiles Preisniveau und der Ausgleich der Leistungsbilanz (einschließlich der „unentgeltlichen" Leistungen) mit dem Ausland gesichert werden können[28]." „Diese Diagnose" – schrieb Karl Otto Pöhl 1967[29] – „war falsch".

Rückläufige Investitionstätigkeit und der deutlich sichtbare Beginn zunehmender Arbeitslosigkeit störten die Deutsche Bundesbank im September 1966 nicht, stattdessen sorgte sie sich – bei Gold- und Devisenreserven in Höhe von 31,5 Milliarden DM zum Jahresultimo 1965, ansteigend auf 33,4 Milliarden DM bis Ende 1966[30] – um den „Ausgleich der Leistungsbilanz". (Exportüberschuß 1966 = acht Milliarden DM.) Doch selbst im April 1967 – rund 700 000 Arbeitslose und 350 000 Kurzarbeiter spürten die Folgen der Bundesbankpolitik aus dem Jahre 1966 in aller Härte an den geschrumpften Familieneinkommen, und die neue Bundesregierung hatte das Konjunktursteuer längst auf Expansion gestellt – erklärte Bundesbankpräsident Blessing noch vor dem Bund der Steuerzahler: „Wir können uns ... nicht dazu entschließen, einen neuen Eventualhaushalt zu finanzieren oder ein neues Defizit, das sich aus Ermäßigung der Einkommen- und Körperschaftssteuer ergeben würde. Wir können uns nicht dazu entschließen, in der heutigen Lage Geldschöpfungen zu betreiben, um Wachstumsplanzielen nachzujagen, ohne Rücksicht auf die Höhe der kurzfristigen Staatsschulden und ohne die Gewähr zu haben, daß die Stabilität des Geldwerts dadurch nicht erneut in Gefahr gerät[31]."

Der zweite Eventualhaushalt ist dann finanziert worden, freilich erst nach harten Auseinandersetzungen zwischen Bundesregierung und Bundesbank. Und wenn der Bundesbankpräsident – durch den Zentralbankrat gestützt – bei seinen Vorstellungen geblieben wäre – das Bundesbankgesetz vom 26. Juli 1957 sieht für einen möglichen Konfliktfall zwischen Bundesregierung und Zentralbankrat Lösungsmöglichkeiten nicht vor. Ein für das demokratisch-parlamentarische Staatsverständnis sicher recht problematischer Fall.

Keiner der übrigen europäischen Staaten, am wenigsten Frankreich, ist denn auch geneigt, den Notenbankgouverneuren eine ähnlich autonome Machtfülle einzuräumen, wie sie in der Bundesrepublik der Zentralbankrat besitzt. In der Bundesrepublik scheint dagegen in Anbetracht der gegenwärtigen Preisentwicklungstendenzen die Neigung zuzunehmen, der Deutschen Bundesbank noch mehr geld- und kreditpolitische Möglichkeiten zu geben, ohne die Frage der Autonomie überhaupt zu berühren.

Wer es mit der parlamentarischen Demokratie ernst nimmt, der müßte freilich schon jetzt Bedenken haben, einem (unabhängigen!) Beamtengremium so weitgehende – und parlamentarisch nicht kontrollierte – Machtbefugnisse einzuräumen. (Doch da es weder den Kaiser noch Hindenburg mehr gibt, und das Amt des Bundespräsidenten für entsprechende Identifikationen ungeeignet ist, scheint der deutsche Bürger in der Figur des Bundesbankpräsidenten wenigstens so etwas wie einen „wirtschaftspolitischen Ersatzkaiser“ sehen zu wollen – anders ist die Nachsicht mit den groben Fehlentscheidungen der Bundesbank kaum zu erklären.)

Das geld- und kreditpolitische Instrumentarium effektiver zu machen – was notwendig ist – aber gleichzeitig die unumschränkte Autonomie der Bundesbank parlamentarisch einzugrenzen, dürfte eine der notwendigsten, wenn auch recht unpopulären Aufgaben der Gesetzgebung für die nächsten Jahre sein. Auf dem Wege zur Europäischen Wirtschafts- und Währungsunion jedenfalls muß dieses Werk vollbracht werden; kein europäischer Staat wird bereit sein, einer europäischen Zentralnotenbank oder/auch einem Konsortium der bestehenden Notenbanken jene autonomen Vollmachten einzuräumen, die die Bundesrepublik ihrer Zentralnotenbank gegeben hat.

Wahrscheinlich ist dieser (Irr-) Glaube an die Unfehlbarkeit der Notenbank auf unterschiedlich akzentuierte Verdrängungen aus der wirtschaftlichen Erfahrungswelt der deutschen Bürger zurückzuführen. Die schrankenlose, staatlich verordnete – und von einer *autonomen* Reichsbank finanzierte – Geldvermehrung, die zu der Inflation von 1923 geführt hat, steht den Bürgern ebenso als Schreckgespenst vor Augen wie die zurückgestaute Inflation 1945/48, die ihren stärksten Ausdruck in der „Zigarettenwährung“ fand. Gegenüber diesen Erfahrungen sind die Schrecken der ebenfalls staatlich verordneten (mit Hilfe der Notverordnungen Brünings) großen Weltwirtschaftskrise verblaßt, obgleich nur über deren sechs Millionen Arbeitslose in Deutschland der Aufstieg Hitlers möglich war. Auch hier muß wie bei der Einstellung gegenüber öffentlichen Leistungen und ausgeglichenen Handelsbilanzen der langsam anfangende Lernprozeß kräftig gefördert werden.

2. Das Dilemma der antizyklischen Finanzpolitik

Ein Kind der Großen Wirtschaftskrise

So viel auch immer über die Ursachen der großen Weltwirtschaftskrise gerätselt wird – der Glaube an geheimnisvolle (systemimmanente) Wirkungen scheint bis heute nicht ganz ausgestorben zu sein – feststeht zumindest, daß in den verschiedenen von der Krise betroffenen Nationen die Regierungen der krisenhaften Entwicklung selten entgegenwirkt, sondern sie meist in Unkenntnis geeigneter Rezepturen noch gefördert haben. Das ist besonders drastisch für die Politik des Deutschen Reiches nachweisbar; der nach der Wirtschaftsblüte von 1928 einsetzende Abschwungprozeß wurde durch eine Vielzahl immer schneller aufeinanderfolgender Sparmaßnahmen des Staates gefördert. Die Normen der Weimarer Verfassung, die es dem Reichskanzler ermöglichten, mit Hilfe des Reichspräsidenten ohne Parlament mit Notverordnungen zu regieren, gaben Reichskanzler Brüning die Möglichkeit, seine von den Vorstellungen eines sparsamen Hausvaters geprägten Wirtschaftsvorstellungen in praktische Politik umzusetzen. Daß jede Verminderung der Staatsausgaben, jede Kürzung der Beamtengehälter und der Sozialleistungen, die ohnehin zu geringe Nachfrage noch weiter schrumpfen ließ und den Abschwungprozeß der Wirtschaft beschleunigte und daß damit seine Sparmaßnahmen nicht krisenbehebend, sondern krisenverschärfend wirkten, hat Brüning bis zu seinem Tode nicht eingesehen[32].

Rückblickend will es fast unverständlich erscheinen, daß ein sonst doch so logisch denkender Mann wie Heinrich Brüning nicht sehen konnte, daß jede Verminderung der Staatsausgaben auch zu einer Verminderung der Umsätze in der Wirtschaft führen mußte und daß diese Umsatzschrumpfung wiederum zur Freisetzung von Arbeitskräften führte, deren Ansprüche an die Arbeitslosenversicherung den Reichskanzler wiederum veranlaßten, die Sozialleistungen herabzusetzen, wodurch die Kette auf Wirtschaftsabschwung drängender Impulse ins Endlose fortgesetzt wurde. Anscheinend wirken in der Jugend geprägte Vorstellungen bei konservativen Gestalten unveränderlich bis zum Tode nach. Denn es ist ja keineswegs Heinrich Brüning allein, der nicht bereit war, die Fehler von 1930 einzusehen. Auch Fritz Schäffer, der erste Finanzminister der Bundesrepublik, hat des öfteren sehr gezielt davon gesprochen, daß ein Finanzminister seinen Haushalt genauso führen müsse wie ein sparsamer Hausvater seinen Privathaushalt. Und noch 1967 stimmte der langjährige Vorsitzende des Finanzausschusses des Deutschen Bundestages, der Abgeordnete Otto Schmidt, Wuppertal, gegen das Kreditfinanzierungsgesetz (das den Investitionshaushalten die Rechtsgrundlage gab) mit der Begründung, daß nur „Selbstbescheidung und Mäßigung, nicht aber neue Kreditschöpfung für unrentierliche Anlagen ... zur Gesundung beitragen [können][33]".

Wahrscheinlich benötigt man Kenntnisse über die tiefenpsychologischen Grundlagen einer Haltung à la Brüning-Schäffer, um ganz verstehen zu können, warum das Instrumentarium der antizyklischen Finanzpolitik so spät in der Bundesrepublik Eingang fand und dann immer nur partiell angewendet wurde. Erarbeitet wurde dieses Instrumentarium im Anschluß an die große Weltwirtschaftskrise ab 1929 bei dem Versuch, Lehren aus dem Verlauf der Krise zu ziehen; praktiziert in den USA im „New Deal" Franklin D. Roosevelts und umfassend und mit großem populärem Erfolg ausgeführt in dem Gedankengebäude von John Maynard Keynes[34]. Auf eine Kurzformel komprimiert läßt dieses Instrumentarium sich wie folgt beschreiben: Der Staat mit seiner Vielzahl an Ausgaben und Aufgaben steht der konjunkturellen Entwicklung, wie sie sich in der privaten Wirtschaft abspielt, beobachtend gegenüber und reagiert jedesmal mit umgekehrten Verhaltensweisen. Im Falle eines Konjunkturabschwungs werden die öffentlichen Ausgaben vermehrt mit der Folge, daß aus den öffentlichen Aufträgen über Umsatzimpulse die private Produktion angeregt und neue Arbeitsplätze geschaffen werden. Im Aufschwung hat nach dieser Lehre der Staat sich genau umgekehrt zu verhalten, nämlich seine Ausgaben zu drosseln, um zu verhindern, daß ein Überschäumen der Konjunktur über die zunehmende Gesamtnachfrage zu Preisübersteigerungen führt.

Dieses antizyklische Instrument ist gegenüber der Hilflosigkeit der Staaten vor und während der großen Weltwirtschaftskrise ein immenser Fortschritt. Ein Fortschritt, der dazu beigetragen hat, marktwirtschaftliche kapitalistische Wirtschaftssysteme aus dem ihnen lange anhaftenden Geruch der schicksalhaften – modern gesprochen: „systemimmanenten" – Abhängigkeit von regelmäßig wiederkehrenden Krisen zu bringen. Erst mit dem Keynesschen Instrumentarium kam in die Wirtschaftspolitik die Möglichkeit des Machbaren der Konjunktursteuerung zur Verhinderung von Krisen. Mangelhafte bzw. zu späte Anwendung des Instrumentariums hat zwar immer wieder dazu geführt, daß auch die Möglichkeiten machbarer Wirtschaftspolitik bezweifelt wurden, obgleich nur der Mut zur Anwendung bzw. die richtige Einschätzung der Situation gefehlt hat. Doch allen Mängeln zum Trotz hat erst die Anwendung dieses Instrumentariums die Möglichkeit eröffnet, den Wirtschaftsprozeß positiv zu beeinflussen und ihn nicht nur zu erdulden.

In der Bundesrepublik fand die Anwendung allerdings nur spät und dann sehr einseitig, nämlich nur auf der Seite der Konjunkturbremsung durch Verminderung der Staatsausgaben statt. Der Wirtschaftsaufschwung nach der Währungsreform und das Erreichen der Vollbeschäftigung wurden im wesentlichen über (anfangs recht massive) Förderung der privaten Investitionen erreicht. Impulse über öffentliche Investitionen zu geben, widersprach völlig der wirtschaftspolitischen Grundhaltung

Ludwig Erhards. Dagegen wurde häufiger – wenn auch nicht mit großem Erfolg – der Versuch unternommen, die nach oben gerichteten Preisbewegungen durch antizyklische Maßnahmen, sprich Drosselung der öffentlichen Ausgaben, zu bremsen. Über mehr als recht fruchtlose „Baustoppversuche“ ist die Erhardsche Antizyklik allerdings nicht hinausgekommen[35]. Doch wenn diese Maßnahmen auch beim Preisniveau relativ erfolglos waren, der heute noch desolate Strukturzustand der Bauwirtschaft ist sicherlich auch auf die Tatsache zurückzuführen, daß die Bauwirtschaft fast zwei Jahrzehnte lang lediglich als „Konjunkturbüttel“ benutzt wurde, indem die öffentliche Hand je nach Lage der Konjunktur im privaten Bereich den „Auftragshahn“ auf- oder zudrehte.

Geeignet, den Aufschwung anzukurbeln

Zur ersten handfesten Anwendung des antizyklischen Instrumentariums kam es nach dem Sturz des zweiten Kabinetts Erhard in der Anlaufphase der großen Koalition. Im Anschluß an die – durch Bundeswirtschaftsminister Schmücker und die Deutsche Bundesbank bewußt oder fahrlässig herbeigeführte – Rezession 1966/67 wurde die Konjunktur mit massierten öffentlichen Investitionen wieder in Gang gesetzt. Das öffentliche Echo hierauf war freilich sehr unterschiedlich. Zu ungewohnt war den deutschen Bürgern eine Finanzpolitik, die nicht nach den Grundsätzen eines sparsamen Hausvaters (im Ernstfall sind die Ausgaben den sinkenden Einnahmen anzupassen!) betrieben wurde, und so schwankte die öffentliche Meinung gleichzeitig zwischen der Angst vor Inflation und Depression. Dabei war die Situation eindeutig. Sie wurde zutreffend und eindrucksvoll beschrieben im Jahresgutachten 1967/68 des Sachverständigenrates zur Begutachtung der gesamtwirtschaftlichen Entwicklung. Dort heißt es in Ziffer 1:

„Derart scharf und umfassend wie in der Bundesrepublik zwischen Herbst 1966 und Frühjahr 1967 ist nach dem Zweiten Weltkrieg die Nachfrage noch in keinem der großen westeuropäischen Industrieländer zurückgegangen. Während der Abschwungphase der vorangegangenen drei Wachstumszyklen wurde in der Bundesrepublik zwar in einzelnen Bereichen die Produktion gedrosselt; im ganzen aber hatte sich lediglich das Expansionstempo abgeschwächt. Im ersten Halbjahr 1967 lag das reale Bruttosozialprodukt, das bereits im zweiten Halbjahr 1966 nicht mehr gewachsen war, um fast 2 v. H. unter dem entsprechenden Vorjahrsstand. Im Spätsommer 1967 unterschritt die Industrieproduktion noch den vergleichbaren Stand von 1965. Im ersten Halbjahr 1967 waren bei den Arbeitsämtern fast 300 000 mehr Arbeitslose gemeldet als ein Jahr zuvor; die Zahl der Erwerbstätigen war sogar um 800 000 niedriger. Der Mangel an inländischer Nachfrage hat außenwirtschaftliche Überschüsse von bisher nicht erlebtem Ausmaß hervorgerufen."

In dem gleichen Jahresgutachten wird auch der Nachweis geführt, daß „der Konjunkturabschwung, der zur Rezession wurde, bereits im Verlauf des Jahres 1965 einsetzte". Und der Produktionsausfall (und entsprechende „Wohlstandsverlust") wird für die Jahre 1966/67 mit 37 Milliarden DM beziffert[36].

Trotz dieser eindeutigen (und auch im Frühjahr 1967 deutlich erkennbaren) Lage kam es zu den oben geschilderten Verzögerungen bei der Wiederankurbelung der Konjunkturen im ersten Halbjahr 1967. Diese Überbewertung der „klassischen" Fiskalpolitik und die Unterbewertung der Arbeitslosenziffern, wie die Bundesbank sie wiederholt demonstriert hat, gehören mit zur Beurteilung der Rolle der Notenbank in einem demokratischen und sozialen Rechtsstaat – und sie erschweren die Anwendung der konjunkturpolitischen Instrumente. Deren Anwendung ist immer unpopulär, schon deshalb, weil im Aufschwung wie bei abwärts gerichteter Konjunktur der Einsatz des konjunkturpolitischen Instrumentariums um so wirksamer ist, je früher er erfolgt; in der Regel wäre er dann schon nötig, wenn in der Öffentlichkeit – schon allein wegen der unvermeidlichen Verzögerungen zwischen der Erfassung der Daten und ihrer Aufbereitung und Veröffentlichung – noch der Eindruck einer in die andere

Richtung zeigenden Konjunkturbewegung besteht. Sie wird um so schwerer, je mehr Vorbehalte gegenüber jeder „Staatstätigkeit an sich“ bestehen, wie es in der Bundesrepublik immer noch der Fall ist.

Aus dieser Haltung und der im deutschen Volk (bei verdrängten Krisenerfahrungen) vorhandenen Inflationsfurcht finden Ankurbelungsmaßnahmen während eines Konjunkturtiefs nur sparsamen Beifall, während in der Hochkonjunktur der Ruf nach Drosselung zunehmend die Gazetten füllt. (Nur die bei der Weltmarktsituation der Bundesrepublik notwendigsten Bremsmaßnahmen, die Anpassungen des Wechselkurses, behalten geringe öffentliche Resonanz – und das gilt auch leider für die Deutsche Bundesbank. Die unabdingbare außenwirtschaftliche Absicherung der Stabilitätspolitik seit 1970 hätte sich bei anderer Grundeinstellung des Bundesbankdirektoriums sehr viel früher – und damit wirksamer – realisieren lassen.) Für den notwendigen Ausbau der Infrastruktur – und damit zur Sicherung der langfristigen Gemeinwohlinteressen – wäre aber genau das gegenteilige Verhalten notwendig.

Nicht geeignet zur Drosselung der Hochkonjunktur

Das von Galbraith so treffend geschilderte Weltbild der neoliberalen Theorie mit seiner Negation der öffentlichen Aufgaben hat lange auch die öffentliche Meinung in der Bundesrepublik in ihrer Ausrichtung auf öffentliche Investitionen beherrscht. Die Drosselung der Staatsausgaben zugunsten des Spielraums der privatwirtschaftlichen Konjunktur – und innerhalb dieses Bereichs vor allem zugunsten der Exportindustrie – erschien selbstverständlich; bei dem ersten Einsatz öffentlicher Investitionen zur Konjunkturankurbelung entstanden sofort Bedenken, daß hier „des Guten zu viel“ geschehen könne. Dabei ist seit 1966 der Anteil des Staates an den Investitionen nicht gestiegen, sondern leicht rückläufig: Ausrüstungs- und Bauinvestitionen zusammen gerechnet betrug der Staatsanteil am gesamten Investitionsvolumen 1966 16,2 Prozent, im Jahre 1971 dagegen 15,0 Prozent. (Vgl. Tabelle 10.) Aber bis heute wird vor allem von der Fiskalpolitik – und zwar von der *Ausgaben*seite – die Drosselung der Konjunkturentwicklung erwartet, wie es beispielsweise die Abgeordneten Narjes und Zeitel in der Bundestagsdebatte des Jahreswirtschaftsberichts 1973 demonstrierten[37].

Prüft man – ohne Vorbehalte – das Instrumentarium der antizyklischen Finanzpolitik auf seine Wirkungsmöglichkeiten und die gesamtwirtschaftlichen Rückwirkungen, so zeigt sich, daß dieses zur Überwindung einer Wirtschaftskrise so großartige Instrument für die Feinsteuerung der Hochkonjunktur nur wenig geeignet ist. Das liegt nicht an dem theoretischen Gedankengebäude, das von zwingender Logik ist und in einer einfachen geschlossenen Volkswirtschaft auch entsprechend wirken würde. Herrscht aber in der Wirtschaftspolitik das Primat der Vollbeschäftigung – und das muß in einem sozialen Rechtsstaat Selbstverständlichkeit sein – und bestehen starke und vielschichtige Weltmarktverflechtungen, so werden die Anwendungen des fiskalpolitischen Instrumentariums schwieriger und die Aus- und Rückwirkungen unübersichtlicher. Das ist um so mehr der Fall, je hochentwickelter eine Volkswirtschaft ist.

Bremsen des Infrastrukturausbaus nicht zu verantworten

Schon in den fünfziger- und in der ersten Hälfte der sechziger Jahre hat das in Reaktion auf die Bewegungen der privatwirtschaftlichen Konjunktur erfolgende Auf- und Abdrehen der öffentlichen Bauaufträge seine Spuren in der Struktur der Bauwirtschaft und bei der Infrastrukturausstattung der Bundesrepublik hinterlassen. Mit zunehmender Industrialisierung und der damit einhergehenden Komplizierung und Verdichtung aller Beziehungen wird die Anpassung öffentlicher Aufträge an die wechselnden Konjunkturlagen des privatwirtschaftlichen Bereichs immer problematischer.

Öffentliche Investitionen sind in der Regel langfristiger Natur; ihre Streckung oder zeitweise Aussetzung ist gewöhnlich nicht ohne erheblichen Mehrkostenaufwand möglich. (Wer Anpassung der öffentlichen Aufträge an die Konjunkturbewegung der Wirtschaft fordert, erwartet aber gleichzeitig äußerst sparsame Haushaltsführung.) Außerdem ist die Infrastrukturausstattung einer Volkswirtschaft kein „Luxus" zur Befriedigung kollektiver Bedürfnisse. Ein großer Teil der materiellen Infrastruktur schafft unabdingbare Voraussetzungen für die weitere Entfaltung des Wirtschaftsprozesses und damit für das die Sicherheit der Arbeitsplätze garantierende Wirtschaftswachstum. Ohne zügigen Ausbau der Verkehrswege und Einrichtungen der Nachrichtenübermittlung und der Energieversorgung zum Beispiel käme der privatwirtschaftliche Produktionsprozeß sehr schnell ins Stocken. Wenn das Hinterherhinken dieses Bereichs gegenüber der Gesamtentwicklung bis jetzt noch nicht zu größeren Ausfällen geführt hat, so auch deshalb, weil ein großer Teil der Reibungsverluste von den Arbeitnehmern in ihrer Freizeit aufgefangen werden. (Die Verlängerung der Zeiten für die Wege vom und zum Arbeitsplatz durch die zunehmende Verkehrsdichte haben z. B. einen großen Teil der gewerkschaftlich durchgesetzten Arbeitszeitverkürzungen verschlungen. Lediglich die Liebe der Mehrzahl der Arbeitnehmer zu ihrem Fetisch Automobil hat hieraus nicht größere Unruhen entstehen lassen.)

Die Rückwirkungen der personalen Infrastruktur vor allem der unzureichenden Bildungseinrichtungen sind weniger augenfällig. Es wird aber kaum noch ernsthaft bestritten, daß das „Bildungsdefizit" der Bundesrepublik mitverantwortlich für das relative Zurückbleiben der Wachstumsraten unserer Volkswirtschaft gegenüber vergleichbaren anderen Industrienationen ist[38].

Diese Zusammenhänge zeigen die Problematik einer Drosselung der öffentlichen Ausgaben selbst dann, wenn die hiervon gewöhnlich erwarteten Auswirkungen auf das Preisniveau eintreten würden. Bei einer so stark mit dem Weltmarkt verflochtenen Volkswirtschaft wie der der Bundesrepublik muß freilich – jedenfalls bei festen Wechselkursen – bezweifelt werden, ob diese Wirkungen überhaupt eintreten. Eine Verringerung der öffentlichen Nachfrage wird in der Regel für eine Erweiterung der privaten benutzt, so daß die erwarteten Dämpfungserscheinungen nicht auftreten, sondern lediglich die Schwerpunkte der Hochkonjunktur sich verlagern. Ist somit der preispolitische Erfolg schon zweifelhaft, so sind die Auswirkungen auf die Infrastruktur nicht zu verantworten.

Der Mehrzahl der öffentlichen Leistungen kommt eigenständige Bedeutung zu, nicht nur zur Verbesserung der Voraussetzungen des wirtschaftlichen Produktionsprozesses, sondern auch für die Teilnahme der Bürger am technischen und wissenschaftlichen Fortschritt. Moderne Bildungsstätten und hochleistungsfähige Krankenhäuser sind ebenso wie bequeme und schnelle Nahverkehrsmittel Möglichkeiten dieses Jahrhunderts, die der einzelne Bürger sich aus eigener Kraft nicht leisten kann. Hier hat die staatliche Daseinsvorsorge einzugreifen, sie darf aber dann bei der Durchführung ihrer Maßnahmen nicht davon abhängig sein, ob der Verlauf der privatwirtschaftlichen Konjunktur für öffentliche Leistungen gerade den nötigen Spielraum läßt oder nicht. Der Ausbau der Infrastruktur ist ein eigenständiger und immer bedeutsamerer Auftrag des Staates, der nicht im Wege der Anpassung an andere (autonome) Bewegungen erfüllt werden kann. Und von der mehr oder weniger guten Erfüllung dieses Auftrages werden die mehr oder weniger großen individuellen Entfaltungsmöglichkeiten der Bürger immer mehr beeinflußt[39].

Konjunkturpolitik über die Einnahmenseite: wirksam, aber unpopulär

Die Tatsache, daß die Bedeutung des Infrastrukturausbaus die Anpassung der öffentlichen Ausgaben an den privatwirtschaftlichen Konjunkturverlauf verbietet, setzt freilich das antizyklische Konjunkturinstrumentarium nicht außer Kraft, sondern verbietet nur die Anwendung der einen Seite. Die andere Seite, nämlich die Regulierung der Gesamtnachfrage über die Einnahmenseite des Haushalts, bleibt voll anwendbar; sie ist sogar einfacher zu handhaben und auch in ihren Wirkungen überschaubarer, allerdings sehr viel unpopulärer. Dieser (neue) Aspekt der antizyklischen Finanzpolitik ist in der Bundesrepublik erstmalig in der Regierungserklärung vom 18. Januar 1973 deutlich angesprochen und im Stabilitätsprogramm 1973 praktiziert worden.

Die Brüsseler Währungsbeschlüsse und das Stabilitätsprogramm der Bundesregierung (einschließlich der am 29. Juni 1973 dokumentierten Bereitschaft, Wechselkursänderungen nicht mehr als tabuisiertes, sondern als normales wirtschaftspolitisches Instrument zu handhaben) zeigen endlich auch die notwendige Kombination von Konjunktur- und Strukturpolitik. Dabei ist der bedeutsamste strukturpolitische Effekt mittel- und langfristig von den veränderten Währungsrelationen zu erwarten: dort, wo die internationale Wettbewerbsfähigkeit vorwiegend auf die falschen Wechselkurse der Vergangenheit zurückzuführen war, werden sich die Zuwachsraten (zum Teil erheblich) verlangsamen. Damit wird ein strukturpolitisch erwünschter Prozeß eingeleitet, um Kapazitätsreserven, die in einer vollbeschäftigten Wirtschaft immer nur sehr schwer zu finden sind, für den notwendigen Ausbau der Infrastruktur dort frei zu machen, wo sie für die Entwicklungsmöglichkeiten der Bürger am wenigsten beitragen.

In die gleiche Richtung der Umorientierung eines Teils der Produktion drängen Stabilitätsabgabe und Stabilitätsanleihe. Das Aufkommen hieraus wird stillgelegt und wird damit über die Verminderung des Geldvolumens auf mehr Stabilität hinwirken – mittelfristig werden damit aber gleichzeitig Reserven für künftige Infrastrukturfinanzierung geschaffen.

Auch die positiven strukturpolitischen Effekte werden freilich den konjunkturpolitischen Einsatz der Einnahmenseite des Haushalts (kurzfristig) kaum populärer machen. Doch geringe Popularität darf die Wirtschafts- und Finanzpolitiker nicht abschrecken. Nur bei rigoroser Verlagerung der Gewichte auf die Einnahmenseite ist – jedenfalls bei dem in der Bundesrepublik vorhandenen Rückstand im Ausbau der Infrastruktur – der antizyklische Einsatz der öffentlichen Haushalte zu verantworten.

Dabei wird die Anwendung dieser Seite des antizyklischen Fiskalinstrumentariums noch sehr viel schwieriger, wenn der Kern der Konjunkturüberhitzung im privatwirtschaftlichen Bereich nicht wie 1973 auf der Investitionsgüter-, sondern auf der Konsumgüterseite liegt. In diesem Falle wäre es beispielsweise notwendig, mit der Stabilitätsabgabe sehr viel tiefer anzusetzen, um auch Massenkaufkraft abzuschöpfen.

Aber es gibt keine Alternative; die Anwendung dieses Teils des antizyklischen Instrumentenkastens ist ebenso notwendig wie die Verbesserung und Erweiterung der öffentlichen Leistungen. Nicht notwendig, um irgendwelcher zunehmender „Omnipotenzen" des Staates willen, sondern zur Erhöhung der Lebensqualität für jeden einzelnen. Eine Vielzahl von Verbesserungen der Lebensbedingungen des einzelnen Bürgers ist nur durch Gemeinschaftsleistungen möglich; diese Gemeinschaftsleistungen aber erfordern einen kontinuierlichen langfristig geplanten Ausbau der Infrastruktur und darum auch – da es ohne sie nicht geht – die Beeinflussung der Konjunktur über die Einnahmenseite des Haushalts als Ergänzung einer vernünftigen Geld- und Kreditpolitik.

Leichtere Anwendung bei kräftigem Wachstum

Die zum Ausbau der Infrastruktur notwendigen Gewichtsverlagerungen bei der künftigen wirtschaftlichen Entwicklung sind freilich – wie alle Strukturveränderungen – nur allmählich durchführbar. Sie werden um so leichter, je besser es gelingt, in jeder Phase die vorhandenen Wachstumsmöglichkeiten auszuschöpfen; freilich nicht eines wahllosen, sondern eines an den gesellschaftlichen Bedürfnissen orientierten Wachstums. Eine der großen Kapazitätsreserven für diese Umschichtung liegt in der überdimensionierten Exportindustrie. Weitere sind im Bereich der umweltschädlichen Produkte zu finden, deren Produktion allmählich zurückzudrängen ist zugunsten umweltfreundlicher bzw. der kollektiven Bedürfnisbefriedigung dienender Güter. Ein möglichst reibungsloses und mit wenig Härten verbundenes Ablaufen dieses Prozesses erfordert eine behutsam vorzunehmende Differenzierung des künftigen Wachstums, aber keine generelle Begrenzung.

Die hierzu notwendige Differenzierung des Wachstums kann – ohne staatliche Eingriffe in die Produktionsbereiche einzelner Branchen – mit einer Veränderung der durch den Staat zu setzenden Daten erreicht werden. Der Aufbau jener überdimensionierten – von den Kostenrelationen her falsch strukturierten – Exportindustrie z. B. war nur durch das dirigistisch (und falsch) gesetzte Datum der Wechselkurse von 1949 bis 1969 möglich. Notwendige Korrekturen dieser und anderer falschen Datensetzungen sind nicht anti-marktwirtschaftlich; im Falle des Wechselkurses ist jeder Schritt zu mehr Flexibilität sogar ein Schritt zu mehr Marktwirtschaft. Mit der Veränderung der übrigen Rahmendaten ist es ähnlich: der Ausbau der Umweltschutzgesetzgebung z. B. verstärkt die Sozialbindung der marktwirtschaftlichen Ordnung und macht sie damit langfristig gefestigter.

3. Abschied von der undifferenzierten Globalsteuerung

Die Verlagerung der antizyklischen Finanzpolitik auf die Einnahmenseite des Haushalts bedeutet keinen Abschied von dem Keynesschen Instrumentarium, sondern nur eine neue Ausrichtung. Auch die Anwendung der Einnahmenseite des Haushalts ist ein marktkonformes Mittel, das freilich sehr differenziert eingesetzt werden kann. Mehr Differenzierung ist mit der zunehmenden Bedeutung der Infrastruktur in einer hochindustrialisierten Volkswirtschaft allerdings auch für die gesamte Wirtschaftspolitik notwendig. Auch dies ist kein Schritt zu einem anderen Wirtschaftssystem, sondern nur das Ernstnehmen und gezielte Anwenden der marktwirtschaftlichen Möglichkeiten.

Vorrang der Wettbewerbs und Strukturpolitik

Weder in der wissenschaftlichen Literatur noch bei den Wirtschaftsverbänden oder überhaupt irgendwo wird bestritten, daß ein funktionierender Wettbewerb unabdingbare Voraussetzung jeder marktwirtschaftlichen Ordnung sei. In der unternehmerischen Praxis wird der Wettbewerb freilich mehr bei den anderen geschätzt. In der eigenen Branche ist „der beste Wettbewerb gar kein Wettbewerb". Und die schon bei Karl Marx schlüssig bewiesene These, daß die Konkurrenz, sich selbst überlassen, sich selber aufhebt, ist empirisch nachweisbar und theoretisch belegbar. Der Wettbewerb ist ein sorgfältig zu hütendes Pflänzchen, das der staatlichen Pflege bedarf; hier kamen sich neoliberale Theoretiker und sozialdemokratische Wirtschaftspolitiker relativ schnell nahe[40], leidvoll war nur stets die Übertragung dieser Grundsätze in die gesetzgeberische und wirtschaftspolitische Praxis. Das Kartellgesetz von 1957 mit seinen zahlreichen Unzulänglichkeiten und Ungereimtheiten ist ein deutlicher Beweis dafür ebenso die endlose Diskussion um die – von eben diesem Gesetz strikt geschützte – Preisbindung der zweiten Hand.

Die Wettbewerbsfrage und die Bedeutung einer gezielten Strukturpolitik werden in der Regierungserklärung vom 18. Januar 1973 mit ebenso großer Deutlichkeit angesprochen wie die Notwendigkeit der Verlagerung der antizyklischen Finanzpolitik auf die Einnahmenseite des Haushalts. Der unmittelbar nach Wiederaufnahme der parlamentarischen Arbeit wieder eingebrachte Gesetzentwurf zur Verbesserung des Kartellgesetzes aus der VI. Legislaturperiode und die zahlreichen durch den Bundestagsausschuß für Wirtschaft vorgenommenen Verschärfungen beweisen, daß es den Regierungsparteien und der Bundesregierung mit mehr und gezielterer Wirtschaftspolitik ernst ist. Um nur die wichtigsten Punkte der Kartellgesetzreform zu nennen:

- Einführung einer vorbeugenden Fusionskontrolle ab 500 Millionen DM Gesamtumsatz;
- Erfassung von „Frühstückskartellen“ durch den neuen Verbotstatbestand für „abgestimmte Verhaltensweisen“;
- strikte Regelungen gegen „marktbeherrschende Unternehmen“;
- die Abschaffung der Preisbindung der zweiten Hand und
- die Diskriminierungsverbote bei Belieferungen eines differenzierten Abnehmerkreises.

Gleiches gilt für die Strukturpolitik, wo in der Regierungserklärung gleichzeitig der Abbau liebgewordener Subventionen zur Erhaltung alter nicht mehr wettbewerbsgerechter „Erbhöfe“ und die Konzentration strukturpolitischer Hilfen auf lebenswichtige Industrien und wirtschaftsschwache Gebiete angesprochen wird. Wenn im Rahmen der Regionalpolitik dabei betont wird, daß bei der Förderung wirtschaftsschwacher Gebiete der Ausbau der Infrastruktur vor den Direkthilfen zur Industrieansiedlung rangieren müsse, so entspricht das konsequent der wirtschaftspolitischen Gesamtkonzeption. Programmatisch hat damit zumindest in dieser Legislaturperiode die notwendige wirtschaftspolitische Umorientierung angefangen. Ihre Durchführung wird auf viel Widerstand stoßen, aber sie ist möglich.

Vorbeugende Fusionskontrolle – aber auch mehr Kooperation

Der schnelle technische und wissenschaftliche Fortschritt und die gewaltige Produktionssteigerung haben in den letzten zwei Jahrzehnten zu einer ständigen Vergrößerung der Unternehmeneinheiten geführt. Nicht alles davon war technisch notwendig; Zufälligkeiten der Verschiebung von Aktienmehrheiten und Verflechtungen mit dem Ziel der Wettbewerbsausschaltung haben ebenso ihre Bedeutung gehabt. Die Dimensionen des europäischen Marktes erfordern selbstverständlich neue Maßstäbe, aber auch die Möglichkeiten und die Wünsche nach Machtfülle im Top-Management der verschiedenen Unternehmen sind größer geworden. Trotz dieser Tendenzen bleibt beachtlich, welch große Zahl mittlerer und kleiner Unternehmer immer noch ihre echte Marktchance im wechselnden Produktionsprozeß findet. Freilich nur dann, wenn die größere Beweglichkeit kleinerer Unternehmenseinheiten für das Auffinden von Marktlücken, Anpassungsvorgänge an sich ändernde Nachfragestrukturen oder auch der Spezialisierung auf kleinere Serien entsprechend genutzt werden[41]. Der Nutzen einer möglichst hohen Vielfalt von Unternehmensformen und Unternehmensgrößen für die Effektivität und die Vielgestaltigkeit des Leistungsangebots aber auch zur Verminderung der Krisenanfälligkeit einer Volkswirtschaft steht dabei außer Zweifel.

Entsprechend wurde mit der neuen Kartellgesetzgebung ein doppeltes Ziel verfolgt: den Wettbewerb durch Fusionskontrolle und die Überwachung marktbeherrschender Produktionen zu gewährleisten, aber auch durch die Förderung der Kooperation kleiner und mittlerer Unternehmen, wenn diese Kooperation der Leistungssteigerung und der Erhaltung der Wettbewerbsfähigkeit dient. Beide Ziele haben gleiches Gewicht und ihre Realisierung ist geeignet, die marktwirtschaftliche Ordnung von einigen Verzerrungen zu befreien, die entscheidend zu der Diskreditierung des marktwirtschaftlichen Systems in der öffentlichen Meinung beigetragen haben.

Von der Notwendigkeit und der Schwierigkeit gezielter Strukturpolitik

Strukturpolitik ist in der Bundesrepublik und anderswo sehr lange mißverstanden worden als staatliche Subventionspolitik zur Erhaltung überkommener Strukturen. Die europäische Agrarpolitik bietet heute noch ein böses Beispiel dieser Art Strukturpolitik, echt strukturverbessernde Aspekte haben sich hier nur in den letzten Jahren und auch nur teilweise durchgesetzt[42]. Ähnlich verhielt es sich mit zahlreichen Strukturhilfen für notleidende Wirtschaftszweige. Sie führten nicht zur Verbesserung der Strukturen und damit zu der Fähigkeit, sich durch eigene Kraft im Markt behaupten zu können, sondern entweder zu staatlichen Dauerhilfen, oder zu einer von Verkaufssyndikaten beherrschten Angebotsstruktur. (Beispiele bieten sich von der Werftindustrie über die Zement- und Mühlenkartelle usw. in unschöner Reichhaltigkeit an.) Erhebliche Zweifel sind auch an der Zweckmäßigkeit und Notwendigkeit der Milliardenbeträge anzumelden, wie sie gegenwärtig noch zur Forschungsförderung ausgegeben werden.

Dafür ein Beispiel: es besteht kein Zweifel an der Bedeutung etwa der elektronischen Datenverarbeitung für eine hochentwickelte Volkswirtschaft. Doch ist die Produktion von Elektronenrechnern in der westlichen Welt ein lukratives Geschäft. Sollten die großen deutschen Elektrokonzerne tatsächlich erst durch staatliche Förderungsmittel dazu gebracht werden können, sich an diesem Geschäft zu beteiligen?

Diese beispielsweisen Bemerkungen dürfen freilich nicht dazu verleiten, die Mehrzahl der strukturpolitischen Maßnahmen als überflüssig oder lediglich als „profitfördernd" anzusehen. Es gibt eine lange Reihe gesamtwirtschaftlich erforderlicher und zusätzlich aus sozialen Gründen notwendiger Maßnahmen: von der Einordnung des deutschen Steinkohlenbergbaus in ein energiepolitisches Gesamtkonzept bis zur Förderung wirtschaftsschwacher Regionen, die schon von der Verfassung gefordert wird, weil anders die nach dem Grundgesetz gebotene Gleichheit der Lebenschancen in allen Regionen der Bundesrepublik auch nicht entfernt erreicht werden kann – spannt sich hier ein weiter Bogen. Ein Bogen, der notwendiges und richtiges ebenso umfaßt wie überflüssiges und schädliches. In der regionalen Strukturpolitik hat seit 1968 eine erfolgreiche Neuorientierung stattgefunden, erfolgreich in der Ansiedlung neuer Industrien und der Schaffung qualifizierter Arbeitsplätze; wenig erfreulich in seinen Rückwirkungen auf die Vermögensverteilung, deren Einseitigkeit hierdurch noch partiell verstärkt wird. In der sektoralen Strukturpolitik gibt es nur nebeneinander bestehende unkoordinierte Einzelprogramme. Die Ankündigung eines energiepolitischen Gesamtkonzepts in der Regierungserklärung von 1973 ist hier ein erster Schritt, dem weitere folgen müssen.

Strukturpolitik kann in der marktwirtschaftlichen Ordnung vernünftigerweise nur Hilfe zur Selbsthilfe sein. Daraus ergibt sich konsequent, daß jede Hilfe zeitlich begrenzt und degressiv gestaffelt sein müßte. Nur wenige Strukturhilfen in der Bundesrepublik erfüllen gegenwärtig diese Forderungen. Ihre Erfüllung dürfte auch nur möglich sein bei sehr viel engerer Verzahnung der einzelnen Strukturhilfen miteinander und bei der Einpassung in ein bundesweit angelegtes Entwicklungsprogramm. Damit ist freilich kein starres Fünf- oder Zehnjahresprogramm gemeint, sondern ein reversibles „lernendes System", das die verschiedenen Strukturhilfen miteinander koordiniert, die sonst harten Übergänge glättet und die notwendigen Gewichtsverlagerungen für die Wirtschaftsstruktur von morgen angibt. Wenn die Sozialbindung der marktwirtschaftlichen Ordnung und der

Grundgesetzauftrag zur Schaffung möglichst gleicher Lebenschancen es erforderlich machen, wachstumsschwachen Branchen vorübergehend und wirtschaftsschwachen Regionen nachhaltig zu helfen, so ist der dafür notwendige Einsatz öffentlicher Mittel möglichst optimal vorzunehmen. Ohne ein – zur ständigen Überarbeitung bereites – Gesamtprogramm der Strukturpolitik (einschließlich der Infrastruktur) ist diese effektive Verwendung der öffentlichen Mittel nicht gewährleistet.

Dem Markt geben, was des Marktes ist

Die unter Paläoliberalen gern kursierende Feststellung, daß es ein bißchen Dirigismus genau so wenig geben könne wie ein bißchen Schwangerschaft, gehört seit Jahrzehnten zu den beliebtesten Zitaten all derer, die für eine echte oder auch nur scheinbare Liberalität in der Wirtschaft eintreten. Doch mit diesem trefflich formulierten Bonmot ist es wie mit vielen anderen Grundsätzen: sie werden am häufigsten von jenen zitiert, die gegen ein bißchen Dirigismus dann gar nichts haben, wenn er ihnen nützt. Großen Teilen der deutschen Wirtschaft war beispielsweise sogar das – grob dirigistische – Mittel der Devisenzwangsbewirtschaftung recht, wenn sich damit das – lupenrein marktwirtschaftliche – Mittel der flexiblen Wechselkurse vermeiden ließ. Die weise Richterfrage des römischen Rechts: „cui bono?“ ist auch bei Argumenten pro und contra Dirigismus nur zu angebracht.

Das Beispiel der Wechselkursdiskussionen zeigt besonders deutlich, daß in der Frage marktkonform oder dirigistisch die Fronten oft sehr schief verlaufen und daß längst nicht jeder, der Marktwirtschaft sagt, gegen Dirigismus ist. Für die unternehmerische Wirtschaft gilt leider oft, daß Dirigismus nur dann verpönt ist, wenn die Gefahr der Gewinnminderung besteht. Wird der Ertrag dagegen geschützt – wie beispielsweise in der Werft- und Flugzeugindustrie – wird auch mehr als ein bißchen Dirigismus gerne in Kauf genommen.

Diese logisch verquere, aber bei ökonomischer Motivation verständliche Situation ist die Ausgangslage aller wirtschaftspolitischen Maßnahmen. Da das so ist, können bei struktur- und auch konjunkturpolitischen Maßnahmen die Überlegungen, ob die einzelnen Maßnahmen einer so oder so definierten Marktkonformität entsprechen, nur zweitrangig sein. In erster Linie ist die gesamtwirtschaftliche Effektivität zu beachten. (Wobei die Betonung auf *gesamt*wirtschaftlich liegt, was sich sehr von der einzelwirtschaftlichen Rationalität unterscheiden kann.) Auch bei gesamtwirtschaftlicher Betrachtung aber wird es sich in vielen Sektoren der Volkswirtschaft zeigen, daß der Markt eine breitgefächerte und schnell reagible Bedürfnisbefriedigung besser zustande bringt als ein noch so ausgeklügeltes Planungssystem. Den marktwirtschaftlichen Bereich möglichst groß und innerhalb dieses Bereichs den Wettbewerb intensiv zu erhalten, ist somit auch ohne neoliberale Ideologie gesamtwirtschaftlich vernünftig. Nur müssen die Rahmenbedingungen deutlich gesetzt und schädliche Rückwirkungen verhindert werden. Der berühmte Euckensche Datenkranz[43] ist vielfältig zu verengen, vor allem unter den Erfahrungen der gegenwärtigen Umweltschutzdiskussion.

Nehmen Regierung und Parlament ihre Möglichkeiten, den Datenkranz des marktwirtschaftlichen Geschehens entsprechend zu verengen, in ausreichendem Maße wahr, so bleibt dem Markte, was er leisten kann (aber auch nur das). Und sehr vieles ist über den Markt besser zu erfüllen als über eine – wie auch immer – staatlich organisierte Wirtschaft. Nicht, weil die Unternehmer klüger sind und vor Fehlplanungen besser geschützt wären als staatliche Instanzen. Aber über das mehr oder weniger laute Klingeln der Ladenkassen merken sie Fehlplanungen schneller und sind aus (gewinnsüchtigen) Motiven schneller bereit, sich zu korrigieren. Alle Computer der Planungsbürokratie können diese Motivation nicht ersetzen.

Sie nicht zu ersetzen, aber einzugrenzen und ihre Effektivität gesamtwirtschaftlichen Zielen nutzbar zu machen, ist mit vorausschauender Rahmenplanung eingebettet in ein langfristiges Infrastrukturprogramm anzustreben. In dieser Kombination kann ein „gemischtes Wirtschaftssystem" tatsächlich das „beste aus beiden Welten[44]" in sich vereinen und damit mehr Effektivität und größere Freiheitsgrade gewährleisten als jedes Wirtschaftssystem rein sozialistischer oder rein kapitalistischer Prägung.

In der Bundesrepublik sind bis 1969 sowohl die Infrastrukturplanung als auch die Rahmenbedingungen für das Marktgeschehen nur in sehr unterentwickelter Weise zum Einsatz gekommen. Die Kombination aus den „beiden Welten" war somit recht einseitig. Auf dem Bein „Planungskomponente" wurde kräftig gehinkt. Wen wundert es noch, daß damit die gesamte Kombination in Mißkredit geriet?

Um Effektivität und Freiheitsspielraum wieder herzustellen, bedarf es keiner „Systemüberwindung". Die Möglichkeiten der Verbesserung im Rahmen des Systems sind groß genug – sie müssen nur genutzt werden. Dazu bedarf es des politischen Muts zu durchgreifenden Reformen –, nicht der Revolution. Generell ist notwendig, daß Infrastrukturplanung und gesamtwirtschaftliche Rahmenplanung der Privatwirtschaft die Daten vorgeben, das Marktgeschehen kann sich dann innerhalb dieses Rahmens entwickeln. Bis 1969 generell und heute noch teilweise sollte dagegen die öffentliche Hand sich dem Marktgeschehen anpassen. Die unterentwickelte Infrastruktur der Bundesrepublik ist das Ergebnis dieser „perversen" Kombination.

Kalkulation der sozialen Folgekosten notwendig

Erst die heftige Umweltdiskussion der letzten Jahre hat einer breiten Öffentlichkeit zum Bewußtsein gebracht, daß mehr als ein Jahrhundert lang Unternehmen für ihre Betriebe Standorte gesucht, dort produziert und Gewinne erzielt, die Folgekosten aber der Allgemeinheit angelastet haben. In der Regel waren die „Vertreter des öffentlichen Interesses" sogar noch an der Standortauswahl aktiv beteiligt – allein die Zuweisung der Gewerbesteuer an die Gemeinden hat in vielen Fällen zu öffentlicher Beeinflussung der Standortbedingungen geführt, die weit entfernt von jeder *gesamt*wirtschaftlichen Rationalität waren. (Aber aus der isolierten Sicht der einzelnen Gemeinde nur zu verständlich, und meistens waren es die besonders tüchtigen Bürgermeister, die auch hier erfolgreich waren.) Die sozialen und ökologischen Folgen wurden erst spät erkannt, dann aber mit zunehmender Massierung überproportional spürbar.

In der sich intensivierenden Umweltschutzdiskussion wird darum auch mit Recht betont, „daß die wirtschaftliche Rationalität des Verhaltens der einzelnen Wirtschaftseinheiten keine Garantie für die Erhaltung der ökologischen Gleichgewichte und der Qualität der Lebensbedingungen des Menschen bietet. Die qualitative Beeinträchtigung von Umweltgütern, ihr Abbau, ihr Wertverzehr, ihre Zerstörung finden keinen adäquaten Ausdruck in einer Wirtschaftsrechnung in Marktwerten oder Geldeinheiten; sie werden daher in der Praxis ignoriert oder vernachlässigt. Mit anderen Worten: Die Umweltkrise zwingt uns zu einer Überprüfung der Prämissen und Prinzipien des wirtschaftlichen Rationalitätsbegriffs[45]".

So wie es in Zukunft unabweisbar sein wird, eine „Ergänzung der traditionellen Nationalbuchführung" durch sogenannte gesellschaftliche Kennzahlen (social indicators[46]) vorzunehmen, so müssen die sozialen Folgekosten auch Eingang in das betriebliche Rechnungswesen finden. Die Kalkulation einer umweltfreundlichen „Minimalausstattung" wird durch die Auflagen der intensiv vorangetriebenen Umweltschutzgesetzgebung erzwungen werden; etwas Zusätzliches zeichnet sich durch Rückwirkungen des zunehmenden „Umweltbewußtseins" in der Öffentlichkeit ab, wodurch Umweltfreundlichkeit zu einem verkaufsfördernden Werbefaktor wird. (Zusammen mit der neu sich belebenden Diskussion um die gesellschaftliche Rolle und Verantwortung des Unternehmers[47] kann hier ein beachtlicher Antrieb zu fortschrittlichem Verhalten liegen.)

Karl William Kapp hat auf der unter dem Generalthema „Qualität des Lebens" stehenden vierten internationalen Arbeitstagung der Industriegewerkschaft Metall (11. bis 14. April 1972) in Oberhausen folgende Grundvoraussetzungen „eines realistischen Programms der Umweltverbesserung und einer wirksamen Politik der Umweltkontrolle“ dargestellt:

„1. Die systematische, quantitative Erfassung der ökologischen Grundzusammenhänge und ihre Gefährdung durch spezifische Techniken, die in heutigen Produktionsprozessen zur Anwendung gelangen. Die Ergebnisse einer solchen kontinuierlichen ökologischen Bestandsaufnahme müßten in Form von Umweltindikatoren niedergelegt werden.

2. Die Erarbeitung von Umweltnormen oder Standards als praktische Ziele einer gesamtwirtschaftlichen Umweltpolitik.

3. Die bewußte gesellschaftliche Lenkung der Wissenschaft und Forschungspolitik zum Zwecke der systematischen Entwicklung von Technologien, die weniger umweltbelastend als die bisherigen Techniken sind.

4. Die Entwicklung von wirksamen wirtschaftspolitischen Maßnahmen zur Verwirklichung dieser Ziele.

5. Die Ergänzung der privatwirtschaftlichen Kostenrechnung durch eine gesamtwirtschaftliche Kostenrechnung und Buchführung.

6. Die Abschätzung der wirtschaftlichen Auswirkungen der gesamten Maßnahmen der Umweltkontrolle auf die Kosten, den Stand der Beschäftigung und das Gesamtprodukt.

7. Die Einordnung der gesamten Politik der Umweltkontrolle und der Verbesserung der Qualität des Lebens in den demokratischen Prozeß und die demokratische Willensbildung[48].“

An der Erfüllung dieser Voraussetzungen wird in der Bundesrepublik gearbeitet, wenn auch nicht in dem der Bedeutung des Problemkreises entsprechenden Tempo. (Ungeklärte Bund/Länder-Kompetenzen erschweren das sowieso mühsame Geschäft noch zusätzlich.) Doch dieses Tempo muß und wird sich beschleunigen – und die Unternehmen täten gut daran, sich heute schon darauf einzustellen. Wettbewerbsvorteile durch „die Abwälzung von Sozialkosten“ werden künftig immer weniger geduldet werden, zunehmende Umweltkontrollen werden die Betriebe zwingen, ihre Gesamtkosten selbst zu tragen. Das wirft neue Strukturprobleme auf, aber Probleme, deren Überwindung zu einer gesamtwirtschaftlich ausgeglicheneren Struktur führt. Über unvermeidbare Reibungsverluste hinweg dürfte Kapps Feststellung in Oberhausen richtig sein, „daß steigende Kosten zwar zu fallender Beschäftigung in besonders betroffenen Industrien führen und dadurch neue Sozialkosten in Form von Arbeitslosigkeit entstehen könnten; andererseits werden Industrien, die die Umweltkontrollanlagen herstellen, und insbesondere diejenigen, die neue Techniken und Produktionsgüter entwickeln, ihre Profite und daher ihre Nachfrage nach Arbeitskräften steigern[49]".

Wenn die Regierungen nur den nötigen Mut aufbringen, der unternehmerischen Wirtschaft entsprechend harte Daten vorzugeben, teile ich Gottfried Bombachs Optimismus, der in seiner (vernichtenden) Kritik des „Weltmodells" des „Club of Rome" feststellt, daß dort „fälschlicherweise ... Lernprozesse bei der Vermeidung von Umweltschäden" nicht unterstellt werden; aber: „Der technische Fortschritt auf diesem Gebiet läuft heute bereits viel schneller, als selbst Optimisten noch vor kurzem geglaubt hätten. Und die Marktwirtschaft hat sich dabei als höchst leistungsfähig erwiesen; man mußte die Schäden nur internalisieren. Es gibt keinen Zwang, daß die Umweltschäden exponentiell zunehmen müßten. Zum Teil nehmen sie heute bereits ab. Aus England wird berichtet, daß Flüsse und Luft bereits wieder sauberer seien[50]."

Soziale Folgekosten schaffen neue Standortbedingungen

Weder in der klassischen noch in der neoliberalen Wirtschaftstheorie hat die Frage nach den optimalen Standortbedingungen für industrielle Produktion einen besonders hohen Stellenwert. Und in den vorhandenen Arbeiten spielten vor allem natürliche Standortfaktoren wie Rohstoffvorkommen und ähnliches sowie die Transportkostenprobleme eine vorrangige Rolle. Wenig oder gar nicht wurde dagegen beachtet, welche Rück- und Auswirkungen eine Industrieansiedlung für die Umwelt mit sich brachte.

Erst das in den letzten Jahren generell gestiegene Umweltbewußtsein hat diese Fragen zu einem Bestandteil der Standortanalyse gemacht[51]. Doch es genügt nicht, die Umwelteinwirkungen und andere soziale Folgekosten lediglich aus der Sicht des standortsuchenden Unternehmers zu erfassen, ihre Einordnung in übergreifende Raumplanungen wird immer notwendiger. Jene zahlreichen Veränderungen der Standortfaktoren aus neuen Fertigungsmethoden – wie z. B. der zunehmende Trend in der Stahlindustrie, die Produktionsstätten von den konventionellen Standorten auf der Rohstoffbasis an seeschifftiefes Fahrwasser zu verlagern – müssen gemeinsam mit den zunehmenden sozialen Folgekosten in den Verdichtungsgebieten gesehen werden.

Werden im Zuge des Ausbaus der Umweltschutzgesetzgebung die sozialen Folgekosten zunehmend mehr den Unternehmen angelastet – das in der Umweltschutzgesetzgebung der sozial-liberalen Koalition verankerte Verursacherprinzip legitimiert dazu –, so entsteht ein neues Standortgefälle. Die mit zunehmender Entfernung von den Ballungsgebieten in der Regel proportional zunehmenden Verkehrskosten, die bisher zu den größten Nachteilen ballungsferner Regionen gehörten, können in Zukunft durch die Kosten der Auflagen zum Schutze der Umwelt kompensiert, oft vielleicht sogar überkompensiert werden. Die um Ausgleich der Nachteile einzelner Gebiete bemühte regionale Strukturpolitik kann hierdurch eine erhebliche Verbesserung ihrer Möglichkeiten erhalten. Möglichkeiten, die dann nicht – wie die gegenwärtigen Investitionshilfen – von der Allgemeinheit der Steuerzahler über öffentliche Kassen aufgebracht werden müssen, sondern durch einen Beitrag jener, die seit Jahrzehnten Standortvorteile in Anspruch nehmen, ohne für die Folgekosten aufzukommen.

Regionalpolitik als Mittel zur Erschließung von Wachstumsreserven

Nach dem Grundgesetz (Artikel 72) hat der Bund die Verantwortung für die Gewährleistung der Einheitlichkeit der Lebensverhältnisse in allen Teilen der Bundesrepublik. Dieser Auftrag ist sicher unterschiedlich interpretierbar. Bezogen auf das immer noch vorhandene Einkommensgefälle zwischen Ballungsgebieten und ballungsfernen Regionen läßt sich hier die Frage stellen, ob dieses Gefälle nicht aufgehoben wird durch den zunehmenden Verschmutzungsgrad der Luft und die Beeinträchtigung der anderen natürlichen Lebensbedingungen in den Ballungsgebieten in Relation zu den wirtschaftsschwachen Regionen, in denen (wenigstens in der Regel) die von der klassischen Nationalökonomie als „freie Güter" bezeichneten Dinge wie Luft und Wasser noch einigermaßen im Naturzustand vorhanden sind. Bei allen Schwierigkeiten der Abwägung zwischen höheren Löhnen und sauberer Luft dürfte für die Bundesrepublik Deutschland noch immer zutreffen, daß generell eine Gleichheit der Lebenschancen in den verschiedenen Regionen nicht besteht und daß auf vielen Gebieten die Chancen mit zunehmender Entfernung von den Ballungsgebieten abnehmen. Dieser Zustand wurde zwei Jahrzehnte lang beklagt. Seit der Neuorientierung der regionalen Strukturpolitik im Jahre 1968 wird mit Erfolg daran gearbeitet, ihn zu verbessern[52].

Das Instrumentarium der regionalen Strukturpolitik dient aber nicht nur der Erfüllung des Verfassungsauftrags aus Artikel 72, es erhält auch zunehmende Bedeutung als Mittel zur Erschließung von Wachstumsreserven. Die wirtschaftliche Entwicklung in der Bundesrepublik steht in den nächsten zehn Jahren unter neuen demographischen Bedingungen. Während in dem Jahrfünft von 1950 bis 1955 – der ersten Wiederaufbauphase der westdeutschen Wirtschaft – die Zahl der Erwerbstätigen im Jahresdurchschnitt um 2,7 Prozent stieg und der Zuwachs 1955 bis 1960 noch 1,7 Prozent betrug, zeigt die erste Hälfte der sechziger Jahre trotz der erheblichen Zuwanderung ausländischer Arbeitnehmer lediglich noch einen Anstieg von durchschnittlich 0,7 Prozent im Jahr. Gleichzeitig nähert sich in fast allen Wirtschaftszweigen der Bundesrepublik die durchschnittliche Arbeitszeit überall der angestrebten Vierzig-Stunden-Woche (vgl. Tabelle 7). Zunehmende Freizeit, Verlängerung der Ausbildungszeiten und die Möglichkeiten eines früheren Rentenbeginns werden diesen Trend in Zukunft noch verstärken. Nach den jetzt erkennbaren Tendenzen ist bis 1980 höchstens noch mit einer jährlichen Zunahme der Zahl der Erwerbstätigen um rund 0,2 Prozent zu rechnen. (Dabei ist ein durchschnittliches Wirtschaftswachstum von real 4,5 Prozent veranschlagt worden, ferner eine Zuwanderung von rund 600 000 ausländischen Arbeitnehmern bei einer Arbeitslosenquote von 0,8 Prozent.)

Bei allen Möglichkeiten zu weiterer Kapitalintensivierung der Produktion zeigen diese demographischen Tendenzen die gesamtwirtschaftliche Bedeutung der Erschließung vorhandener Wachstumsreserven. Von den Möglichkeiten weiterer Zuwanderung ausländischer Arbeitnehmer – deren soziale Problematik sich immer deutlicher zeigt – und einer Verstärkung der Teilzeitarbeit abgesehen, liegen Arbeitskraftreserven nur noch in den ballungsfernen Regionen der Bundesrepublik, vor allem in der Landwirtschaft. Die zunehmende Abwanderung Erwerbstätiger aus der Landwirtschaft hat in den letzten Jahren dort zu beachtlicher Steigerung der Produktivität in der landwirtschaftlichen Produktion geführt. Trotzdem erarbeiten die dort Beschäftigten nur knapp 4 Prozent des Sozialprodukts; aber immer noch sind fast 10 Prozent der Erwerbstätigen in der Agrarproduktion tätig. Die seit 1969 erfolgreich angestrebte Verzahnung der regionalen Strukturpolitik mit der Agrarstrukturpolitik hat hier noch beachtliche Möglichkeiten: zum Nutzen der Landwirtschaft selbst und der neue Standorte suchenden Industrie.

Fortsetzung des Gastarbeitertrends?

Seit Erreichen der Vollbeschäftigung in der Bundesrepublik, etwa 1955/56, ist diese Volkswirtschaft nie mit dem einheimischen Arbeitspotential ausgekommen. Bis zum Sommer 1961 verzeichnete der Arbeitsmarkt der Bundesrepublik einen ständigen Zustrom (meist hochqualifizierter Facharbeiter) von Arbeitskräften aus der DDR, in den letzten zwölf Jahren einen permanenten – lediglich durch die von Bundeswirtschaftsminister Schmükker „gewollte" Rezession 1966/67 unterbrochenen – Zustrom ausländischer Gastarbeiter. Inzwischen werden in der Bundesrepublik rund 2,4 Millionen ausländische Arbeitnehmer beschäftigt. Davon nur gut 15 Prozent aus dem Bereich der Europäischen Gemeinschaft. Das Einzugsgebiet hat längst auf Nordafrika übergegriffen und liegt praktisch rund um das Mittelmeer; noch vor Jugoslawien stellt die Türkei inzwischen den stärksten Anteil. (Vgl. Tabelle 6.)

Der wichtige Beitrag der Gastarbeiter zur Leistungsfähigkeit der deutschen Volkswirtschaft kann und soll hier nicht bezweifelt werden. (Ohne die Beiträge der Gastarbeiter würde der durch zwei Weltkriege gestörte Bevölkerungsaufbau in der deutschen Sozialversicherung sehr viel höhere Beiträge erfordern; die Tatsache, daß die Mehrzahl aller Gastarbeiter in der Bundesrepublik mehr verdient als konsumiert, weil ein erheblicher Teil des Einkommens zu den Familien in die Heimatländer gesandt wird, stellt außerdem einen wesentlichen Stabilitätsbeitrag dar.) Aber der Zustrom dieser Arbeitskräfte ist ähnlich erfolgt wie die Standortwahl der Unternehmer in früheren Jahrzehnten: ohne Beachtung der gesamtwirtschaftlichen Auswirkungen und unter Anlastung der Folgekosten für die Allgemeinheit. Eine soziale Integration, die allein in einer humanen Gesellschaft die Verlagerung ganzer Bevölkerungsgruppen an neue Wohnorte legitimiert, wurde in den ersten Jahren gar nicht versucht. Die Verantwortlichen taten so oder glaubten tatsächlich, daß das „Gastarbeiterproblem" lediglich eine vorübergehende Konjunkturfrage sei. Inzwischen ist die Beschäftigung von Gastarbeitern längst eine Strukturfrage geworden, allerdings sehr unterschiedlich über die Bundesrepublik verteilt. Die Bemühungen um soziale Integration sind freilich nur wenig über „Mindestanforderungen für Unterkünfte“ und unzulängliche Lösungen des Schulproblems hinausgekommen. Dort, wo Bundesländer und Gemeinden sich dieser Aufgabe im Ernst annahmen, entstand sehr schnell eine Diskussion um die sozialen Folgekosten. Kosten, die – wie bei der Umweltgefährdung durch industrielle Produktion – voll der Allgemeinheit angelastet werden und nicht jenen Unternehmen, die zum Ausbau ihrer Produktion diese Arbeitskräfte benötigten.

Die Bundesregierung hat auf Vorschlag von Bundesarbeitsminister Arendt am 6. Juni 1973 ein „Aktionsprogramm für Ausländerbeschäftigung“ beschlossen, das neben intensiver Überprüfung der Richtlinien vom 1. April 1971 vor allem folgende Neuregelungen vorsieht:

- „Die Zulassung ausländischer Arbeitnehmer in überlasteten Siedlungsgebieten soll von der Aufnahmefähigkeit der sozialen Infrastruktur abhängig gemacht werden“,
- eine baldige „spürbare“ Erhöhung der „Gebühr für die Vermittlung ausländischer Arbeitnehmer“ und
- „falls diese Maßnahmen nicht in dem gewünschten Maße zur Konsolidierung der Ausländerbeschäftigung beitragen sollten, wäre an die Einführung einer besonderen Wirtschaftsabgabe für die Beschäftigung von Ausländern zu denken.“ Aber auch
- „aus sozialen und humanitären Erwägungen lehnt es die Bundesregierung ab, den Aufenthalt ausländischer Arbeitnehmer nach Ablauf einer bestimmten Zeit durch behördliche Eingriffe zwangsweise zu beenden. Vielmehr sollte bei längerer Aufenthaltsdauer der aufenthaltsrechtliche Status verbessert werden[53].“

Mit diesem Programm wird versucht, die notwendigen Konsequenzen aus der bisherigen Entwicklung, wie sie sich vor allem aus der Konzentration der Ausländerbeschäftigung ergeben, zu ziehen. (Bei einer bundesdurchschnittlichen Ausländerquote von 10,8 Prozent haben Baden-Württemberg 16,7, Hessen 13,7 und

Südbayern 13,3 Prozent Ausländerbeschäftigung und allein in den drei Städten München, Stuttgart und Frankfurt werden 16,4 Prozent aller ausländischen Arbeitnehmer beschäftigt[54].)

Von der Gesamtlage her war es für diese Maßnahmen hohe Zeit. Bisher ist in der Bundesrepublik (glücklicherweise) eine Entwicklung wie in der Schweiz nicht eingetreten, aber in einigen Ballungszentren sind „Schweizer Zustände" absehbar; und es besteht wenig Anlaß anzunehmen, daß deutsche Bürger sich dann anders verhalten würden als die Schweizer.

Ökonomisch bekommt das Gastarbeiterproblem in der Bundesrepublik eine fast pikante Note, wenn man den Zusammenhang mit dem Wechselkurs beachtet. Hinter dem Schutz des unterbewerteten Kurses der Deutschen Mark produzierten die Unternehmen zwei Jahrzehnte lang einen laufend größer werdenden Exportüberschuß. Dieser Entzug von Gütern für die heimische Verwendung in der Größenordnung von zehn bis zwanzig Milliarden DM jährlich vermehrte den Geldumlauf und trieb die Preise nach oben. Und dieser wohlstandsmindernde Exportüberschuß war wiederum nur zu produzieren mit der Hilfe einer ständig zunehmenden Anzahl von ausländischen Arbeitskräften. Das wiederum führt zwangsläufig zu neuen Ansprüchen an die Infrastruktur und damit zur weiteren Verminderung der für den heimischen Markt zur Verfügung stehenden Produktionskapazität.

Die laufende Verbesserung des Wechselkurses der Deutschen Mark in den letzten drei Jahren und ein künftig flexibleres Weltwährungssystem werden hoffentlich auch mehr Anstoß zu deutschen Direktinvestitionen im Ausland geben. Dem Stand der wissenschaftlichen und technischen Entwicklung nach produziert die Bundesrepublik heute im Sinne internationaler Arbeitsteilung viel zu lohnintensiv. Verlagerung von Produktionsstätten mit geringerem Technisierungsgrad würden diese Industriezweige wettbewerbsfähiger machen und gleichzeitig – durch den zunehmenden Grad der Kapitalintensivierung – die Wettbewerbsfähigkeit der deutschen Wirtschaft gegenüber anderen Industrienationen generell erhöhen. Und diese Verbesserung der

Wettbewerbsfähigkeit würde gleichzeitig eine humane Forderung erfüllen: endlich würde mit der Errichtung neuer Produktionsstätten in den Heimatländern der heutigen Gastarbeiter die „Industrie zu den Leuten“ gebracht und nicht (einem frühkapitalistischen Abhängigkeitsprozeß entsprechend) die „Leute zur Industrie“.

Die neuen (künftig anpassungsfähigeren) Wechselkursrelationen werden auch zunehmend den Absatz lohnintensiver Produkte im Ausland erschweren. So ist hier ein Druck zu Produktionsumstellungen zu erwarten bzw. frei werdende Kapazitäten für den Ausbau der Infrastruktur. Bezogen auf die Ausländerbeschäftigung trägt die Bundesanstalt für Arbeit dem künftigen Trend teilweise schon dadurch Rechnung, daß sie mit einer „Intensivierung der Vorausbildung“ ausländischer Arbeitnehmer in den Heimatländern begonnen hat[55]. Aber noch gilt hierfür, was allgemein für die sozialen Folgekosten der Ausländerbeschäftigung gilt: sie werden aus öffentlichen Mitteln getragen und nicht dort in die Kostenrechnung aufgenommen, wo die Faktorenkombination erfolgt, nämlich in den Ausländer beschäftigenden Unternehmen. (Exakt betrachtet ist dieser Fall sogar noch problematischer: die Bundesanstalt für Arbeit wird aus Arbeitnehmerbeiträgen finanziert – auch der sogenannte Arbeitgeberanteil ist Lohnbestandteil und wird auch konsequenterweise in der volkswirtschaftlichen Gesamtrechnung der Lohnquote zugerechnet – so daß die deutschen Arbeitnehmer die relative Verschlechterung ihrer Arbeitsmarktpositionen selbst finanzieren, was ihre internationale Solidarität dokumentiert, aber ihren Einkommensinteressen zuwiderläuft.)

Im Rahmen der notwendigen Zurechnung der „social costs“ ist die Beschäftigung ausländischer Arbeitnehmer lediglich ein Teilbereich der Aufgabe, die sozialen Folgekosten der Produktion den Produzenten anzulasten. Ein Teil der Produkte, bei deren Erzeugung heute vorwiegend Ausländer beschäftigt werden, wäre kaum noch wettbewerbsfähig, wenn die Unternehmen über den branchenüblichen Lohn hinaus auch die sozialen Folgekosten (wenigstens teilweise) tragen müßten. Die Übernahme dieser Kosten durch die Allgemeinheit stellt marktwirtschaftlich gesehen eine (wettbewerbswidrige) Subvention dieser Unternehmen dar, deren schrittweiser Abbau strukturpolitisch nur heilsam sein kann.

Bundesarbeitsminister Walter Arendt hat zu diesem Problem bereits im März 1972 festgestellt, daß „bei steigenden Folgekosten ... schließlich ein Punkt erreicht [wird], wo die Beschäftigung ausländischer Arbeitnehmer für eine Volkswirtschaft per saldo keine neuen Wachstumsmöglichkeiten eröffnet[56]". Technischer und wirtschaftlicher Stand der Bundesrepublik erfordern ein kapitalintensives, kein lohnintensives Wirtschaftswachstum; Verteuerungen des Faktors Arbeit müssen die Folge sein. Dementsprechende Verlagerungen lohnintensiver Produkte verbessern die internationale Arbeitsteilung und dienen damit *allen* Arbeitnehmern mehr als die heute dem Nord-Süd-Einkommensgefälle entgegenlaufende Arbeitnehmerwanderung.

4. Ungelöste Verteilungsprobleme

Der zunehmende Lebensstandard in der Bundesrepublik verführt leicht dazu, partielle „Wohlstandsprobleme" zu generalisieren und die in früheren Zeiten vorrangige Verteilungsproblematik als unwichtig anzusehen. Diese vordergründige, wenn auch zunehmend mehr verbreitete Betrachtung, findet in den Fakten keine Bestätigung, hat aber sicher mit dazu beigetragen, daß in der jungen Generation zunehmend mehr – wiederum entgegen den Fakten – die Verteilungsfrage überproblematisiert wird bis hin zum Wiederaufleben der „Verelendungstheorie[57]". Hier lohnt sich wie so oft ein Blick auf die Statistik, die – bei allen „witzigen Verdächtigungen[58]" – in der Bundesrepublik relativ gut Auskunft gibt, wenn man sie zu lesen versteht. (Das gilt jedenfalls für die Einkommensstatistik; mit der Vermögensstatistik sieht es sehr viel schlechter aus.) Über die ökonomische und gesellschaftliche Situation in der Bundesrepublik läßt sich aus der Einkommensstatistik viel erfahren.

Auch die Einkommensstatistik zeigt die Verteilungsproblematik aber nur unvollkommen; es wird die Entwicklung des Volkseinkommens je Einwohner und je Erwerbstätigen ausgewiesen, ferner das Durchschnittseinkommen je beschäftigten Arbeitnehmer (Tabelle 3), nicht aber das Durchschnittseinkommen aus Unternehmertätigkeit und Vermögen. Sonderlich aussagefähig wäre solch eine Rechnung allerdings auch nicht; die Spannweite zwischen dem Einkommen des Einzelhändlers an einer Vorstadtecke und Mitgliedern der Familien Flick oder Quandt zum Beispiel läßt sich in einer Durchschnittszahl kaum zum Ausdruck bringen. Selbst innerhalb der Arbeitnehmerschaft sind die Einkommensdifferenzierungen so beträchtlich, daß der Aussagewert der Durchschnittsziffern begrenzt ist: die Reihen der Einkommensentwicklung je Erwerbstätiger und je Arbeitnehmer (und hier vor allem die Differenzen zwischen den Brutto- und Nettoeinkommen) zeigen die unterschiedliche Entwicklung, sagen aber weniger über die Situation der verschiedenen Arbeitnehmergruppen aus, hier ist die Statistik der Einkommensschichtung sehr viel aussagefähiger. (Tabelle 4.)

Die Entwicklung der Durchschnittsziffern zeigt einen Anstieg des Volkseinkommens während des Zeitraumes von 1950 bis 1972

je Erwerbstätigen, brutto	von 3 848 auf 23 538 DM,
je Arbeitnehmer, brutto	von 3 289 auf 19 494 DM,
je Arbeitnehmer, netto	von 2 615 auf 12 958 DM,

das ergibt (da Monatszahlen plastischer sind) für die 13,9 Millionen Arbeitnehmer 1950 einen Monats-Nettoverdienst von 218 DM und 1 080 DM als Durchschnitt aus den Nettoeinkommen der 22,5 Millionen Arbeitnehmer 1972. Bezogen auf den Lebensstandard des Jahres 1972 wird zumindest für jene mehr als 10 Millionen Arbeitnehmer, die *weniger* als die durchschnittlichen 1 080 DM verdienten, wohl kaum jemand riskieren, von „Wohlstand" zu sprechen.

Diese Zahlen sind das Ergebnis einer Verdreifachung des Reallohnes in 22 Jahren. (Vgl. Tabelle 3.) Doch aufschlußreicher noch ist die Statistik der Einkommensschichtung, die in der Bundesrepublik jährlich in der Form des Mikrozensus im Monat April erhoben wird. Da die Aufbereitung dieses komplizierten Materials erheblichen Zeitaufwand erfordert, liegen hier bis jetzt nur die Zahlen für 1971 vor, die – nach gesellschaftlichen Gruppen aufgegliedert – folgendes Bild ergeben:

Schichtung der Netto-Monatseinkommen

April 1971

Monatseinkommen von ... bis unter ... DM	Erwerbs-tätige insges.	Selb-ständige	Beamte Richter	An-gestellte	Arbeiter
			v. H.		
unter – 150	2,6	1,4	0,4	2,2	3,3
150 – 300	6,4	2,3		7,0	7,4
300 – 600	15,4	7,4	2,2	15,1	18,2
600 – 800	21,6	10,1	7,2	17,8	27,4
800 – 1 200	33,6	21,0	34,3	29,5	38,0
1 200 – 1 800	13,9	22,8	37,0	20,3	5,6
1 800 u. mehr	6,6	35,0	18,9	8,1	0,2
Insgesamt	100,0	100,0	100,0	100,0	100,0
in 1 000	23 105	1 681	1 442	7 977	12 004

(Ohne Erwerbstätige, die keine Angaben über ihr Nettoeinkommen gemacht haben, sowie ohne Selbständige in der Landwirtschaft und ohne mithelfende Familienangehörige.)

Zieht man die Linie von DM 800 netto – im Jahre 1971 wahrlich kein überwältigender Betrag – quer durch die obige Tabelle, so zeigt sie, daß *46 Prozent* von 23,1 Millionen Erwerbstätigen (wobei selbständige Landwirte und deren mithelfende Familienangehörige nicht mit erfaßt wurden) unterhalb dieser Linie bleiben, darunter

56,3 Prozent der Arbeiter,
42,1 Prozent der Angestellten,
9,8 Prozent der Beamten und Richter sowie
21,2 Prozent der Selbständigen,

ein Ergebnis, das zumindest dem Deutschen Beamtenbund kaum bekannt sein dürfte, denn mit dieser Statistik läßt sich ein wie auch immer konstruierter „Nachholbedarf“ für die Einkommen der Beamten kaum in Einklang bringen.

Um einen plastischen Eindruck zu gewinnen, lohnt es sich, die Querlinie noch eine Gruppe höher zu ziehen: *Unter* 1200 DM netto im Monat blieben 1971 *79,6 Prozent* der erfaßten Erwerbstätigen, darunter

94,3 Prozent der Arbeiter,
71,6 Prozent der Angestellten,
44,1 Prozent der Beamten und Richter sowie
42,2 Prozent der Selbständigen.

Für die Arbeiter und Angestellten – und damit für mehr als vier Fünftel aller Erwerbstätigen – wird in Anbetracht dieser Zahlen wohl niemand mehr von „Wohlstandsgesellschaft" reden; vielleicht aber regt diese Übersicht auch zum Überdenken mancher „Anti-Wachstums-Haltung" an, denn dieser breiten Basis am Fuße der Einkommenspyramide wäre auch mit einer Einebnung der Spitzeneinkommen nicht geholfen, hier bedarf es eines kontinuierlichen, kräftigen Zuwachses Jahr um Jahr.

Langsame Verbesserung der Einkommensverteilung seit 1961

Der Anteil der Arbeitnehmer am Volkseinkommen – ebenso ungenau wie verbreitet „Lohnquote" genannt – ist ein beliebtes Kriterium für mehr oder weniger Verteilungsgerechtigkeit in einer Volkswirtschaft, auch wenn die Aussagefähigkeit dieser „Quotenrechnung" oft bestritten wird. Nun kann man hierüber wie über die Sozialproduktsrechnung generell trefflich streiten und ganz ohne Zweifel sind vor allem die methodischen Abgrenzungen nicht ohne Problematik. Da methodische und andere Fehler sich aber in der Regel im Zeitverlauf wiederholen, ist zumindest für zeitliche Vergleiche die Aussagefähigkeit groß genug, um Entwicklungstendenzen mit Hilfe der Lohnquote erklären zu können.

In der Bundesrepublik galt die in der volkswirtschaftlichen Gesamtrechnung als Anteil der Arbeitnehmer am Volkseinkommen ausgewiesene Lohnquote lange Zeit fast als eine Art „Naturkonstante[59]". Von 1950 bis 1960 schwankte sie tatsächlich in nur ganz engen Ausschlägen um 60 Prozent; die statistischen Werte von 58,4 im Jahre 1950 und 60,4 1960 zeigen schon etwa das ganze Ausmaß der Schwankungen an. Berücksichtigt man außerdem, daß in diesem Zeitraum die Zahl der Arbeitnehmer von rund 14 Millionen auf 20,3 Millionen gestiegen, die der Selbständigen (einschl. mithelfender Familienangehöriger) dagegen von 6,4 Millionen auf 5,8 Millionen zurückgegangen ist, so zeigt sich deutlich das langsamere Wachsen der Arbeitnehmereinkommen in diesem Zehnjahreszeitraum. Hinter der Konstanz der funktionellen Verteilung wie die Lohnquote sie ausweist, verbirgt sich somit eine zunehmende Verschlechterung der Einkommensrelationen zwischen Arbeitnehmern und Unternehmern zu Lasten der Arbeitnehmer.

Diese angeblich „naturgesetzliche" Konstanz wurde erstmalig 1961 durchbrochen, sicher nicht zufällig im Jahr der ersten Aufwertung der Deutschen Mark[60]. Seit diesem Zeitpunkt ist die Lohnquote bis 1972 kontinuierlich auf 69,2 Prozent gestiegen. Auch hinter diesem Anstieg verbirgt sich allerdings eine weitere Zunahme der Zahl der Arbeitnehmer um 2,2 Millionen bei Rückgang der Zahl der Selbständigen um 1,2 Millionen. Berücksichtigt man diese unterschiedlichen Veränderungen bei den beiden Gruppen, so ergibt sich eine „rechnerische Lohnquote", die von 60,6 Prozent im Jahre 1960 auf 63,9 im Jahre 1972 angestiegen ist. (Vgl. Tabelle 1.) Der Anstieg um drei Prozent-Punkte in mehr als zehn Jahren ist nicht überwältigend, aber er wird etwas eindrucksvoller, wenn man bedenkt, daß die rechnerische Lohnquote in den fünfziger Jahren permanent rückläufig war. (Von 65,5 Prozent auf 60,4, siehe Tabelle 1.) Die (wenn auch langsame) Verbesserung der Verteilungsposition der Arbeitnehmer in den sechzigern gegenüber den fünfziger Jahren ist in ihren Ursachen nicht ganz eindeutig zu erklären: die Verschärfung der Wettbewerbsposition für die Unternehmen durch die Aufwertung, die zunehmende Verknappung am Arbeitsmarkt und die weiterhin zunehmende Kapitalintensität der Produktion haben hierzu wohl ebenso beigetragen wie eine differenziertere gewerkschaftliche Tarifpolitik, die immer mehr neben der bloßen Nominallohnforderung zusätzliche Sozialleistungen und vor allem vermögenswirksame Leistungen in ihren Katalog aufgenommen hat.

Die Vermögensverteilung aber: so unverändert wie skandalös

Während die Einkommensstatistik in der Bundesrepublik uns ein relativ genaues Bild vermittelt, sind wir für die Vermögensverteilung auf „Mutmaßungen“ angewiesen[61]. Die Statistik der Deutschen Bundesbank liefert uns zwar eine Übersicht über die Gesamtentwicklung der Vermögensbildung, aber die dortigen Daten sind verteilungspolitisch nicht differenziert. Die Aufteilung zwischen privaten Haushalten, Unternehmen und öffentlichen Haushalten ist zwar für eine Reihe gesamtwirtschaftlicher Überlegungen interessant, die verteilungspolitische „Brisanz“ ergibt sich aber erst aus einer Aufteilung der Vermögensbildung bei den privaten Haushalten in die privaten Haushalte der Selbständigen und der Arbeitnehmer. Genau diese Aufteilung aber bietet die Statistik der Deutschen Bundesbank nicht.

Immer noch sind wir daher für die Kenntnis der Vermögensverteilung auf wissenschaftliche Untersuchungen angewiesen, von denen es allerdings inzwischen recht gründliche und überzeugende gibt. Die weitreichendsten und zuverlässigsten, die von Carl Föhl[62] und Wilhelm Krelle[63] sind unabhängig voneinander und in größerem zeitlichen Abstand erfolgt, bestätigen sich aber völlig. Föhl kam für den Zeitraum 1950 bis 1959 zusammengefaßt zu dem Ergebnis, daß 17 Prozent aller Haushalte rund drei Viertel des privaten Vermögenszuwachses besitzen. Krelle hat noch weitere Differenzierungen vorgenommen und kommt für 1960 zu dem Ergebnis, daß 1,7 Prozent der privaten Haushalte rund 70 Prozent des Produktiveigentums an gewerblichen Unternehmen auf sich konzentrieren. Einer seiner Mitarbeiter, Jürgen Siebke, hat in einem 1971 vorgelegten Gutachten für das Bundesministerium für Arbeit und Sozialordnung diese Untersuchung auf den letztmöglichen Zeitpunkt (1966) fortgeschrieben und dabei festgestellt: „An dieser Konzentration des Eigentums an Unternehmungen hat sich in den Jahren bis 1966 nichts geändert. Im Gegensatz zu der sich abzeichnenden Entwicklung zu einer breiteren Verteilung des Gesamtvermögens deutet sich in der Konzentration des Produktivvermögens eher eine Verschärfung als ein Abbau an: 1,7 Prozent der privaten Haushalte verfügen nunmehr am 1. Januar 1966 über 73 Prozent des Produktivvermögens." Dieser Tatbestand dürfte bis heute unverändert sein. Carl Föhl hat seine Ursachen seinerzeit wie folgt dargestellt: „Das wirtschaftliche Wachstum der Bundesrepublik in der Zeit nach dem Zweiten Weltkrieg war mit einer Konzentration der Vermögensbildung bei den Selbständigen und in der öffentlichen Hand verbunden, während die unselbständig Beschäftigten zwar ihr Gebrauchsvermögen vergrößern, jedoch nur in sehr bescheidenem Maße disposibles Vermögen in Form von Sparkonten und Effekten ansammeln konnten. Kritiker aus allen Lagern haben darauf hingewiesen, daß eine solche Entwicklung trotz der bemerkenswerten Verbesserung des Lebensstandards aller zu sozialen Spannungen führen und möglicherweise sogar den Bestand der marktwirtschaftlichen Ordnung gefährden könne ... Da die kleinen Einkommen fast vollständig zu Verbrauchsausgaben verwendet werden, während ein sehr erheblicher Teil der großen Einkommen gespart wird, da andererseits die hohen Einkommen vorwiegend aus Gewinn und Zinseinkommen bestehen, also Besitzeinkommen sind, fällt zwangsläufig der weitaus größte Teil des jeweils neu geschaffenen Volksvermögens denjenigen zu, welche bereits besitzen. Wer hat, dem wird gegeben[64] ... !"

Auch die Tatsache, daß das Dritte Vermögensbildungsgesetz gegenüber seinen Vorgängern einen beispiellosen Erfolg aufweist, mildert diesen Tatbestand nicht. Die Neuorientierung der Förderung auf kleine und mittlere Einkommen hat zwar dazu geführt, daß seit Anfang 1970 die Gewerkschaften sich auf breiter Front dem Abschluß vermögenswirksamer Tarifverträge zugewandt haben: insgesamt haben mehr als elf Millionen Arbeitnehmer inzwischen Anspruch auf tariflich gesicherte vermögenswirksame Leistungen, bis 1969 waren es nur knapp zwei Millionen. Aber die vermögenswirksamen Leistungen nach dem Dritten Vermögensbildungsgesetz bleiben im Bereich der Geldvermögensbildung. Der gesellschaftspolitisch und ökonomisch weitaus interessantere Sektor des Produktionsvermögens bleibt den Arbeitnehmern nach wie vor verschlossen. Für diesen Bereich hat sich an der Gültigkeit des alttestamentarischen Kommentars von Carl Föhl bis heute nichts geändert.

Immer noch sehr ungleiche Verteilung der Lebenschancen

Die Einkommens- und Vermögensstatistik zeigt äußerlich nur die sehr ungleichmäßige Verteilung materieller Güter. Dahinter verbirgt sich aber die Ungleichmäßigkeit der Lebenschancen. Zwar sind wir der Chancengerechtigkeit ein gutes Stück näher gekommen – doch eben nur ein Stück. Ähnliche Erfolge wie bei dem Ausbau der sozialen Sicherung sind bei der Verbesserung der Entwicklungschancen nicht aufzuweisen. Das immer noch vorhandene Nord-Süd-Bildungsgefälle, aber noch mehr das Bildungsgefälle zwischen den Angehörigen verschiedener Einkommensschichten seien hier nur als Beispiele genannt.

Es ist gegenwärtig schwer zu übersehen, wie weit die bildungspolitischen Anstrengungen seit 1970 bereits Wirkungen zeigen. Das Gegeneinander der verschiedenen Kultusminister und die unterschiedlich strukturierte Hochschulmisere vernebeln hier vielleicht den Blick für den im Grundschul- und Realschulbereich und in den letzten Jahren endlich auch bei der Berufsausbildung erreichten Fortschritt. Doch auch wenn er kleiner sein sollte als optimistische Erwartungen annahmen, Anstöße hat es in den letzten Jahren gegeben, die Entwicklung ist zu forcieren. Der für eine demokratische Gesellschaftsordnung notwendige Abbau von Privilegien ist im Bildungsbereich besonders notwendig; gelingt er auch noch in der Vermögensbildung, darf die nächste Generation mit sehr viel mehr Chancengerechtigkeit rechnen.

5. Leistungswillen ohne Leistungsbesessenheit

Permanente Konsumsteigerung und Leistungsprinzip sind in den letzten Jahren anrüchig gewordene Elemente unserer Gesellschaftsordnung. Doch es kann kein Zweifel daran bestehen, daß gerade der soziale Fortschritt ohne Leistungssteigerung nicht zu erzielen ist. Ein entsprechender Hinweis des Bundeskanzlers in der Regierungserklärung vom 18. Januar 1973 ist freilich gerade dort, wo man sich für „progressiv" hält, mißverstanden worden und hat wenig Beifall gefunden. Doch niemand hat bisher erklären können, wie beispielsweise die Fortsetzung des Ausbaus der sozialen Sicherung ohne Leistungssteigerung durchgeführt werden kann.

Ein Teil der „intellektuellen Reaktionen" auf diese Passage der Regierungserklärung ist vielleicht aus der Überbetonung des Leistungsprinzips in der neo-liberalen Ideologie – dort meist noch mit dem ausschließlichen Akzent auf der *unternehmerischen* Leistung – erklärbar, wenn auch nicht verständlich. Wer unter den Intellektuellen ernst zu nehmen ist, beweist gleichzeitig allein durch den *Umfang* seiner Werke, daß er selber eher zu den „Leistungsbesessenen" zählt als zu denen, die sich selbst die anderen empfohlene Muße gönnen. So bleibt auch zu hoffen, daß diese „Unmutswelle" weder nachhaltig sein noch sich wiederholen wird. Es ist hier ähnlich wie mit der modisch gewordenen „Antiwachstumshaltung": es kann nicht darum gehen, das Leistungsprinzip an sich abzuschaffen, aber es von Übersteigerungen zu befreien und aus hierarchischen Verankerungen zu lösen. Mit dem – auch in Industrie und Verwaltung – allmählich spürbaren Übergang vom hierarchischen zum kollegialen Lenkungsprinzip geht auch eine Neuorientierung des Leistungsdenkens parallel. Eine Vielzahl von Initiativen zur Humanisierung der Arbeitsbedingungen aus den letzten Jahren deutet in diese Richtung[65], wenn auch das Ablösen hierarchischer Strukturen nur langsam vor sich geht.

In diesem Zusammenhang wächst in der Öffentlichkeit auch das Verständnis für die Mitbestimmungsforderungen der Arbeitnehmer. Mitbestimmung wird zunehmend mehr nicht nur als Instrument zur notwendigen Demokratisierung der Wirtschaft angesehen, sondern auch als eine neue Möglichkeit die (soziale) Effektivität des Wirtschaftsprozesses zu verbessern. Insolvenzen streng hierarchisch gelenkter Unternehmen haben hier zur Bewußtseinsveränderung ebenso beigetragen wie die gerade in diesem Punkt besonders positiven Ergebnisse der Untersuchungen der Mitbestimmungskommission[66].

Auch die allmählich größer werdende Fluktuation zwischen Verwaltung und Wirtschaft ist hier als förderlich anzusehen. Der Bonner „Machtwechsel“ hat zwar zu erheblichen Spannungen zwischen *der* Wirtschaft und *der* Regierung geführt, aber auch auf der zweiten und dritten Etage zu einer vorher nicht vorhanden gewesenen Mobilität. Diese Mobilität hilft mit, den Amtsschimmel alter Art abzubauen, wenn auch ein Vordringen der Technokraten nicht übersehen werden kann. Es wird viel demokratischer Wachsamkeit bedürfen, damit „Sankt Electronik“ nicht eines Tages dem Demokratieverständnis der Bürger hemmender gegenüber steht als der Amtsschimmel vergangener Zeiten. Noch ist diese Gefahr freilich nicht akut. Und wenn sie erkannt ist, sollte sie auch zu bannen sein.

Zum Abschluß dieses Kapitels sei ein Teil des Kommentars von Heinz-Dietrich Ortlieb zu der Reaktion auf die oben angeführte Äußerung des Bundeskanzlers wiedergegeben: „Der Bundeskanzler hat diesmal in seiner Regierungserklärung die Notwendigkeit von Leistungen besonders betont. Dies mag als simple Aufforderung an alle Individualisten und Utopisten aufgefaßt werden, über ihre egozentrische Versponnenheit nicht die ökonomischen Realitäten von Ursache und Wirkung aus dem Auge zu verlieren. Es kann aber auch als Bekenntnis des Kanzlers zu einer neuen Art von Leistungsgesellschaft verstanden werden – als Andeutung eines neuen Leitbildes, um der Gefahr zu begegnen, daß die Forderung nach mehr Demokratie und Lebensqualität als ein Anrecht für alle auf ein playboyhaftes Dasein, d. h. auf Maximierung von Genuß, Bequemlichkeit und Drückebergerei, mißverstanden wird...

Zur Lebensqualität gehört doch wohl zunächst das Gefühl, in einer Gemeinschaft geborgen zu sein, in der sich einer um den anderen kümmert; und dies ist nicht ohne dementsprechend vermehrte Fähigkeit und Bereitschaft zur Leistung für andere und die Gemeinschaft möglich. Die bei uns immer mehr daniederliegende Versorgung von Kranken und Alten z. B. ist nicht schon dadurch beseitigt, daß mehr Krankenhäuser und Altenheime gebaut werden. Es fehlen vor allem die Menschen, die zu ihrer Pflege bereit sind. Wenn eine Gesellschaft nicht verwahrlosen soll, läßt sich das nur verhindern, wenn man soziale Anerkennung und Belohnung denen zuteil werden läßt, welche existentiell wichtige Aufgaben in der erforderlichen Qualität und Quantität wahrzunehmen bereit sind, d. h. wenn Leistungsautorität anerkannt wird[67]."

Ein Kommentar zur „Lebensqualität", der ernst genommen werden muß. Demokratisierung hierarchischer Strukturen und menschengerechtere Gestaltung industrieller Arbeitsplätze, Eindämmung der Umweltgefährdung, Verbesserung des breiten Bildungsniveaus und andere Reformen werden zu dem angestrebten „Mehr an Lebensqualität" nur dann führen, wenn Heinz-Dietrich Ortliebs Bedingungen erfüllt werden. Oder – um es altmodischer auszudrücken – mit mehr Solidarität!

In der Klassengesellschaft lebt jeder Mensch in einer bestimmten Klassenlage, und es gibt keine Ideen, die nicht den Stempel einer Klasse trügen.

Mao Tse-tung

Ich bin aufgewachsen als Sohn / Wohlhabender Leute. Meine Eltern haben mir / einen Kragen umgebunden und mich erzogen / in den Gewohnheiten des Bedientwerdens / und unterrichtet in der Kunst des Befehlens. / Aber als ich erwachsen war und um mich sah, / gefielen mir die Leute meiner Klasse nicht. / Und ich verließ meine Klasse und gesellte mich / zu den geringen Leuten.

Bertolt Brecht

II. ZU DEN „ANTIKONZEPTEN" DER NEUEN LINKEN

Der Widerspruch zwischen Anspruch und Wirklichkeit, das großartige Konzept der „Sozialen Marktwirtschaft" in der 1947er Kreation Müller-Armarcks und dessen Denaturierung durch die Laissez-faire-Politik Ludwig Erhards, die Vernachlässigung der diesem Konzept immanenten Sozialbindung, aber auch das Unvermögen der westlichen Welt, wenigstens in kleinen Schritten das Nord-Süd-Gefälle der Lebenschancen abzubauen, haben in Nordamerika und Westeuropa zu einer Art marxistischer und/oder anarchistischer Renaissance geführt. Das was sich Lesern, Hörern und Zuschauern (bei direkten Aktionen) hier während der letzten zehn Jahre dargestellt hat, ist von fast unübersehbarer Vielfalt und reicht von berechtigter Kritik (der mit demokratischen Mitteln Nachdruck verliehen wird) bis zur Androhung und Ausübung von Gewalt und psychischem und physischem Terror. Und alles unter dem selbstgewählten Etikett „links".

Es wäre eine reizvolle Aufgabe, der Unzahl von Variationen des Protests nachzugehen und bei jener Vielzahl von Gruppen, die sich selber zur Neuen Linken zählen, den politischen Standort zu orten. Wahrscheinlich würde sich ein bunter Fächer ergeben, der wenig eindeutige Zuordnungen erlaubt, wie ja auch „links" als Merkmal einer politischen Grundrichtung vieldeutig ist und im Verlauf der Geschichte von Gruppen recht unterschiedlicher Grundauffassung okkupiert wurde. (Mit dem politischen Streben nach mehr Freiheit, mehr sozialer Gerechtigkeit, mehr Demokratie, Humanität und Solidarität ist „links" jedenfalls nur partiell identisch.) Und diese Vieldeutigkeit macht die aus der Sitzordnung der Parlamente stammende Richtungsbezeichnung für exakte politische Standortbestimmungen unbrauchbar.

Dieser (verlockenden) Aufgabe kann hier nicht nachgegangen werden, auch nicht der Versuchung, Maßstäbe aus der Literatur zu Hilfe zu nehmen, so etwa Leonhard Franks „Links, wo das Herz ist". Es ist zu befürchten, daß bei Verwendung dieser Kriterien, ein Teil der Organisationen und Personen, die sich selber zur „Linken" zählen, sich plötzlich auf der entgegengesetzten Seite wiederfinden würden. Doch diesen Verlockungen muß widerstanden werden. In diesem Buch sollen wirtschaftspolitische Konzeptionen für die siebziger und achtziger Jahre erarbeitet werden, das erfordert auch Beschränkung bei der notwendigen Überprüfung der Forderungen der Neuen Linken; Beschränkung auf die ökonomisch relevanten Aussagen.

Dieses Gebot der Selbstbeschränkung zwingt auch dazu, innerhalb des von der politischen Ökonomie abgesteckten Rahmens nach konkreten Aussagen über die Gestaltung und Beeinflussung der wirtschaftlichen Entwicklung zu suchen. Allein die Artikulation des Unbehagens reicht zur notwendigen Veränderung nicht aus. Zwar ist Ernst Bloch zuzustimmen, wenn er die Unzufriedenheit mit den bestehenden Zuständen für „zweifellos besser als gar nichts" hält, aber er hat in dem gleichen Zusammenhang auch gesagt (und verdient damit mehr Zustimmung): „Nun reicht aber Unzufriedenheit selbstverständlich nicht aus. Man muß nicht nur wissen, was man nicht will, sondern darin ist ja impliziert, und das muß herausgebracht und reflektiert werden, was man positiv *will*. Marx ist der erste große Denker der Unzufriedenheit, der zugleich nahe Ziele, mittlere Ziele setzte, ohne das Fernziel je zu vergessen, das in allem impliziert ist, also Herstellung von Verhältnissen, in denen der Mensch aufhört, ein gedrücktes, verschollenes, verächtliches, vergessenes Wesen zu sein[1]."

Politik, die dieses Ziel anstrebt, darf sich soziale und humane

Politik nennen. Viele Jahrzehnte konsequenter Reformpolitik haben beispielsweise die Bürger der skandinavischen Staaten diesem Ziel nähergebracht. Und auch Mitteleuropa hat – nach den faschistischen Rückschlägen – beachtliche Fortschritte aufzuweisen. Nur Ignoranten können das bestreiten. Doch es gehört ebensoviel Ignoranz dazu, die Welt in Mitteleuropa „heil und in Ordnung" zu finden. Über das Erreichte hinauszukommen, drohende Gefahren für morgen abzuwehren und die Möglichkeiten der Wissenschaft und Technik optimal für eine humanere Lebensgestaltung zu nutzen, ist die vorrangige Aufgabe. Die politische Ökonomie kann die Basis für diese Aufgabe entscheidend verbessern oder auch nicht. Daraus ergibt sich konkret die Frage nach dem ökonomischen Instrumentarium für die Bewältigung dieser Aufgabe und damit stellt sich die Frage nach der hierfür geeigneten Wirtschafts- und Gesellschaftsordnung.

Henri Lefèbvre – der ausdrücklich Wert darauf legt, daß seine „zu Thesen des ‚offiziellen' Marxismus vorgetragenen Kritiken" als *„Kritik von links"* im Sinne Lenins verstanden werden – hat für die Welt in der wir jetzt und hier leben, eine Reihe konkreter Fragestellungen erarbeitet, deren Beantwortung entscheidend die künftige Entwicklung bestimmen wird: „Können die sozialistischen Länder, die sich auf Marx und den Marxismus berufen, ihre Praxis den von Marx entwickelten Begriffen von Revolution und Freiheit in stärkerem Maße annähern? Können sie die Diskrepanz zwischen Ideologie und Praxis aufheben? Kann es im Sozialismus, wie er heute praktiziert wird, zum Absterben des Staates kommen? Kann in diesen Ländern an die Stelle der autoritären Planung die gesellschaftliche Verwaltung der Gesellschaft treten? Kann die Hypothek der Vergangenheit abgetragen werden? Und kann in den kapitalistischen Ländern die ‚Vergesellschaftung der Gesellschaft' weiter fortschreiten, bis zu dem Punkt, wo sie den Kapitalismus auseinanderbrechen läßt? Anders ausgedrückt: Kann die Entwicklung durch einen qualitativen Sprung das quantitative Wachstum einholen, das heute in den meisten, wenn nicht in allen Ländern einen bemerkenswerten Vorsprung hat[2]?"

6. Ausgangspunkt: Aufhebung der „Grundwidersprüche des Kapitalismus"

Ausgangspunkt fast aller Analysen der Neuen Linken sind die „Grundwidersprüche des Kapitalismus". Diese These von den „Grundwidersprüchen" findet sich in den Marxschen Werken an zahlreichen Stellen – in der neueren (nichtökonomischen) Literatur wird am häufigsten von dem „Grundwiderspruch zwischen gesellschaftlicher Produktion und privater Aneignung" gesprochen. Bei Marx selbst findet sich die deutlichste Artikulation der Widersprüche des Kapitalismus im III. Band des „Kapital", wo es unter anderem heißt, „daß das Kapital und seine Selbstverwaltung als Ausgangspunkt und Endpunkt, als Motiv und Zweck der Produktion erscheint; daß die Produktion nur Produktion für das Kapital ist und nicht umgekehrt, die Produktionsmittel bloße Mittel für eine stets sich erweiternde Gestaltung des Lebensprozesses für die Gesellschaft der Produzenten sind[3]".

Ota Šik interpretiert diese und andere Marxsche Textstellen zu einem „doppelten Grundwiderspruch, den Marx als Grundlage der gesellschaftlichen Entwicklungsgesetzmäßigkeit ansah: Die dauernde Entwicklung der Produktivkräfte, die sich immer in Zeitabständen bestimmter Länge eine wesentliche Änderung der ökonomischen Verhältnisse erzwang, sowie die sich derart durchsetzende Änderung des ökonomischen Systems, die schließlich eine qualitative Umwandlung des gesamten Gesellschaftssystems hervorrief. Und mit eben diesem Entwicklungsgesetz erklärte Marx nicht nur die vergangenen qualitativen historischen

Wandlungen, das Aufkommen des Sklavensystems, des Feudalismus, des Kapitalismus, sondern auch die Notwendigkeit, daß der Kapitalismus durch den fortschrittlichen Sozialismus überwunden wird[4]".

Für den Spätkapitalismus sieht Ernest Mandel eine Verschärfung und Vervielfachung der Widersprüche voraus, was komprimiert in seiner Analyse des Spätkapitalismus so formuliert wird: „Aus den genannten ökonomischen Hauptkennzeichen der dritten technologischen Revolution entspringt eine tendenzielle Verschärfung sämtlicher Widersprüche der kapitalistischen Produktionsweise: Verschärfung des Widerspruchs zwischen wachsender Vergesellschaftung der Arbeit und privater Aneignung; Verschärfung des Widerspruchs zwischen Gebrauchswertproduktion (die ins Unermeßliche steigt) und Tauschwertrealisierung (die an die begrenzte Kaufkraft der Bevölkerung gebunden bleibt); Widerspruch zwischen Kapitalakkumulation und Kapitalverwertung usw[5]."

Nach der Konstatierung der „Grundwidersprüche des Kapitalismus" in den originären oder auch in neuformulierten Marxschen Kategorien folgen dann freilich sehr unterschiedliche Schlußfolgerungen. Von dem Aufruf zur Aktion, die Widersprüche des Kapitals durch Forcierung des Klassenkampfes zu verschärfen und damit den historisch unabweisbaren Zusammenbruch zu beschleunigen bis zur philosophisch gelassenen Erwartung des Eintretens der aus den Widersprüchen unabweisbaren Entwicklung, gibt es zahlreiche Variationen; die seit dem Ende der fünfziger Jahre sehr intensiv diskutierten verschiedenen Ausformungen der Konvergenztheorie beziehen sich auch auf die Einschätzung der Veränderungsmöglichkeiten im „kapitalistischen" *und* „sozialistischen" Produktionsprozeß.[6] Allerdings kommen auch sehr scharfe Kritiker des kapitalistischen Wirtschaftssystems zu Feststellungen, die jene Erwartungen auf den unabweisbaren Zusammenbruch des Kapitalismus auf den Sankt-Nimmerleins-Tag vertagen. Karl Georg Zinn zum Beispiel stellt zum Abschluß seiner „Arbeitswerttheorie" unter anderem zusammenfassend fest: „Das kapitalistische System weist immanente

Krisenursachen auf, jedoch verbesserten sich die Systemstabilisatoren derart, daß der Konjunkturzyklus geringere Schwankungen als im 19. Jahrhundert zeigt und die soziale Problematik der Krisen entschärft wurde.

Ein automatischer Zusammenbruch ist nicht zu erwarten, das Gesetz vom tendenziellen Fall der Profitrate ist empirisch nicht belegt und theoretisch zumindest mehrdeutig[7]."

Sehr viel drastischer hat bereits Wladimir Iljitsch Lenin Ähnliches gesagt, als er in seiner Auseinandersetzung mit den Narodniki unter anderem feststellte: „Und schließlich gibt es nichts Abgeschmackteres, als aus den Widersprüchen des Kapitalismus auf seine Unmöglichkeit, sein nichtfortschrittliches Wesen usw. zu schließen – das ist Flucht aus der unangenehmen, aber unbezweifelten Wirklichkeit in die Wolkenreiche romantischer Phantasien. Der Widerspruch zwischen dem Streben nach schrankenloser Erweiterung der Produktion und der Beschränktheit der Konsumtion ist nicht der einzige Widerspruch des Kapitalismus, der überhaupt ohne Widersprüche weder existieren noch sich entwickeln kann. Die Widersprüche des Kapitalismus zeugen von seinem historisch-vergänglichen Charakter, erklären die Bedingungen und Ursachen seiner Zersetzung und seiner Umwandlung in eine höhere Form – aber sie schließen weder die Möglichkeit des Kapitalismus noch seine Fortschrittlichkeit im Vergleich zu den vorangegangenen Systemen gesellschaftlicher Wirtschaft irgendwie aus[8]."

Bei aller Unterschiedlichkeit der Interpretation und der Erwartungen scheint aber eines den hier zitierten (und anderen) Autoren der Neuen Linken gemeinsam zu sein: der Glaube daran, daß mit der Aufhebung der „Widersprüche des Kapitalismus" auch „alle sozialen Antagonismen und sozialen Zwänge beseitigt sind[9]". Vielleicht liefert dieser weitverbreitete Glaube auch wenigstens teilweise mit eine Erklärung dafür, daß der Analyse der kapitalistischen Wirtschaft, die dann den Zusammenbruch dieser Produktionsweise voraussagt, so selten ein ökonomisches Rezept für den anschließenden Wirtschaftsprozeß folgt. Auch Karl Marx selber hat ja es in diesem Zusammenhang immer abgelehnt, Rezepte für die Zukunft zu liefern, was u. a. Lenin zu einer wenig schmeichelhaften Bemerkung auf dem 11. Parteitag der KPR(B) veranlaßte[10]. Der Patient Volkswirtschaft und der Therapeut Wirtschaftspolitiker aber brauchen Rezepte, wenn nicht völlig planlos gehandelt werden soll. Ob es den Autoren recht ist oder nicht, die ökonomische Literatur der Neuen Linken muß hier nach brauchbaren konkreten Rezepten abgeklopft werden.

Revolutionäre Veränderungen von Wirtschaft und Gesellschaft?

Das Unbehagen an einer scheinbar unaufhaltsamen Entwicklung, als deren Kennzeichen

- zunehmende Umweltbedrohung
- fortschreitende Konzentration
- öffentliche Armut bei steigendem privaten Wohlstand (der immer noch sehr einseitig verteilt blieb)
- ungleiche Bildungs- und Entwicklungschancen sowie
- Fortbestand hierarchischer und/oder autoritärer Strukturen in Staat, Gesellschaft und Wirtschaft

nur beispielhaft zu nennen sind, nahm nach Überwindung der Mühseligkeiten während des ersten Jahrzehnts nach dem Zweiten Weltkrieg sprunghaft zu. Diese Entwicklung war in der Bundesrepublik zwar – im Gegensatz zur wirtschaftlichen – langsamer als im angelsächsischen und französichen Einflußbereich, doch wurde sie in der ersten Hälfte der sechziger Jahre zunehmend spürbarer und erhielt dann Anstoß und (vordergründige) Berechtigung durch die Rezession 1966/67.

Dieses Unbehagen wurde in zahlreichen Variationen artikuliert: literarisch und mit direkten Aktionen, gewalttätig, aber auch in demokratischen Formen, vorwiegend an den Universitäten, aber auch auf Schulen und Lehrlingswerkstätten übergreifend. Fast immer berechtigte Kritik am Detail führte freilich selten zu konkreten Änderungsvorschlägen; der Aufruf zur „Revolution", gerichtet auf das Ziel einer sehr abstrakten *neuen* Gesellschaft, wurde „in", doch Aussagen über den gesellschaftlichen und konkreten wirtschaftlichen Zustand *nach* erfolgreicher „Revolution" fanden nicht statt. Im Gegenteil, jede Konkretisierung der Visionen von einer besseren Zukunft wurde abgelehnt, oft mit der Begründung, daß es nicht „Sache der Theorie [sei], Rezepte für die Tagespraxis zu liefern[11]". Das erinnert zwar sehr an das (oben zitierte) von Lenin kritisierte Verhalten von Karl Marx, doch es wird dadurch nicht konkreter.

Wenn Herbert Marcuse – einer der Päpste der Neuen Linken – in seiner Analyse der Möglichkeiten des Programms der „Great Society" unter anderem feststellt: „Marx' ‚Reich der Freiheit' setzt eine gesellschaftliche Organisation der Arbeit voraus, die sich von den Maßstäben äußerster Rationalität für die Gesamtgesellschaft bei der Befriedigung individueller Bedürfnisse leiten läßt. Sie setzt also kollektive Kontrolle des Produktionsprozesses durch die Produzenten selbst voraus[12], so ist es wohl legitim für die „Maßstäbe äußerster Rationalität" und ebenso für die „kollektive Kontrolle des Produktionsprozesses" Aussagen darüber zu erwarten, wer nach welchen Kriterien die Maßstäbe setzen und die Kontrolle durchführen soll. Diese Erwartungen jedoch werden weitgehend enttäuscht.

Bei Helge Pross (der wir mit die schärfsten Analysen der Unzulänglichkeiten der westdeutschen Gesellschaftsstruktur verdanken) finden wir auch die schärfste Kritik des Unvermögens der „Neuen Linken", ihr „revolutionäres" Ziel zu konkretisieren. Helge Pross selbst stellt an ein „Programm der totalen Umwälzung" die Bedingung[13], daß

- nachgewiesen werden muß, daß das Leben „unter den gegebenen Bedingungen ... unerträglich" und
- „Ergebnis der vorgefundenen politischen und sozialen Gesamtverfassung" sei, mit deren Beseitigung sich dann die Dinge ändern würden und
- daß es „einigermaßen praktikable und vorstellbare Entwürfe des besseren Zustands geben" muß.

Auch eine so gute Sachkennerin wie Helge Pross hat in der

umfangreichen Literatur der Neuen Linken diese Bedingungen nicht erfüllt gefunden. Für die Ungenauigkeit der Vorstellungen (oder für das wenig Konkrete der Utopien) auch schon bei den Umrissen der Gesamtgesellschaft – von den konkreten Einzelheiten gar nicht zu reden – weist sie vor allem auf Herbert Marcuse hin, dessen „kritische Theorie der Gesellschaft" freilich besonders wenig konkretes enthält, um in gezielter Negation, „jenen die Treue [zu] halten, die ohne Hoffnung ihr Leben der Großen Weigerung hingegeben haben und hingeben[14]". Man könnte über Aussagen dieser Art als eine Art „Langemarck-Stimmung mit umgekehrten Vorzeichen" hinweggehen, würden die Lehren Marcuses nicht so viel Faszination auf einen Teil der studentischen Jugend ausstrahlen. Darum ist es notwendig, einen genaueren Blick auf die Konstruktion von Marcuses „Reich der Freiheit" zu werfen, dessen „freie Gesellschaft" allerdings nach seiner Meinung „in den traditionellen Begriffen ökonomischer, politischer und geistiger Freiheiten nicht mehr angemessen bestimmt werden kann"; dazu „bedarf es neuer Weisen der Verwirklichung.

Solche neuen Weisen lassen sich nur in negativen Begriffen andeuten, weil sie auf die Negation der herrschenden hinausliefen. So würde ökonomische Freiheit Freiheit von der Wirtschaft bedeuten – von Kontrolle durch ökonomische Kräfte und Verhältnisse; Freiheit vom täglichen Kampf ums Dasein, davon sich seinen Lebensunterhalt verdienen zu müssen[15]."

Diese Zukunftsschau (eines pensionsberechtigten Lehrstuhlinhabers) ist so poetisch/visionär und so weit von allen Realitäten eines Arbeitnehmerdaseins entfernt, daß man am besten – wie so oft – mit Altmeisters Marx selber antwortet, der in einem Brief an Ludwig Kugelmann bei Wertung der Rezensionen des ersten Bandes des „Kapital" unter anderem schrieb, „daß jede Nation verrecken würde, die, ich will nicht sagen für ein Jahr, sondern für einige Wochen die Arbeit einstellte, weiß jedes Kind[16]". (Wie schon Bertolt Brecht festgestellt hat, ist das Studium des Marxismus immer hilfreich – freilich empfiehlt sich der Urtext.)

Im Gegensatz zu vielen aus der Schar derer, die sich auf ihn berufen, wird niemand Karl Marx selber Mangel an konkreten Aussagen vorwerfen können – freilich bezogen auf *seine* Zeit, für die er den Zustand und auch die „Bewegungsgesetze“ der „kapitalistischen Produktionsweise“ treffend geschildert hat. Über die Möglichkeiten der sozialistischen Produktionsweise findet sich allerdings bei Karl Marx wenig, was Schumpeter zu der Bemerkung veranlaßte, daß „Marx selbst sich klugerweise enthielt, die sozialistische Gesellschaft im einzelnen zu beschreiben[17]“. Karl Georg Zinn, einer der wenigen exakten Ökonomen unter der Neuen Linken, stellt dann auch fest: „Mit Ausnahme der auf Beseitigung der Ausbeutung zielenden Forderung, daß Produktionsmittel in Gemeineigentum zu überführen sind, hat Marx ja auch keine exakten Anweisungen für den Aufbau eines sozialistischen, ökonomischen Systems gegeben[18].“

Allein die Auflösung des „Grundwiderspruchs des Kapitalismus“ durch die Aufhebung des Privateigentums an Produktionsmitteln, befreit aber nicht von der Notwendigkeit, Investitionsentscheidungen zu treffen. Im Gegenteil: das sozialistische Ziel, „die Gesellschaft auf das rationale Prinzip geplanter Produktion für die allgemeine Wohlfahrt zu gründen[19]“, erfordert besonders sorgfältige Investitionsdispositionen. Dementsprechend ist die Notwendigkeit der Planung in einem Wirtschaftssystem mit vergesellschafteten Produktionsmitteln nie umstritten gewesen, was freilich bisher kaum zu praktikablen Modellen geführt hat. So stellt auch Paul Baran fest, daß die Planungsbehörde bei ihren Entscheidungen „vergebens nach Anleitung in der Literatur über sozialistische Ökonomie suchen“ würde[20]. Überhaupt sind die Arbeiten von Baran und Sweezy[21] – denen die Renaissance der marxistischen Wissenschaften weitgehend zu verdanken ist – eine Fundgrube für zutreffende Kritik an den bestehenden kapitalistischen Systemen bei gleichzeitiger Dokumentation des Unvermögens, den Ablauf des geplanten sozialistischen Produktions- und Verteilungsprozesses darzustellen.

Planungsforderungen ohne Konkretisierung

Auch wenn es bei Karl Marx selbst keine direkten Anweisungen für die Konstruktion einer planmäßig geleiteten Volkswirtschaft gibt, ist die Notwendigkeit zentraler Planung unter Marxisten so gut wie unumstritten. Und selbstverständlich finden sich auch in Marxens umfangreichem Werk eine Fülle von Einzelhinweisen zu verschiedenen Planungsproblemen. Paul Baran zum Beispiel geht für seine eigenen Überlegungen von dem „ersten ökonomischen Gesetz" bei Karl Marx aus, das in den „Grundrissen der Kritik der politischen Ökonomie" wie folgt formuliert würde:

„Gemeinschaftliche Produktion vorausgesetzt, bleibt die Zeitbestimmung natürlich wesentlich. Je weniger Zeit die Gesellschaft bedarf, um Weizen, Vieh etc. zu produzieren, desto mehr Zeit gewinnt sie zu andrer Produktion, materieller oder geistiger. Wie bei einem einzelnen Individuum, hängt die Allseitigkeit ihrer Entwicklung, ihres Genusses und ihrer Tätigkeit von Zeitersparung ab. Ökonomie der Zeit, darin löst sich schließlich alle Ökonomie auf. Ebenso muß die Gesellschaft ihre Zeit zweckmäßig einteilen, um eine ihren Gesamtbedürfnissen gemäße Produktion zu erzielen; wie der einzelne seine Zeit richtig einteilen muß, um sich Kenntnisse in angemessenen Proportionen zu erwerben oder um den verschiedenen Anforderungen an seine Tätigkeit Genüge zu leisten. Ökonomie der Zeit, sowohl wie planmäßige Verteilung der Arbeitszeit auf die verschiedenen Zweige der Produktion, bleibt also erstes ökonomisches Gesetz auf Grundlage der gemeinschaftlichen Produktion[22]."

Auch Baran stellt allerdings fest, daß dieses ökonomische Gesetz noch viele Fragen offenläßt, „die beantwortet werden müssen, wenn die Rationalität der Wirtschaftsordnung gesichert bleiben soll". Im Anschluß an diese Überlegungen formuliert Baran selbst zwei Fragen, die in der Tat die Kernprobleme jedes Produktions- und Verteilungsprozesses ansprechen: „Erstens, wie sollen die Bedürfnisse der Mitglieder der Gesellschaft nach den möglichen Kombinationen von Gütern und Dienstleistungen (einschließlich Freizeit) ermittelt werden? Das alte Problem der Beziehung zwischen Individuum und Gesellschaft ist offensichtlich nicht automatisch durch eine umfassende Rationalität der gesellschaftlichen Organisation gelöst. Die zweite Frage betrifft die Verteilung des gesellschaftlichen Einkommens: gleiche Anteile für alle? Jedem gemäß seinem Beitrag zum gesellschaftlichen „output"? Oder jedem nach seinen Bedürfnissen? Obwohl dieses Problem manches von seiner Dringlichkeit verlieren wird, wenn Entwicklung und Organisation der Produktivkräfte erst einmal bis zu dem Punkt fortgeschritten sein werden, wo Knappheit überwunden ist und die neue Gesellschaft mit Erfolg die menschlichen Bedürfnisse umstrukturiert hat, ist an seiner Bedeutung nicht zu rütteln. Erst wenn das „erste ökonomische Gesetz" bewußt zum organisatorischen Prinzip der Gesellschaft gemacht worden ist, wird die rationale Lösung anderer Probleme möglich. Erst auf dieser Stufe werden Technik und Technologie ihrem eigentlichen Zweck dienen: der Befreiung der Individuen und der Entfaltung realer Demokratie[23]."

Präzise Antworten auf diese Fragen würden die Wirtschaftspolitik ein großes Stück weiterbringen; für jede Art Wirtschaftsordnung gehört die Lösung dieser Fragen zu den Kernproblemen. Folgerichtig untersucht Paul Baran dann auch im Anschluß an diese Fragestellung „Planung im Kapitalismus" und „Planung im Sozialismus". Bereits vor Beginn der Analyse der „Planung im Kapitalismus" stellt Baran allerdings fest: „Vergleicht man die elementaren Prinzipien rationaler Wirtschaftsorganisation mit dem modus operandi des kapitalistischen Systems, so tritt dessen Irrationalität in aller Schärfe hervor. Unter dem Kapitalismus wird weder die geleistete Arbeit noch der produzierte „output" durch das bestehende Produktivitätsniveau und durch die Bedürfnisse der Gesellschaft bestimmt, noch werden diese Variablen durch irgendeine gesellschaftliche Präferenzenskala von Arbeit und Freizeit beeinflußt. Es ist einer der wesentlichen Aspekte der Irrationalität des kapitalistischen Wirtschaftsprozesses, daß all diese Momente, die eng miteinander verflochten sein sollten, in der Tat durch getrennte, abgeschnittene und oft konfligierende Kräfte bestimmt werden, die sowohl die Gesamtheit als auch die Zusammensetzung der effektiven Nachfrage determinieren[24]." Nach diesem Vorwegurteil dürfte es niemand mehr wundern, daß Baran alle Planungsansätze im Kapitalismus (und zwar sowohl im „fortgeschrittenen" als auch im „rückständigen" Kapitalismus) erfolglos bleiben läßt.

Baran beschränkt seine Untersuchung für den fortgeschrittenen Kapitalismus auf die Vollbeschäftigungsplanung mit Hilfe des Instrumentariums der „Neuen Ökonomie" von John Maynard Keynes. Nach knapper Aufzählung der Instrumente und den Möglichkeiten ihrer Anwendung wird festgestellt, daß das Ziel der Vollbeschäftigung mit jeder einzelnen dieser Maßnahmen zu erreichen ist. Aber nach dieser Feststellung kommt eine Analyse der Hindernisse, die nach Barans Meinung der praktischen Verwirklichung im Wege stehen. Der Vielzahl von Anwendungen des Keynesschen Instrumentariums in hochentwikkelten Volkswirtschaften mit „gemischter Wirschaftsordnung[25]" ungeachtet, beschränkt Paul Baran sich auf theoretische Widerlegungen. Das Haupthindernis jeder erfolgreichen Vollbeschäftigungsplanung in einer kapitalistischen Wirtschaftsordnung sieht Baran in der Rolle des Staates. Keynes hat seiner Meinung nach „die überragende Bedeutung der *Interessen* derjenigen Klasse, die einen kontrollierenden Einfluß in der Gesellschaft ausübt[26]", bei der Entwicklung seines Instrumentariums übersehen. Die Ausübung der Klasseninteressen würden aber den Staat daran hindern, die zur Aufrechterhaltung oder Sicherung der Vollbeschäftigung notwendigen Maßnahmen rechtzeitig zu beschließen. Entsprechend bleibt nach der Analyse von Paul Baran im fortgeschrittenen Kapitalismus nur

- der Verzicht auf Vollbeschäftigung oder
- der Übergang zu einem faschistischen Regime.

Die auch von Baran diskutierten Möglichkeiten einer „integrierten Gewerkschaftspolitik (Laborismus)" werden als wenig aussichtsreich dargestellt. Die im Anschluß an Schumpeter erörterte Möglichkeit, daß „die Regierung nicht mehr von Unternehmerinteressen beherrscht werde, sondern von der anderen Streitpartei – den Gewerkschaften", hält Baran nicht für realistisch. Notfalls würde sich die „Kapitalistenklasse" durch „Investitionsstreiks" gegenüber der Kooperation von Regierung und Gewerkschaften durchsetzen. Jedes Nachgeben aber gegenüber den Kapitalisteninteressen würde die Regierung „ihrer ursprünglichen Massenunterstützung berauben[27]" und damit zur Erfolglosigkeit verurteilen.

Um Wiederholungen zu vermeiden, sollen die Ergebnisse dieser Analyse hier nicht im einzelnen mit der Realität konfrontiert werden. Das wird im nächsten Abschnitt bei der Erörterung der Ergebnisse der Mandelschen Analyse des Spätkapitalismus geschehen. Mandel wie Baran berücksichtigen bei ihren Analysen die realen Ergebnisse der volkswirtschaftlichen Gesamtrechnungen nur dann, wenn einzelne Zahlenreihen die Richtigkeit der Marxschen „Bewegungsgesetze" des Kapitals zu bestätigen scheinen. Diese Bestätigung nicht erbringende Statistiken werden ignoriert; wahrscheinlich in dem Bemühen, in jedem Fall die auch bei Sweezy – ohne empirischen Beweis – zu findende Feststellung zu bestätigen: „Die Tendenz zum Zusammenbruch ist in einer industrialisierten kapitalistischen Gesellschaft stets gegenwärtig; Depression oder Stagnation müssen als ihre normale Existenzbedingung betrachtet werden, und zwar in dem gleichen Sinn, in dem die klassischen und neoklassischen Ökonomen das Vollbeschäftigungsgleichgewicht als die normale Existenzbedingung kapitalistischer Wirtschaften auf jeder Stufe ihrer Entwicklung betrachten[28]."

Und da neben der Statistik für eine politische Ökonomie dieser Art auch die Exaktheit der mathematischen Methoden unangenehm werden kann, fällt Paul Baran in diesem Zusammenhang auch hierüber noch ein schnelles Urteil. Danach „hat im Falle der Makroökonomie das mathematische Modell die Funktion, die Irrationalität der Wirtschaftsorganisation zu verbergen, die es zu erhellen vorgibt[29]". Die von Karl Georg Zinn festgestellte Aversion „orthodoxer Marxisten und festgefahrener Paläoliberaler" gegen mathematische Methoden (vergleiche Fußnote[18]) zeigt sich hier in aller Deutlichkeit. Aversionen dieser Art verraten aber auch ein zumindest eigenartiges Verhältnis zur Rationalität des Denkens, auch wenn noch so oft von der „Irrationalität" der anderen gesprochen wird.

Methode und Ergebnis der Baranschen Analyse der „Planung im Kapitalismus" entlarven seinen „Marxismus" als jenen „Dogmatismus", den Henri Lefèbvre als „eigenartigen Ultradogmatismus, der imstande ist, seinen eigenen Dogmatismus zu leugnen, um ihn besser durchsetzen zu können" bezeichnet. Lefèbvre steht sicher nicht im Verdacht, zu den Apologeten eines kapitalistischen Wirtschaftssystems zu gehören, aber im Gegensatz zu den „offiziellen" Marxisten hat er sich den Blick für die Realitäten bewahrt. Etwa zur gleichen Zeit als Baran und Sweezy die „Tendenz zum Zusammenbruch" in der kapitalistischen Gesellschaft für „stets gegenwärtig" hielten, stellt Henri Lefèbvre in einer Bewertung der marxistischen „Theorie der *zyklischen Krisen*" und der ihr folgenden „Theorie der *ökonomischen Stagnation*" unter anderem fest, „daß die eine wie die andere Theorie unvollständig, teilweise wahr und teilweise falsch ist; zwar entwickelt sich die kapitalistische Wirtschaft trotz der Anstrengung der Techniker und Technokraten, die Entwicklungs- oder Gleichgewichtsmodelle entwerfen, nicht in einer harmonischen und befriedigenden Weise; dennoch zeigt diese Wirtschaft heute – im Jahre 1957 – weder Stagnation noch Krise im klassischen Sinne, sondern Erscheinungen und Widersprüche neuer Art. Dasselbe gilt für die sozialistische Wirtschaft[30]".

Eine präzise Aussage, die nicht verkennt, daß die industrielle Produktion in jeder Wirtschafts- und Gesellschaftsordnung „Widersprüche" produziert. Paul Barans folgende Analyse der „Planung im Sozialismus" zeigt stattdessen, daß sein kritischer Blick hier die Unzulänglichkeiten so übersieht, wie er sie im „Kapitalismus" überdimensioniert. Und so gilt für ihn nach beiden Seiten Lefèbvres Feststellung über den „Ultradogmatismus", der „in dem Maße, wie die aufgeworfenen Probleme real sind .... nur eine im voraus festgelegte und präfabrizierte Lösung" gestatten[31]. Ein Urteil, das leider nicht nur auf Paul Baran zutrifft.

Doch wenn die dogmatische Anwendung der Marxschen Lehren schon bei der Analyse des Kapitalismus die Proportionen verzerrt und der Kenntnisnahme realer Bedingungen im Wege steht, hilft sie wenigstens bei der Darstellung des Produktionsablaufs in sozialistischen Wirtschaften? Ein Rückblick zu den „Klassikern" gibt diese Hoffnung, obgleich es bedenklich stimmt, für konkrete Fragestellungen der marxistischen Methode immer gleich direkt auf Marx/Engels/Lenin zurückgreifen zu müssen. Harald Gerfin erhebt im Nachwort der 1971er Ausgabe des „Kapital" mit Recht „den Vorwurf gegenüber der marxistischen Lehre, nach Marx essentielle Fortschritte nicht erzielt zu haben". Und auch seiner anschließenden Feststellung, daß „niemand heute die bürgerliche Ökonomie in erster Linie anhand ihrer Klassiker studieren (würde)[32]", kann man nur zustimmen.

Sei's drum; wenn die Neomarxisten die Lösung ihrer Probleme von den „Urvätern" erwarten, ist hier der Rückgriff auch gestattet. Für den oben angesprochenen Zweck hat Friedrich Engels die „Aufgabe marxistischer politischer Ökonomie" wie folgt definiert: „Die Aufgabe der ökonomischen Wissenschaft ist es [. . .], die neu hervortretenden gesellschaftlichen Mißstände als notwendige Folgen der bestehenden Produktionsweise, aber auch gleichzeitig als Anzeichen ihrer hereinbrechenden Auflösung nachzuweisen, und innerhalb der sich auflösenden ökonomischen Bewegungsform die Elemente der künftigen, jene Mißstände beseitigenden, neuen Organisation der Produktion und des Austausches aufzudecken[33]."

Diesem Auftrag entsprechend sollte man bei Paul Baran im Kapitel „Planung im Sozialismus" Aufschluß über den Produktionsablauf und den Verteilungsprozeß in einer sozialistischen Wirtschaft erwarten können. Doch diese Erwartungen werden enttäuscht. Im Gegensatz zu seiner Analyse „Planung im Kapitalismus" geht Baran bei der Analyse der „Planung im Sozialismus" nicht von den Grundlagen der politischen Ökonomie aus, obgleich er selber einleitend „Gegenstand und . . . Ziele der politischen Ökonomie im Sozialismus" wie folgt charakterisiert: „Im Bereich der Makroökonomie wird sie der theoretische Leitfaden der Rationalität und der Orientierung des Systems und zugleich das wichtigste Hilfsmittel zur Formulierung der wirtschaftlichen Ziele der Gesellschaft und der allgemeinen Strategie, diese Ziele zu erreichen. Nur die marxistische politische Ökonomie verfügt über das theoretische Handwerkszeug, dessen eine Analyse der wirtschaftlichen Institutionen, der wissenschaftlichen Möglichkeiten und der gesellschaftlichen Beziehungen bedarf und ohne das Wirtschaftsplanung nicht möglich ist[34]."

In der Einleitung zu seinem Kapitel „Planung im Sozialismus" beschränkt sich Baran aber darauf festzustellen, daß es wenig nützt, „Planung in einer sozialistischen Gesellschaft als eine auf die Erzielung von ‚Optima' gerichtete zu erörtern, deren Inhalte von den individualistischen Wertbegriffen des kapitalistischen Systems oder von der persönlichen Vorliebe des jeweiligen Autors geborgt sind".

Nach Baran kommt es in einer sozialistischen Gesellschaft vor allem auf die „gesellschaftlichen Kontrollorgane" an und „vermutlich ist es der Zweck einer jeden politischen Aktion zur Errichtung eines sozialistischen Systems, gesellschaftliche Kontrollorgane zu schaffen, welche die Souveränität des Konsumenten im Interesse der Gesellschaft als Ganzes beschränken (und die Präferenzen des Konsumenten formen) sollen – im Gegensatz zu einer Ordnung, in der es das kapitalistische Unternehmen ist, das diese Funktion zum Nutzen von Privatinteressen erfüllt[35]".

Bei aller Bedeutung, die in einer hochindustrialisierten Gesellschaft den „geheimen Verführern" und den Möglichkeiten des verschiedenen Konsumterrors zukommt, was Paul Baran statt dessen anbietet, scheint mir jener berühmt-berüchtigten Teufelsaustreibung durch Beelzebub doch sehr nahe zu kommen. Um diesen Verdacht wenigstens etwas abzuschwächen, wären zumindest Angaben über die Zusammensetzung, die Art der Berufung und die Legitimation der „gesellschaftlichen Kontrollorgane" notwendig sowie über die Vorkehrungen zur „Kontrolle der Kontrollorgane". Hierüber aber schweigt Paul Baran sich aus; es wird lediglich festgestellt, daß die Planungsbehörde in Übereinstimmung sein soll „mit dem Prinzip, [...] den Menschen zu geben, was sie wollen, wenn es keinen guten Grund für ein gegenteiliges Verfahren gibt".

Wer entscheidet darüber, ob es „einen guten Grund für ein gegenteiliges Verfahren" gibt und nach welchen Kriterien fällt diese Entscheidung? Auch hierüber schweigt Baran sich aus. Aber seine weiteren Angaben, zum Beispiel die, daß „eine radikale Neuorientierung der Gesellschaft ohne Eingriffe in individuelle Freiheiten" ausgeschlossen sei, daß „die geschmackformende Aktivität der Planungsbehörde ein neues Grundmuster für die Präferenzen der Verbraucher hervorbringen[36]" würde sowie die Relativierung der „Opfer und Unbequemlichkeiten", zu denen Mißachtungen der Verbraucherpräferenzen führen würden, erwecken wenig Vertrauen. Dies um so mehr, da nach nur siebeneinhalb Seiten theoretischer Erörterungen der Aufgaben der „Planungsbehörde" dieser Teil beendet wird – ohne einen einzigen konkreten Hinweis auf das Instrumentarium und die Kriterien für die von der Planungsbehörde durchzuführende Investitionslenkung – und statt dessen im nächsten Abschnitt „die sowjetischen Erfahrungen" abgehandelt werden.

Kann es Zufall oder lediglich der Wunsch des Autors nach Variation der Darstellungsweise sein, wenn Paul Baran bei seiner Analyse der „Planung im Kapitalismus" auf empirische Erfahrungen, die ja zumindest für die skandinavischen Staaten (mit großem Erfolg) und für Großbritannien, Frankreich und die Niederlande vorliegen, verzichtet und sich statt dessen auf den theoretischen Nachweis der unvermeidbaren Erfolglosigkeit dieser Planung beschränkt, bei seiner Analyse der „Planung im Sozialismus" aber genau den umgekehrten Weg einschlägt, nämlich *keine* Darstellung der Planungsmöglichkeiten und Instrumente zu geben statt dessen allein die „sowjetischen Erfahrungen" anzuführen? Dabei sind die sowjetischen Erfahrungen alles andere als ermutigend, wenn Paul Baran auch nicht während der fünfziger Jahre – als die vorliegende Arbeit entstand – voraussehen konnte, daß Anfang der sechziger Jahre in der Sowjetunion selbst eine breite Diskussion um die Einführung von „dezentralistischen Planungsmodellen" und Tendenzen zu „mehr Markt" in

Gang kommen würde[37]. (Aber es ist auch nicht bekannt, daß Paul Baran bis zu seinem Tode im Jahre 1964 seine Ansichten revidiert hätte.) Offensichtlich steht auch Paul Baran die „Gläubigkeit“ gegenüber dem marxistischen Instrumentarium der Erkenntnis der Wirklichkeit im Wege. Und das trifft leider nicht nur für Paul Baran und seinen Co-Autor bei den wichtigsten neomarxistischen Werken, Paul M. Sweezy, zu. Um das nachzuweisen, sei eine der umfangreichsten Analysen des „Spätkapitalismus“ hier etwas ausführlicher behandelt.

Es bleibt nur noch anzumerken, daß Paul A. Baran zwar am Beginn seiner Untersuchungen präzise Fragen gestellt hat (s. S. 87 f.) – die Antworten aber schuldig geblieben ist.

7. Ernest Mandels Analyse des „Spätkapitalismus"

In Kreisen der Neuen Linken wird in der Regel die Forderung erhoben, politische Konzeptionen und/oder langfristige Programme nur auf der Grundlage einer „gesamtgesellschaftlichen Analyse" zu erarbeiten. Ob hier auch die Ursache dafür liegt, daß in der Literatur der Neuen Linken sehr viel mehr Analyse als Programm zu finden ist, wird sich freilich kaum feststellen lassen – doch vielleicht hängt das weitgehende Unvermögen zur Erarbeitung *konkreter* Konzeptionen mit der Art der vorausgegangenen Analyse zusammen. (Wenig konkrete Analysen bieten kaum eine Grundlage für konkrete Programme!)

Zielrichtung und Unfang dieses Buches erlauben es nicht, hier das neomarxistische Instrumentarium rundum auf seine Brauchbarkeit für eine „gesamtgesellschaftliche Analyse" einer hochindustrialisierten Volkswirtschaft zu untersuchen. Auch ist nicht daran zu zweifeln, daß der Marxsche Instrumentenkasten für eine Analyse der gesellschaftlichen Bedingungen des 19. Jahrhunderts wohl sortiert war, nur – wir leben in einer (mit zunehmendem Tempo) sich wandelnden Welt, sollte die sich tatsächlich noch mit einem im Wesentlichen unveränderten Instrumentarium aus der Mitte des vergangenen Jahrhunderts erklären lassen? Zwar kann kein Zweifel daran bestehen, daß die gründliche Kenntnis der Werke von Karl Marx für jeden ernsthaften Gesellschaftswissenschaftler auch heute noch unerläßlich ist. Aber das Instrumentarium zu kennen oder es unkritisch anzuwenden, sind zwei gründlich verschiedene Dinge. Es wäre um die Gesellschaftswissenschaften heute besser bestellt, wenn nicht nur wenige (rühmliche) Ausnahmen unter den Neomarxisten darüber nachdenken würden.

Leider ist das kaum zu erwarten. Das beweist (vordergründig) schon die unkritische Verwendung des Begriffs „Spätkapitalismus", wie sie nicht nur bei Ernest Mandel – dessen Analyse nachstehend auf ihre Aussagefähigkeit untersucht wird – sondern beispielsweise auch bei Urs Jaeggi[38] und Claus Offe[39] (um nur noch zwei Beispiele aus dem deutschen Sprachraum zu nennen) anzutreffen ist. In seiner 1972 erschienenen Analyse „Der Spätkapitalismus" legt Mandel im Vorwort klar, daß er diesen Begriff „nicht in dem Sinne eines ‚neuen Wesens' des Kapitalismus" verwendet, sondern daß für ihn „der Versuch einer marxistischen Analyse des Spätkapitalismus nur möglich (ist) als Bestätigung der Leninschen Imperialismus-Analyse. Die Ära des Spätkapitalismus ist keine neue Epoche der kapitalistischen Entwicklung, sondern nur eine Weiterentwicklung der imperialistischen, monopolkapitalistischen Epoche". Und Ausgangspunkt des Spätkapitalismus ist für Mandel die „radikale Verbesserung der Verwertungsbedingungen des Kapitals, Ergebnis der historischen Niederlagen der Arbeiterklasse durch Faschismus und Weltkrieg[40]".

Mir ist nicht bekannt, ob Mandel es nicht weiß oder verschweigt, daß der Begriff „Spätkapitalismus" bereits in den zwanziger Jahren von Werner Sombart verwendet wurde[41] (in der sechzehn Druckseiten umfassenden „Bibliographie" zum „Spätkapitalismus" gibt es jedenfalls keinen Hinweis auf Sombart – bei Jaeggi und Offe übrigens auch nicht). Mandel spricht aber in anderen Arbeiten ausdrücklich von der „Periode der Greisenhaftigkeit[42]" des Kapitalismus und unternimmt in seiner „Marxistischen Wirtschaftstheorie[43]" den Versuch, „Entwicklungsgesetze des Kapitalismus in der Epoche seines Niedergangs", für den „Bankrott des Kapitalismus[44]" aufzustellen.

Nun folgt bei Werner Sombart der „Spätkapitalismus" der „Epoche des Hochkapitalismus", die in seiner Darstellung mit dem Beginn des Ersten Weltkrieges endet. Wenn also der Kapitalismus nach Mandels Analyse ein „Greis“ ist, so jedenfalls ein recht rüstiger, der bereits länger als ein halbes Jahrhundert aktiv tätig ist und wenig Ermüdungserscheinungen zeigt. Ist hier nun lediglich das „greisenhaftige“ Bild mißlungen – oder hat sich der „alte Herr“ von 1914 inzwischen zu anderen Formen entwickelt, vielleicht zu einer die „jenseits von Kapitalismus und Sozialismus“ liegt? Eine „gesamtgesellschaftliche Analyse“ sollte darauf Antwort geben.

Den 542 Seiten starken Band von Ernest Mandel „Der Spätkapitalismus“ im Detail zu analysieren, würde eine Arbeit von nicht allzu geringerem Umfang erfordern. Das ist hier weder möglich noch nötig; die Grundrichtung und die Grundirrtümer dieses „Versuchs einer marxistischen Erklärung“ lassen sich auf relativ engem Raum[45] aufzeigen:

Das ganze Werk Mandels atmet jenen Geist aus, der Schumpeter veranlaßt hat „eine Analogie aus der Welt der Religion“ zur Charakterisierung einer der vielen Seiten des großen Gesellschaftswissenschaftlers Karl Marx zu verwenden. Man hat an vielen Stellen das Gefühl, daß es Mandel nicht darum geht, mit Hilfe der marxistischen Ökonomie und/oder Soziologie die ökonomische und gesellschaftliche Wirklichkeit der westlichen Welt im letzten Drittel des zwanzigsten Jahrhunderts zu erklären, sondern zu beweisen, daß „Marx der Prophet“ Recht gehabt hat. Das ist für Jünger eines großen Meisters ehrenwert, aber ein Wissenschaftler sollte schon bei politisch wirksamen *Zeitgenossen* unterscheiden können zwischen „dem Schubkarren voll weißglühender Phrasen, leidenschaftlicher Anklagen und zorniger Gesten“[76] die er seinen Verehrern zur Verfügung stellt und präzisen wissenschaftlichen Aussagen. Geht es nicht um einen Zeitgenossen, sondern um jemand, dessen Hauptwerk runde hundert Jahre zurückliegt, so kommt die Pflicht hinzu, vor der Analyse das Instrumentarium an der veränderten Wirklichkeit zu prüfen und nicht umgekehrt. Mandel zeigt diese Bereitschaft nicht.

Mandels Werk strotzt von „Marxismen“, das heißt von einer Vielzahl von Formulierungen und termini technici, die auf den ersten Blick nur dem gründlichen Kenner des Marxschen Werkes verständlich sind. Damit trägt Mandel – bewußt oder unbewußt – dazu bei, daß seine Analyse bevorzugt wiederum nur von Jüngern gelesen wird, die allein des marxistischen Vokabulars wegen eine Aussage für richtiger halten als eine in normalem Gebrauchsdeutsch von 1973. Das schränkt nicht nur die allgemeine Verständlichkeit ein, es erhöht auch die Ungenauigkeit oder zumindest die Möglichkeit von Mißverständnissen, weil viele Marxsche termini nicht mehr gebräuchlich sind und sich auch die gemeinten gesellschaftlichen Gruppen (oder andere Adressaten) inzwischen verändert haben. (Die Arbeit von Sweezy ist von diesem „jüngerhaften Gehabe" sehr viel freier – was aber vielleicht auch an der ausgezeichneten Übertragung aus dem Angelsächsischen von Gertrud Rittig-Baumhaus liegt.) Außerdem verlängert diese Art der Darstellung die von Ota Šik mit Recht so beklagte Aufteilung der ökonomischen Wissenschaft „in zwei einander so vollkommen fremde Welten[47]". Wer sich mit der Sprache im Sinne einer „Geheimwissenschaft" umgibt, der wird auch selten bereit sein, Erkenntnisse aus dem von dieser „Geheimsprache" nicht erfaßten Bereich anzunehmen; Ernest Mandel bestätigt diese Vermutung.

Ohne Rücksicht auf die Fakten

Es kann nur an dem (unangebrachten) Rechtfertigungsversuch für den Propheten Marx liegen, daß Mandel so oft seine Schlußfolgerungen auf Voraussetzungen aufbaut, die aus der jederzeit greifbaren Statistik zu widerlegen sind. Hierfür einige auf die Bundesrepublik bezogene Beispiele: Im V. Kapitel „Kapitalverwertung, Klassenkampf und Mehrwertrate im Spätkapitalismus" versucht Mandel „die Schwankungen der Mehrwertsrate im zwanzigsten Jahrhundert" zu analysieren. Zu Beginn der Analyse heißt es: „Bleibt der Arbeitstag gleich lang – und dies ist seit der allgemeinen Einführung des Acht-Stunden-Tags nach dem Ersten Weltkrieg im großen und ganzen der Fall gewesen, mit Ausnahme der Epoche des Faschismus und des Zweiten Weltkriegs, insofern man die Fluktuation der Überstunden und der Kurzarbeit nicht berücksichtigt –, so wird die Mehrwertrate steigen[48]." Für den Zeitraum, um den es Mandel bei seinem 1972 erschienenen Buch in erster Linie geht – den Zeitraum vom Zweiten Weltkrieg bis zur Gegenwart, auch wenn er sehr oft mit Zahlen und Aussagen bis 1848 zurückgreift – stimmt diese Voraussetzung einfach nicht. Die Einführung des Acht-Stunden-Tages erfolgte für die Sechs-Tage-Woche; lange Jahre nach der gesetzlichen Einführung waren in der Praxis noch mehr als achtundvierzig Wochenstunden üblich. Seit 1950 hat sich in der Mehrzahl der europäischen Staaten hier eine beachtliche Reduktion vollzogen, in Kanada und den Vereinigten Staaten wurden bereits 1950 42,3 bzw. 40,5 Wochenstunden als durchschnittliche Arbeitszeit in der Industrie festgestellt. (Vergleiche Tabelle 8.) In der Bundesrepublik hat sich die durchschnittliche Wochenarbeitszeit in der gewerblichen Wirtschaft von 47,1 Wochenstunden im Jahre 1956 auf 40,5 1972 reduziert, bei den Angestellten im gleichen Zeitraum von 47,5 auf 40,9 Wochenstunden. Die tatsächlich *geleistete* Wochenarbeitszeit in der Industrie hat sich von 42,8 im Jahre 1957 auf 37,4 Wochenstunden 1972 verringert. (Vgl. Tabelle 7.)

Nun sind die Differenzen zwischen der „notwendigen" und der „angeeigneten" Arbeitszeit die Hauptelemente zur Berechnung des Mehrwertes im Marxschen Reproduktionsschema. Mandel aber ignoriert einen Rückgang der von ihm angenommenen Zeit um 20 Prozent in der Realität der letzten zwanzig Jahre – können seine Aussagen über unterschiedliche Mehrwertraten noch ernst genommen werden, wenn er eine Veränderung der Berechnungsgrundlagen um ein Fünftel schlicht ignoriert?

Nachprüfbar sind Mandels Angaben über die Entwicklung des Mehrwerts freilich genauso wenig wie seine übrigen Daten. Sich über die Regeln professioneller Statistiker hinwegsetzend beschränkt sich Mandel fast immer auf die Angabe von Relativzahlen[49] – für ökonomische Arbeiten eine „wissenschaftliche Todsünde". In seinem V. Kapitel „Kapitalverwertung, Klassenkampf und Mehrwertrate im Spätkapitalismus" werden dann nach der Pauschalfeststellung über die seit dem Ersten Weltkrieg gleichlang gebliebene Arbeitszeit eine bunte Fülle von Indikatoren angeführt, die angeblich die Veränderungen der Mehrwertrate „beweisen". Die Entwicklung der Lohnquote und des privaten Verbrauchs, der Pro-Kopf-Privatverbrauch, der „Anteil der privaten Kapitalakkumulation" und des „Eigentumeinkommens" werden – immer lediglich in Relativzahlen – wie eine Tabelle von T. N. Vance[50], wonach die Mehrwertrate in den Vereinigten Staaten von 92 Prozent im Jahre 1939 auf 129 Prozent im Jahre 1948 gestiegen ist.

Nirgendwo aber wird bei Mandel erläutert, wie im einzelnen die Berechnungen der Mehrwertrate durchgeführt und welche statistischen Größenordnungen dazu herangezogen werden; im Anschluß an die Tabelle von Vance und der Einführung zahlreicher Relativzahlen aus den Arbeiten von Michal Kalecki und Baran-Sweezy wird lediglich gesagt, daß „die Anwendung der Marxschen Kategorien auf diese Zahlenreihen mit großer Vorsicht" zu geschehen hat. „Die offiziellen Aggregatrechnungen sind nur bei sehr komplizierten Berechnungen auf diese Kategorien reduzierbar; sie enthalten vom Standpunkt der Marxschen Werttheorie zahlreiche Doppelposten." Statt aber etwas über diese „sehr komplizierten Berechnungen" zu sagen oder sie gar durchzuführen, folgt lediglich ein Hinweis darauf, daß es zu „diesen Doppelposten ... weitere Ausführungen im Kapitel XIII" gibt. (Dort finden sich aber unter der Überschrift „Die permanente Inflation" wiederum eine unübersehbare Fülle von Einzeldaten – meist in Relativzahlen – aber keinerlei Angaben über die konkrete Berechnung der Mehrwertraten.)

Noch ein Beispiel dafür, wie völlig unbrauchbar und nicht nachprüfbar die Mandelschen Zahlenangaben sind: Bei der Darstellung der deutschen Entwicklung in den dreißiger Jahren heißt es: „Die Steigerung der Mehrwertrate war massiv. Der Anteil der Löhne und Gehälter am Volkseinkommen ging von 68,8 Prozent im Jahre 1929 auf 63,1 Prozent im Jahre 1938 zurück." Nach der amtlichen Statistik betrug der Arbeitnehmeranteil am Volkseinkommen 1929 61,9 Prozent und im Jahre 1938 54,9 Prozent; also ein Rückgang um 7 Prozentpunkte statt 5,7 und insgesamt sehr viel niedrigere Zahlen. (Während der gesamten Phase des NS-Regimes ist die Lohnquote *unter* 60 Prozent geblieben, warum bescheinigt ausgerechnet Mandel diesem Regime einen höheren Anteil der Arbeitnehmer?) Diese ohne jede Quellenangabe – und darum in keiner Weise nachprüfbaren – Zahlenangaben sind für Mandel symptomatisch.

Besonders eklatant ist der Widerspruch zwischen den (im Tone der unbedingten Wahrheit vorgetragenen) Aussagen Mandels zur realen Wirklichkeit bei den Ausführungen zum Konjunkturzyklus. Das XIV. Kapitel der Mandelschen Analyse „Der Industriezyklus im Spätkapitalismus“ beginnt wie folgt: „Wie bekannt, hat die Entwicklung der kapitalistischen Großindustrie, seitdem sie den Weltmarkt beherrscht, einen nur für diese Produktionsweise eigentümlichen zyklischen Charakter mit aufeinanderfolgenden Phasen von Flaute, Wirtschaftsaufschwung, Hochkonjunktur, Überhitzung, Krach, Flaute usw. angenommen.“ Und nach dem Hinweis darauf, daß Karl Marx zwar „keine geschlossene Theorie des Industriezyklus und der Überproduktionskrisen hinterlassen hat“, diese aber aus den wichtigsten Marxschen Schriften skizziert werden kann, wird dann festgestellt, daß Marx „die Krise als ein Ergebnis *sämtlicher* Widersprüche der kapitalistischen Produktionsweise definiert“. Diesen Hinweisen auf Gottvater folgt dann die Mandelsche Aussage:

„Aufsteigende Konjunktur ist nur bei steigender Profitrate möglich, die ihrerseits die Bedingungen für eine neuerliche Erweiterung des Marktes und der Konjunktur schafft. An einem bestimmten Punkt der Entwicklung müssen aber die gestiegene organische Zusammensetzung des Kapitals und die Begrenzung des Absatzes der Waren an die „letzten Konsumenten“ sowohl die Profitrate senken wie auch den Markt relativ einengen. In der Überproduktionskrise entladen sich diese Widersprüche. Die fallende Profitrate führt zur Einschränkung der Investitionen, die den „Krach“ in eine Depression verwandelt. Kapitalentwertung, wachsende Rationalisierung und Erwerbslosigkeit (Steigerung der Mehrwertrate) erlauben es, die Profitrate wieder anzuheben. Rückgang der Produktion und Abbau der Lager ermöglichen wieder eine Erweiterung des Marktes, die dann zusammen mit der gestiegenen Profitrate über die Wiederbelebung der Unternehmer-Investitionen den Aufschwung der Produktion bestimmt[52]."

Und nach einer Erklärung dieser „Bewegungsgesetze" aus den Marxschen Produktions- und Reproduktionsschemata heißt es dann weiter: „Solange der Kapitalismus besteht, so lange wird die Produktion weiterhin einen zyklischen Verlauf nehmen. Empirisch ist dies leicht verifizierbar. Die Rezessionen der Wirtschaft der USA 1949, 1953, 1957, 1960, 1969–71 sind bekannt. Ähnliche Rezessionen hat es seit dem Zweiten Weltkrieg in allen imperialistischen Ländern gegeben. Glaubte man bis 1966, die BRD bilde hiervon eine Ausnahme, so wurde dies durch die Rezession 1966–67 schlagend widerlegt, der im Winter 1971–72 eine zweite Rezession folgte[53]."

Es ist nicht nötig, hier im einzelnen den Nachweis zu führen, wie wenig „systemimmanent" die wirtschaftliche Entwicklung und die „gewollte Rezession" 1966/67 waren, und wie entscheidend Unfähigkeit und Ignoranz der wirtschaft- und geldpolitischen Instanzen die erste und bisher einzige Rezession der Bundesrepublik herbeigeführt haben. Diesen Nachweis hat der Sachverständigenrat in seinen Jahresgutachten 1967/68 in umfassender Deutlichkeit erbracht. (Vgl. Kapitel I.)

Aber zur Charakteristik der Arbeitsweise Mandels lohnt sich ein Blick auf die statistischen Fakten des Rezessionsjahres 1967. Der zeitweilige Verlust von rund einer Million Arbeitsplätzen und rund 37 Milliarden DM Wachstumsverlust belasten das Erhard-Schmücker-Blessingsche Konto schwer. Aber rechtfertigen sie (unter Berücksichtigung der anderen volkswirtschaftlichen Daten) die Mandelsche Ausdrucksweise von „Krach" und „Depression" und vor allem erlauben sie die Prognose mit der Mandel sein XIV. Kapitel abschließt? „Der Umschlag von der langen Welle mit expansivem zur langen Welle mit stagnierendem

Grundton verschärft den internationalen Klassenkampf. Nicht der erwünschte Abbau der innergesellschaftlichen Gegensätze, sondern der Versuch, die Kosten der Verbesserung der Konkurrenzfähigkeit der eigenen Industrie den Lohnabhängigen aufzubürden, wird nun zur Leitlinie der bürgerlichen Wirtschaftspolitik. Der Mythos der kontinuierlichen Vollbeschäftigung dankt ab. Was mittels Integration und Verführung nicht gelungen ist, soll nun die Rekonstruktion der industriellen Reservearmee, ja der Abbau demokratischer Freiheiten der Arbeiterbewegung (u. a. Staatseingriffe gegen Streikrecht und Streiks) bewirken. Der Kampf um die Mehrwertrate kommt ins Zentrum der Wirtschafts- und Gesellschaftsdynamik, wie zwischen der Jahrhundertwende und den dreißiger Jahren[54]."

Der reale Hintergrund dieser Aussagen Mandels für die Bundesrepublik ergibt sich aus dem Tabellenanhang. Tabelle 1 zeigt beispielsweise, daß die realen Zuwachsraten des Bruttosozialprodukts nach 5,6 Prozent im Jahre 1965 auf 2,9 Prozent 1966 und minus 0,2 Prozent 1967 zurückgegangen sind, um 1968 auf 7,3 Prozent zu steigen. Diese 7,3 Prozent sind bereits eine höhere Zuwachsrate als die höchste aus dem vorausgegangenen Konjunkturzyklus, die 1964 bei 6,7 Prozent lag. Wird mit diesen minus 0,2 Prozent (eine Größenordnung, die innerhalb auch der engsten statistischen Fehlergrenzen liegt) „schlagend widerlegt", daß es in der Bundesrepublik gelungen ist, sich von dem „eigentümlichen zyklischen Charakter mit aufeinanderfolgenden Phasen von Flaute, Wirtschaftsaufschwung, Hochkonjunktur, Überhitzung, Krach und so weiter" zu distanzieren?

Doch die Berechnungsweise des Bruttosozialprodukts könnte für Mandel nicht exakt genug sein – sie ist auch in der Tat mit vielen Unsicherheitsfaktoren behaftet. (Für zeitliche Vergleiche ist dies freilich relativ unbedeutend; da die Fehler sich Jahr für Jahr wiederholen, beeinträchtigen sie den Vergleich nicht.) Sehr viel exakter gerechnet – und als Konjunktur-Indikator auch aussagefähiger – ist der Produktionsindex. Eine Übersicht über Industrieproduktion und -produktivität in der Bundesrepublik gibt Tabelle 7. Aber auch diese Ziffern rechtfertigen nicht Mandels Aussagen: Die Zuwachsrate der Industrieproduktion sank von 5,6 Prozent im Jahre 1965 über 1,4 Prozent 1966 auf minus 2,5 Prozent 1967, um 1968 bereits 12,1 Prozent Zuwachs zu zeigen. Ein bei der Größe der bundesdeutschen Industrieproduktion ärgerlicher Wachstumsverlust, diese minus 2,5 Prozent des Jahres 1967 – aber noch keine Bestätigung für einen Rückfall der Wirtschaft in der Bundesrepublik in jene aus der Vorkriegszeit bekannten Schwankungen zwischen Aufschwung und Krise. Mandel freilich sieht diese Bestätigung in der Rezession 1966/67, zumal seiner Analyse nach „im Winter 1971–72 eine zweite Rezession folgte". 1971–72 weisen allerdings das reale Sozialprodukt mit 2,7 bzw. 2,9 Prozent und auch die Industrieproduktion mit 1,6 bzw. 3,2 Prozent positive Zuwachsraten aus, was sich nur schwer mit einer Rezession vereinbaren läßt. Für Mandel aber ist „die Krisenanfälligkeit des Spätkapitalismus ausnahmslos durch die Tatsachen bestätigt[55]".

In seiner 1969 erschienenen Broschüre „Die deutsche Wirtschaftskrise" stellt Mandel fest, daß die Rezession 1966/67 in der Bundesrepublik „eine ganz bestimmte und konkrete Funktion erfüllt. Sie hat zum Ziel, durch Reproduktion der industriellen Reservearmee die jährliche Lohnsteigerung beträchtlich zu bremsen und so in den Jahren 1968–69 ein beträchtliches Absinken der relativen Lohnquote zu erreichen[56]".

Nun ist die Verringerung der relativen Lohnquote sicher für die Kapitalisten kein Ziel, sondern die Erhöhung des eigenen Gewinns oder – um den Marxistischen Terminus zu gebrauchen – die Aneignung eines größeren Mehrwerts. Doch auch die Reduzierung des Lohnanteils kann ein hierzu geeignetes Instrument sein und ein Blick auf Tabelle 3 scheint zu bestätigen, daß dieses Ziel auch erreicht worden ist, jedenfalls für das Jahr 1968. Langfristig erfolgreich war die Operation allerdings nicht, denn schon 1970 liegt die Lohnquote wesentlich über derjenigen des Jahres 1965, deren Höhe aber in der Mandelschen Argumentation der auslösende Faktor für die Rezession war. Und da in der Realität nicht die Lohn*quote* die Kapitalisten interessiert, sondern die effektive Entwicklung ihres eigenen Einkommens, ist eine Gegenüberstellung der Entwicklung der Unternehmereinkommen mit den Arbeitseinkommen sicherlich aussagefähiger als die bloße „Quotenarithmetik".

Ernest Mandel sollte das Ergebnis dieser Gegenüberstellung erfreut zur Kenntnis nehmen: er hat in seiner Analyse der „Deutschen Wirtschaftskrise" festgestellt, „daß die Rezession im Spätkapitalismus die klassische Funktion behält, die die Wirtschaftskrise im Frühkapitalismus erfüllte. Sie muß einerseits das Kräfteverhältnis zwischen Besitzbürgertum und Lohnabhängigen zugunsten des ersteren durch die Reproduktion der industriellen Reservearmee ändern. Sie muß andererseits durch Ausschaltung der weniger rentablen Betriebe, der Entwertung eines Teils des veranlagten Kapitals, der Beschleunigung der Kapitalkonzentration und der Rationalisierung, die allgemeinen Verwertungsbedingungen des Kapitals verbessern, d. h. eine neue Steigerung der Profitrate gewährleisten[57]".

Zur Erfüllung dieser Funktion haben die bundesdeutschen Kapitalisten seit 1965 – als ihnen die Lohnquote mit 64,7 Prozent zu hoch geworden war, zwei Rezessionen veranstaltet (nach Mandel 1966/67 und 1971/72). Am Ende dieses Zeitraumes weist die Statistik für die Steigerung der Nettoeinkommen aus Unternehmertätigkeit und Vermögen einen Anstieg von *62,3 Prozent* aus, für die Nettoeinkommen aus unselbständiger Arbeit von 70,0 *Prozent.* Und die Lohnquote des Jahres 1972 wird mit 69,2 Prozent ausgewiesen, das sind 4,5 Prozentpunkte mehr als 1965. Von der durch Mandel diagnostizierten Zielsetzung der Rezessionen her ein schlechtes Geschäft für die Kapitalisten. Und so bleibt die Frage: Verstehen die Kapitalisten in der Bundesrepublik ihr Geschäft wirklich so schlecht oder stimmt etwas nicht mit Mandels marxistischer Analyse?

Unkenntnis oder Ignoranz?

Die Reihe von Beispielen der Diskrepanzen zwischen den Ergebnissen der Mandelschen Analyse und den konkreten Fakten ließe sich lange fortführen. (Den Mandelschen „Spätkapitalismus" durch alle siebzehn Kapitel hindurch Sachthema für Sachthema so zu bearbeiten wäre eine wahrhaft lohnende Aufgabe für die Dissertation eines gesellschaftskritischen Ökonomen.) Hier nur noch zwei Hinweise:

Bei seiner Darstellung der Funktion des Staates im Spätkapitalismus stellt Mandel fest, „daß die These von den goldenen Ketten, die den Staat an das Monopolkapital binden, solange dieses seine Wirtschaftsmacht nicht verloren hat – d. h. solange die kapitalistischen Produktionsverhältnisse nicht aufgehoben sind – keineswegs überholt ist[58]". Als Beweis wird unter anderem „an die Abhängigkeit des Staatsapparates vom kurzfristigen Bankkredit" erinnert, „die heute größer ist als je zuvor". Hier kann man keinen ernsthaften Gegenbeweis mehr führen, sondern nur noch fragen, wo und wann diese Abhängigkeit in der Bundesrepublik zutage getreten ist und welche Großbank den Beamten wie oft die Gehälter vorgeschossen hat? Erlaubt sei auch die Frage, ob Ernest Mandel weiß, daß in der Bundesrepublik rund 55 Prozent des Kreditvolumens über öffentlich-rechtliche Kreditinstitute (Sparkassen und Landesbanken oder gemeinwirtschaftliche Unternehmen, Genossenschaftsbanken, Bank für Gemeinwirtschaft) abgewickelt werden?

Für die „Solidität" der Mandelschen Analyse ist ein weiterer Tatbestand besonders aufschlußreich: Mandel hat ein ganzes Kapitel der „Permanenten Inflation" gewidmet. Auch hier wird natürlich lediglich das marxistische Instrumentarium benutzt und – dem Stil der Mandelschen Arbeitsweise entsprechend – es werden auch nur marxistische Autoren zitiert; nichtmarxistische jedoch nur dann, wenn sie mit Einzelzitaten die Mandelsche Argumentation stützen. Nun ist in keiner wissenschaftlichen Arbeit eine Berücksichtigung der *gesamten* einschlägigen Literatur möglich; aber für die Untersuchungen der Ursachen der laufenden

Geldentwertung in hochentwickelten Industriestaaten (in der Mandelschen Terminologie im „Spätkapitalismus") ist vor Abschluß der Mandelschen Analyse in der Bundesrepublik ein Werk erschienen, das bei gründlicher Arbeit nicht unbeachtet bleiben dürfte: Wilhelm Hankels „Währungspolitik" veröffentlicht im September 1971. Gerade Ernest Mandel dürfte an diesem Buch nicht vorbeigehen, denn Wilhelm Hankel bringt zur Erklärung der weltweiten Tendenzen zu permanenter Geldentwertung eine Variante aus dem theoretischen Gebäude von Karl Marx, die gerade für Neomarxisten interessant sein müßte – sei es um Hankel zu widerlegen oder um die eigene Argumentationskette nochmals zu überdenken.

Auf eine Kurzformel gebracht (vgl. Kapitel III/12) sieht Wilhelm Hankel eine der Hauptursachen der permanenten Geldentwertung in einer Umkehrung des Marxschen Theorems vom Verhältnis zwischen konstantem (c) und variablem (v) Kapital[59]. Marx unterschied das Kapital bekanntlich in jenen Teil, „der sich in Produktionsmittel, d. h. in Rohmaterial, Hilfsstoffe und Arbeitsmittel umsetzt", der seine „Wertgröße nicht im Produktionsprozeß" verändert und daher „konstantes Kapital" genannt wurde, während der „in Arbeitskraft umgesetzte Teil des Kapitals" nach Marx „seinen Wert im Produktionsprozeß" verändert und daher „variables Kapital" genannt wurde, das sein „eigenes Äquivalent und einen Überschuß darüber, Mehrwert", reproduziert[60].

Wilhelm Hankels Beweisführung für die in den hochindustrialisierten Volkswirtschaften erfolgte Umkehrung dieses Theorems geht jetzt dahin, daß seinen Feststellungen nach die zunehmende Organisationskraft der Gewerkschaften ergänzt durch eine wirksame Sozialgesetzgebung den Unternehmen immer mehr die Möglichkeit genommen hätten, den Faktor Arbeit als „variabel" zu behandeln. Je erfolgreicher die Vollbeschäftigungspolitik desto „konstanter" wird der Faktor Arbeit; desto größer der Druck auf die Unternehmen durch Variationen des Faktors Kapital sich dem wirtschaftlichen Entwicklungsprozeß anzupassen bzw. ihn zu beeinflussen. In dem von der Konstanz des Faktors Arbeit ausgehenden Druck auf die Unternehmen zu mehr Rationalisierung und Technisierung sieht Wilhelm Hankel eine der Hauptursachen zu sich beschleunigender Kreditnachfrage und in deren Gefolge sich beschleunigende Tendenzen zu weltweiter Geldentwertung.

Ob diese Überlegungen ganz oder teilweise zutreffen, wird in Kapitel III näher zu untersuchen sein; festzuhalten ist aber hier, das Ernest Mandel diese bemerkenswerte Variante zu dem Marxschen Reproduktionsschema nicht zur Kenntnis genommen hat. (Vielleicht deshalb, weil die Hankelschen Beweisführungen schwer zu widerlegen sind und damit die Mandelschen Schlußfolgerungen erschweren würden – denn daß Ernest Mandel ein 1971 erschienenes und so bedeutsames Buch wie Wilhelm Hankels „Währungspolitik“ nicht gekannt hat, möchte ich ihm nicht unterstellen.) Wahrscheinlicher ist hier – wie bei vielen anderen Stellen der Mandelschen Analyse – daß aus der Literatur nichts herangezogen wurde, was die Apologie der Marxschen „Prophetie“ gefährden konnte. Für diese partielle Blindheit auf dem linken kritischen Auge einen weiteren (und letzten) Beweis.

Auf dem linken Auge blind

Die obigen Beispiele aus der Mandelschen Analyse des Spätkapitalismus und ihre Gegenüberstellung mit den Fakten der wirtschaftlichen Wirklichkeit zeigen in aller Deutlichkeit, daß für Ernest Mandel noch mehr als für Paul Baran das Urteil Henri Lefèbvres über die „Ultradogmatiker“ zutrifft, die nur zu „präfabrizierten Lösungen“ kommen können. So wie Paul Baran seine Analyse der „Planung im Kapitalismus“ mit anderen Instrumenten und übergroßer Sehschärfe durchgeführt hat, während ihm bei der Analyse der „Planung im Sozialismus“ der theoretische Instrumentenkasten abhanden gekommen und die Sehschärfe des kritischen Auges getrübt war, so scheint Ernest Mandel auf dem kritischen linken Auge völlig erblindet zu sein. Oder wie soll man den Abschluß seines IX. Kapitels „Permanente Rüstungswirtschaft und Spätkapitalismus“ anders erklären?:

„Im Jahr 1955 beliefen sich die gesamten Waffenexporte auf dem Weltmarkt auf rund 2,2 Milliarden Dollar. Der Durchschnitt in den Jahren 1962–1968 lag bereits bei 5,8 Milliarden Dollar, wovon etwa 2 Milliarden Dollar auf die Sowjetunion entfielen.

Dieser Sachverhalt läßt den parasitären, bereits von Lenin in seiner Imperialismus-Analyse hervorgehobenen Charakter des Monopolkapitalismus noch stärker hervortreten. Denn wie anders soll man ein System betrachten, das während 25 Jahren katastrophale Wirtschaftsrückschläge lediglich dadurch zu verhindern wußte, daß es einen bedeutenden Teil der verfügbaren Wirtschaftsressourcen für die Erzeugung von Vernichtungsmitteln vergeudete?[61]"

2 Milliarden Dollar von 5,8 Milliarden entspricht etwa dem Anteil der Bevölkerung im sowjetischen Einflußbereich an der Weltbevölkerung, der Anteil der Sowjetunion am Welthandel ist sehr viel geringer. Zählt nun Mandel die Sowjetunion auch zum „parasitären Monopolkapitalismus" der sich lediglich durch die „Erzeugung von Vernichtungsmitteln" vor katastrophalen Wirtschaftsrückschlägen schützen kann – oder wie ist dieser Absatz sonst zu verstehen? Da Mandel sich auf Lenin bezieht, und Lenin mit Sicherheit die Sowjetunion nicht als „parasitären Monopolkapitalismus" charakterisiert hat, bleibt wohl nur die Schlußfolgerung, daß nach Mandels Ansicht Waffenexporte zwar zu verurteilen sind, aber nur dann, wenn der „Kapitalismus" daran beteiligt ist.

Ein Kommentar dazu fällt mir nicht ein.

8. Neue Aspekte planwirtschaftlicher Theorien

Den Ökonomen unter den Neuen Linken täte man allerdings Unrecht, wenn man sie alle über den Leisten Baran/Mandel schlagen wollte. Die relativ ausführliche Behandlung der Arbeiten von Baran/Sweezy und Ernest Mandel war jedoch notwendig, da diese Autoren die populäre Diskussion um die Notwendigkeit von grundlegenden (systemverändernden) Umkehrungen in Wirtschaft und Gesellschaft mit am stärksten beeinflußt haben. Die *neue* Planwirtschaftsdiskussion erhielt ihre stärksten Anstöße um die Zeit des Übergangs von den fünfziger zu den sechziger Jahren, und zwar gleichzeitig in Ost und West: die nach dem Chruschtschowschen „Tauwetter" möglich gewordene Artikulation der Unzulänglichkeiten der zentralwirtschaftlichen Planung in den Ostblockstaaten traf zusammen mit einer zunehmenden Diskussion der Notwendigkeiten planwirtschaftlicher Elemente innerhalb der verschiedenen Variationen einer marktwirtschaftlichen Ordnung in Westeuropa, unter anderem auch ausgelöst durch die Intensivierung der französischen Planification nach der Abwertung des Franc im Dezember 1958[62].

Im Ostblock begann die Diskussion um mehr dezentralistische Planungselemente (aber auch um mehr marktwirtschaftliche) mit der Wiederentdeckung mathematischer Planungsmethoden[63]. Die Diskussion intensivierte sich im Anschluß an den berühmten Artikel von Libermann „Plan, Gewinn, Prämie" in der „Prawda" vom 9. September 1962. Im Verlauf dieser Diskussion wurden dem zentralistischen Planungssystem vor allem folgende Fehlentwicklungen[64] vorgeworfen:

- Disproportionalitäten in der Produktion,
- Behinderung des technischen Fortschritts,
- unzureichende Ausnutzung des Kapitalbestandes,
- übermäßige und unrentable Lagerbestände und
- zyklische Bewegungen im Produktionsablauf.

Parallel zu dieser Diskussion im Ostblock mit Richtung auf eine dezentralistische Auffächerung der zentralen Planwirtschaft wurden in Westeuropa und den Vereinigten Staaten (am wenigsten in der Bundesrepublik, am stärksten in den Niederlanden, Norwegen und in Frankreich) immer mehr die Unzulänglichkeit der bestehenden Planungsmöglichkeiten diskutiert. Ob diese Parallelität der Diskussion die optimistischen Varianten der Konvergenztheorien[65] rechtfertigt, ist nicht zu entscheiden. Doch Jan Tinberger ist zuzustimmen, wenn er feststellt, daß sich „die Ziele der Sozial- und Wirtschaftspolitik des Westens und des Ostens ... einander immer mehr nähern[66]" und daß die Rolle der gesamtwirtschaftlichen Planung in beiden Bereichen der Welt hierbei eine wesentliche Rolle spielt. (Mit umgekehrten Vorzeichen: im Osten von zentraler Planung hin zu mehr Dezentralisierung und „mehr Markt"; im Westen von der „planerischen Abstinenz" der fünfziger Jahre hin zu Erweiterung der Rahmenplanung und Verfeinerung der Instrumente für eine „indikative Planung".)

In der Bundesrepublik hat sich die Diskussion um Planungsmöglichkeiten und Planungssysteme seit 1969 intensiviert, allerdings mit stärkeren Akzenten auf der politischen als auf der ökonomischen Planung[67]. Im ökonomischen Bereich beherrschen immer noch – neben der üblichen Lehrbuchliteratur – Kritik und Analyse des „Spätkapitalismus" das Feld. Aus den wenigen konkreten Darstellungen seien hier die „Sozialistische Planwirtschaftstheorie" von Karl Georg Zinn und „Wirtschaftsplanung" von Wlodzimierz Brus herausgegriffen und kurz dargestellt, um dann ihre Möglichkeiten für eine Verwendung zur Lösung der Aufgabe dieses Buches zu prüfen.

Karl Georg Zinns „Sozialistische Planwirtschaftstheorie"

Zinn geht bei seiner sehr umfassenden und präzisen Darstellung davon aus, daß sich „die Gestalt einer sozialistischen Wirtschaft ... nur sehr schimärisch aus Marx' Schriften ablesen[68]" läßt. Das verhindert seiner Meinung nach, daß „irgendeine Konzeption sozialistischer Wirtschaftssysteme den Anspruch erheben kann, in dem Sinne authentisch zu sein, daß sie Marx' Theorie als exakte Vorlage benutze". Aber die „Gedankenverbindung zwischen sozialistischer Wirtschaft und Zentralplanwirtschaft" ergibt sich aus dem Gesamtkomplex des Marxschen Werkes und als „Folge sozialisierter Produktionsmittel und rationaler Wirtschaftspolitik". Nach Zinn lassen sich zwei grundlegende wirtschaftspolitische Forderungen für eine sozialistische Wirtschaft auf Marx zurückführen:

„1. Planung von Produktion und Verteilung.

2. Überführung der Produktionsmittel in gesellschaftliches Eigentum; über die Planungs- und Ausführungstechnik hat sich Marx nicht geäußert. Für ihn stand jedoch entsprechend seiner Evolutionsthese der Übergang zum Sozialismus am Ende der kapitalistischen Entwicklung, also im Zustand voller Industrialisierung und höchster Konzentration. Der bürokratische Apparat der Wirtschaft würde in einer solchen Situation vorhanden sein, so daß die Wirtschaftsplanung etwa der Struktur eines die gesamte Volkswirtschaft umfassenden Konzerns oder Kartells entsprechen würde. Die Management-Erfahrungen, die in einem solchen System vorhanden sind, würden viele Schwierigkeiten der sozialistischen Praxis lösen helfen, zumal in der Übergangsphase, die bisher bestehenden materiellen Anreize (Einkommenshierarchie) innerhalb der Betriebe in gemilderter Dimension beibehalten werden könnten[69]."

Von diesen Grundlagen ausgehend führt Zinn eine umfassende Analyse der Notwendigkeiten und Möglichkeiten zentraler Wirtschaftsplanung durch, um anschließend einen Überblick über „Planwirtschaftspraxis" zu geben. Dabei werden in der Analyse weder die Schwierigkeiten des für die sozialistische Planwirtschaft notwendigen Denkens „in Arbeitswertkategorien" verschleiert, noch die zahlreichen Engpaßprobleme, wie sie vor allem durch die „recht groben durch die naturale Produktivitätsmessung vermittelten Beurteilungskriterien" im Verhältnis von kapitalintensiven Produktionen zu den Dienstleistungsbereichen in der Regel auftreten[70]. Zinn bringt theoretisch-mathematisch überzeugende Beweisführungen, daß diese Probleme im Modell lösbar sind und stellt zusätzlich fest, daß die „seit Anfang der sechziger Jahre forcierten Wirtschaftsreformen" (im Ostblock) zwar den „Grad der Selbständigkeit der mittleren Planungsebene bei kurzfristigen Entscheidungen" verändern, aber nicht „die grundsätzliche Konzeption der Planwirtschaft[71]".

In der abschließenden Bewertung seines theoretischen Teils stellt Zinn fest, daß das von ihm geschilderte System „alle wesentlichen Elemente einer sozialistischen Planwirtschaft" enthält:

„1. Gesellschaftliches Eigentum an Produktionsmitteln;

2. Berechnung der Produktionsmengen in naturalen Größen unter Berücksichtigung technischer Koeffizienten und des vorhandenen Faktorenbestandes;

3. Umrechnung der Naturalgrößen auf Arbeitswerte durch Festsetzung von Äquivalenzziffern, die ebenfalls den Charakter technischer Normen haben.

Dieses System führt in der praktischen Realisierung jedoch zu Schwierigkeiten, die vor allem durch folgende Tatbestände bedingt sind:

Unkenntnis der genauen technischen Normen für Äquivalenzzifferberechnung und Berechnung der technischen Koeffizienten, großer Rechen- und damit Verwaltungsaufwand,

Zeitbedarf für die Planung führt zu Diskrepanzen zwischen Plan und laufender Produktion,

die Unzulänglichkeiten bei der exakten Beschreibung von Produktion, z. B. bloße Messung in Tonnen bei der Maschinenherstellung, führt zu unwirtschaftlicher Anpassung der Produktion, an den Plan, da die Betriebe primär an der Planerfüllung interessiert sind. Hieraus resultieren die bekanntesten Mängel der sowjetischen Wirtschaft, wie unabsetzbare Produktion, unausgelastete Kapazitäten wegen fehlender Zufuhr und niedrige Qualität bzw. Verhindern der Einführung neuer Produkte.

Es müßten somit als ergänzende Elemente in das System aufgenommen werden:

4. Mitwirkung der Betriebe bei der Bestimmung von Menge und Qualität ihrer Vorprodukte, wobei auf Messen und dergl. Informationen über die verschiedenen Produktarten vermittelt werden;

5. Abweichen der Preise von den Arbeitswerten der Produkte, wenn Nachfrage steigt bzw. sinkt; dies wird vor allem im Konsumgüterbereich wichtig sein.

6. Plankorrektur entsprechend der durch die Preissignale gemeldeten Nachfrageentwicklung (Produktionsumstellungen in den Betrieben mit sinkender Nachfrage; Kapazitätserweiterung, in denen mit steigender Nachfrage);

7. Beteiligung der Belegschaften (materielle Interessiertheit) an Gewinnen bzw. Verlusten über den erfolgsabhängigen Prämienfonds;

8. (Kapital-) Zins nach makroökonomischer Investitionspolitik: je stärker die Kapitalbildung forciert wird, desto niedriger ist der Zins; eventuell Orientierung an internationalem Kapitalmarkt[72]."

Zinns „Ergänzende Elemente" stellen zweifellos eine erhebliche Verbesserung der bisher praktizierten zentralen Planungssysteme dar. Seine Punkte 5 bis 8 bringen marktwirtschaftliche oder doch „marktähnliche" Elemente in den Planungsablauf; Punkt 4 könnte als Ergebnis entsprechender Dezentralisierung mehr Spontaneität und mehr Marktnähe bewirken. Doch von allen bisherigen empirischen Erfahrungen abgesehen, auch eine Vielzahl von Fragestellungen, die sich aus Zinns Darstellung des Planungsablaufs selber ergeben, stimmt skeptisch. Diese Skepsis läßt sich am besten anhand von Zinns eigener Darstellung der „Grundstruktur des Problems: Bestimmung von Finalgüterportionen" darstellen:

„Die Verteilung und Allokation in einer sozialistischen zentralen Planwirtschaft wird definitionsgemäß gesamtgesellschaftlich geplant. Die bisherigen historischen Formen zentralplanwirtschaftlicher Wirtschaftssysteme räumten den einzelnen Wirtschaftssubjekten – Verbraucher und Unternehmen – keinen oder nur einen geringen Spielraum für die direkte Einflußnahme auf den Wirtschaftsprozeß ein. Prinzipiell sind jedoch Erweiterungen dieses Spielraumes denkbar. Einerseits durch Erhöhung der Selbständigkeit der Betriebe bei den Faktoreinsätzen, zum anderen durch stärkere Orientierung der Produktionsplanungen der Zentrale an den Konsumentenwünschen. Letzteres bedeutet, daß genauere Kenntnisse über die Nachfragenentwicklung in Abhängigkeit von planmäßigen Einkommens-, d. h. Lohn- und Konsumtionssteigerungen vorliegen müssen. Die Zentrale plant einerseits einen bestimmten Zuwachs der privaten Masseneinkommen, d. h. die Kaufkraftzunahme der Verbraucher ist im voraus bekannt; andererseits müssen aber die Proportionen der Konsumgüterproduktionen sowie die Preisstruktur so ausfallen, daß abgesehen von kleineren Diskrepanzen, die sich durch Reserven (Lager, Überwiegen des gesamten Konsumtionsfonds gegenüber dem gesamten Lohnfonds) abfangen lassen, die Konsumgüterproduktion mit der Konsumgüternachfrage auch auf den einzelnen Märkten übereinstimmt. Das Problem für die Zentrale ist nicht eine makroökonomische Abstimmung von Massenkaufkraft (= abhängig vom Lohn- und Prämieneinkommen) und monetärem Wert (hier: Preis mal Menge) des Komsumgüterangebotes, sondern eine richtige Detailproportionierung der Konsumgüterstruktur. Die Berücksichtigung der Konsumentenwünsche in der Allokation und den Produktionsplänen bedeutet jedoch nicht, daß auf zentrale Planung verzichtet werden müßte und ein umfassendes marktwirtschaftliches System zu etablieren wäre[73]."

Zinns Darstellung zeigt deutlich die Schwierigkeiten – aber auch die Lösungsmöglichkeiten im theoretischen Modell – die jede Planung bei der Verteilung der Produktionsfaktoren auf die einzelnen Märkte zu überwinden hat. Dabei scheint die (im Modell lösbare) Planung von „lebensnotwendigem Bedarf" und „Zusatzbedarf" besonders problematisch. Wenn es bei Zinn heißt: „Der lebensnotwendige Bedarf läßt sich leichter planen, da die Planung weitgehend auf „objektive“ Standards, z. B. notwendige Kalorienmenge pro Tage, Wohnraumbedarf etc. zurückgreifen kann. Bei Zusatzbedarf kommen hingegen in stärkerem Maße die Konsumentenpräferenzen zur Wirkung, so daß auf den einzelnen ‚Teilmärkten‘ der Güter des Zusatzbedarfs Ungleichgewichte entstehen können[74]“, so laufen jedem, der nach 1945 noch die Tätigkeit der „Wirtschaftsämter“ erlebt hat, Schauder über den Rücken. Empirische Erfahrungen aus allgemeinen Notsituationen mögen hier übertrieben erscheinen, doch die Assoziationen an „Bewirtschaftungszeiten“ verstärken sich, wenn Zinn bei seinen Ausführungen über die Notwendigkeit umfassender Bedarfsforschung unter anderem feststellt:

„Im Gegensatz zu profitwirtschaftlichen Systemen steht bei der Bedarfsforschung sozialistischer Volkswirtschaften jedoch nicht die ‚Bedarfsschaffung‘ im Vordergrund, d. h. die Stimulierung von Prestige- und Statusbedürfnissen, sondern primär wird auf die tatsächlichen Funktionen der Güter rekurriert. Beispielsweise wird zu ermitteln sein, wie lange ein Mantel bestimmter Qualität hält oder wie lange ein Haushaltsgerät seine Leistung erbringt. Der Ersatz eines Gutes bemißt sich nach dem Verschleiß, und zwar sowohl nach dem physischen als auch nach dem „moralischen“. Beispielsweise wird eine ältere Waschmaschine, die noch höheren Zeitaufwand der Hausfrau erfordert, durch ein neueres Modell zu ersetzen sein, wenn die Zeitersparnis dies ökonomisch sinnvoll erscheinen läßt. Hingegen wird das neue Produkt nicht, nur weil es neu ist, auch als bedarfsgerechter eingeordnet[75].“ Ermittlungen dieser Art sind sicherlich möglich und mit Hilfe moderner Computertechniken auch kurzfristig durchrechenbar; aber können sie auch nur halbwegs sicherstellen, daß nicht die Programmierer und/oder die Computer darüber entscheiden, was der einzelne Bürger ißt, wie er sich kleidet und wohnt und nicht wenigstens in Grenzen des „manipulierten Angebots kapitalistischer Wirtschaftsformen“ der Bürger selber? Zinn sieht diese Problematik, wie sie sich vor allem auch bei der Prognose des zeitlichen Reifegrades der verschiedenen Produktionsströme ergibt und bietet dafür mathematisch-theoretische

Lösungen an; diese Rechnungen sind möglich, aber werden die Bürger so kaufen?

Zinn bietet zwei Problemlösungen:

Nach planmäßiger Aufteilung des Realeinkommens der Bevölkerung in „der groben Dimension entsprechend der Aufteilung des Nationaleinkommens in Nettoinvestition (erweiterte Reproduktion) und Konsumtionsfonds“ sieht er noch das makroökonomische Gleichgewicht „durch partielle Störungen auf einzelnen Märkten“ dann gefährdet, „wenn den Konsumenten mehr Spielraum bei der Einkommensverwendung zugebilligt wird.“ Für diesen Fall unterscheidet Zinn zwei Situationen:

„1. Die Summe der verfügbaren Einkommen wird so niedrig angesetzt, daß sie gerade ausreicht, um den mengen- und preismäßig geplanten Grundbedarf (Mindestversorgung) zu absorbieren;

2. die Summe der verfügbaren Einkommen übersteigt den Mindestbedarf; das der Konsumentennachfrage gegenüberstehende Angebot muß die existenznotwendige Warenmenge übersteigen; diese Anhebung des Lebensniveaus kann als Zusatzbedarf, gehobenerer Bedarf oder kultureller Bedarf bezeichnet werden. Die zuletzt geschilderte Situation wird in der Praxis stets dazu führen, daß auf den Teilmärkten Angebot und Nachfrage nicht exakt im voraus, d. h. planmäßig ins Gleichgewicht gebracht werden können. Plötzliche Präferenzänderungen, Schwankungen beim Horten und Enthorten und, sofern möglich, die schwankende Ausnutzung von Konsumentenkrediten führen zu nicht exakt vorhersehbaren Nachfrageschwankungen, so daß auch bei völliger Planerfüllung der Konsumgüterproduktion besondere Eingriffe des Staates notwendig werden können. Soweit ein Überangebot, d. h. unabsetzbare Produktion vorliegt, wird sich kaum eine andere als die „marktwirtschaftliche“ Lösung, d. h. Preissenkungen der betreffenden Produkte, als sinnvoll erweisen. Kaufkraftabschöpfungen sind hingegen via Steuern, Zwangsanleihen und durch Preiserhöhungen möglich; letzteres ist vom Konsumenten aus gesehen identisch mit höheren Verbrauchersteuern[76].“

Karl Georg Zinn sieht trotz seiner formalen Lösungsvorschläge, daß es bisher auch in zentralen Planwirtschaften nicht gelungen ist, „einzelbetriebliches Interesse und gesamtwirtschaftliches Interesse völlig parallel zu schalten[77]". Die Ursachen sieht er vor allen Dingen darin, „daß die derzeitige Wirtschaftsrechnung der zentralen Planwirtschaften noch unvollkommen ist, da weder eine praktische Lösung des Reduktionsproblems vorliegt, noch theoretisch einwandfrei zwischen arbeitswertbezogenem Mehrprodukt, spekulativem Gewinn (Transfer) und Zinsen auf den Kapitalstock unterschieden wird[78]". Entsprechend schlägt Zinn ein neues (besseres) „Erfolgskennziffernsystem" vor.

Nun sind die Möglichkeiten der theoretischen Verfeinerung unbestreitbar; ob sie (in demokratischen Gesellschaftsordnungen) allerdings zu praktischen Verbesserungen führen können, bleibt sehr zu bezweifeln. Diese Zweifel werden primär verstärkt durch die zahlreichen Hinweise bei Zinn auf die „Zentrale", die eine Fülle von Aufgaben zu lösen hat, z. B. diese: „Solange nämlich die Steigerung der Konsumfonds zugunsten der Akkumulation vernachlässigt wird, bleibt es recht undeutlich, ob man alle Investitionsentscheidungen rational im Hinblick auf die globalen entwicklungspolitischen Zielsetzungen getroffen hat. Sobald jedoch heute vorgenommene Investitionen alternativ in drei, vier oder fünf Jahren konsumsteigernd wirken können, wird die Irrationalität von Entscheidungen, die diese Zeitspannen nicht durch irgendein Vergleichskriterium in Rechnung stellen, offenkundig. Von einem bestimmten Entwicklungsstand an muß auch die Zentrale in stärkerem Maße auf die Konsumentenwünsche Rücksicht nehmen, d. h. zwischen Konsum heute und höherem Konsum morgen abwägen[79]."

Auch wenn diese „Zentrale" noch so gut mit Marktforschungsmöglichkeiten und allen Anlagen der elektronischen Datenverarbeitung ausgestattet ist – wird sie diese Aufgabe lösen können? Vor allem wird sie Fehlplanungen schnell genug merken und – wenn sie es merkt – die Bereitschaft zur Revision zeigen? Gewiß sind in einer marktwirtschaftlichen Ordnung die Unternehmer nicht unbedingt klüger als die Beamten in Zinns „Zentrale".

Auch ist die Gefahr von Fehlplanungen in großen und kleinen Unternehmen genau so groß wie in den Planungsinstituten nichtmarktwirtschaftlicher Wirtschaftsordnungen. Die Bereitschaft zur Revision aber – vor allem die *schnelle* und „marktgerechte" Bereitschaft –, die wird in marktwirtschaftlichen Ordnungen durch das Gewinninteresse in einer Form gewährleistet, für die es bisher in „Zentralen" kein Äquivalent gibt.

Karl Georg Zinn selbst hat in einer zwei Jahre früher erschienenen Arbeit bei der Abwägung der verschiedenen wirtschaftlichen Koordinationsmöglichkeiten folgendes festgestellt:

„Als Faktum muß allerdings hingenommen werden, daß die bisherige Erfahrung dafür spricht, daß die marktwirtschaftliche Allokation für hochentwickelte Industriewirtschaften zu befriedigenderen Ergebnissen führt als die zentrale Planwirtschaft. Nochmals sei aber darauf hingewiesen, daß mit der Entscheidung für die marktwirtschaftliche Plankoordination logisch nicht auch eine Entscheidung für bestimmte Eigentumsrechte an Produktionsmitteln gefällt wird[80]."

Diese Aussage deckt sich mit den Überlegungen Ota Šiks, der bei der Prüfung der „immer wieder eintretenden Diskrepanzen zwischen der Produktionsstruktur und der Nachfragestruktur" zu folgender Schlußfolgerung kommt: „Bei einer exakt nicht möglichen Vorhersage wird erst der konkrete Markt aufdecken, welche produktive Tätigkeit die gesellschaftliche Anerkennung durch den Verkauf erhält, das heißt, wer die ‚richtigen', die wirklich gefragten Waren mit einer genügenden Produktivität und mit nicht zu hohen Kosten erzeugt hat. Erst der Markt also wird exakt bestätigen, welche Arbeit den gesellschaftlichen Bedürfnissen entspricht, welche technisch und produktiv genügend fortgeschritten war, und welche als überflüssige oder rückständige Arbeit nicht anerkannt und eliminiert wird.

Man kann natürlich die Frage stellen, ob es ‚gut' oder ‚schlecht' sei, daß es einen Markt gibt. Aber mit ethischen Kategorien kommt man hier nicht weiter. Es gibt heute nicht die Möglichkeit, die Produktion von Millionen Arten von Produkten, bei deren dauernder Innovation und bei stetiger Bedürfnisentwicklung, mit der Nachfragestruktur planmäßig zu harmonisieren, wobei dann gleichzeitig die gesellschaftlich höchstmögliche Produktivität und effektivste Ausnutzung der Produktionsfaktoren gesichert werden muß. Die künstliche Abschaffung der historisch entstandenen Marktfunktionen hat der Gesellschaft viel mehr Verluste gebracht, als unter Bedingungen des Marktmechanismus überhaupt je entstehen[81]."

Ota Šiks theoretische Überlegungen sind durch Erfahrungen in zwei Wirtschaftsordnungen und die tschechoslowakischen Reformanstrengungen erhärtet. Sein Urteil wiegt schwer. Doch Karl Georg Zinns präzise Arbeiten sind von der Wirtschaftspolitik zu beachten, sie liefern – im Gegensatz zu den „präfabrizierten" Resultaten Mandels – nützliche Hinweise für die in der sozial gebundenen Wirtschaftsordnung immer wieder zu suchende optimale Kombination zwischen „Markt und Plan". Wenn die Skepsis gegenüber zu viel Plan überwiegt, so auch deshalb, weil die theoretisch so präzise Arbeit Zinns sich über Aufbau, Organisation und Legitimation der „Zentrale" völlig ausschweigt. Vielleicht wäre die Skepsis gegenüber dieser Einrichtung weniger groß, wenn Zinn nicht nur die Kontroll- und Einflußmöglichkeiten der Zentrale gegenüber Konsumenten und Produzenten dargestellt hätte, sondern auch etwas über die Kontrollmechanismen der Bevölkerung gegenüber der Zentrale sagen würde[81a].

Wlodzimierz Brus' „Planwirtschaft mit eingebautem Marktmechanismus"

Wlodzimierz Brus darf wohl mit Recht zu den bedeutendsten Ökonomen der sozialistischen Länder gezählt werden, die – weit entfernt von jeder Konvergenztheorie – erfolgreich an der „Neubestimmung der politischen Ökonomie unter sozialistischen Gesellschaftsverhältnissen" gearbeitet haben[82]. Brus geht aus von den Wirtschaftsreformen, wie sie Mitte der sechziger Jahre in „fast allen osteuropäischen sozialistischen Ländern" stattfanden und betont dabei, daß ähnliche Forderungen bereits in den Jahren 1956/57 „nachdrücklich in Polen erhoben wurden", damals aber entschieden kritisiert wurden. Nach Brus' Meinung mußte erst „einige Zeit verstreichen, bis allgemein akzeptiert wurde, daß die Prinzipien der sozialistischen Wirtschaft nicht ein für allemal in nur einer Form realisiert werden müssen, sondern daß man sie vielmehr langsam entwickeln muß, da ja auch der Sozialismus den allgemeinen dialektischen Entwicklungsgesetzen unterliegt; dies besonders, wenn es darum geht, die Produktionsverhältnisse den Bedürfnissen der Entwicklung der Produktivkräfte anzupassen[83]".

Wird hier die dialektische Entwicklung auch für den Sozialismus klar angesprochen, so legt Wlodzimierz Brus andererseits großen Wert auf die Feststellung, daß die breite Diskussion um die Notwendigkeit der Wirtschaftsreformen kein „Signal für den Rückzug aus der Planwirtschaft darstellt, sondern „in Wirklichkeit auf ein besseres Funktionieren der Planwirtschaft gerichtet war". Dieser Feststellung entspricht die an zahlreichen Stellen seiner Arbeiten zu findende Beweisführung, daß „Plan und Markt" keine Alternativen sind, sondern daß bei verbleibender „Dominanz des zentralen Plans" die sozialistische Wirtschaft ein „Nebeneinander von Plan und Markt, von zentralisierten und dezentralisierten Entscheidungen" benötigt. Unter diesen Prämissen kommt unter den Arbeiten von Wlodzimierz Brus vor allem seiner Untersuchung der „gesellschaftspolitischen Aspekte" der Wirtschaftsreformen und der Effektivität der verschiedenen „Funktionsmodelle" für eine sozialistische Wirtschaft besondere Bedeutung zu.

Die Ausgangsposition der theoretischen Arbeiten von Wlodzimierz Brus ist faszinierend und bei der Neuen Linken im Westen – über die Brus manch boshaft kritische Bemerkung macht[84] – leider nirgends zu finden. Selbstverständlich steht auch Brus auf der Grundlage des wissenschaftlichen Sozialismus der „aus der Analyse der kapitalistischen Widersprüche" entstand. Aber „die Aufdeckung der ‚Bewegungsgesetze' der kapitalistischen Produktionsweise schuf zwar a contrario Grundlagen, auf denen die allgemeinen Funktionsprinzipien der sozialistischen Wirtschaft entfaltet werden konnten, aber sie lieferte nicht die wissenschaftlichen Prämissen für die Konstruktion eines entwickelten Modells (und konnte das auch nicht)[85]". Und allzulange hat nach Brus' Meinung in der ökonomischen sozialistischen Diskussion „die Konzeption der vollständigen Übereinstimmung der sozialistischen Produktionsverhältnisse mit den Produktivkräften" angehalten, obwohl sowohl die dialektischen Entwicklungsgesetze als auch die Erfahrungen in den sozialistischen Ländern auf die „sozio-ökonomischen Widersprüche im Sozialismus" deutlich hinwiesen. Mindestens in zwei wesentlichen Punkten hält Brus das bis Ende der fünfziger Jahre geltende Konzept für zu eng, und zwar „erstens in der Frage der gesellschaftlichen Voraussetzungen für die Überwindung der Konflikte, und zweitens in der Bestimmung der Bedingtheit der treibenden Rolle der gegebenen Formation sozialistischer Produktionsverhältnisse in jeder einzelnen Periode und nicht erst infolge ihres „Veraltens". Zu seinem Punkt 1 stellt Brus fest: „Die Formierung spezifischer „Interessengruppen" auf der Grundlage gesellschaftlichen Eigentums an den Produktionsmitteln, die enge Verknüpfung, ja Symbiose der politischen Macht mit der Wirtschaftsführung bei unvermeidlicher Hierarchisierung des Apparats spielt zweifellos eine zentrale Rolle bei der Analyse des Mechanismus der Lösung von Widersprüchen in der sozialistischen Gesellschaft[86]."

Zu Punkt 2 richtet Brus sein kritisches Augenmerk darauf, „daß die sozialistischen Produktionsverhältnisse in jeder Etappe nicht nur (überwiegend) positive Momente enthalten, sondern auch solche, die auf die Entwicklung der Produktivkräfte negativ einwirken. Auf diesem Gebiet gibt es, wie auf jedem anderen, keine absoluten, in jeder Hinsicht befriedigenden Lösungen. Die Aufhebung der einen – der kapitalistischen – Konflikte ruft andere, sozialistische, hervor, die zwar in den meisten Fällen nicht so gravierend wie die überwundenen sind, aber noch immer gewichtig genug, um Wissenschaft und politische Praxis zu tangieren".

Als Beispiele für die „Widersprüche im Sozialismus" werden unter anderem angeführt[87]

– der an sich positive Aspekt der „planmäßigen Verteilung der Arbeit im gesellschaftlichen Maßstab" hat durch die „Ausschaltung der Konkurrenz ... auch negative Folgen, z. B. den Verlust von Anreizen zur Verbesserung der Produktion und zur Innovation"; hier liegt außerdem „die Gefahr eines Produzentenmonopols, zwar anders als im Kapitalismus, aber nicht minder folgenreich für die Konsumenten".

– „Die Überlegenheit des sozialistischen Wirtschaftssystems über den Kapitalismus" zeigt sich vor allem auch bei der vollen Ausnutzung der Produktionskapazitäten. Aber „dieses positive Merkmal kann durchaus zu einer Quelle ungenügender Elastizität bei der Anpassung der Struktur des Angebotes an die Struktur der Nachfrage werden"; im Sozialismus können zwar Störungen der Gleichgewichtsbedingungen durch „planmäßige Anpassung des Einkommensniveaus an die bereits erreichte Kapazität" beseitigt werden, doch „ebendies erschwert die Schaffung und Aufrechterhaltung des sogenannten Konsummarktes und kann zum „Terror" der Produzenten über den Handel, des Handels über den Verbraucher führen."

– Weitere Nachteile sind die durch die „Vollausnutzung der Produktionskapazität möglichen Tendenzen zu „negativen Wirkungen auf die Arbeitsdisziplin" und „erhöhte Fluktuation der Arbeitskräfte"; außerdem hemmen die dem Sozialismus immanenten „Tendenzen zum Egalitarismus" die Möglichkeiten, „die Verteilung des Sozialprodukts zur Stimulierung der Produktion einzusetzen". Ferner

– „eine andere Schwierigkeit entsteht aus gewissen problematischen Konsequenzen der Vergesellschaftung der Produktionsmittel: zum Beispiel der Bürokratisierung und dem, was wir vage ein ‚unsozialistisches Verhältnis zum gesellschaftlichen Eigentum' nennen.

– Besonders relevant sind im Sozialismus die Auswirkungen der Zentralisierung der Wirtschaftsleitung einerseits und die Bedingungen für die maximale Entfaltung der Initiative aller Wirtschaftsgruppen sowie die aktive Beteiligung breiter Schichten an der Verwaltung andererseits."

Diese Schwierigkeiten im Sozialismus sind nach Brus am besten durch sein „Funktionsmodell einer Planwirtschaft mit eingebautem Marktmechanismus" zu überwinden. Es handelt sich dabei um einen „regulierten Marktmechanismus", die Entscheidungen der „zentralen Planungsbehörde" bleiben dominant, die Marktgrößen werden durch zentrale Entscheidungen direkt beeinflußt „gemäß der gesellschaftlichen Präferenzskala[88]". Im Rahmen des „Gesamtplans der nationalen Wirtschaft auf der Basis der gesamtgesellschaftlichen Präferenzskala" werden vor allem

– „die Verteilung des Nationaleinkommens auf individuelle Einkünfte und kollektiven Konsum und Akkumulation" sowie
– „die Wahl der wichtigsten Investitionsrichtungen durch Verteilung des zentralen Investitionsfonds auf die verschiedenen Produktionszweige und konkrete Festsetzung der Erhöhung der Produktionskapazität",

entschieden. Nach diesen zentralen Vorgaben werden dann „alle ökonomischen Entscheidungen im dezentralisierten Modell direkt auf Betriebsebene getroffen". Das Unternehmen „organisiert autonom den Reproduktionsprozeß. Es wählt vor allem die Ziele der laufenden Produktion (ihr Volumen und ihre Struktur) sowie die Produktionsmethoden (Struktur und Aufwendungen). Es tritt auf dem Markt als Käufer von Produktionsmitteln auf (und wählt selbständig seine Versorgungsquellen) sowie als Verkäufer von produzierten Erzeugnissen (und wählt selbständig die Absatzrichtungen). In den Bereich der Betriebsentscheidungen fällt auch die Verteilung der erwirtschafteten Einkünfte (abzüglich der Steuern) und damit die Bestimmung von Investitionsvolumen und -richtungen aus eigenen Mitteln. Die Betriebsentscheidungen über die Erhöhung der Produktionskapazität können sich auch auf Eigenfinanzierung mit Hilfe des Amortisationsfonds oder durch Aufnahme von Krediten stützen. Eine gewisse Entscheidungsfreiheit besitzt das Unternehmen auch bei der Realisierung von Investitionen, die direkt auf zentraler Stufe festgelegt wurden – es kann die konkreten Methoden der Realisierung selber wählen[89]".

Aber diese weitgehende Dezentralisierung bedeutet keine Abkehr von der Planwirtschaft, Brus betont ausdrücklich, „daß die Anwendung des Marktmechanismus in der sozialistischen Wirtschaft nichts gemein hat mit der Ersetzung des Plans durch die Spontaneität des Markts, sondern im Gegenteil der Marktmechanismus zu einem Instrument des Plans gemacht werden soll[90]". Diese planwirtschaftlich/instrumentelle Verwendung des Marktmechanismus führt zu „gemischten Lösungen" in einer Kombination von Marktmechanismen und administrativen Methoden. Brus unterstreicht aber für die Prioritäten bei der Anwendung der Mittel innerhalb dieser Kombination die „Thesen des Wirtschaftsrates über einige Richtungen zur Änderung des Wirtschaftsmodells" von 1957: „Um zu einer planmäßigen Lenkung der industriellen Entwicklung und der Tätigkeit in der Industrie zu gelangen, müssen die Leitungsorgane sich in erster Linie ökonomischer Instrumente bedienen, aber auch administrativer Mittel, dort, wo es für das richtige Funktionieren der Wirtschaftstätigkeit unbedingt notwendig ist – durch breite Anwendung indirekter Beziehungen, und nicht mit administrativ-direktiven Methoden der Einwirkung[91]."

Diese Thesen des Wirtschaftsrates werden um so zutreffender je höher der Fortschrittsgrad und die Entwicklungsstufe einer sozialistischen Wirtschaft sind. Brus führt hierzu überzeugend aus: „in einer Situation, in der die sozialistische Wirtschaft aufgrund ihrer Entwicklung komplizierter wird, in welcher der Plan viele Prioritäten gleichzeitig berücksichtigen muß und die Lösung quantitativer Probleme in immer höherem Maße von der Verbesserung der Qualität und der Vielfalt der Produktion, vom technischen Fortschritt, der Ausweitung des Außenhandels usw. abhängt, in der die Befriedigung der Konsumnachfrage als Ziel und als Faktor, der auf die Arbeitsproduktivität zurückwirkt, elastische Adaptationsmechanismen verlangt, in einer solchen Situation ist es nicht nur erwünscht, sondern geradezu unerläßlich (wie paradox das auch klingen mag), den Marktmechanismus zur

Sicherung des Plancharakters der Wirtschaft einzusetzen. Das Festhalten an den alten Methoden der detaillierten direkten Planung zentralistischen Typs führt unter solchen Umständen nicht nur zur Minderung der Effektivität, sondern bringt auch die Gefahr mit sich, daß man die Kontrolle über viele Wirtschaftsprozesse verliert: die Zentrale ist nicht in der Lage, die zahlreichen Informationen zu registrieren und zu verarbeiten, der Strom dieser Informationen verlangsamt sich, und mit der Zeit kommt es zu Deformationen (die die negativen Effekte nicht aufheben, sondern sie kumulieren). Darum ist es für die Planwirtschaft so wichtig, daß Elemente der Selbstregulierung eingeführt werden – in Form eines nur allgemein gesteuerten Marktmechanismus[92]".

Wichtigster gesellschaftspolitischer Aspekt: die Überwindung der „Entfremdung"

Wlodzimierz Brus führt den überzeugenden Nachweis, daß sein „Funktionsmodell einer Planwirtschaft mit eingebautem Marktmechanismus" Produktion und Verteilung effektiver steuert als ein zentralistisches Modell. Größere Bedeutung aber als der Steigerung der Effektivität und der Verbesserung der verschiedenen wirtschaftlichen Funktionen legt Brus in seinen neueren Arbeiten auf „gesellschaftspolitische Faktoren", die seiner Meinung nach „eine gewisse Dezentralisierung in der Planwirtschaft gebieten. Eine progressive gesellschaftliche Organisationsform sollte dazu beitragen, *die Entfremdung zu überwinden,* der breiten Masse der Produzenten die aktive Bestimmung der gesellschaftlichen Verhältnisse zu erleichtern und ihre schöpferischen Fähigkeiten zu entfalten[93]". Im Gegensatz zu Baran/Sweezy (aber auch Karl Georg Zinn) folgt Brus nicht der „offiziellen Ignorierung" der Entfremdungstheorie und ihrer „Uminterpretation" in die Ausbeutungstheorie. Brus setzt sich auch hier souverän über die „offizielle marxistische Theorie", für die es „kein spezifisches Problem der menschlichen Entfremdung gibt, da diese das soziale Wesen der Entfremdung mit dem Begriff der kapitalistischen

Ausbeutung gleichsetzt[94]" hinweg. Und er führt unter Anlehnung an Edward Lipiniski[95] den Nachweis, daß auch bei sozialistischer Produktionsweise die „Überwindung des Widerspruchs zwischen dem Individuum und den gesellschaftlichen Aufgaben der Produktion" erst erfolgen muß. Edward Lipiniski hat 1961 zum Problem der Entfremdung des Arbeiters in der industriellen Produktion und den Möglichkeiten der Überwindung unter anderem folgendes festgestellt: „Es könnte sein, daß die Dezentralisierung der Verwaltung, die sogar den allerkleinsten Gruppen Entscheidungen über technische und menschliche Probleme in Verbindung mit den weitestgefaßten Aufgaben der Gruppe in die Hände legt, einen neuen Weg zu einer nicht-utopischen Lösung des Entfremdungsproblems darstellt."

Brus schließt hier an mit der Feststellung, „daß die ökonomisch und (von der Effektivität der Informationsströme und den Informationskosten her gesehen) organisatorisch begründete Dezentralisierung der Entscheidungen eine wesentliche Voraussetzung für die Entwicklung des Bewußtseins einer kooperativen Verwaltung der Produktionsmittel darstellt, insbesondere, wenn sie mit der tatsächlichen Herstellung der Arbeiterselbstverwaltung einhergeht. Daher rühren die Hoffnungen, die man in den sozialistischen Ländern Osteuropas an die Wirtschaftsreformen knüpft – Hoffnungen, die nicht ausschließlich auf die ökonomischen, sondern gleichermaßen auf die gesellschaftspolitischen Ergebnisse der Modellumgestaltungen gerichtet sind[96]".

Brus betont in diesem Zusammenhang nochmals, daß mit der Einführung des dezentralisierten Modells die langfristigen Pläne „ein stärkeres Gewicht" bekommen, sie müssen aber auch „klarer als bisher die sozio-ökonomische Lage berücksichtigen". Hier treffen die wirtschaftspolitischen und die sozialpolitischen Aspekte der Reformen zusammen. Brus sagt hierzu: „Der Funktionsmechanismus der Wirtschaft, der auf den Prinzipien des dezentralisierten Modells beruht, hat seinen eigenen sozio-ökonomischen Aspekt, ebenso der Prozeß der Umwandlungen. Beide Momente sind übrigens eng miteinander verflochten. Das erste schließt unter anderem eine Vielzahl von Problemen im Zusammenhang mit der Teilnahme der Arbeiter an der Verwaltung der vergesellschafteten Wirtschaft ein. Auf der Betriebsstufe ist die anerkannte Form dieser Partizipation die Arbeiterselbstverwaltung; ihre Konzeption und ihre Verwirklichung sind unlösbar mit der Entwicklung zur dezentralisierten Wirtschaft verbunden ... die Mitwirkung der Arbeiter an der Verwaltung ist ein unerläßliches Element des Systems, in dem die zentrale Planung mit einem bestimmten Maß von Betriebsautonomie verbunden ist. Will man diese Autonomie dazu benutzen, um die Initiative der Subjekte des Produktionsprozesses zu entfalten, dann müssen Verantwortungsbewußtsein und Interesse am gesamtökonomischen Effekt des Betriebs geweckt werden, was ohne wirklichen Einfluß der Produzenten auf die Grundrichtung der Betriebstätigkeit nicht zu erreichen ist. Die tatsächliche Mitwirkung der Belegschaft an der Verwaltung spielt eine große Rolle im Zusammenhang der Erweiterung des Zeithorizonts des Betriebes. Einer der heikelsten Punkte des gegenwärtigen Planungs- und Verwaltungssystems ist der krasse Widerspruch zwischen dem langfristigen Aspekt des zentralen Plans und dem sehr kurzfristigen der Betriebe ... Um diesen Widerspruch zu überwinden, muß jedoch nicht nur der Schwerpunkt von den kurzfristigen auf mittel- und langfristige Pläne verschoben, sondern auch eine Lage geschaffen werden, in der jener, der die Aufwendungen und das mit ihnen verbundene Risiko trägt, spürbare Vorteile erhoffen kann. Es geht also darum, eine kontinuierliche Verbindung mit der Betriebstätigkeit herzustellen, was heute vor allem über kollektive Mitentscheidung, kollektives Interesse und Produzentenverantwortung möglich ist[97]."

Besonders interessant für die Diskussion im Westen ist, daß Brus trotz seiner überzeugenden Argumente für die Überwindung der „Entfremdung" durch Dezentralisierung und Arbeiterselbstverwaltung zu der Feststellung kommt, „daß wir von der vollen Realisierung des Postulats einer Partizipation der Belegschaften an der Verwaltung noch weit entfernt sind". Als wesentliche Gründe dafür werden traditionelles Beharrungsvermögen, „die Angst, auch nur ein Element der politischen Struktur anzutasten“, das Festhalten „an der übertriebenen Zentralisierung“ und „Managertendenzen, die darin zum Ausdruck kommen, daß die Rolle der Selbstverwaltung unterschätzt wird; man ist nicht willens, ‚die Macht zu teilen‘: das Postulat der Beteiligung der Belegschaften an der Verwaltung wird häufig als formales Zugeständnis an die ideologischen Programme und seine Realisierung nur als Erschwerung der operativen Tätigkeit verstanden[98]“.

Wlodzimierz Brus’ rundum interessante, ja faszinierende Ausführungen sind in den sozialpolitischen Aspekten besonders aufschlußreich. Seine überzeugende Beweisführung für die Notwendigkeit der „Aufhebung der Entfremdung“ auch bei sozialistischer Produktionsweise, zeigt (verstärkt durch den Erfahrungshintergrund in den sozialistischen Ostblockstaaten) in aller Schärfe das Unzutreffende der jahrzehntelang aufrechterhaltenen marxistischen Argumentation, daß mit der „Vergesellschaftung der Produktionsmittel“ die Entfremdung des Arbeiters überwunden wäre. Und seine Ausführungen über die verschiedenen Widerstände gegen Dezentralisierung und Arbeiterselbstverwaltung – vor allem die über die „Managertendenzen“ – belegen zusätzlich die auch im „kapitalistischen Westen“ zahlreich (jedenfalls in Staaten mit entschiedener Reformpolitik) anzutreffende Feststellung, daß die Eigentumsstruktur nur eine der Komponenten ist, die auf das Managerverhalten einwirkt; und sie ist zunehmend nicht mehr die wichtigste[99].

Insgesamt spiegeln die Arbeiten von Wlodzimierz Brus deutlich die breite Diskussion in den sozialistischen Staaten des Ostblocks wider, die dort die Reformbestrebungen eingeleitet und intensiviert hat. Die Suche nach der optimalen Kombination aus planwirtschaftlichen und marktwirtschaftlichen Elementen – bei Dominanz der zentralen Entscheidungen – wie sie in Brus’ Arbeiten zum Ausdruck kommt, ist sicher nicht identisch mit den in den letzten Jahren intensivierten Bemühungen in zahlreichen westlichen Volkswirtschaften, den Datenkranz des marktwirtschaftlichen Geschehens enger zu fassen bzw. die private Produktion durch Rahmenplanung zu steuern – aber sie zeigen (mit umgekehrten Vorzeichen) die gleichen Grundtendenzen: das Ungenügen der orthodoxen Formen führt zur Diskussion „gemischter Lösungen“, zu den Versuchen, „das Beste aus beiden Welten“ zu kombinieren.

9. Was tun?

Die Kenner von Wladimir Iljitsch Lenins Werken mögen diese Zwischenüberschrift verzeihen – sie paßt so sehr zu dem Schlußabschnitt des Kapitels über die Vorstellungen der Neuen Linken, daß ich (trotz der historischen Anlehnung[100]) nicht darauf verzichten möchte. „Was tun?" – die Frage stellt sich jedem, der mit den gegenwärtigen gesellschaftlichen Verhältnissen unzufrieden ist und nach Veränderung strebt. Es sei hier noch einmal an Ernst Bloch erinnert: Unzufriedenheit ist schon etwas, aber sie ist nicht genug. „Man muß nicht nur wissen, was man nicht will, sondern darin ist ja impliziert, und das muß herausgebracht und reflektiert werden, was man positiv *will*." Wer diese Erwartungen mit Ernst Bloch teilt, wird von der Neuen Linken enttäuscht. Der breiten, massiven (und oft berechtigten) Kritik folgen nur vage und unbestimmte Andeutungen über die Struktur der neuen Wirtschaftsordnung und ihren Funktionsablauf. (Konkret wird es nur bei Wlodzimierz Brus und anderen Reformern der Ostblockstaaten; aber diese konkreten Reformvorstellungen richten sich auf notwendige Veränderungen der sozialistischen Produktionsweise, nicht auch die „Überwindung des Kapitalismus". Aus diesen und aus zahlreichen anderen Gründen kann man Brus somit nicht zur Neuen Linken zählen und das Studium seiner Arbeiten ist in sehr anderem Sinne lehrreich als es sich beispielsweise Ernest Mandel wünschen würde, der diesen bedeutenden Ökonomen denn auch konsequent verschweigt.)

Brus' Arbeiten zeigen theoretisch und empirisch in aller Deutlichkeit, daß die Überwindung der „Widersprüche des Kapitalismus" nicht genügt; auch der Sozialismus hat seine Widersprüche. Vor allem wird die Entfremdung der Arbeit durch die Vergesellschaftung der Produktionsmittel keineswegs beseitigt, was dazu zwingt, die oben zitierte Forderung von Ernst Bloch dahin zu erweitern, daß konkret und am institutionellen Detail gezeigt werden muß, was nach der „großen Veränderung" kommt und wie die verschiedenen Funktionsabläufe sind.

Versucht man trotz der in weiten Bereichen nicht vorhandenen Konkretisierungen das sich irgendwie ergebende Gesamtbild der Vorstellungen der Neuen Linken als Instrumentarium für wirtschaftliche und gesellschaftliche Veränderungen zusammenzufassen, so ergeben sich – bezogen auf die Lagebeurteilung in Kapitel I – folgende Schlußfolgerungen:

1. In einer zentralistischen oder auch dezentralistischen Planwirtschaft mit vergesellschafteten Produktionsmitteln (in welcher institutionellen Form die Vergesellschaftung auch stattgefunden hat) ist es sicher leichter, die Schere zwischen „öffentlicher Armut und privatem Wohlstand" zu schließen als in einer marktwirtschaftlichen Ordnung mit Privateigentum an Produktionsmitteln. Aber – schon ein Teil der politischen Kraftanstrengung, die notwendig wäre, um eine Vergesellschaftung der Produktionsmittel herbeizuführen, dürfte ausreichen, um zum Beispiel in der Bundesrepublik den Anteil der öffentlichen Leistungen am Sozialprodukt ausreichend zu erhöhen. Den Vorrang der öffentlichen Leistungen vor der privaten Wirtschaftsentwicklung durchzusetzen, ist in *jeder* Wirtschafts- und Gesellschaftsordnung eine *politische* Aufgabe, deren Lösung auch in Planwirtschaften – jedenfalls dann, wenn persönliche Freiheit herrscht und Unmutsäußerungen möglich sind – nicht leicht fällt, weil fast immer kurzfristige Interessen einzelner zugunsten der langfristigen Möglichkeiten der Allgemeinheit beschnitten werden müssen. Bei direkter Entscheidung über die Investitionen durch eine zentrale Planungsbehörde ist die Durchsetzung natürlich leich-

ter, die Gefahr von Disproportionalitäten allerdings auch größer.

2. Nur bei sehr weitgehender Dezentralisierung eines planwirtschaftlichen Funktionsmodells sind freie Arbeitsplatzwahl und freie Konsumwahl in einer Planwirtschaft möglich. Die verschiedenen Varianten dezentralistischer Planungsabläufe erscheinen um so praktikabler, je „mehr Markt" sie enthalten. Die Gefahr großer Disproportionalitäten und partieller Unterversorgung erscheint größer, wenn die zentralistischen Elemente die dezentralen überwiegen. Wlodzimierz Brus' „Funktionsmodell einer Planwirtschaft mit eingebautem Marktmechanismus" dagegen kommt einer marktwirtschaftlichen Ordnung mit hohem Wettbewerbsgrad, enggezogenem Datenkranz und differenzierter Globalsteuerung schon sehr nahe.

3. Die Lösung der Verteilungsproblematik erscheint auf den ersten Blick in einer Planwirtschaft mit vergesellschafteten Produktionsmitteln leichter – die Gewinne der Produktionsmittelbesitzer stehen ja jetzt mit zur Verteilung zur Verfügung. Deren Verteilung an die Arbeitnehmer setzt aber eine Erhöhung der Sparneigung bei den Arbeitnehmern voraus, sonst fehlt für die angestrebte Erweiterung der öffentlichen Leistungen die Finanzierungsquelle. Entsprechend wird in allen Planwirtschaftsmodellen die Verteilung des Nationaleinkommens auf die großen Blöcke „kollektiver Bedarf" und „individueller Bedarf" vorweg von der zentralen Planungsbehörde" entschieden, parallel dazu die Verteilung der Investitionen auf den Produktionsgüter- und den Konsumgütersektor. Mit der Größe des „Konsumtionsfonds" wird dann gleichzeitig über die „Lohnsumme" entschieden. Zinn beispielsweise betont ausdrücklich, daß die „Lohn- und Gehaltsrechnung mit der (Arbeits-)Kostenrechnung kaum noch etwas zu tun hat ... da Lohn eine Verteilungskategorie, nicht eine Kostengröße darstellt"[101]. Für die individuelle Verteilung der Lohnsumme verweist Zinn auf „Arbeitsbewertung im üblichen Sinne (Refa etc.) ...; dabei ist davon auszugehen, daß grundsätzlich gleicher Lohn gezahlt wird und Abweichungen von diesem Prinzip entweder durch soziale Fakto-

ren (Familienstand, außergewöhnliche Belastungen u. ä.) oder/ und durch Unterschiede im Arbeitsleid begründet werden müssen"[102].

Wer die Methoden der Arbeitsplatzbewertung und Arbeitszeitmessung (Refa etc.) und die um jede Neubewertung einsetzenden harten tarifpolitischen Auseinandersetzungen kennt, wird seine Zweifel haben, ob die Gewerkschaften gegenüber der „Zentrale" besser als in einer marktwirtschaftlichen Ordnung in der Lage sein werden, die Arbeitsplatzbewertungsvorstellungen der Arbeitnehmer – die selten mit denen der Refa-Ingenieure übereinstimmen – durchzusetzen. Zumindest stehen sie vor den gleichen, wenn nicht vor größeren Schwierigkeiten.

4. Wlodzimierz Brus' Arbeiten zeigen in aller Deutlichkeit, daß die Vergesellschaftung der Produktionsmittel die Probleme der „Entfremdung der Arbeit" nicht löst. Seine Ansätze für eine Lösung wären für Polen sicher ein großer Fortschritt – in der Bundesrepublik sind die Mitbestimmungsmöglichkeiten der Arbeitnehmer sehr viel weiter gediehen. Und weiterer Ausbau und Vervollkommnung der paritätischen Mitbestimmung dürften auch das Entfremdungsproblem einer angemesseneren Lösung näherbringen.

5. Obwohl sie bei Marxisten und Neomarxisten im Mittelpunkt steht, wird nirgendwo nachgewiesen, daß die Frage des Eigentums an Produktionsmitteln immer noch jene dominierende Rolle hat, die ihr in der marxistischen Analyse zugewiesen wird. Ob die Tatsache, wer das Eigentum an den Produktionsmitteln besitzt, der Lösung der für die Bundesrepublik wichtigsten Aufgaben

– mehr Chancengleichheit
– menschengerechtere Lebens- und Arbeitsbedingungen
– mehr Demokratie in Wirtschaft und Gesellschaft
– Vervollkommnung der sozialen Sicherung und
– gerechtere Einkommens- und Vermögensverteilung

so hemmend im Wege steht, wie die Neue Linke es darstellt, ist sehr zu bezweifeln. Die von Walter Rathenau schon vor mehr als einem halben Jahrhundert diagnostizierte Entwicklung zu

„autonomen Unternehmen"[103] hat sich intensiv fortgesetzt, James Burnhams „Regime der Manager"[104] und John Kenneth Galbraiths „Machtübernahme der Technostruktur"[105] zeigen (mit unterschiedlichen Akzenten) eine konsequente Entwicklung in der gleichen Grundrichtung.

Hier sind vor allem die Untersuchungen von Galbraith über das gleichförmige Verhalten der „Technostruktur" in „kapitalistischen" und „sozialistischen" Unternehmen interessant, deren Ergebnisse durch die oben angeführten Feststellungen von Wlodzimierz Brus über das Verhalten der Manager in Polen eindrucksvoll bestätigt werden. Diese und andere soziologische Befunde lassen darauf schließen, daß die *gesellschafts*politische Bedeutung des Eigentums an Produktionsmitteln rückläufig ist – wenn diese Institution auch keineswegs in ihren (negativen) Auswirkungen auf die Einkommensverteilung unterschätzt werden darf. Aber für die Machtstrukturen in den Unternehmen, die gesamtwirtschaftliche Orientierung der Investitionen und die Überwindung der „Entfremdung der Arbeit" sind der Ausbau der Mitbestimmung, eine wirksame Arbeits- und Umweltschutzgesetzgebung sowie eine konsequent das in Kapital I beschriebene Zielviereck ansteuernde Wirtschaftspolitik entscheidender als eine – wie auch immer im einzelnen konstruierte, die Neue Linke sagt uns ja nichts Konkretes darüber – „Vergesellschaftung der Produktionsmittel". Und das Verteilungsproblem ist mit breiter Streuung des Privateigentums auch an Produktionsmitteln besser zu lösen als mit dessen Aufhebung.

6. Henri Lefèbvres zu Beginn dieses Kapitels angeführte Fragen können (noch) nicht beantwortet werden bzw. teilweise nur negativ. Ob die Wirtschaftsreformen im Ostblock die „Diskrepanz zwischen Ideologie und Praxis" wenn schon nicht aufheben, so wenigstens verringern werden, ist schwer zu beurteilen. Die von Liberman, Brus und anderen eingeschlagene Grundrichtung ist vielversprechend – die politische Praxis entmutigender als Mitte der sechziger Jahre zu erwarten war.

Auf die zu erwartende Entwicklung in den verschiedenen marktwirtschaftlichen Wirtschaftsordnungen des Westens gibt die

Neue Linke keine Antwort. Mandels und andere Analysen bieten „präfabrizierte“ Urteile, aber kein Bild der Wirklichkeit. Planwirtschaftliche Modelle bleiben in ihrer Marktnähe weit hinter denen, die im Rahmen der Wirtschaftsreformen im Ostblock diskutiert wurden, zurück. Zur Lösung der Probleme unserer Zeit bieten sie wenig.

Das Negative, den Abbau, kann man dekretieren, den Aufbau, das Positive, nicht. Neuland. Tausend Probleme. Nur Erfahrung ist imstande, zu korrigieren und neue Wege zu eröffnen. Nur ungehemmt schäumendes Leben verfällt auf tausend neue Formen, Improvisationen, erhellt schöpferische Kraft, korrigiert selbst alle Fehlbegriffe. Das öffentliche Leben der Staaten mit beschränkter Freiheit ist eben deshalb so dürftig, so armselig, so schematisch, so unfruchtbar, weil es sich durch Ausschließung der Demokratie die lebendigen Quellen allen geistigen Reichtums und Fortschritts absperrt ... Die ganze Volksmasse muß daran teilnehmen. Sonst wird der Sozialismus vom grünen Tisch eines Dutzends Intellektueller dekretiert, oktroyiert.

Rosa Luxemburg

III. KONZEPTIONEN

Zeigt eine nicht vorbelastete Faktenanalyse die Wirtschafts- und Gesellschaftsordnung in der Bundesrepublik als ein vielschichtiges System, dessen Probleme mit irgendeinem „Patentrezept" nicht lösbar sind, so bedarf es auch eines vielschichtigen wirtschaftspolitischen Instrumentariums. Von der Wirtschaftspolitik allein kann man freilich keine Humanisierung der Gesellschaft erwarten, aber sie kann die Voraussetzungen dafür wesentlich verbessern. Schafft die Wirtschaftspolitik Raum für eine Erweiterung des Angebots öffentlicher Leistungen ohne zu einer Stagnation bei der Verbesserung des privaten Lebensstandards zu kommen, sorgt sie für Vollbeschäftigung ohne unzumutbare Preisbewegungen und glättet sie durch geeignete Maßnahmen die notwendigen Strukturveränderungen, so schafft sie damit auch bessere Voraussetzungen, um mit Hilfe sozialpolitischer Maßnahmen dem sozialen Rechtsstaat näher zu kommen. „Mehr Freiheit, mehr Gerechtigkeit, mehr Solidarität" als Ziele des demokratischen Sozialismus[1] sind ebenfalls auf der Grundlage erfolgreicher verteilungsgerechter Wirtschaftspolitik schneller und leichter zu erreichen als sonst.

Freilich kann es sich bei der hierzu notwendigen Wirtschaftspolitik nicht um ein herkömmliches klassisches, ökonomisches Konzept handeln, das sich auf die Sicherung der Bedingungen für einen funktionierenden Markt beschränkt. Von einem umfassenden Infrastrukturkonzept bis zur sozialen Absicherung notwendiger Strukturänderungen ist zur Erfüllung dieser Aufgabe sehr viel mehr nötig. Praktikable und auf dem Boden der demokratischen föderativen Grundordnung der Bundesrepublik Deutschland durchzuführende Konzeptionen für die wichtigsten Teilbereiche zu skizzieren, ist das Ziel dieses Kapitels. Dabei wird jeweils von den im Sommer 1973 erkennbaren Daten ausgegangen.

10. Priorität aller Prioritäten: Vorausschauende Infrastrukturpolitik*

„Infrastruktur“ ist inzwischen fast so zu einem Modewort geworden wie „Prioritäten“. Und der Mode folgend ist inzwischen in der Bundesrepublik jeder „dafür“. Diese pauschale Zustimmung entspricht freilich noch längst nicht der Bereitschaft, die zum Ausbau der Infrastruktur notwendigen gesamtwirtschaftlichen Umschichtungen auch anzuerkennen, ebensowenig, wie sich herumgesprochen hat, daß die ständige Forderung, endlich Prioritäten zu setzen, nur erfüllbar ist, wenn auch die Bereitschaft vorhanden ist, Posteriotäten zu setzen. Zwar ergibt sich das eine logisch aus dem anderen, doch aus jeder Etatberatung vom Bund bis zur kleinsten Gemeinde ist auch bekannt, daß es meistens einigermaßen gelingt, sich auf die obere Rangordnung der bevorzugten Ziele zu einigen. Sehr viel schwerer ist dagegen, die notwendigen – zur Erreichung eben dieser Ziele notwendigen – Abstriche bei anderen Sektoren zu machen. Für den weiten Bereich der Infrastruktur gilt dies sowohl für die einzelnen Sektoren untereinander als auch für den Anteil der Infrastruktur gegenüber den anderen Bereichen der Volkswirtschaft.

* Der Text dieses Abschnitts geht weitgehend auf meinen Vortrag „Strategien langfristiger Infrastrukturpolitik“ auf der Tagung des „Vereins für Socialpolitik“ vom 29. September bis 2. Oktober 1970 in Innsbruck zurück.

Der Begriff Infrastruktur hat über die NATO Eingang in den modernen Sprachgebrauch gefunden; dort wird er zusammenfassend für die Gesamtheit der militärischen Anlagen (Kasernen, Flughäfen, Nachschubdepots usw.) gebraucht[2]. Der Herkunft entsprechend ist es auch kaum ein Zufall, daß in jenen Bereichen, in denen die Infrastrukturausstattung, mit deren Ausbau im 19. Jahrhundert begonnen wurde, auch in der ersten Hälfte dieses Jahrhunderts noch zureichend war, der Anstoß zum Ausbau oft aus militärischen Gründen erfolgt ist[3]. Und ein Teil der beträchtlichen Unterschiede in der materiellen Infrastrukturausstattung läßt sich noch heute darauf zurückführen. (Preußen verfolgte beim Ausbau der Verkehrswege andere strategische Ziele als später das Deutsche Reich.) Freilich sind wir auch hier weitgehend auf Vermutungen angewiesen. Über die Entstehung wie über den Bestand an Infrastrukturausstattung sagt uns die Wissenschaft wenig. Wenn Jansen und Töpfer in dem Materialband zur Infrastrukturtagung des „Vereins für Socialpolitik" feststellen, daß die Bestände, also „die gewachsene Infrastruktur ein weißer Fleck auf der Landkarte ökonomischer Forschungen geblieben sind"[4], so ist damit der Stand des Wissens um die Infrastrukturausstattung hinreichend gekennzeichnet.

Aber auch wenn ein exaktes Gesamtbild fehlt, die sektoralen und regionalen Unterschiede sind nicht zu übersehen. Das böseste Beispiel sind die Unterschiede im Bildungsangebot, das ganze Regionen dazu verurteilt, „dümmer zu bleiben"[5]. Für den Gesamtüberblick geht es uns ähnlich wie bei der Vermögensbildung: wir wissen, daß die Vermögensverteilung seit 1950 sehr ungleichmäßig war, aber mangels aussagefähiger Statistiken nicht exakt wie ungleichmäßig. Und so wissen wir auch, daß das Angebot an Infrastrukturleistungen in der Bundesrepublik unzureichend und sehr differenziert ist; wie differenziert und wie unzureichend tatsächlich, wissen wir jedoch nur in Einzelfällen.

Ähnlich ungenau ist unser Wissen um den Integrationsgrad, jenen Indikator, der nach Jochimsen „Aussagen über die Zweckmäßigkeit, Bezogenheit und Abgestimmtheit der Wirtschaftstätigkeit des einzelnen auf die Gesamtwirtschaft" möglich macht[6]. Aus den Berechnungen der Kapitalkoeffizienten und Kapitalintensitäten sowie der Differenzierung der Arbeitsproduktivität ergeben sich lediglich Anhaltspunkte, ferner lassen die zunehmende Lohndrift und ihre regionale Differenzierung sowie die selbst in der Hochkonjunktur vorhandenen starken regionalen Schwankungen der Arbeitslosigkeit entsprechende Schlüsse zu[7]. Doch reicht dieses Material kaum für exakte Angaben.

Die Kenntnis der Ausgangslage reicht auch nicht aus, um heute die Ziele der Infrastrukturpolitik im einzelnen anzugeben. Der Ausbau der Infrastruktur ist ebensowenig ein „Ziel an sich" wie allgemeines Wirtschaftswachstum. Aber eine erfolgreiche und nach der Qualität der Ziele differenzierende Wachstumspolitik dient in diesem Sinne der Freiheits- und Wohlstandsvermehrung[8] und erhöht damit auch die Chancen für mehr Gerechtigkeit. Hier zeigt sich die Verzahnung der Ziele und Methoden: erfolgreiche Wachstumspolitik verbessert die Möglichkeiten zum Ausbau der Infrastruktur, eine modernen Bedingungen entsprechende Infrastruktur wiederum verbessert die Möglichkeiten des wirtschaftlichen Wachstums.

In der öffentlichen Diskussion werden freilich – allen Verfeinerungen der modernen Wachstumstheorie zum Trotz[9] – die erreichbaren Wachstumsraten immer noch vorrangig von der Steigerung der privaten Investitionen abhängig gemacht. Demgegenüber stellt Bombach im Vorwort der bereits in Kapitel I (Anmerkung 38) zitierten Prognos-Studie anerkennend fest, daß hier von der Erkenntnis ausgegangen wird, daß „insbesondere in hochentwickelten Volkswirtschaften der Schlüssel für eine Stabilisierung der Wachstumsrate auf hohem Niveau nicht nur und gar nicht mehr in erster Linie in einer hohen Investitionsquote liegt[10]". Entsprechend wird in der Prognos-Studie bei der Analyse der wachstumspolitischen Situation in der Bundesrepublik vor allem beanstandet, daß auch in den vom Bundesminister für Wirtschaft veröffentlichten „Perspektiven des Wirtschaftswachstums ... bis zum Jahre 1980" „von Infrastruktur oder anderen Komponenten, die den technischen Fortschritt beeinflussen", keine Rede sei[11].

In der Vernachlässigung der Infrastruktur wird auch der Grund dafür gesehen, daß die Bundesrepublik, die in der Periode von 1950 bis 1960 unter den OECD-Ländern (ohne Japan) die höchsten Wachstumsraten aufwies, in der Periode von 1960 bis 1966 auf den siebzehnten Platz (von zwanzig) zurückgefallen ist[12]. Dieses Ergebnis wird vor allem damit erklärt, daß die Bundesrepublik heute gegenüber vergleichbaren Ländern einen Bildungsrückstand aufweist, dessen negative Auswirkungen auf die Produktivitätsentwicklung noch zunehmen werden. Im Zeitraum von 1950 bis 1962 zeigt die Bundesrepublik nach dieser Analyse im internationalen Vergleich (neun Industrieländer) zwei Extremwerte: „Die höchste Wachstumsrate der Kapitalintensivierung, die geringste Wachstumsrate der Bildungsintensivierung." Hieraus ergibt sich ein Zurückbleiben der Arbeitsproduktivität hinter der Kapitalintensität, deren Folgen für den Zeitraum von 1964 bis 1968 als eine „durch wachstumspolitische Versäumnisse bedingte Wachstumslücke" von etwa durchschnittlich jährlich drei Prozent beziffert werden[13].

Auch durch das „Produktivitätswunder" der Jahre 1968/69 wird diese Interpretation der Entwicklung in den sechziger Jahren nicht widerlegt. Die hohe Elastizität der Produktion in den letzten Jahren und die kräftige Produktivitätssteigerung sind in erster Linie Ergebnis der „Verbesserung der Altersstruktur unseres Kapitalstocks"[14], dürfen aber nicht dazu verführen, die Rückwirkungen der Infrastruktur auf das langfristige Wachstum weiterhin zu übersehen.

Inzwischen wird auch in der Öffentlichkeit anerkannt, daß öffentliche Investitionen nicht „unproduktiv" sind. Jedenfalls dann, wenn sie optisch sichtbar sind wie verkehrspolitische Verbesserungen oder der Ausbau der Nachrichtenwege. Schwieriger ist es schon mit den „unsichtbaren" Investitionen, auch wenn – bei allen Schwierigkeiten der Berechnung – Bildungsinvestitionen eindeutig die höchste „Rendite" haben[15]. Und selbst wenn die Notwendigkeit anerkannt wird, von der Erkenntnis bis zur

„Bewilligung der Mittel“ ist ein weiter Weg, den Bund und Länder bisher nicht sehr erfolgreich überwunden haben. Entsprechend erwarten die Verfasser der Prognos-Studie Gefährdungen des für die Zukunft möglichen wirtschaftlichen Wachstums von insgesamt zwölf Engpaßproblemen. Neben zwei außenwirtschaftlichen und vier strukturpolitischen werden fünf infrastrukturelle Engpässe genannt[16]:

- Bildung
- Informationswesen
- Forschung
- Gesundheitsvorsorge
- öffentlicher Nahverkehr

Die Überwindung dieser Engpaßprobleme erfordert den Einsatz erheblicher öffentlicher Mittel; ihre erfolgreiche Überwindung trägt aber – „List der Idee“ – wesentlich zur Forcierung des Wachstumstempos und Erhöhung der Wachstumsraten bei und steigert damit die öffentlichen Einnahmen.

Doch selbst wenn die Erkenntnis von der Bedeutung der Infrastrukturinvestitionen für die langfristige Wachstumssicherung Allgemeingut wäre, weder die Wachstumstheorie in ihren verschiedenen Varianten noch die Ansätze einer Theorie der Infrastrukturpolitik geben bisher dem Politiker Instrumente in die Hand, mit denen die „wachstumsoptimale“ öffentliche Investitionsquote zu messen wäre[17]. Ebensowenig ist uns die „optimale Investitionsstruktur“ bekannt. Auf die Erarbeitung eines „otimalen Instrumentariums“ kann aber nicht gewartet werden. Die „Not der Praxis“ schreit unüberhörbar nach einer Gesamtkonzeption, die freilich nur in einem Lernprozeß zu erarbeiten sein wird. Und je gründlicher die theoretischen Vorarbeiten desto größer die Chance, die unvermeidliche Fehlerquelle klein zu halten.

Sie wird ohnchin groß sein aufgrund der unvollkommenen und unübersichtlichen Ausgangsbasis. In den verschiedenen Bereichen der Infrastruktur sind die Lücken zu einer annähernd „optimalen“ Ausstattung unterschiedlich groß; noch größer sind die regionalen Unterschiede. In Bundesländern, die trotz unzureichender statistischer Grundlagen heroische Anstrengungen zur Erarbeitung eines umfassenden Infrastrukturkonzepts unternommen haben (Beispiel: Großer Hessenplan), sind Teilbereiche weiter entwickelt als in anderen. In Sektoren mit weitgehender Bundeskompetenz, z. B. in der Verkehrspolitik, gibt es umfassendere – was noch nicht heißen muß, den Bedingungen von morgen entsprechendere – und langfristigere Programme als dort, wo die Kompetenzen nur bei den Ländern liegen. In allen wichtigen Bereichen der materiellen und personalen Infrastruktur sind inzwischen Ansätze zu längerfristigen Programmen vorhanden; freilich methodisch und zeitlich stark differierend und nur unvollkommen miteinander verzahnt.

Diese Ansätze zu verbessern und in ein umfassendes Gesamtkonzept einzubringen, ist die Aufgabe von morgen, das immer unvollkommen bleibende Konzept permanent zu verfeinern und auszubauen, die Daueraufgabe für übermorgen. Ziel: eine Infrastrukturausstattung zu schaffen, die ein den gegenwärtigen Möglichkeiten entsprechendes Angebot öffentlicher Dienstleistungen gewährleistet und außerdem ausreicht, um ein dauerhaftes – die jeweiligen technischen Möglichkeiten ausschöpfendes – Wirtschaftswachstum zu sichern und damit eine der Grundvoraussetzungen für eine permanente Verbesserung der Lebensbedingungen und der Chancen zur Erweiterung individueller Freiheitsspielräume für jedermann.

Notwendigkeiten und Möglichkeiten eines umfassenden Infrastrukturprogramms

Die Bedeutung einer gut ausgebauten Infrastruktur für alle Lebensbereiche nimmt mit zunehmender Industrialisierung und der damit verbundenen Verdichtung aller Lebensbeziehungen noch zu. Und allein die Tatsache, daß die Wachstumstheorie nicht in der Lage ist, Umfang und Struktur einer „optimalen Quote" für Infrastrukturinvestitionen anzugeben, befreit nicht von der Pflicht, den Ausbau der Infrastruktur systematisch voranzutreiben. Erfahrung und Theorie sagen uns, daß man sich auf eine Art „natürlichen Wachstums" der Infrastruktur nicht verlassen kann. Rückstände und Disproportionalitäten nehmen mit zunehmender Industrialisierung zu. Je vielstufiger der Verwaltungsaufbau, desto weniger groß zwar die Gefahr einer zentralistischen Erstarrung, desto größer aber die Gefahr eines disproportionalen „suboptimalen" Ausbaus der Infrastruktur.

Der angestrebte Ausbau erfordert freilich nicht nur zunehmende Infrastrukturinvestitionen, diese müssen auch in ihrem ergänzenden Nebeneinander und in ihrer zeitlichen Reihenfolge aufeinander abgestimmt werden. Dabei geht es um sehr viel mehr als nur um eine Prioritätenfolge wegen des begrenzten finanziellen Spielraums. Die mehr oder weniger weitgehende Durchführung der einen Maßnahmen verändert oft die Qualität einer anderen und umgekehrt. Dafür ein Beispiel: Im Rahmen der Gesamtaufwendungen für Hochschulen fallen etwa vierzig Prozent auf die medizinische Ausbildung. Eine Vorausplanung dieser Ausbildung erfordert bereits heute eine gewisse Kenntnis der anzustrebenden medizinischen Versorgung in den achtziger Jahren. Das klassenlose Krankenhaus, eine moderne Ausstattung aller Krankenhäuser und die Fortsetzung der sich anbahnenden Spezialisierung wirken entsprechend auf das Bildungswesen zurück. Nur wenn beide Vorausplanungen miteinander verzahnt werden, lassen sich die immer auftretenden Friktionen auf ein Mindestmaß vermindern.

Dieses eine Beispiel soll deutlich machen, wie weitgehend in einem infrastrukturpolitischen Gesamtkonzept die Beachtung der gegenseitigen Beeinflussung der Maßnahmen für einzelne Sektoren gehen muß. Nicht minder wichtig ist die Vorausschau der räumlichen Entwicklung und der räumlichen Verteilung der Infrastrukturleistungen. Die Kompetenzverteilung in der Bundesrepublik, die die Mehrzahl der Infrastrukturleistungen den Ländern und Gemeinden auferlegt, verhindert praxisferne Schreibtischentscheidungen, begünstigt aber ein unkoordiniertes Nebeneinander. Die Vorteile des föderativen Aufbaus werden nur gewahrt bleiben, wenn die notwendige Koordination zwischen den verschiedenen Verwaltungsebenen sichergestellt und auf allen Ebenen leistungsfähige Einheiten geschaffen werden. Für die zunehmende Dringlichkeit dieser Verbesserung der institutionellen Infrastruktur ein Beispiel:

Alle Einrichtungen der Infrastruktur haben bestimmte Einzugsbereiche, die vor allem durch die Verkehrsverhältnisse und die Kapazitätsauslastung determiniert werden. Im Zuge der Bildungsreform (Gesamtschule) wird der Einzugsbereich der Schulen größer und die Zahl der Schulstandorte kleiner, während gleichzeitig die ansteigende Studentenquote eine Vermehrung der Universitätsstandorte (bei Verkleinerung ihrer Einzugsbereiche) erfordert. Diese Entwicklung wird halbwegs rational nur dann verlaufen, wenn die unteren Verwaltungsregionen groß und leistungsfähig genug sind.

Ein erster Ansatz zur regionalen Koordination in Zusammenarbeit von Bund und Ländern ist in dem Rahmenplan nach der Gemeinschaftsaufgabe „Verbesserung der regionalen Wirtschaftsstruktur“ zu sehen. Nur beschränkt sich dieser Rahmenplan auf fünf Jahre entsprechend der mehrjährigen Finanzplanung. Dieser Planungshorizont ist für ein infrastrukturpolitisches Gesamtkonzept zu kurz. In der Bildungspolitik, bei der Gesundheitsvorsorge, in der Verkehrspolitik und bei der Städteplanung – um nur einige besonders einleuchtende Beispiele zu nennen – muß in sehr viel längeren Zeiträumen gedacht werden.

Es muß in größeren Zeiträumen und mit regionaler und ressortsmäßiger Verzahnung gedacht werden. Um diese Aufgabe leisten zu können, bietet sich methodisch die Erarbeitung eines Bundesentwicklungsplanes an[18]. Ein solcher Bundesentwicklungsplan wäre etwa für einen Zeitraum von fünfzehn Jahren gemeinsam von der Bundesregierung und den Landesregierungen zu erarbeiten (selbstverständlich von den Parlamenten zu beschließen). Dieser Bundesentwicklungsplan müßte die Entwicklungsziele und Maßnahmen für das Bundesgebiet und alle (sinnvoll abgegrenzten) Teilräume enthalten. Er wäre seinem langfristigen Horizont entsprechend nicht jährlich, sondern in größeren Abständen fortzuschreiben und müßte von vornherein reversibel angelegt sein.

Vorausgehen müßte den Arbeiten für den Bundesentwicklungsplan die Erarbeitung von Einzelprogrammen bei permanenter Frühkoordinierung der Aufgabenplanung in Bund und Ländern. Und sowohl die Aufstellung der Einzelprogramme als auch deren Einpassung in ein Gesamtkonzept könnten nicht von der Verwaltung allein vollbracht werden. Von der Erarbeitung der ersten Rohentwürfe für Einzelprogramme bis zur Verabschiedung der Gesamtkonzeption sind der vorhandene Sachverstand, die gesellschaftlichen Gruppen, die Parlamente zu beteiligen. Aufgrund der theoretischen und empirischen Unzulänglichkeiten der Ausgangslage ist ein „optimales Gesamtkonzept" weder zu erwarten noch anzustreben. Aber notwendig und möglich ist die Zusammenfassung der Analyse und der Programme in einem integrierenden Verbundsystem, in dem dann Vorausplanungen „nicht als festes Schema, sondern als permanenter Lernprozeß" konzipiert werden, in einem Zusammenspiel lernender Systeme, die „der Komplexität der Probleme mit umfassender Problemlösung"[19] begegnen.

Neue Arbeits- und Planungsmethoden erforderlich

Die oben skizzierte Notwendigkeit zum systematischen und permanenten Ausbau der Infrastruktur bezog sich vorwiegend auf deren materielle und personale Seite. Doch spätestens bei den Überlegungen zur Durchführung eines solchen Bundesentwicklungsplans zeigt sich die Notwendigkeit für Veränderungen der institutionellen Infrastruktur. Die mit der Durchführung eines solchen Programms notwendigerweise wachsende Aktivität des Staates bringt zusätzliche Koordinierungsprobleme zwischen den verschiedenen Infrastrukturprogrammen, berührt die traditionellen Verwaltungsstrukturen, das Verhältnis von Verwaltung und politischen Institutionen und rührt damit in letzter Konsequenz an das konventionelle Bild des Berufsbeamten.

Es kann und soll hier keine „Vision“ des für Erarbeitung und Vollzug eines umfassenden Infrastrukturkonzepts notwendigen „neuen Apparats“ gegeben werden. Eine grobe Skizzierung künftiger Strukturen muß genügen:

- Schon die Vorarbeiten für die Entwicklung langfristiger Infrastrukturprogramme in den einzelnen Sektoren setzen eine enge Zusammenarbeit zwischen den zuständigen Ressorts, der Wissenschaft und praktischem Sachverstand voraus. Es bestehen berechtigte Zweifel, ob diese Zusammenarbeit beim gegenwärtigen Aufbau der Ministerien nach der üblichen Referatsstruktur erreicht werden kann. Planungsabteilungen (-gruppen oder stäbe, wichtig ist nicht die Bezeichnung, sondern der auf moderne Arbeitsmethoden abgestellte Aufbau) mit möglichst geringem hierarchischen Aufbau und größtmöglicher Flexibilität bei der Beschäftigung externer Mitarbeiter bieten sich als erster Ansatz an, bevor man durch „Versuch und Irrtum“ zu neuen Organisationsformen und neuen Arbeitsmethoden kommt.
- Bereits bei der Erstellung der ersten Rohentwürfe von Einzelprogrammen ist Abstimmung mit den Parallelprogrammen und in den räumlichen Dimensionen notwendig. Nach dem Muster der Gemeinsamen Planungsausschüsse könnten für die regionale, nach dem Schema des Kollegiums der Planungsbeauftragten der Bundesregierung organisierte Gremien für die ressortmäßige Koordination sorgen.
- Die so bereits aufeinander abgestimmten Programme sind dann durch einen „Gemeinsamen Planungsausschuß für Infrastruktur“ zu einem Bundesentwicklungsplan zusammenzufügen. Dieser Bundesentwicklungsplan muß räumliche und sektorale Entwicklungsziele angeben, wobei die Exaktheit der Quantifizierung mit zunehmendem Planungshorizont abnehmen darf. Der zeitlich mehrstufige Aufbau ist dann mit der jeweiligen Komplementärstufe in die mittelfristige Finanzplanung bei Bund und Ländern einzubringen. Spätestens hier sind die gesetzgebenden Körperschaften zu beteiligen, wobei es für Bundesrat und Bundestag wohl auch neuer Organisationsformen bedarf[20].

- Die ressortmäßige und regionale Koordination sowie die Abstimmung der verschiedenen Zeithorizonte erfordern umfangreiche Vorarbeiten. Die termingemäße Einfügung der verschiedenen Einzelprogramme in den Bundesentwicklungsplan und die rechtzeitige Beteiligung der gesetzgebenden Körperschaften wird nur zu erreichen sein, wenn in den Ländern und im Bund die Gemeinsamen Planungsausschüsse als Entscheidungsgremien einen entsprechenden vorbereitenden Unterbau haben. Hier bietet sich eine Art „Evidenzzentrale" in den Staatskanzleien der Länder und im Bundeskanzleramt an, die für interressortmäßige Information und die gleichzeitig notwendige Koordinierung zu sorgen hätten.
- Sowohl vor der Erstverabschiedung als auch vor jeder Fortschreibung des Bundesentwicklungsplans sind Alternativrechnungen vorzulegen. Die Alternativrechnungen müssen mindestens
  - Nutzen-Kostenschätzungen der Einzelprogramme bei verschiedenem Ausmaß und Tempo der Durchführung enthalten,
  - Rückkoppelungseffekte und die mittel- und langfristigen Wachstumsauswirkungen zeigen,
  - die unterschiedlichen Auswirkungen für die Verwendungsseite des Sozialprodukts offenlegen und
  - gewissermaßen als kontrollierende Gegenrechnung die einzelnen Finanzierungsmöglichkeiten darstellen.

Die Veränderungen der institutionellen Infrastruktur haben jedoch nicht nur Bedeutung für größere Funktionsfähigkeit des Verwaltungsaufbaus. Sie entscheiden teilweise auch über die Verteilung der gesamtwirtschaftlichen Lasten. Ein Beispiel: Die Frage, ob die Federführung des Umweltschutzes beim Innenminister oder beim Wirtschaftsminister ressortiert, bedeutet unter Umständen bereits eine Vorentscheidung über die Lastenverteilung. Aus den dem Innenminister zugänglichen Instrumenten ergibt sich fast zwangsläufig ein stärkerer Trend zur Aufbringung der Mittel aus öffentlichen Einnahmen. Die Ressortierung beim Wirtschaftsminister als dem verantwortlichen Ressortminister für das Gewerberecht dagegen würde die Tendenz zur Verteilung der Lasten nach dem Verursachungsprinzip stärken (je strenger z. B. die Auflagen an die produzierende Industrie für die Abwässerreinigung, desto geringer die notwendigen Aufwendungen der Kommunen).

Ebenso sind Rückwirkungen intensiveren Infrastrukturausbaus auf die traditionelle Eigentumsstruktur zu erwarten. Regionale Schwerpunktförderung mit massiven Investitionsanreizen bedeutet nicht nur Ausgleich von Standortnachteilen, sondern hat auch erhebliche vermögenspolitische Bedeutung. Diese und andere gesellschaftspolitische Probleme des Infrastrukturausbaus verstärken noch die sowieso vorhandene Notwendigkeit zur Transparenz der Konzeption und zur permanenten öffentlichen Diskussion.

Europäische Entwicklung beachten

Die politische und wirtschaftliche Entwicklung erlauben es nicht, bei den Überlegungen zu einem Bundesentwicklungsplan die europäischen Dimensionen zu übersehen. (Allein das Beispiel der Diskussion um den deutschen Tiefwasserhafen zeigt, wie folgenschwer zu begrenzte Horizonte sein können: im fruchtlosen Streit der eifersüchtigen Hansestädte und der Nordseeküstenländer ist fast untergegangen, daß die eigentliche Standortwahl zwischen der flandrischen Kanalküste und der deutschen Nordseeküste zu fällen ist und nicht zwischen verschiedenen deutschen Hafenstädten.) Der Länder–Bund-Aufbau der Gemeinsamen Planungsausschüsse ist also um eine europäische Dimension zu erweitern. Das kompliziert den Abstimmungsmechanismus, vergrößert aber die Chance, daß ein Bundesentwicklungsplan auch übermorgen noch mehr als Makulatur ist.

Die schwierigen Einzelphasen der europäischen Integration dürfen nicht daran hindern, bei der Entwicklung neuer Institutionen heute schon den „europäischen Platz“ zu reservieren. Auch sind europäische Initiativen in strategische Überlegungen für den Ausbau der Infrastruktur für die Bundesrepublik einzubauen. Eine Orientierung der Wirtschaftspolitik in allen europäischen Staaten auf übereinstimmende Ziele (und mit gleicher Konsequenz anzustreben) würde z. B. den Spielraum für Infrastrukturinvestitionen in der Bundesrepublik erheblich vergrößern, ebenso eine Neuorientierung der Agrarpolitik, die eine Ausschöpfung des in der Landwirtschaft noch latent vorhandenen Arbeitskräftepotentials erlauben würde[21].

Verzahnung mit dem wirtschafts- und finanzpolitischen Instrumentarium

Bei der Erarbeitung des Bundesentwicklungsplanes genügt es nicht, die verschiedenen Infrastrukturprogramme zu koordinieren und die vielfältigen Rückkoppelungen zu beachten, es ist ebenso notwendig, für eine Verzahnung mit den mittelfristigen wirtschafts- und finanzpolitischen Programmen zu sorgen. 1967 wurde in der Bundesrepublik mit der mittelfristigen Zielprojektion und der mehrjährigen Finanzplanung ein Instrumentarium der ökonomischen Vorausschau und der Ausgabenplanung eingeführt. Die Zielprojektion gibt dabei für die Finanzplanung die einzelnen Eckdaten an, d. h. sie bestimmt die Einnahmenseiten der öffentlichen Haushalte unter dem gegebenen Steuerrecht und den in der Zielprojektion enthaltenen wirtschaftspolitischen Prämissen.

Zielprojektion und Finanzplanung beeinflussen entscheidend die Möglichkeiten des Infrastrukturprogramms in seiner ersten Phase. Sie sind in der Bundesrepublik auf einen Fünf-Jahres-Zeitraum abgestellt. Und der Bundesentwicklungsplan wird zweckmäßigerweise einen dreimal unterteilten Fünfzehn-Jahres-Rahmen enthalten. Die mehrjährige Finanzplanung und die mittelfristige Zielprojektion bestimmen somit weitgehend auch die Möglichkeiten des Bundesentwicklungsplanes. Sie sind darum nicht nur mit dem Infrastrukturprogramm zu verzahnen, sondern auch in ihren Methoden und Ansätzen zu überprüfen.

Da die Zielprojektion im Rahmen des Jahreswirtschaftsberichts erfolgt – der nach dem Stabilitäts- und Wachstumsgesetz zu Beginn eines jeden Jahres vorzulegen ist – muß sie auch die Ziele dieses Gesetzes berücksichtigen. Die notwendige Konsistenz der Projektion bei permanent aktiver Handelsbilanz führt dabei leicht zu einer Unterschätzung des wirtschaftlichen Wachstums, weil man glaubt, der deutschen Bevölkerung höhere Wachstumsraten – und ohne außenwirtschaftliche Absicherungsmaßnahmen sich ergebende höhere Preisraten – nicht zumuten zu können. Wenn die reale Entwicklung dann über die projektierte hinweggeht, wird zwar das nicht für zumutbar Gehaltene akzeptiert, doch wurden daraus bis 1972 keine Konsequenzen für die Fortschreibung gezogen. Die Unterschätzung des Zumutbaren und die daraus folgende Unterschätzung der realen Wachstumsmöglichkeiten führen aber dazu, daß

- entweder auch die Zuwachsrate der öffentlichen Investitionen geringer angesetzt wird als es den Möglichkeiten und Notwendigkeiten entspricht,
- oder zu vermeidbarer öffentlicher Polemik, weil die Zuwachsrate der öffentlichen Ausgaben in der Projektion sehr viel stärker als in der späteren Realität von der Wachstumsrate des Sozialprodukts abweichen.

Diese Schwierigkeiten der Jahresprojektion werden noch größer bei der fünfjährigen Zielprojektion. Die „perspektivische Verkürzung“ aus dem Bemühen, die in der Projektion ausgewiesene Preissteigerungsrate möglichst klein zu halten – auch wenn der Weltmarkttrend dem entgegensteht und die Erreichung dieses Zieles mindestens eine Aufwertung jährlich erfordern würde –, ergibt für die Finanzplanung ein weiteres Dilemma. Den Entscheidungen des Finanzkabinetts gehen die Anmeldungen der Ressorts an das Finanzministerium voraus. Diese Anmeldungen enthalten alle einen umfangreichen harten Kern, der „unabweisbarer Bedarf“ genannt wird. (Das sind die früher bewilligten Beträge und deren Steigerungsraten, das ist dann „unabweisbarer Mehrbedarf“.) Da jedes Ressort jährlich seinen „unabweisbaren Bedarf“ fortschreibt, verbleibt nach der Addition der „Unabweisbarkeiten" oft nur ein sehr kleiner Spielraum bis zu der durch die Zielprojektion vorgegebenen Obergrenze; und diese Obergrenze ist durch die „perspektivische Verkürzung" niedriger als es den realen Gegebenheiten entspricht. Entsprechend schränkt die bisher angewandte Methode der Finanzplanung den Spielraum für zukunftssichernde öffentliche Investitionen ein[22].

Jedes Infrastrukturprogramm muß mit größeren Planungshorizonten als die mittelfristige Finanzplanung arbeiten, trotzdem aber den jeweilig ersten Fünf-Jahres-Abschnitt in die Finanzplanung bei Bund und Ländern einbauen. Hierzu ist eine Koordinierungsstelle notwendig, deren Kompetenzen über die der bestehenden Abstimmungsgremien (Konjunkturrat und Finanzplanungsrat) hinausgehen. Hier müssen nicht nur die lang- und mittelfristigen Programme aufeinander abgestimmt werden, es muß eine ebenso räumliche und zeitliche Prioritätenfestsetzung erfolgen.

In der Bundesrepublik besteht inzwischen vordergründig Einigkeit darüber, daß der Anteil der Infrastrukturinvestitionen am Sozialprodukt wachsen muß. Aber noch fehlen für den Gesamtbereich konkrete Vorstellungen über das Ausmaß, und es fehlen die Institutionen für eine Verzahnung der Infrastrukturpolitik innerhalb der Bundesrepublik und auf den drei Ebenen unseres Staatsaufbaus. Der Errichtung neuer Institutionen vorausgehen muß eine Methodenänderung der Zielprojektion und bei der Finanzplanung, weil sonst bereits die Ansätze des ersten Fünf-Jahres-Abschnittes blockiert werden.

Schon bei der Erarbeitung der Zielprojektion sind in Zukunft mehr als bisher die wachstumspolitischen Bedingungen des letzten Drittels des 20. Jahrhunderts zu beachten, vor allem die Tatsache, daß wirtschaftliches Wachstum in erster Linie ein „Forschungs- und Bildungsproblem" ist[23]. Dementsprechend ist bereits in der Zielprojektion der „Wachstumseffekt" der öffentlichen Investitionen stärker zu veranschlagen. Vor allem aber muß die bisherige „perspektivische Verkürzung" zugunsten des Außenbeitrags vermieden werden, weil sonst der Spielraum zwischen Projektion und realer Entwicklung zu Lasten des Anteils der öffentlichen Investitionen anders – in der Regel durch zusätzlichen Export – ausgefüllt wird.

Ferner ist es dringend notwendig, in der volkswirtschaftlichen Gesamtrechnung und bei der Finanzplanung auf die ominöse Unterscheidung von Staatsverbrauch und öffentlichen Investitionen zu verzichten. Durch die konventionelle Abgrenzung und die vorhandene Tendenz in der öffentlichen Meinung, öffentliche Investitionen gerade noch gutzuheißen, den Staatsverbrauch aber zu verdammen, wird folgendes makabre Ergebnis angesteuert:

Die Bereitstellung der Mittel für öffentliche Investitionen führt z. B. zum Bau neuer Krankenhäuser. Diese Krankenhäuser können aber nicht in Betrieb genommen werden, weil der Staatsverbrauch nicht steigen soll, die Gehälter der Ärzte und Krankenschwestern aber „Staatsverbrauch" darstellen. Um diesen offensichtlichen Unsinn, der an die Diskussion über „produktive und unproduktive Leistungen" aus der Frühzeit der nationalökonomischen Wissenschaft erinnert, endlich zu überwinden, sind neue Abgrenzungen der öffentlichen Leistungen in der volkswirtschaftlichen Gesamtrechnung und daraus folgend in der Finanzplanung dringend notwendig. Ferner sollte bei der Finanzplanung das Gewicht von der Ausgabenplanung zur Aufgabenplanung verlegt werden. Finanzplanung von der Aufgabenplanung her zu betreiben, zwingt freilich auch dazu, die Fortschreibung des „unabweisbaren Bedarfs" politisch zu werten und notfalls auch „Unabweisbarkeiten" zu kürzen (auch rechtlich festliegende Verpflichtungen können durch Gesetzesänderungen abgebaut werden). Für die Einpassung langfristiger Infrastrukturprogramme in die mittelfristige Finanzplanung ist dieses Vorgehen gleichzeitig mit der Erarbeitung eines „Entwicklungsbudgets" notwendig. Der geschlossene Nachweis der Finanzierungsmöglichkeiten bei breiter Streuung der Aufbringung auf die verschiedenen Projektträger zeigt die regionale Bedeutung der einzelnen Maßnahmen, erleichtert eine vernünftige Kombination aus Steuer- und Kapitalmarktfinanzierung und erhöht die Chance der politischen Durchsetzbarkeit.

Permanente und wechselseitige Information

Die Chance der politischen Durchsetzung aber auch der „Stimmigkeit“ des Infrastrukturkonzepts wird um so größer, je besser die gegenseitige Information zwischen den Ressorts und die Unterrichtung der Öffentlichkeit ist. Das operationale Konzept „Bundesentwicklungsplan als Gemeinschaftsaufgabe“ scheint geeignet, die Erarbeitung langfristiger Programme und deren Umsetzung in sektorale und regionale Entwicklungsziele zu gewährleisten. Allein schon die Bedeutung des Gesamtkonzepts und seine zahlreichen Rückwirkungen auf die Infrastruktur in vielen bis jetzt mehr oder weniger weit ausgebauten Bereichen erfordern eine stete Beteiligung der Öffentlichkeit. Diese ergibt sich nicht schon aus den vorhandenen Einrichtungen und dem Interesse der Massenmedien von selber. Der Umfang der Aufgabe ist so groß und die anzustrebenden qualitativen Veränderungen so einschneidend, daß eine „flankierende Verkaufsstrategie“ notwendig erscheint, um die Chance der politischen Durchsetzbarkeit zu erhöhen. Dies ist um so notwendiger, weil das Gesamtkonzept nur als „lernendes System“ mit größtmöglicher Flexibilität konzipiert werden kann und nicht als – ohne Rücksicht auf die reale Entwicklung – zu erfüllender Plan.

Eine erfolgreich das Gesamtkonzept flankierende Strategie der permanenten Information sollte vor allem folgende Ziele verfolgen:

- In der deutschen Öffentlichkeit Verständnis für die Bedingungen der Industriegesellschaft zu schaffen, so daß allmählich ein „Wachstumsbewußtsein“ entsteht, das unterbewußte Inflationsängste ausräumt und deutlich macht, daß Wachstum und Stabilität keine Gegensätze, sondern notwendige Ergänzungen einer langfristigen erfolgreichen Politik der sozialen Sicherung sind, bei gleichzeitiger Betonung der notwendigen Differenzierung des Wachstums.
- Schon Tradition gewordene „Vergötzungen“, vor allem um die „aktive Handelsbilanz“ müssen abgebaut und auf ihren echten Stellenwert zurückgeführt werden. Vor allem ist deut-

lich zu machen, daß neunzig Milliarden DM Gold und Devisenreserven weder die Binnenkaufkraft der Deutschen Mark sichern noch den „Reichtum der Nation" widerspiegeln, sondern nichts anderes bedeuten als dem Ausland zinslos gestundete Güter und Dienstleistungen und damit Verzicht auf Infrastrukturleistungen in dieser Größenordnung.

- In breit angelegter und permanenter Informationsarbeit ist zu verdeutlichen, daß mit zunehmender Industrialisierung und Verwissenschaftlichung der Bildungsgrad einer Nation immer mehr zum entscheidenden Wachstumselement wird. Auch ist mit Beispielen aus der täglichen Praxis zu beweisen, daß auch steigender privater Wohlstand auf die Dauer bei zunehmender Verschlechterung der Umweltbedingungen dem einzelnen keine rechte Freude mehr macht. Gleichzeitig muß Verständnis dafür geweckt werden, daß verbesserte Umweltbedingungen nicht nur Kostenbelastungen mit sich bringen, sondern sich auf Gesundheit, Leistungsfähigkeit und Wohlbefinden auswirken und damit entscheidend zur Verbesserung der Lebensbedingungen und – hier schließt sich der Kreis – zur Erhöhung der Arbeitsproduktion und damit zur Steigerung der Wachstumsraten beizutragen.

Eine breit angelegte und intensive Informationsarbeit dieser Art würde nicht nur die politischen Durchsetzungsmöglichkeiten verbessern, sondern auch die Zielfindung erleichtern. Auch das Wissen der nach unserem Konzept aufgebauten Planungsausschüsse bleibt – selbst bei noch so gut funktionierender sektoraler und regionaler Abstimmung – begrenzt; die endgültige Verteilung der Mittel auf die verschiedenen Aufgaben wird nur durch (subjektive) Mehrheitsentscheidungen möglich sein. Da das wachsende Sozialprodukt kein „Ziel an sich" ist, ergibt auch der Beitrag der Infrastrukturinvestitionen zum langfristigen Wirtschaftswachstum allein kein geeignetes Auswahlkriterium, von den Schwierigkeiten seiner Ermittlung ganz abgesehen.

Zusätzliche Kriterien über die Struktur des Sozialprodukts entsprechend den Präferenzen der Bürger sind notwendig. Solange wir über die tatsächlichen (langfristigen) Präferenzen so wenig wissen wie heute, wissen wir auch nicht, ob beispielsweise eine Milliarde DM mehr an öffentlichen Aufwendungen im Bildungssektor, im Verkehrsbereich oder in der Gesundheitsvorsorge den höchsten „gemeinen Nutzen“ erbringen.

Verstärkt vorangetriebener Ausbau der Infrastruktur schützt nicht vor falschen Proportionen. Auch Zwergschulen sind ein Stück geplanter Infrastruktur, und es besteht immer die Gefahr, in den verschiedenen Sektoren ähnlich falsche Dimensionen aufzubauen. Der Vorschlag, einen „Bundesentwicklungsplan als Gemeinschaftsaufgabe“ in der Form eines „lernenden Systems“ zu erarbeiten, berücksichtigt diese und weitere Schwierigkeiten; doch ein „lernendes System“ braucht das Echo einer gut informierten Öffentlichkeit. Umfassende und permanente Informationsarbeit bringt als nicht unwichtiges Nebenergebnis auch einen besseren Informationsstand der Informierenden.

11. Grundlinien infrastrukturbewußter Finanzpolitik

Das Recht der Budgetkontrolle zählte zu den ersten und wichtigsten Rechten, die Parlamente sich von absoluten Herrschern ertrotzt hatten. Schon um dieser Tradition willen sind Haushaltsdebatten auch heute noch die längsten und wichtigsten und nicht selten wird der Staatshaushalt als „Schicksalsbuch der Nation“ oder „Regierungsprogramm in Zahlen“ bezeichnet. Diese Bezeichnungen sind für das Verhältnis Parlament und Regierung auch nicht übertrieben. Nirgendwo können parlamentarische Körperschaften die Exekutive so wirksam bremsen wie bei der Verweigerung des Etats. Aber seine Bedeutung und die entsprechende parlamentarische Behandlung lenken immer noch davon ab, daß der „einjährige Haushalt“ als politisches Lenkungsinstrument nur äußerst wenig geeignet ist. Und je strenger die Etatvorschriften über „Verfallbarkeit“ und „Unübertragbarkeit“ gehandhabt werden, desto ungeeigneter wird dieses Instrument. Es gibt naturgemäß nur wenig politische Vorhaben, die sich exakt im Rahmen eines Kalenderjahres durchführen lassen. Die einst zur Sicherheit der „Haushaltswahrheit und Haushaltsklarheit“ erdachten Vorschriften stehen hier oft hemmend im Wege und werden in der Regel auch umgangen. (Nur tragen Umgehungen nicht gerade zu „Wahrheit und Klarheit“ bei.)

Mittelfristige Finanzplanung: Kein Fünf-Jahres-Haushaltsplan, sondern politisches Planungsinstrument

Dieser Unsinn der „Etatisierung“ auf die jeweiligen Grenzen eines Haushaltsjahres hat mit zur Erarbeitung des Instrumentariums der mittelfristigen Finanzplanung geführt. Da dessen Instrumente aber überwiegend von den gleichen Beamten angewendet werden, die vorher fast zwei Jahrzehnte fiskalische Etatisierung betrieben haben, ist kaum verwunderlich, daß bisher für die Mehrzahl der Planungszeiträume die mittelfristigen Angaben mehr den Eindruck aneinandergereihter Jahreshaushaltspläne erwecken als den eines in Zahlen ausgedrückten politischen Willens. Es wurde oben bereits auf eine Vielzahl von Unzulänglichkeiten bei den Ausführungen über die Notwendigkeit der Verzahnung mit der ersten Phase eines Infrastrukturprogramms hingewiesen; diese Liste ließe sich verlängern. Doch hier kann es nicht um eine Aufzählung bisheriger Unzulänglichkeiten gehen, sondern es gilt, die Grundlinien aufzuzeigen, deren Durchsetzung notwendig ist, wenn die Finanzpolitik den Anforderungen eines langfristigen Infrastrukturkonzepts gerecht werden will.

Formal wird es bei der gegenwärtigen Praxis, daß nur das laufende Etatjahr rechtsverbindlich beschlossen wird, während die darüber hinausgehenden Angaben für die nächsten Jahre lediglich unverbindliche Richtwerte darstellen, bleiben müssen – allein um der Möglichkeit des demokratischen Regierungswechsels ist es notwendig, die finanzpolitischen Prioritäten *rechtsverbindlich* nicht über die Grenzen der Legislaturperiode hinweg festzulegen. Trotz dieser parlamentarischen Notwendigkeit muß in die Finanzplanung (unabhängig von der jährlichen Haushaltsfeststellung) mehr politische Verbindlichkeit hinein. Das soll und darf freilich nicht heißen, aus der mittelfristigen Finanzplanung einen (koste es, was es wolle) einzuhaltenden Fünf-Jahres-Plan zu machen. Möglichkeiten der Revision müssen ständig in Jahresabschnitten und auch dazwischen gegeben sein, aber Abweichungen sollten der politischen und öffentlichen Begründung bedürfen.

Entdiskreditierung der öffentlichen Kreditfinanzierung notwendig

Das immer noch so weit verbreitete Unbehagen gegenüber einem steigenden Staatsanteil am wachsenden Sozialprodukt nimmt noch zu, wenn öffentliche Aufgaben teilweise im Wege der Kreditfinanzierung erfüllt werden. Auch hier herrscht in der öffentlichen Meinung der Bundesrepublik ein gespaltenes Verhältnis zwischen dem, was privaten Unternehmern und dem, was dem Staat erlaubt ist. Kreditfinanzierung langfristiger Investitionen im Unternehmensbereich ist heute eine Selbstverständlichkeit, über die man nicht spricht; Unternehmer, die von den Möglichkeiten der Kreditwirtschaft keinen Gebrauch machen, gelten mit Recht als wenig dynamisch. Bei der öffentlichen Hand aber ist in jedem Jahr neu die „Netto-Kreditfinanzierung" des Bundeshaushalts ein heikles Thema – die Tatsache, daß die Bundesrepublik Deutschland zu den am wenigsten verschuldeten Nationen der westlichen Welt gehört, spielt dabei keine Rolle. Die staatliche Verschuldung (für die Bundesrepublik also Bund, Länder *und* Gemeinden) ist für Vergleichszwecke am besten auf das Sozialprodukt zu beziehen, diese Kennziffer ist sehr viel aussagefähiger als Milliardenbeträge in den entsprechenden Landeswährungen, und es gibt inzwischen zuverlässige internationale Vergleiche genug. Nur die (ver)öffentlich(t)e Meinung in der Bundesrepublik nimmt nicht davon Kenntnis (oder bleibt unbeeindruckt davon), daß die Bundesrepublik unter vierzehn vergleichbaren Industrienationen (vgl. Tabelle 15) mit einem Schuldenstand in der Höhe von achtzehn Prozent des Bruttosozialprodukts gemeinsam mit Frankreich und Österreich den zweitniedrigsten Platz belegt. Lediglich Japan liegt mit elf Prozent noch niedriger. (Die Spitze hält Großbritannien mit 86 Prozent, gefolgt von den Niederlanden mit 67, den Vereinigten Staaten mit 58 und Belgien mit 54 Prozent.)

Hiervon und von der Statistik über die *Gesamt*entwicklung der öffentlichen Finanzen – zu denen auch die Sozialversicherung gezählt werden muß, die Einnahmen aus gesetzlich festgelegten Beiträgen erhält und deren Ausgaben ebenfalls gesetzlich geregelt sind[24] – völlig unbeeindruckt wird in der Bundesrepublik auch weiterhin (in den letzten Jahren noch verstärkt) den öffentlichen Finanzen die Hauptschuld an den Preisauftriebstendenzen zugemessen. Expansiv können die öffentlichen Haushalte aber nur wirken, wenn sie *mehr* Geld in den volkswirtschaftlichen Kreislauf bringen als sie andererseits herausnehmen. Ein Blick in den Finanzbericht 1973 könnte die öffentliche Meinung und ihre Beeinflusser z. B. davon überzeugen, daß der öffentliche Gesamthaushalt in den Jahren 1970 bis 1972 1,6 Milliarden DM *mehr* eingenommen als ausgegeben hat. (Vgl. Tabelle 12.) Bezogen auf ein Bruttosozialprodukt von insgesamt 2273 Milliarden in diesen drei Jahren freilich ein marginaler Betrag, nur *expansiv* kann er nicht gewirkt haben.

Ein ebenso kurzer Blick in den Bundesbankausweis würde freilich auch darüber belehren, daß sich im gleichen Zeitraum der „Gesamtbestand an Gold und Auslandsforderungen" um *48,1 Milliarden DM* erhöht hat. (Vgl. Tabelle 11.) Das ist freilich kein marginaler Betrag mehr, und er wirkte eindeutig expansiv, nämlich das Geldvolumen im Inland entsprechend vergrößernd. Es wäre der Mühe eines Doktoranden wert zu untersuchen, wie oft in den letzten drei Jahren in der Bundesrepublik beide Größenordnungen genannt und richtig interpretiert worden sind. Dem vordergründigen Eindruck des (ver)öffentlich(t)en Meinungsbildes nach wird – ungeachtet der anders lautenden Fakten – der öffentlichen Hand sehr viel häufiger und massiver die Schuld an der angeblich „hausgemachten Inflation" zugemessen. Und ungeachtet des Standes der öffentlichen Gesamtfinanzen gilt nach wie vor eine Regierung als „unsolide", wenn die öffentliche Kreditfinanzierung zunimmt und als um so „solider" und „ordentlicher", je kleiner der Saldo der öffentlichen Kreditfinanzierung ist. Begründungen für diese Fülle von Gemeinplätzen werden selten vorgebracht; so wie zum Teil in der öffentlichen Meinung immer noch eine aktive Handelsbilanz etwas „Gutes an sich" ist, so steht es auch mit der Staatsverschuldung, die nach der gleichen Meinung etwas „Böses an sich" ist, zumindest aber etwas „Unordentliches".

Den Notwendigkeiten eines Sozialstaates mit einer hochindustrialisierten Wirtschaft entspricht dagegen sehr viel mehr Wilhelm Hankels Feststellung: „Tatsächlich ist es gerade der ‚ordentliche' und nicht der ‚unordentliche' Staat, der die Sparfähigkeit seiner Bürger mindert, indem er alle seine Ausgaben über Steuern finanziert. Mit der Einschränkung der Sparfähigkeit beschneidet er zugleich die Freiheit der Einkommensverwendung. Der Bürger wird nicht mehr zur ‚Kasse gebeten', sondern zur ‚Kasse befohlen'. Im Gegensatz zu einer Politik der organisch wachsenden Staatsverschuldung, die ihn an der Vermögensbildung der öffentlichen Hand beteiligt, stellt sich der Versuch, ein wachsendes Investitionsvolumen nur mit Steuermehreinnahmen zu finanzieren, für den Steuerzahler als eine Art Anti-Vermögensbildungspolitik dar."[25]

Von diesen Einsichten scheinen wir freilich in der Bundesrepublik noch weit entfernt zu sein. Hierzu lohnt sich ein Blick in die Detailstatistik. Während die Kritik an der öffentlichen Kreditfinanzierung sich von Jahr zu Jahr verstärkt hat, ist der Kreditanteil an der gesamten Vermögensbildung bei der öffentlichen Hand rückläufig und der Anteil der Kreditfinanzierung an der Vermögensbildung der privaten Unternehmen kräftig ansteigend (vgl. Tabelle 13). 1967 z. B. betrug im Unternehmensbereich der Anteil der Kreditaufnahme an der Vermögensbildung 54,6 Prozent bei einer gesamten Vermögensbildung von 59,7 Mrd. DM; bei der öffentlichen Hand wurden von der gesamten Vermögensbildung in Höhe von 33,3 Mrd. DM 45,0 Prozent durch Kreditaufnahme finanziert. (Und *das* in einem Jahr expansiver antizyklischer Finanzpolitik und rückläufiger privater Investitionen! Vgl. Tabelle 10.) Im Jahre 1971 hatte sich die gesamte Vermögensbildung im Unternehmensbereich auf 123,7 Mrd. DM erhöht, bei einem Anteil der Kreditaufnahme von 74,1 Prozent, im Bereich der öffentlichen Haushalte betrug die gesamte Vermögensbildung im gleichen Jahr 58,6 Mrd. DM bei einem Anteil der Kreditaufnahme von 21,7 Prozent.

Noch drastischer zeigt sich das Auseinanderklaffen der faktischen Entwicklung und der öffentlichen Meinung darüber, bei einer Gegenüberstellung der Neuverschuldung des Bundes und der Ersparnisse der privaten Haushalte in der Bundesrepublik Deutschland. Im Jahre 1950 betrug die Neuverschuldung des Bundes pro Kopf 19,– DM und die Ersparnis der privaten Haushalte 44,– DM. 1960 hatte sich die Neuverschuldung des Bundes auf 30,– DM pro Kopf, die Ersparnis der privaten Haushalte auf 290,– DM erhöht, während 1970 die Neuverschuldung des Bundes um *eine ganze DM*, nämlich auf 31,– DM pro Kopf zugenommen hatte, die Ersparnisbildung der privaten Haushalte dagegen auf 854,– DM gestiegen war, also in zehn Jahren fast um das Dreifache. Aber diese gewaltige Ersparnisbildung der privaten Haushalte in den sechziger Jahren ging fast ausschließlich in das Kreditvolumen zur Finanzierung der privaten Investitionen ein; die öffentlichen Investitionen blieben

– erstens hinter dem Anstieg der privaten zurück und wurden
– zweitens in einem sehr viel höheren Maße durch Steuern finanziert als bei nicht emotionell (Antikreditfinanzierung) vorbelasteter Finanzpolitik nötig gewesen wäre.

Infrastrukturausbau erfordert neue Finanzierungsmethoden

Mit dem Übergang von den sechziger zu den siebziger Jahren hat auch eine allmähliche Bewußtseinsänderung in der Beurteilung der öffentlichen Leistungen begonnen. (Noch längst nicht weitgehend genug, aber doch als hoffnungsvoller Anfang!) Diese Bewußtseinsänderung wird von den seit Oktober 1969 regierenden Parteien kräftig vorangetrieben; das Programm „Innerer Reformen" ist nichts anderes als der Ausdruck der Notwendigkeit permanenter Verbesserung der Infrastrukturausstattung. Die damit einhergehende Vergrößerung des Anteils der öffentlichen Leistungen (vor allem der öffentlichen Investitionen) am Sozialprodukt kann aber – wenn sich die Einstellung zur Kreditfinanzierung des Staates nicht ändert – nur mit kräftig erhöhten Steuern durchgeführt werden[26]. Das ist für die Bürger nicht angenehm – und es ist auch nicht notwendig. So wie sich für die künftige Inanspruchnahme der realen Produktionskapazitäten eine Verlagerung von den heute (in wohlstandsmindernder Weise) einen Exportüberschuß erstellenden Ressourcen zu mehr öffentlichen Leistungen anbietet, so in gleicher Weise eine zunehmende Inanspruchnahme des Kapitalmarktes durch die öffentliche Hand zu Lasten der privaten Investitionen und vor allem zu Lasten des Auslands. In den Jahren 1968/69 nahm das Ausland bis zu 40 Prozent der nationalen Ersparnisse der Bundesrepublik in Anspruch; doch es waren nicht kapitalbedürftige Entwicklungsländer, die diesen heimischen Überschuß an Ersparnisbildung in Anspruch nahmen, sondern hochentwickelte und kapitalstarke Industriestaaten, die natürlich die Entwicklungsländer im Zins überbieten konnten[27]. Mit diesem binnenwirtschaftlich zu Lasten der Infrastruktur und weltwirtschaftlich in die falsche Richtung gehenden Kapitalexport wurden die Folgen der permanent steigenden Exportüberschüsse für die Bundesrepublik in der gesamten Zahlungsbilanz „verschleiert", was freilich nicht die Wirkungen auf das Preisniveau verhinderte.

Die Infrastrukturausstattung der Bundesrepublik den technischen und wissenschaftlichen Möglichkeiten und dem in der Industrie erreichten Standard entsprechend auszugestalten, wird trotz aller guten politischen Vorsätze schwer genug sein; die Schwierigkeiten werden unnötigerweise vermehrt, wenn der größte Teil der öffentlichen Investitionen wie bisher durch Steuern finanziert werden soll. Parallel zur Erarbeitung eines Bundesentwicklungsplanes als Infrastrukturprogramm ist darum ein Konzept für eine neue Mischfinanzierung aus Steuern und Kapitalmarktmitteln zu entwickeln. Dazu ist vorweg notwendig, die Finanzpolitik von der ihr seit dem Ende des Zweiten Weltkrieges auferlegten Rolle als „Juniorpartner der Geldpolitik"[28] zu befreien. Antizyklisch wirken darf die Finanzpolitik – wie bereits oben dargestellt – vorwiegend nur noch auf der Einnahmenseite: die Ausgabenseite ist auf den stetigen Ausbau der Infrastruktur und die permanente Verbesserung der öffentlichen Leistungen zu fixieren. Die Unterstützung der Geldpolitik durch fiskalische Bremsmaßnahmen kann in Zukunft nur noch in Sonderfällen stattfinden; sie ist auch nicht in dem Maße wie in der Vergangenheit nötig, wenn durch strikte außenwirtschaftliche Absicherung der Geld- und Kreditpolitik die volle Handlungsfähigkeit wiedergegeben wird.

Notwendigkeit eines „Infrastrukturbudgets"

Auf der bereits mehrfach zitierten Tagung des „Vereins für Sozialpolitik" im September/Oktober 1970 in Innsbruck hat Wilhelm Hankel die Idee eines „Infrastrukturbudgets" entwickelt, ein Instrument, das zur Lösung dieses Problems wesentliches beitragen kann. In groben Strichen skizziert wird dabei von folgenden Grundlinien[29] ausgegangen:

- Parallel zu dem Bundesentwicklungsplan für die Durchführung des Ausbaus der Infrastruktur (der gleichzeitig ein Schwerpunktprogramm für die Gemeinschaftsaufgaben von Bund und Ländern enthält), wird ein Finanzierungsplan erarbeitet, der entsprechend wirklichkeitsnah zu periodisieren ist. Die gesamte Finanzplanung ist von vornherein projektbezogen und auf eine Kombination der Finanzierung aus Steuermitteln und öffentlicher Kreditfinanzierung angelegt.
- Bei geeigneten Projekten erfolgt eine „Vorfinanzierung" der öffentlichen Investitionsausgaben durch gesonderte „Projektträger", die – abgesichert durch staatliche Garantien bzw. Bürgschaften – sich langfristig am Kapitalmarkt zu den jeweiligen Bedingungen verschulden. Gleichzeitig werden in die öffentlichen Haushalte der zuständigen Ebenen die notwendigen Tilgungsbeträge bereitgestellt und gesetzlich über so viele Haushaltsperioden wie nötig zweckgebunden abgesichert.
- Die Projektträger werden so dezentral wie möglich angesiedelt. Regionale Aktivitäten werden hierdurch geweckt und regionale Bedürfnisse besser erkannt; die Einbettung in den Bundesentwicklungsplan verhindert jedoch die Entwicklung von „Kirchturmsperspektiven". Im Bundesentwicklungsplan

ausgewiesene Finanzierungshilfen an finanzschwache Gebietskörperschaften würden zusätzlich die Möglichkeit einer „gesamtstaatlich orientierten Struktursteuerung“ möglich machen ohne die Kompetenzverteilungen der Verfassung grundlegend zu ändern.

Ein Infrastrukturbudget dieser Art würde – parallel zum Bundesentwicklungsplan – die Transparenz der öffentlichen Investitionen und der gesamten Wirtschaftsentwicklung wesentlich erhöhen. Nicht nur die politischen Entscheidungen würden hiermit „rationalisiert“, sondern auch die an den umfangreichen öffentlichen Investitionsvorhaben beteiligten privaten Unternehmen könnten sich in ihren Kapazitäts- und Beschäftigungsplanungen auf die zukünftigen Projekte einstellen und sie als festes Datum in ihre Unternehmensstrategie einbauen. Vor allem die Bauwirtschaft, die heute so sehr unter dem Auf und Ab der antizyklischen Fiskalpolitik leidet, hätte endlich die Chance langfristiger Planungen und damit (vielleicht) auch die Möglichkeit, zu rationelleren Unternehmensstrukturen zu kommen. Gesamtwirtschaftlich ergeben sich aus einem solchen Infrastrukturbudget mit dem offen ausgewiesenen zunehmenden Anteil der Kreditfinanzierung der öffentlichen Hand zwei zusätzliche Ergebnisse:

- Jede zusätzliche Kreditaufnahme der öffentlichen Hand am einheimischen Kapitalmarkt löst Tendenzen zu einer Zinserhöhung aus. Der dadurch ausgelöste „Verdrängungswettbewerb“ zwischen öffentlichen und privaten Investitionen verhilft dem Zins zu seiner ursprünglichen Funktion: für die gesamtwirtschaftlich richtige Selektion der Investitionen zu sorgen. (Unter der Voraussetzung einer Währungspolitik, die den Zufluß internationaler Liquidität aufgrund eines möglichen Zinsgefälles nur in einem den realen Produktionsmöglichkeiten entsprechendem Ausmaß zuläßt.)
- Bundesentwicklungsplan und langfristiges Infrastrukturbudget würden aber nicht nur zu einem „besseren Nebeneinander von öffentlichen und privaten Investitionen“ führen, sondern auch einen wesentlichen Stabilitätsbeitrag leisten. Um noch

einmal Wilhelm Hankel zu zitieren: „Der Zwang, beide Investitionsarten aus demselben Finanzierungszusammenhang heraus zu planen und zu realisieren, würde nachdrücklicher als kurzfristige Aktionen des einen oder anderen Entscheidungsträgers vor einer Überforderung der realen Ressourcen und damit unerwünschten inflatorischen Prozessen schützen. Oder noch konkreter: Mit langfristiger Ausgabe- und Einnahmeplanung läßt sich Stabilität besser und dauerhafter verwirklichen als mit konjunkturpolitisch motivierten ad-hoc-Maßnahmen des überkommenen Typs, die nicht nur den Nachteil haben, daß sie das Heute höher bewerten als das Morgen, sondern daß sie – isoliert eingesetzt – nicht allzu große Effizienz besitzen. Voraussetzung ist freilich, daß die Infrastrukturplaner auch die von Zeit zu Zeit notwendige konjunkturpolitische Einsicht besitzen, ihre Programme in Zeiten akuter Überhitzung zu strecken, was ihnen aufgrund ihres ‚weiteren Horizontes' nicht allzu schwer fallen sollte."[30]

Dem Zins seine „alte Funktion" geben

Die ausdrückliche Orientierung der Finanzpolitik auf die Durchführung der Infrastrukturaufgaben würde zusätzlich wesentlich zur Verstetigung der wirtschaftlichen Entwicklung beitragen. Die Befreiung der Finanzpolitik von der „Keynesschen" Pflicht auf Veränderungen der privatwirtschaftlichen Konjunkturbewegungen mit umgekehrtem Vorzeichen zu reagieren, gibt der Finanzpolitik ihre klassische Aufgabe zurück: die bestmögliche Ausführung der staatlichen Aufgaben finanziell sicherzustellen. Die zunehmende Erweiterung der staatlichen Aufgaben – vom liberalen „Nachtwächterstaat", dessen Hauptaufgabe die Einhaltung der sakrosankten Eigentumsordnung war, bis hin zum demokratischen und sozialen Rechtsstaat mit seiner Verpflichtung zur Daseinsvorsorge und zu einem vielfältigen Angebot an öffentlichen Leistungen – erfordert zunehmende Anstrengungen bei der Bereitstellung der benötigten Finanzmittel. Eine maßgeschneiderte Kombination aus Steuer- und Kreditfinanzierung kann das Finanzvolumen für öffentliche Verwendungen wesentlich vergrößern und trotzdem gleichzeitig den Bürger die Lasten weniger spürbar machen.

Ein weiterer Vorzug zunehmender öffentlicher Kreditfinanzierung kommt hinzu: die mit der größeren Inanspruchnahme des Kapitalmarktes ausgelösten Tendenzen zu einem Hochzinsniveau geben nicht nur dem Zins seine alte klassische Selektionsfunktion zurück, sie machen öffentliche Investitionen endlich auch von der „Rendite" interessant. Die heute noch vorherrschende öffentliche Meinung, alle nicht privatwirtschaftlichen Investitionen als lästiges, möglichst klein zu haltendes Übel anzusehen, führt auch zu dem Drang, möglichst viele öffentliche Investitionen besonders zinsgünstig zu finanzieren (wenn es schon nicht aus Steuermitteln geht). Das wird weder der Bedeutung der öffentlichen Investitionen gerecht noch entspricht es ihrer gesamtwirtschaftlichen Nützlichkeit. Zunehmender Wettbewerb zwischen öffentlichen und privaten Investoren um Kapitalmarktmittel – den letzten Endes immer die öffentlichen gewinnen müssen – macht darum auch öffentliche Anleihen für Kapitalanleger interessanter. Die in der Hankelschen Kombination enthaltene Alternative für den Bürger: mehr Steuern zu zahlen, oder etwas weniger Steuerbelastung, stattdessen aber mehr öffentliche Anleihen zu kaufen, wird zugunsten der Kreditfinanzierung immer interessanter, je höher der Zinssatz ist.

Diese Aussage mag im Sommer 1973 angesichts des deroutierten Rentenmarktes illusionär erscheinen – freilich nur für die Inhaber von Altemissionen. Die schnelle Zeichnung der (dem aktuellen Niveau entsprechend) hochverzinslichen Stabilitätsanleihe beweist dagegen das Interesse der Anleger für „Staatspapiere" dieser Art. Im übrigen ist die gegenwärtige „Hochzinsphase" kein gutes Beispiel: die Bundesbank bemüht sich, mit den härtesten Restriktionsmaßnahmen, die je zur Anwendung kamen, das aufgeblähte Geldvolumen zu komprimieren, und die exorbitant hohen Zinssätze sind das Ergebnis dieser Anstrengungen zur Geldverknappung. Aber diese Anstrengungen sind vorwiegend außenwirtschaftlich ausgelöst worden – zu den oben zitierten Devisenzuflüssen in der Größenordnung von 48,1 Mrd. DM in den Jahren 1970 bis 1972 kamen allein im ersten Quartal 1973 fast dreizehn Milliarden hinzu, und erst die europäische Lösung vom „Bretton-Woods-System“ führte zu allmählicher Beruhigung[31], die freilich aufgrund der anhaltenden Dollarschwäche und der sehr unterschiedlich akzentuierten Stabilitätsanstrengungen (auch) innerhalb des europäischen „Block-Floating-Raumes“ noch keineswegs gesichert ist. (Das letzte Mittel wären dann isoliert einzuführende flexible Wechselkurse für die Bundesrepublik Deutschland, ein ökonomisch wirksames, politisch äußerst schwierig einzusetzendes Rezept!)

Die ungewöhnliche (letzten Endes durch das „Schicksal“ des US-Dollars im Anschluß an die Liquidation des Vietnam-Krieges ausgelöste) Situation bietet darum für Schlußfolgerungen über die Grundsätze langfristiger Finanzierungspolitik für öffentliche Aufgaben einen ungeeigneten Hintergrund. Das oben skizzierte Finanzierungsmodell setzt – wie jede erfolgreiche Stabilitätspolitik – eine wirksame außenwirtschaftliche Absicherung voraus[32]. Zusätzlich sind eine Reihe ordnungspolitischer Maßnahmen im Bereich des Kreditwesens notwendig, wie sie größtenteils bereits in den zur Zeit den zuständigen Ausschüssen des Deutschen Bundestages vorliegenden Gesetzentwürfen zur „Realkreditreform“[33] vorgesehen sind. Besonders wichtig sind dabei

- die Verkürzung der Höchstlaufzeiten von Bankschuldverschreibungen,
- die Möglichkeiten zur Durchsetzung vorzeitiger Tilgung niedrigverzinslicher Schuldverschreibungen und
- eine „durchgreifende Reform der Börsenverfassung mit dem Ziel, die Wertpapiermärkte breiter, offener, übersehbarer und freier von Sonderinteressen zu machen“[34].

Diese marktwirtschaftlich ansetzende Anleger-Schutzpolitik muß als unabdingbare Ergänzung zu der 1967 erfolgten Wiedereinführung des Zinswettbewerbs[35] hinzukommen, um die hier skizzierte Finanzierungs-Kombination für künftige Infrastrukturaufgaben praktikabel zu machen. Werden diese Voraussetzungen geschaffen, bringt dieses Finanzierungsmodell zu der besseren Aufgabenerfüllung im Infrastrukturbereich noch zusätzliche vermögens- und stabilitätspolitische Vorteile. (Die Bürger können teilweise statt Steuern zu zahlen, Anleihen erwerben; das Operationsfeld der parallel einzusetzenden Finanzpolitik und Geld- und Kreditpolitik wird damit größer.)

12. Wachstum, Vollbeschäftigung und Stabilität: Keine Alternativen

Die wirtschaftliche Entwicklung, das mehr oder weniger deutlich artikulierte Begehren der einzelnen Interessentengruppen und unterschiedliche soziale Zielvorstellungen in der Gesellschaft stellen den Wirtschaftspolitiker ständig vor Konflikte. Das ist in der Politik nichts Ungewöhnliches; nur selten ist es möglich, ein Ziel anzustreben, ohne andere dabei zu vernachlässigen. Oft genug sind auch die verschiedenen Möglichkeiten so sehr miteinander verzahnt, daß Verbesserungen auf der einen Seite Rückwirkungen – und oft negative – auf der anderen haben müssen. Forcierter Krankenhausausbau bei gleichzeitiger Intensivierung der Förderung der medizinischen Wissenschaften etwa entzieht qualifizierte Nachwuchskräfte den anderen Disziplinen und umgekehrt. Hier gilt wie bei allen Entscheidungen über Prioritäten, daß die Festlegung einer Priorität gleichzeitig den Mut zu Posteriotäten anderswo bedeutet.

Zielkonflikte und ihre Lösung – auch nach der Methode des Umgangs Alexanders mit dem gordischen Knoten – gehören für den Politiker zur täglichen Praxis. Man brauchte also den Wirtschaftspolitiker in diesem Zusammenhang nicht besonders zu erwähnen, wenn nicht hier noch mehr als in anderen Bereichen ein besonderer Umstand hinzu käme: die Vernebelung der echten und der Aufbau falscher Zielkonflikte durch gängige, wenn auch nicht bewiesene Thesen, die Scheinalternativen anbieten. Zu den gefährlichsten dieser gängigen Formeln gehört die weit verbreitete These vom „Magischen Dreieck“.

Diese Formel hat alles, was in der Öffentlichkeit wirksam ist: sie ist griffig, anschaulich und hat mit dem Eigenschaftswort „magisch" den Reiz des geheimnisvollen. Entsprechend ist sie gern und oft übernommen und weiter verbreitet worden, wenn auch nirgendwo bewiesen. Statt eines theoretischen oder empirischen Beweises wird mit dieser Formel schlicht behauptet, daß

– Vollbeschäftigung,
– Preisstabilität und
– Außenhandelsgleichgewicht

gleichzeitig nicht erreichbar wären. Wirtschaftspolitiker, die diese Ziele gleichzeitig anstreben würden, sind darum nach dieser Formel Illusionisten, die sich oder anderen etwas vormachen. Die Formulierung „Magisches Dreieck" verweist damit die moderne Wirtschaftspolitik in den Rang der Astrologie.

Hinter dieser Formel steckt – wie so oft bei gängigen Thesen – eine zweite: die ebenso unbewiesene „Lohn-Preis-Spirale". Erst unter Zuhilfenahme der Lohn-Preis-Spirale wird aus dem Magischen Dreieck ein anschauliches: Vollbeschäftigung führt über steigenden Löhnen mit der berühmt-berüchtigten Spirale zu steigenden Preisen; diese wiederum gefährden den Wettbewerb auf dem Weltmarkt, was zu einer Störung des Außenhandelsgleichgewichts führt. Wirtschafts- oder devisenpolitische Gegenmaßnahmen wiederum führen zu Störungen an einer anderen Ecke des Dreiecks. Mit einer scharf bremsenden Geld- und Kreditpolitik z. B. ist im Rahmen dieser Formel zwar das Preisniveau in den Griff zu bekommen, aber mit unausweichlichen Folgen für die Vollbeschäftigung. Unternimmt der Staat dann beschäftigungsfördernde Maßnahmen, so werden damit entweder auf dem Umweg über die Löhne die Preise hochgedrückt oder es kommt zu schnell wachsenden Exportüberschüssen mit entsprechender Störung des Außenhandelsgleichgewichts. Übernimmt man die (unbewiesene) Formel von der Lohn-Preis-Spirale, so läßt sich von jeder Ecke des Dreiecks dieses Spiel mit dem gleichen Mißerfolg in Gang setzen.

Obwohl das „Magische Dreieck“ nie theoretisch überzeugend dargestellt und noch weniger empirisch bewiesen wurde, ist es bis heute nicht aus der öffentlichen Diskussion verschwunden. Die angebliche Unvereinbarkeit von Vollbeschäftigung und Geldwertstabilität wird weiterhin schlichtweg behauptet[36]; oft sogar unter Hinweis auf statistische Nachweise. Empirische Untersuchungen – mit sehr unterschiedlichen Ergebnissen – werden dabei genauso wenig zur Kenntnis genommen wie theoretische Überlegungen. Gottfried Bombach hat z. B. bereits 1958 auf der Tagung des „Vereins für Socialpolitik“ in Baden-Baden überzeugend dargestellt, daß wir aus den statistischen Fakten lediglich erfahren, „daß die oft vermutete Korrelation zwischen Zuwachsrate des Realeinkommens und Anstieg des Preisniveaus nicht nachweisbar ist“ und er führt u. a. das Beispiel an, daß in Großbritannien „gerade hohe reale Zuwachsraten mit fallenden Preisen und niedrige Zuwachsraten mit steigenden Preisen lange Zeit korreliert“ waren[37]. Bei der gleichen Gelegenheit hat Bombach auch das „berühmte“ Magische Dreieck zu einem Fünfeck erweitert, in dem er „zwei weitere grundlegende Zielsetzungen“ den drei Eckzielen hinzugefügt hat, nämlich „rasches, stetiges Wachstum und gerechte Einkommensverteilung“[38].

Die Erweiterung des Zieldreiecks zu einem Fünfeck oder Viereck (gerechte Einkommensverteilung als zusätzliches Ziel, ständiges Wirtschaftswachstum als Grundvoraussetzung zur Erreichung *aller* Ziele, vgl. Kapitel I, Anmerkung 25, macht nun aber – wie leicht zu vermuten wäre – den Erfolg beim Ansteuern der einzelnen Ziele nicht noch unsicherer, sondern vergrößert die Möglichkeiten. Die Erweiterung des „magischen“ Zieldreiecks zum Viereck oder Fünfeck bedeutet nicht nur einen größeren Zielkatalog, sondern erhöht auch die Zahl der zur Erreichung dieser Ziele einzusetzenden Instrumente. Stetiges Wirtschaftswachstum und eine sich kontinuierlich verbessernde Einkommensverteilung können erheblich zur Stabilisierung des gesamten Wirtschaftsprozesses beitragen. Joan Robinson weist in diesem Zusammenhang mit Recht daraufhin, daß vieles dafür spricht, daß die Wachstumsrate mit der Inflationsrate negativ korreliert sein kann, denn: „langsames Wachstum trägt seinerseits zu steigenden Kosten bei; eine Lohnpolitik kann viel leichter durchgeführt werden, wenn die gestattete durchschnittliche Lohnerhöhung, sagen wir 5 Prozent statt 2 Prozent, jährlich ausmacht“[39].

In der hier bereits wiederholt angeführten Prognos-Studie über „die längerfristige Sicherung des wirtschaftlichen Wachstums“ wird in Bezug auf das „Magische Dreieck“ überzeugend dargelegt, daß die Inkonsistenz dieses Zieldreiecks nur dadurch entstanden ist, daß es (wenn auch meistens unausgesprochen) der Wirtschaftspolitik einen Freiheitsgrad weniger ließ als Ziele angestrebt wurden: stabiles Preisniveau, Zahlungsbilanzausgleich und Vollbeschäftigung wurden bei *stabilen* Wechselkursen angestrebt[40]. Diese Bedingung der stabilen Wechselkurse aber nahm der Wirtschaftspolitik eine der wichtigsten Möglichkeiten, den wirtschaftlichen Verlauf zu beeinflussen, wodurch das System „weniger Möglichkeiten der Problemlösung (zuließ) als zur Bestandserhaltung des Systems in Anspruch genommen werden“[41] müßten. (Auch hier also – wie so oft bei den Diskussionen um die Möglichkeiten einer marktwirtschaftlichen aber sozial gebundenen Wirtschaftsordnung – ist es nicht die Unmöglichkeit bzw. Unvereinbarkeit der Ziele, sondern das unzureichende Instrumentarium.)

Gottfried Bombach, Joan Robinson, die sehr sorgfältige und umfassende Darstellung der Autoren der Prognos-Studie (Dieter Schröder, Konrad Roesler, Gotthold Zubeil und Edgar Dammroff) und viele andere ließen sich hier anführen, um den Nachweis zu erhärten, daß die Formel vom „Magischen Dreieck“ unbewiesen ist und daß die Ergänzung des Zieldreiecks zum Vier- oder Fünfeck die Möglichkeiten, erfolgreich *alle* Ziele anzusteuern, vergrößert. In der öffentlichen Meinung der Bundesrepublik haben diese und andere Arbeiten jedoch bis zum Beginn der siebziger Jahre wenig Spuren hinterlassen. Im Gegenteil: die weltweite Beschleunigung der Preissteigerungsraten scheint gegenwärtig die Ansicht noch zu verstärken, daß „Preisstabilität durch einen gewissen Wachstumsverzicht erkauft werden muß“[42].

Mutige wirtschaftspolitische Zielvorstellungen

Bei diesem Stand der (ver)öffentlich(t)en Meinung verdient der Gesetzgeber aus dem Jahre 1963 hohes Lob, daß er es riskiert hat, im „Gesetz über die Bildung eines Sachverständigenrates zur Begutachtung der gesamtwirtschaftlichen Entwicklung" diese drei magisch verunsicherten Ziele gleichzeitig anzusprechen. In § 2 dieses Gesetzes wird dem Sachverständigenrat die Aufgabe gestellt, zu untersuchen, „wie im Rahmen der marktwirtschaftlichen Ordnung gleichzeitig Stabilität des Preisniveaus, hoher Beschäftigungsstand und außenwirtschaftliches Gleichgewicht bei stetigem und angemessenem Wachstum gewährleistet werden können".

Der Mut reichte freilich nicht ganz. Statt Vollbeschäftigung hieß es „hoher Beschäftigungsstand", was auch ohne nähere Definition nur als Einschränkung gegenüber nicht relativierter Vollbeschäftigung verstanden werden kann. Nun gilt zwar in der neoklassischen Wirtschaftstheorie „eine Volkswirtschaft, in der so etwa 3 Prozent aller Arbeitswilligen keine Beschäftigung findet, bereits als vollbeschäftigt"[43], aber die wirtschaftliche Entwicklung in der Bundesrepublik ist über diesen „klassischen Satz" längst hinweggeschritten. Im Jahresdurchschnitt der Arbeitmarktstatistik wurde die Drei-Prozent-Grenze erstmalig 1959 unterschritten und seit dieser Zeit auch nicht mehr erreicht. Selbst das Rezessionsjahr 1967 weist im Jahresschnitt „nur" eine Arbeitslosenquote von 2,1 Prozent aus, die Drei-Prozent-Grenze wurde lediglich im Frühjahr 1967 – auf dem Tiefpunkt der Rezession – erreicht. (Und allein das sprunghafte Anwachsen der NPD-Stimmen in dieser Zeit und ihr Herabsinken zur Bedeutungslosigkeit bis zum Herbst 1969 sollte deutlich genug zeigen, daß es hier nicht nur um ein ökonomisches, sondern um ein brisantes politisches Problem geht.) Im übrigen zählt diese Drei-Prozent-Grenze zu den Modellklischees wie sie von Hochschullehrstühlen aus oft und bedenkenlos verkündet werden: was diese Formel (bezogen auf die Bundesrepublik z. B.) für die betroffenen rund 800 000 Arbeitnehmerfamilien bedeuten würde, hat in diesen makro-ökonomischen Modellvorstellungen keinen Platz[44]. Mehr als ein Jahrzehnt Anschauungsunterricht, daß es in der Praxis anders geht, sollte allerdings diese Vorstellungen überwinden können.

Auch das Ziel „Wirtschaftliches Wachstum“ wird in dem 1963er Gesetz nicht seiner Bedeutung gemäß behandelt; es hat lediglich den Charakter einer „Nebenbedingung“, die Vokabeln „stetig“ und „angemessen“ deuten darüber hinaus darauf hin, daß hier statt kräftiges eher maßvolles Wachstum gemeint ist. Und die vierte Ecke „gerechte Einkommens- und Vermögensverteilung“ hat im Gesetz über den Sachverständigenrat noch nicht einmal den Charakter einer Nebenbedingung. Hierzu heißt es nur, daß „die Bildung und die Verteilung von Einkommen und Vermögen“ in die Untersuchung einbezogen werden sollen.

Es muß hier ausdrücklich anerkannt werden, daß die ersten fünf Mitglieder des Sachverständigenrates (Walter Bauer, Paul Binder, Herbert Giersch, Harald Koch und F. W. Meier) bei der Interpretation ihres Auftrages den „Nebenbedingungscharakter“ für das Wachstum übersehen und stets dieses Ziel gleichwertig mit den anderen behandelt haben. Die programmatische Überschrift des ersten Jahresgutachtens (1964/65) „Stabiles Geld – Stetiges Wachstum“ – kann hier als Selbstinterpretation des Arbeitsauftrages des Sachverständigenrates angesehen werden. (Und diese Interpretation ihres Auftrages ist vor dem Hintergrund der wirtschaftlichen Entwicklung in der Bundesrepublik genauso folgerichtig wie die von den „fünf Weisen“ entwickelte Methode, wirtschaftspolitische Ratschläge zu geben, obwohl das Gesetz ihnen ausdrücklich auferlegt, „keine Empfehlungen für bestimmte wirtschafts- und sozialpolitische Maßnahmen“ auszusprechen. Bei aller unterschiedlichen Auffassung zu einzelnen Vorschlägen – nur so bekommt die Arbeit des Sachverständigenrates einen vernünftigen Sinn.)

Sowohl die gegenwärtige Diskussion als auch das seitherige Verhalten der Mehrheitspartei von 1963 lassen allerdings Zweifel daran aufkommen, ob die angeführten Ziele damals tatsächlich gleichrangig gemeint waren. 1966 jedenfalls ließ Bundeswirtschaftsminister Schmücker den Entwurf zu einem *Stabilitäts*gesetz konzipieren und erst durch die Bonner Machtneuverteilung im November 1966 wurde aus diesem Entwurf ein „Stabilitäts- *und* Wachstumsgesetz". Im § 1 des „Gesetzes zur Förderung der Stabilität und des Wachstums der Wirtschaft" vom 8. Juni 1967 wird dann allerdings der Auftrag aus dem Gesetz über den Sachverständigenrat voll übernommen. Und die Interpretation in dem Kommentar von Alex Möller[45], wonach die Formulierung „*bei* stetigem und angemessenem Wachstum" keine Nebenbedingung ist, sondern eine „Konkretisierung des Verfassungsauftrages zur staatlichen Wachstumsvorsorge" darstellt, hat zwar seitdem die politische Praxis beherrscht, ist aber keineswegs Allgemeingut geworden.

Bei diesem Stand der Dinge ist es kaum verwunderlich, daß die Beschleunigung der Preissteigerungsraten in den letzten drei Jahren noch zusätzlich dazu beigetragen hat, das wirtschaftliche Wachstum – über die Befürchtungen aus der zunehmenden Umweltgefährdung hinaus – in Verruf zu bringen. Mehr freilich noch wird der Vollbeschäftigung angelastet, die von Unternehmern und auch von Wirtschaftsjournalisten gerne als „Überbeschäftigung" bezeichnet wird, um damit anzudeuten, daß man natürlich nichts gegen die Sicherheit der Arbeitsplätze habe, aber der gegenwärtige Zustand „ungesund" sei.

Für die Arbeitnehmer jedenfalls ist dieser Zustand gesund, wahrscheinlich der einzig gesunde. Obwohl in der Rezession 1966/67 die ominöse Drei-Prozent-Grenze bei der Arbeitslosenquote kaum erreicht wurde, hat sich in dieser kurzen Zeitspanne erwiesen, daß eine noch so gute Sozial- und Arbeitsschutzgesetzgebung sehr schnell an Wert verliert, wenn die Arbeitsmarktsituation es einem großen Teil der Arbeitnehmer nicht ratsam erscheinen läßt, diese Rechte auch wahrzunehmen. Diesen siebenundsechziger Tatbestand und seine Folgen für die Diskreditierung der marktwirtschaftlichen Ordnung sollte bedenken, wer so schnell mit dem Begriff „Überbeschäftigung" hantiert.

Auch die Hinweise auf „nachlassende Arbeitsmoral" und steigenden Krankenstand sind hier nicht überzeugend. Abgesehen davon, daß die steigenden Exportziffern alle Behauptungen vom sinkenden Wert der Marke „Made in Germany" täglich widerlegen – es ist ein sozial inadäquates Mittel, die mehr oder weniger große „Arbeitsmoral" von Randgruppen über die Verunsicherung der Arbeitsplätze für Hunderttausende zu beeinflussen. Im übrigen ist dies mindestens ebenso eine Frage der Arbeitsmoral wie der Führungsqualitäten; auch in der Hochkonjunktur hindert niemand die Unternehmen daran, Verträge mit Arbeitnehmern, die nur unzureichende Arbeitsqualität erbringen, zu lösen. Aber hier liegt das Problem ähnlich wie bei der Lohndrift: zur gleichen Zeit, in der gegen überhöhte Tarifforderungen" polemisiert wird, erhöhen einzelne Unternehmen kräftig die übertariflichen Zuschläge. (Das kann als eine Frage der Moral im Umgang der Tarifpartner miteinander gedeutet werden.)

Auch das so häufig gebrauchte Argument von der steigenden Krankheitsquote ist nicht überzeugend. In dem Jahrzehnt von 1961 bis 1971 schwankte der Krankenstand in der sozialen Krankenversicherung von 4,35 Prozent arbeitsunfähig krankgeschriebener Pflichtmitglieder im Jahre 1967 bis 5,62 Prozent im Jahre 1970. Die Werte in den übrigen Jahren liegen geringfügig über oder unter 5 Prozent[46]. Diese Differenzen zwischen dem Rezessionsjahr und einem Jahr absoluter Hochkonjunktur sind kaum groß genug, um daraus Rückschlüsse auf die „Arbeitsmoral" der Mehrzahl der Beschäftigten zu ziehen. (Im übrigen handelt es sich bei den echt zu beanstandenden Fällen mindestens genauso um eine Frage der „Moral der Ärzte" als der Arbeitnehmer[47].)

Folgt man der marxistischen Terminologie, wonach die Lohnabhängigen ihre „Ware Arbeitskraft verkaufen", so ist der Arbeitsmarkt der Bundesrepublik seit Jahren ein ausgesprochener „Verkäufermarkt". Das ist eine Marktkonstellation, wie die Produzenten sie lieben und seit Jahren ohne Klage auf den Gütermärkten in Anspruch nehmen – es ist nur legitim für die Arbeitnehmer, auf dem Arbeitsmarkt das gleiche anzustreben, und wenn sie es erreicht haben, zu erhalten. Die Einkommensstatistik der Bundesrepublik beweist (vgl. Tabellen 1 bis 4), daß dieser „Verkäufermarkt“ noch keineswegs zu exorbitanten Ergebnissen für die „Verkäufer“ geführt hat. Abschließend ist zu diesem Thema noch anzumerken, daß (paradoxerweise) die Klagen über den Zustand der „Überbeschäftigung“ zum großen Teil von den gleichen Leuten erfolgen, die durch die permanente Forcierung des – vom falschen Wechselkurs geförderten – Exportes die gegenwärtige Beschäftigungslage mit rund 2,4 Millionen ausländischen Arbeitnehmern erst herbeigeführt haben.

Im übrigen gibt ein Blick in die internationale Statistik Aufschluß darüber, daß monokausale Erklärungen für die Ursachen des gegenwärtigen Preisauftriebs nicht ausreichen. Das gilt auch für jene Versuche, den weltweiten Preisauftrieb als dem kapitalistischen Wirtschaftssystem „systemimmanent“ zu erklären. In der neuesten internationalen Preisstatistik (vgl. Tabelle 16) liegen z. B. Großbritannien mit rund einer dreiviertel Million Arbeitslosen und partiellen staatlichen Preiskontrollen und Jugoslawien mit einem *anderen* Wirtschaftssystem weit höher als die Bundesrepublik, die immer noch – bei aller unerfreulichen Höhe der gegenwärtigen Preissteigerungen – einen ehrenvollen Platz in der unteren Hälfte dieser traurigen Weltrangliste einnimmt.

Keine monokausalen Erklärungen des weltweiten Inflationstrends

Über die Ursachen der weltweiten Inflation gibt es ähnlich viele Aussagen wie über mögliche Therapien. Man wird auch vergeblich nach einer schlüssigen monokausalen Erklärung suchen: Milton Friedmans[48] allein auf die Geldmenge abstellende Analyse und Therapie – die übrigens nicht so umwerfend neu sind wie die öffentliche Reaktion Anfang der siebziger Jahre in der Bundesrepublik vermuten ließ, sondern in den Grundzügen und auch in vielen Details eng auf den Chikagoer Kreis um Irving Fisher[49] anfangs der dreißiger Jahre zurückgehen –

klingen zwar wie alles monokausale bestechend logisch, zeigen aber nicht allzu viel Realitätssinn. Um dieses harte Urteil zu untermauern nachstehend eine (sehr komprimierte) Darstellung der Friedmanschen Gedankengänge.

Friedman erklärt die weltweiten Preissteigerungen in den sechziger Jahren in großen Zügen so: In allen hochentwickelten Industriestaaten der westlichen Welt steigt Jahr für Jahr die Geldmenge schneller als die realen Produktionskapazitäten und das reale Einkommen wachsen. Diese durch die Zentralbanken tolerierte bzw. sogar geförderte Überliquidisierung weckt bei den Unternehmen ständig neue inflatorische Preiserwartungen. Allein das Wissen darum, daß immer mehr Geld in Umlauf ist, gibt den Unternehmern auch die Gewißheit, daß die Nachfrage nach ihren Erzeugnissen – auch zu steigenden Preisen – wachsen wird. Sie machen von diesen Preiserhöhungsspielräumen Gebrauch und das ermöglicht es ihnen wiederum, im Zuge der Inflationierung eintretende Kostensteigerungen einschließlich Lohnerhöhungen zu akzeptieren, da die permanent steigende Geldmenge jede Preisüberwälzung möglich macht.

Friedmans Rezept gegen diese durch die Geldmenge hervorgerufene Inflationierung ist ebenso einfach: die Zentralbanken in aller Welt befassen sich nicht länger mit so unwirksamen Instrumenten wie Diskont-Mindestreserven – oder Offenmarktpolitik, sondern nehmen eine strenge Regulierung der Geldmenge vor. Natürlich muß die Geldmenge ausreichen, um das wirtschaftliche Wachstum zu finanzieren, aber Friedmans Vorstellungen bewegen sich hier in sehr engen Grenzen. Während er anfangs eine jährliche Steigerung der Geldmenge um 5 Prozent zugestand, ist er inzwischen bei dem harten Limit von 2 Prozent angelangt[50]. Von einer strikten Begrenzung des Zuwachses der Geldmenge – der Friedmansche Geldbegriff umfaßt „das Währungsgeld außerhalb der Banken zuzüglich sämtlicher Sicht- und Termindepositen der Geschäftsbanken“ – auf diese zwei Prozent erwartet Friedman nicht nur ein stabiles Preisniveau, sondern gleichzeitig den größtmöglichen „Wohlfahrtgewinn“.

In Wilhelm Hankels umfassender Darstellung der „Währungspolitik“ wird auch das theoretische und praktische Scheitern der Friedmanschen Geldtheorie belegt. Hankel weist überzeugend nach, daß „die Geldmenge, selbst wenn sie effektiv kontrolliert werden könnte ... kein monetäres Bremselement [ist]. Dieser Nachweis besteht (kurzgefaßt) aus vier Punkten[51]:

1. Die Geldmenge wirkt nur „über den Zins“ und diese Wirkung ist fast unkalkulierbar, wie zahlreiche empirische Untersuchungen, vor allem über die US-Währungspolitik, ergeben. Die inzwischen fast „klassische“ Erklärung der Verhaltensweisen der Unternehmer, wie sie John Maynard Keynes vorgelegt hat[52], wonach sich die Unternehmer an ihren Absatzerwartungen orientieren, die wiederum von der Ertragsfähigkeit des Kapitals und von dem jeweiligen Zinssatz (für die Investitionsdispositionen) abhängen, ist immer noch sehr viel plausibler als die Friedmansche Erklärung, daß die Unternehmer sich von der Geldmenge – woher kennen sie die überhaupt?– leiten lassen würden.
2. In einem international offenen Währungssystem (mit freier Konvertierbarkeit und festen Wechselkursen) „können die nationalen Zentralbanken das Geldangebot kaum so in den Griff bekommen“, wie es zu der strengen Friedmanschen Regelung notwendig wäre. Jede stark kontraktive oder expansive Geldpolitik würde sofort durch zinsinduzierte internationale Kapitalbewegungen unterlaufen.
3. Nur bei *allseits* flexiblen Wechselkursen könnte eine solche strikte Geldmengenpolitik funktionieren – aber das wäre Rückkehr zu „monetärem Nationalismus“, während die internationale Arbeitsteilung es erfordert, daß die Zentralbanken, „ihre Liquiditäts- und Zinspolitik ... statt an den nationalen Konjunktur-, an den multinationalen Stabilitätserfordernissen ausrichten“!
4. Völlig offen bleibt auch bei Friedman „die schwierige Frage, wie die Geldmenge statistisch und operationell abzugrenzen ist“. Die Bankenstatistik kann bei aller Akribie nur einen Teil dessen erfassen, „was in unserer Kreditwirtschaft Geldfunktionen erfüllt“. Auch alle Wertpapiere mit hohem

Liquiditätsgrad erfüllen eine Fast-Geldfunktion. Ihre Erfassung und Regulierung wiederum würde zu einer „Dauerbedrohung des Kapitalmarktes“ mit allen Konsequenzen für langfristige Investitionsdispositionen.

Wilhelm Hankel selbst liefert für den weltweiten Inflationstrend eine Erklärung mit einem interessanten theoretischen Aspekt, den leider (meines Wissens) unter den Neomarxisten noch niemand aufgenommen hat. Hankel sieht die Hauptquelle der inflationären Tendenzen in der hochentwickelten industriellen Welt, vor allem im zunehmenden Tempo der technischen Neuerung und der Ausweitung der Märkte. Beides zwingt die Unternehmen zu immer schnellerer Folge der Innovationen und zu immer größeren Finanzierungsanstrengungen bei Durchführung der neuen Investitionen. Hankel sieht hierin gewissermaßen eine Umkehrung der Marxschen Theorie über das Verhältnis von konstantem (c) und variablem (v) Kapital: während in der Marxschen Konstruktion die Kapitalausstattung konstant ist und die Unternehmen aufgrund ihrer Marktmacht den Faktor Arbeit nach ihren Dispositionen variieren können – die „industrielle Reservearmee“ gibt ihnen hierzu jede Möglichkeit – stellt Hankel fest, daß die Verhältnisse sich hier in jüngster Zeit umgekehrt „buchstäblich auf den Kopf gestellt“ haben, weil die Stärke der Gewerkschaften und die Erfolge der staatlichen Vollbeschäftigungspolitik den im Frühkapitalismus variablen Faktor Arbeitskraft zu einem konstanten gemacht haben[53].

Zumindest für hochentwickelte Industriestaaten mit aktiver Vollbeschäftigungspolitik (wie Schweden und die Bundesrepublik Deutschland seit 1969) klingt die Hankelsche These überzeugend, wenn man den – bei Hankel breit behandelten – Kreditschöpfungsspielraum der Banken mit berücksichtigt. Bei einem praktisch unbegrenzten Kreditangebot und einem sich ständig vergrößernden Weltmarkt fechten die Unternehmen den Verteilungskampf vergangener Perioden immer mehr an der Verkaufsfront aus. In einer Art Vorwärtsstrategie überholen kostensparende Investitionen die Lohnforderungen, und je erfolgreicher die Nominallohnpolitik der Gewerkschaften, desto größer die strategischen Absatzräume. Natürlich ist diese Art Unternehmensstrategie nur bei sich ständig vergrößerndem Kreditangebot praktizierbar. Dieses wiederum ist von den nationalen Zentralbanken aus nicht mehr regulierbar, da bei freier Konvertierbarkeit der Währungen internationale Kapitalbewegungen die nationalen Geldmengen-Regulierungsversuche der Zentralbanken unterlaufen.

Auf den ersten Blick scheint die Hankelsche Umkehrung der Marxschen Theorie eine Bestätigung der Formel vom „Magischen Dreieck" zu enthalten – aber *nur* auf den ersten Blick. Die Tatsache, daß Gewerkschaftskraft und Vollbeschäftigungspolitik ein Absinken der Lohneinkommen verhindern, und daß internationale Kapitalbewegungen teilweise die Geld- und Kreditpolitik der Zentralbanken lahmlegen, beweist noch nicht die Richtigkeit der Formel vom „Magischen Dreieck", sondern lediglich die zunehmende Untauglichkeit des nationalen kreditpolitischen Instrumentariums. Konsequenterweise entwickelt Wilhelm Hankel denn auch die Grundlinien einer neuen internationalen Währungspolitik.

Grundlinien eines neuen Weltwährungssystems

Hankel geht bei der Konzipierung eines neuen Weltwährungssystems davon aus, daß die durch das Abkommen von Bretton-Woods festgelegte Bindung der Währungen der westlichen Welt an eine „lebendige" Leitwährung (auf dem Umweg über den Golddevisenstandard an den US-Dollar) zumindest seit Mitte der sechziger Jahre den Anforderungen des sich permanent erweiternden Weltmarktes nicht mehr genügte. Das System von Bretton-Woods produzierte seit diesem Zeitpunkt – nicht beabsichtigt, aber auch ohne Möglichkeit es zu verhindern – „ein Zeitalter permanent in der Luft liegender Währungs-Ab- und -Aufwertungen". Hankel beschreibt diese Folgen der Bindung der Mehrzahl der nationalen Währungen an eine (auf Dauer selber nicht stabil zu haltende) Großmachtwährung mit einem plastischen Bild von Keyness: „Wenn sich die USA als fröhlicher Schankwirt selbst einige Gläschen zuviel an monetärem Sprit genehmigten, so würden auch die Gäste zu unangebrachter Trinkfreude verführt. Des Wirtes eigene Promille oder besser Prozente bestimmten also auch den Alkoholisierungs- oder Inflationsgrad der übrigen Runde und machten den, der als einziger in dieser bezechten Gesellschaft nüchtern (stabil) bleiben wolle, zum Spielverderber, der alle störe!“[54]

Wilhelm Hankel identifiziert sich aber nicht nur mit *dieser* Keynesschen Analyse. Die von ihm (und vielen anderen) entwikkelten Grundlinien einer neuen Weltwährungsordnung gehen im Kern auf jenen Vorschlag zurück, den der große englische Ökonom als Vertreter Großbritanniens 1944 der Internationalen Währungskonferenz in Bretton-Woods präsentierte: die Errichtung einer internationalen Zentralbank mit dem Recht der Ausgabe eigener durch keinerlei Hinterlegung gedeckter Geldeinheiten. Diese „Weltbank“ sollte mit ihrem eigenen (begrenzten) Geldvolumen die letzte „Refinanzierungsinstanz“ der nationalen Zentralnotenbanken darstellen. Für jedes Mitglied dieser Weltbank waren bestimmte Refinanzierungsquoten vorgesehen, die sich an der jeweiligen Ex- und Importsumme orientieren sollten. Die Spielregeln der Teilnahme an diesem „internationalen Zentralbankgiro“ sahen vor, extreme Gläubiger- und Schuldnerpositionen gleicherweise zu bestrafen, um ein möglichst gleichmäßiges Interesse an einem Außenhandelsgleichgewicht für jede Nation und damit einem „Welthandelsgleichgewicht“ zu wecken.

Die Einführung der Sonderziehungsrechte beim internationalen Währungsfond (IWF) bedeutete bereits einen ersten Schritt von dem alten Bretton-Woods-System weg in eine neue (bzw. die alte Keynessche) Richtung; die Beschlüsse Präsident Nixons vom 16. August 1971 und die Brüsseler Beschlüsse zur Währungspolitik vom 11. März 1973 haben einen Teil der in den letzten Jahren propagierten Währungsneuordnung bereits realisiert. Die Währungen der meisten europäischen Staaten werden nicht mehr mit ihren Kursen auf den Dollar bezogen, sondern in Sonderziehungsrechten des internationalen Währungsfonds ausgedrückt, d. h. die gemeinsame Rechengröße für den gegenseitigen Umtausch ist die abstrakte Giraleinheit der Sonderziehungsrechte. Die anzustrebende, konsequente Fortsetzung dieser Tendenzen kann nur darin liegen, daß alle Regierungen dazu übergehen, ihre Zentralbankreserven in dieser abstrakten Recheneinheit des internationalen Währungsfonds zu halten. Mit dieser Zentralisierung aller Währungsreserven auf dem Reservekonto des internationalen Währungsfonds – der damit als eine Art „Weltzentralbank“ fungieren würde – würde die Wechselkurspolitik für alle Staaten wieder „frei“; jede Zentralnotenbank müßte bei von ihr als unerwünscht angesehenen Schwankungen der eigenen Währung durch entsprechende Interventionen auf den Devisenmärkten tätig werden. Aber für und auf eigene Rechnung und nicht – wie bisher – zugunsten des Dollar. Der Ausgleich der Spitzensalden aus den verschiedenen Zahlungsbilanzen fände über die Konten des internationalen Währungsfonds statt und die Begrenzung der Sonderziehungsrechte würde schon bei mittelfristigen Ungleichgewichtigkeiten in der Zahlungsbilanz zu entsprechenden Maßnahmen zwingen. (Binnenwirtschaftliche wie exportdrosselnde oder exportfördernde Maßnahmen bzw. währungspolitische wie Auf- oder Abwertungen.)

In diesem System wären feste aber auch flexible Wechselkurse möglich. Wilhelm Hankel bevorzugt feste Kurse mit größeren Bandbreiten bzw. empfiehlt die Bereitschaft zu kurzfristigen kleinen Kurskorrekturen gegenüber allseitig flexiblen Kursen. Über die Vorzüge dieser Art Wechselkurspolitik gegenüber einem System flexible Kurse – mit (gedachten) Interventionspunkten für die eigene Zentralnotenbank – wird man lange streiten können. Sind die Bandbreiten in dem Hankelschen System relativ groß bzw. ist die Bereitschaft zu häufigen kleinen Kurskorrekturen immer da, so ist der Unterschied zu einem System flexibler Kurse (das ja nie als völlig flexibel gedacht ist, die Zentralnotenbank behält sich hier nur ihre Interventionspunkte stillschweigend vor) nicht allzu groß. Für die Bundesrepublik erscheint beides praktikabel. Praktikabel sind auch flexible Kurse nach außen bei festen Kursen untereinander in einem größeren Wirtschaftsraum; Voraussetzung ist allerdings eine Wirtschaftspolitik mit gleichen Zielvorstellungen und gleich konsequenter Anwendung.

Wiedergewinnung der binnenwirtschaftlichen Handlungsfreiheit

Ein neues internationales Währungssystem, nach den hier skizzierten Grundlinien ist sicher nur langsam und wahrscheinlich auch nicht in modellmäßiger Vollkommenheit zu erreichen. Für die Bundesrepublik bedeutet freilich schon die mit den währungspolitischen Beschlüssen vom 11. März 1973 erreichte Zwischenlösung einen großen Fortschritt. Das gemeinsame Block-Floating acht europäischer Staaten (Frankreich, Niederlande, Belgien, Luxemburg, Dänemark, die Bundesrepublik Deutschland, sowie Norwegen und Schweden) bildet eine wirksame Barriere gegenüber dem Dollarraum. Es setzt freilich auch eine sich an den gleichen Zielen orientierende und mit gleichem Erfolg praktizierte Wirtschaftspolitik innerhalb der acht Staaten voraus. Das ist bis jetzt nur teilweise erreicht, vor allem die praktischen Unterschiede in der Wirtschaftspolitik zwischen Frankreich und der Bundesrepublik sind größer als bei gemeinsamen Verlautbarungen der Wirtschafts- und Finanzminister zum Ausdruck kommt. (Die französische Wirtschaftspolitik ist sehr viel dirigistischer und gegenüber Inflationierungstendenzen weniger empfindsam als die deutsche.)

Aber die flexiblen Wechselkurse gegenüber dem Dollarraum (rund 50 Prozent des deutschen Außenhandels) haben nationalen Stabilitätsbemühungen vor allem der Geld- und Kreditpolitik ein gutes Stück Handlungsfreiheit wiedergegeben; *vor* den währungspolitischen Operationen vom März wurde die Hochzinspolitik der Bundesbank ständig durch internationale Geldzuflüsse überrollt und in ihrer Wirksamkeit sogar in das Gegenteil verkehrt, weil die Vergrößerung des Geldvolumens in der Bundesrepublik durch den internationalen Zufluß größer war als der Eingrenzungseffekt durch die Erhöhung der Mindestreserven und der Verknappungserfolg durch die Restriktionen der Bundesbank. Auch hinter dem Schutzwall flexibler Kurse ist freilich nicht die Sicherheit gegeben, daß die Unternehmen auf zinspolitische Maßnahmen nach dem „Lehrbuch" reagieren: bei weitgespannten Absatzerwartungen sind die Investitionsentscheidungen relativ zinsunempfindlich. Aber wenn internationale Liquiditätszuflüsse gebannt sind – und das ist mit flexiblen Kursen erreichbar, notfalls mit *isoliertem* Floating der Deutschen Mark –, ist das Manövrierfeld der Geld- und Kreditpolitik größer und die Parallelwirkungen von Erhöhungen der Mindestreserven und steigendem Zinssatz müssen allein durch die Liquiditätsverengung auch auf die Investitionsneigung durchschlagen.

Die Bundesbank selbst hat diese Möglichkeiten mit drastischer Deutlichkeit angesprochen: „Für das Kreditangebot der Banken hat die Tatsache, daß die freien Liquiditätsreserven jetzt praktisch erschöpft sind, weitreichende Konsequenzen. Da jede Netto-Kreditausweitung zu einem gewissen Teil Zentralbankgeld erfordert – weil dabei tendenziell sowohl der Bargeldumlauf als auch die mindestreservepflichtigen Verbindlichkeiten steigen –, müssen die Banken unter der Voraussetzung anhaltender außenwirtschaftlicher Absicherung ihre Kreditwährung dem Rahmen anpassen, der durch die Bereitschaft der Bundesbank, zusätzliches Zentralbankgeld bereitzustellen, bestimmt ist. Welche einzelne Bank unter diesen Bedingungen noch expandieren kann und welche nicht, entscheidet die Konkurrenz im Einlagengeschäft und der Wettbewerb um das knappe Zentralbankgeld, der vor allem am Geldmarkt ausgetragen wird. Eine ungezügelte Ausweitung des Kreditgeschäfts kann dabei für solche Banken, die sich Zentralbankgeld von anderen Banken leihen müssen, unter Umständen sehr teuer werden, ja, eine ungezügelte Expansion könnte letztlich die Bonität einer Bank in Frage stellen."[55]

Eine strikte außenwirtschaftliche Absicherung der Geld- und Kreditpolitik erhöht den Spielraum, es vergrößert sich aber auch – bei den bestehenden gesetzlichen Regelungen in der Bundesrepublik – die Gefahr eines nicht völlig koordinierten Nebeneinander der staatlichen Wirtschaftspolitik und der Geld- und Kreditpolitik der Zentralbank. Das Bundesbankgesetz vom 26. Juli 1957 gibt der Deutschen Bundesbank eine so autonome Stellung wie sie nirgendwo sonst vorhanden ist. Der Zentralbankrat (bestehend aus dem Bundesbankdirektorium und den Präsidenten der Landeszentralbanken, also ein pures Beamtengremium) ist Weisungen der Bundesregierung oder der Landesregierungen nicht unterworfen. Mitglieder der Bundesregierung haben lediglich ein Teilnahmerecht an den Sitzungen des Zentralbankrates; sie können Anträge stellen, haben aber kein Stimmrecht, sondern nur ein (suspensives) Vetorecht; bereits in der folgenden Sitzung kann sich der Zentralbankrat – ohne Sanktionsmöglichkeiten der Bundesregierung – über dieses Veto hinwegsetzen. Und das Bundesbankgesetz stellt der Bundesbank im § 3 die Aufgabe, „die Währung zu sichern" und erst im § 12 wird sie zusätzlich verpflichtet, die Wirtschafts- und Finanzpolitik der Bundesregierung zu unterstützen. Diese Reihenfolge ist kein Zufall, sondern eine Rangordnung, wenn auch nirgendwo eine Konkretisierung des Auftrags, „die Währung zu sichern" erfolgt ist.

Einseitige Blickrichtung

Wie gefährlich eine so einseitige (und nicht konkretisierte) Fixierung auf *ein* wirtschaftspolitisches Ziel sein kann, haben die deutschen Arbeitnehmer 1966/67 schmerzhaft erfahren müssen. Zwar könnte des damaligen Bundeswirtschaftsministers Schmücker Äußerung von der „gewollten Rezession" die Vermutung nahelegen, daß es sich hier um eine wirtschaftspolitische Strategie gehandelt habe – doch eine nähere Kenntnis der damals für die Politik Verantwortlichen widerlegt jede *strategische* Vermutung. Es ergibt sich auch eindeutig aus dem damaligen Konjunkturverlauf und dem Zeitablauf der verschiedenen Maßnahmen, daß es in erster Linie die weit über den Punkt des konjunkturellen Tendenzumschwungs hinausgetriebene Bremspolitik der Bundesbank war, die eine dreiviertel Million Arbeitnehmer arbeitslos gemacht und der deutschen Volkswirtschaft einen Wachstumsverlust von gut 37 Milliarden zugefügt hat.[56]

In Kapitel I/1 sind die Daten des damaligen Konjunkturverlaufs, die frühzeitigen (und richtigen) Diagnosen der Konjunkturforschungsinstitute und das gegenteilige Verhalten der Deutschen Bundesbank bereits einander gegenübergestellt worden. Es bleibt nachzutragen, daß auch die Verlautbarungen der Deutschen Bundesbank während und nach Überwindung der Rezession neue konjunkturpolitische Einsichten nicht verraten. Im Geschäftsbericht für 1967 z. B. werden im Gegenteil die „berühmten Trippelschritte" der Diskontpolitik während des ersten Halbjahres 1967 ausdrücklich verteidigt, unter anderem mit der „Begründung", daß dies „der schnellste Zinsabbau, den die Deutsche Bundesbank und ihre Vorgängerin, die Bank deutscher Länder, bei den von ihr berechneten Zinsen jemals vorgenommen haben,"[57] sei. Weiter heißt es dann ebenso „überzeugend", daß „mit noch schnellerer Rückführung des Diskontsatzes ... für das nationale Zinsniveau nichts gewonnen worden" wäre –; bei der im Mai 1966 durchgeführten Heraufsetzung um ein volles Prozent (bei sich schon kräftig abschwächender Konjunkturentwicklung) galt diese Einsicht noch nicht.

Noch merkwürdiger berühren die Versuche, die vom Sachverständigenrat und anderen Stellen eindeutig nachgewiesenen Wachstumsverluste hinwegzuinterpretieren. Nach Meinung der Bundesbank „können Wachstumsverluste nur längerfristig ermittelt werden" und durch Zerlegung des Zeitraumes von 1960 bis 1967 in (1960 anfangenden) vier Perioden von jeweils vier Jahren kommt die Bundesbank zu der Feststellung: „kein mittelfristiger Wachstumsverlust"[58].

Trotz der merkwürdigen Systematik bei der Abgrenzung der jeweiligen Vier-Jahresräume wird diese Feststellung allerdings durch die von der Bundesbank selber angeführten Tabellen widerlegt: sie weist einen Rückgang der Wachstumsrate des realen Bruttosozialprodukts von 4,9 Prozent für den Zeitraum 1960 bis 1964 auf 3,6 Prozent für den Zeitraum von 1963 bis 1967 aus, und einen Rückgang der durchschnittlichen Kapazitätsauslastung in der Industrie von 87 auf 85 Prozent. Führt man die Methode der Bundesbank fort, so ergibt sich z. B. für den Zeitraum von 1967 bis 1971 eine durchschnittliche Wachstumsrate von 6,0 Prozent gegenüber dem von der Bundesbank gewählten Vergleichszeitraum, also 2,4 Prozentpunkte mehr. Bezogen auf ein reales Bruttosozialprodukt von 430,8 Milliarden DM im Jahre 1967 und 543,9 Milliarden DM 1971 schon eine Größenordnung, über die man nicht mit dem Hinweis auf die „in vieler Hinsicht positiven Wirkungen“ der „gegenwärtigen konjunkturellen Anpassungsvorgänge“ hinweggehen kann, wie es die Bundesbank noch im Geschäftsbericht 1966 tat; obgleich mehr als die „Offenlegung von Fehlinvestitionen“ als Vorteil nicht angeführt werden konnte[59].

Karl Otto Pöhl hat in seiner bereits in Kapitel I zitierten „Anatomie einer Rezession“ im Herbst 1967 die Untauglichkeit dieser Versuche, die positiven Aspekte der Rezession zu „beweisen“, drastisch aufgedeckt. Es heißt dort u. a.: „Nach Berechnungen des Ifo-Instituts wird die Industrie in diesem Jahr drei Milliarden DM weniger investieren als 1966, ein Jahr, das bereits im Zeichen der Stagnation stand, bei Normalwachstum wären rund 5 Milliarden DM mehr investiert worden. Das Institut schätzt den Ausrüstungsverlust im zweiten Vierteljahr 1967 gegenüber dem Vorjahr auf nicht weniger als 17 Prozent. Der Anteil der gesamten Investitionen am Bruttosozialprodukt hat sich von 28 auf 23 Prozent verringert.

Diese Zahlen lassen die These, die Rezession habe produktivitätssteigernd gewirkt, den Strukturwandel in der Wirtschaft gefördert, den Unternehmern gedient, als fragwürdig erscheinen.

Rückläufige Ausrüstungs- und Modernisierungsbereitschaft kann nicht ohne Folgen für die internationale Wettbewerbsfähigkeit bleiben[60].“

Obwohl der tatsächliche Rückgang der Investitionen noch über die vom Ifo-Institut geschätzten drei Milliarden hinausging, und 4,5 Milliarden erreichte (vgl. Tabelle 10) hat die Deutsche Bundesbank ihre Ansichten zu diesen Punkten niemals revidiert. Dieser Tatbestand und eine Reihe weiterer Ausführungen der Geschäftsberichte 1966/1967 im Vergleich zu dem Geschäftsbericht 1972 lassen den Schluß zu, daß die Deutsche Bundesbank – wie Ernest Mandel und andere Analytiker des „Spätkapitalismus" – auf einem (kritischen) Auge blind ist, allerdings auf dem anderen als die Neue Linke. Diese partielle Blindheit läßt sich an zwei Beispielen aus den hier zitierten Geschäftsberichten der Deutschen Bundesbank deutlich zeigen:

1. Nachdem bereits im Geschäftsbericht 1966 „die Wiedergewinnung des außenwirtschaftlichen Gleichgewichts" als von der Bundesbank erfolgreich angepeiltes Ziel gefeiert worden war, werden im Geschäftsbericht 1967 die Erfolge hervorgehoben, „die durch die Wachstumspause für die außenwirtschaftliche Stabilisierung erreicht wurden[61]." Wer das liest und die außenwirtschaftlichen Daten nicht gegenwärtig hat, der muß erwarten, 1964/65 erschreckend hohe Passivsalden in der Außenhandelsbilanz zu finden und 1966/67 endlich ein ausgeglichenes Bild. In Wirklichkeit zeigt die Statistik für 1964 einen Handelsbilanzüberschuß von 6,1 Milliarden DM und für 1965 von 1,2 Milliarden DM; lediglich über den zunehmenden Passivsaldo der Dienstleistungen (Urlaubsreisen ins Ausland) und die Überweisungen der Gastarbeiter an ihre daheimgebliebenen Familien hat sich der Überschuß der gesamten Zahlungsbilanz im Jahre 1964 auf 435 Millionen DM vermindert, um 1965 ein Minus von 1,3 Milliarden DM zu zeigen. Bei einem Gold- und Devisenbestand von 31,5 Milliarden DM keine erschreckende Bilanz, sondern eine beruhigende, weil endlich ein Teil der durch den Handelsbilanzüberschuß erfolgten Vermehrung des auf dem Binnenmarkt umlaufenden Geldvolumens absorbiert wurde. (Für eine Volkswirtschaft, die ihre laufenden Exportüberschüsse mit Hilfe einer steigenden Zahl von Gastarbeitern produziert, nicht nur ein normaler, sondern um der binnenwirtschaftlichen Stabilität willen, begrüßenswerter und nach Kräften zu fördern-

der Vorgang.) Das, was die Bundesbank dann als „Erfolge ... für die außenwirtschaftliche Stabilisierung" feierte, waren 1966 Handelsbilanzüberschüsse von 8 und 1967 von 16,9 Milliarden DM und damit – allem Anstieg der Übertragungen und aus dem Ausland in Anspruch genommenen Dienstleistungen zum Trotz – wieder steigende Devisenbestände. Dem anzustrebenden außenwirtschaftlichen Gleichgewicht jedenfalls war die Bundesrepublik 1964/65 sehr viel näher als 1966/67, von den nachfolgenden Jahren gar nicht zu reden.

Im Geschäftsbericht 1972 dagegen wird – bei einem Überschuß der Handelsbilanz von *20,3 Milliarden DM* – von einem Außenhandelsungleichgewicht nicht gesprochen, sondern beruhigend auf die ansteigenden Defizite in der Leistungs- und Übertragungsbilanz hingewiesen, „so daß die Leistungsbilanz des Jahres 1972 lediglich mit einem Überschuß von etwas mehr als einer Milliarde DM abschloß, der damit kaum größer war als ein Jahr zuvor. Das Bild der Leistungsbilanz unterschied sich damit grundlegend von dem der Jahre 1968/1969, als die Leistungsbilanzüberschüsse letztlich dazu geführt hatten, daß die D-Mark im Alleingang aufgewertet wurde, um die Unruhe an den internationalen Devisenmärkten zu beseitigen[62]."

Der Geschäftsbericht der Deutschen Bundesbank für das Jahr 1972 wurde am 12. April 1973 abgeschlossen. Zu diesem Zeitpunkt war bereits erkennbar, daß trotz der Abwertung des US-Dollar um 10 Prozent am 12. Februar 1973, der Aufwertung der Deutschen Mark um 3 Prozent vom 11. März und des europäischen Block-Floating die Exportzuwachsraten weiter anstiegen – die Deutsche Bundesbank aber findet, daß „die Leistungsbilanz mit Ausland ... mit den wirtschaftspolitischen Zielvorstellungen ... in Einklang stand"[63]. Beunruhigend sind hiernach an der Außenhandelssituation nur die „spekulativen Devisenzuflüsse" nicht die verzerrte Struktur. Eine recht merkwürdige Beurteilungperspektive, die dieser Vergleich der außenwirtschaftlichen Äußerungen in den Geschäftsberichten der Deutschen Bundesbank 1966/67 zu 1972 zeigt.

2. Im Geschäftsbericht 1966 findet sich neben der „Philosophie" von den „geschmälerten Wachstumsgrundlagen" – die dann zwei Jahre später durch die höchsten Zuwachsraten (in zwei aufeinanderfolgenden Jahren) seit 1960 eindrucksvoll widerlegt wurde – eine beredte Klage über den drohenden „Kapitalverzehr" durch die „Nachteile kollektiver Altersversorgung"[64]. Die 1966 erfolgte Entnahme von 1,25 Milliarden DM aus dem „Kapitalstock" der Sozialversicherungsträger in Höhe von rund 27 Milliarden DM veranlaßte die Deutsche Bundesbank neben „einer Heraufsetzung der Beiträge auf das zum Defizitausgleich notwendige Maß" auch eine „Änderung des bisherigen Systems laufender Rentenerhöhungen, etwa durch Umstellung der Bezugsbasis von Brutto- auf Nettoarbeitsentgelte" vorzuschlagen. Der zweite Vorschlag hätte eine wesentliche Reduzierung der Höhe der künftigen Rentenanpassungen zur Folge gehabt – bei einer monatlichen Rentenhöhe von 215,90 DM als Durchschnitt aus rund 6 Millionen Versichertenrenten in der Arbeiterrentenversicherung und 365,20 DM als Durchschnitt von rund 2,2 Millionen Versichertenrenten aus der Angestelltenversicherung[65] ein erstaunlicher Vorschlag. Wird im Geschäftsbericht 1966 der „Kapitalverzehr" der Sozialversicherungsträger beklagt, weil aus dem aus Beitägen der Arbeitnehmer angesammelten Kapitalstock 1,25 Milliarden DM für Rentenzahlungen verbraucht worden sind, so findet sich 1972 *kein* Hinweis auf den Stabilisierungsbeitrag der Arbeitnehmer durch die Überschüsse der Rentenversicherung. Mit jeweils sieben Milliarden DM Überschuß der Einnahmen über die laufenden Ausgaben haben die Sozialversicherungsträger in den Jahren 1970 und 1971 einen wesentlichen Beitrag dazu geleistet, daß das „gesamte Staatskonto" einen positiven Finanzierungssaldo (vgl. Tabelle 12) aufwies und damit trotz des negativen Finanzierungssaldos bei Ländern und Gemeinden[66] insgesamt kontraktiv und nicht expansiv auf den volkswirtschaftlichen Kreislauf einwirkte. Und der negative Finanzierungssaldo des „Gesamtstaates" von 2,9 Milliarden im Jahre 1972

(bei Gesamteinnahmen von 324,8 Milliarden) wäre ohne die Überschüsse der Sozialversicherungsträger von insgesamt 8,04 Milliarden DM wesentlich größer gewesen.

Im Geschäftsbericht 1972 der Deutschen Bundesbank aber wird dieser Stabilisierungsbeitrag der Arbeitnehmer nicht erwähnt – 1967 der „Kapitalverzehr" von 1,25 Milliarden DM aber dick herausgestrichen –. Doch 1972 wird darauf hingewiesen, daß die Sozialleistungen durch die Rückzahlung der Krankenversicherungsbeiträge der Rentner und die Rentenanpassung ab 1. Juli 1972 „in außergewöhnlichem Umfang ausgedehnt"[67] wurden. Die Tatsache, daß die Sozialversicherungsträger trotzdem 1972 einen *Überschuß von 8,04 Milliarden DM* erzielten, der entsprechend kontraktiv wirkte, wird schlicht verschwiegen.

Die obigen Beispiele zeigen, daß sich seit dem „Blessing-Memorandum" – dessen einseitige Ausrichtung auf Lohnrestriktionen nur noch durch die Unrichtigkeit seiner konjunkturellen Grundannahmen übertroffen wurde – an den Beurteilungsmaßstäben der Deutschen Bundesbank nichts wesentliches geändert hat. Dieser Tatbestand fügt in einem sozialen Rechtsstaat, dessen Bevölkerung zu mehr als 85 Prozent direkt oder indirekt von Arbeitnehmereinkommen lebt, zu den parlamentarischen Bedenken gegenüber der Autonomie der Zentralnotenbank sozialpolitische hinzu. Wenn jetzt mit dem Blick auf die geringen Erfolge der (massiven) stabilitätspolitischen Bemühungen der letzten Jahre Verbesserungen der wirtschaftspolitischen Möglichkeiten, vor allem auch des geld- und kreditpolitischen Instrumentariums überlegt werden, so ist das gut und richtig. Eine Verbesserung der Instrumente der Geld- und Kreditpolitik ist notwendig; es stellt sich dann aber auch noch verschärft die Frage, wie weit in einer parlamentarischen Demokratie (auf dem Boden eines sozialen Bundesstaates) die Autonomie eines Beamtengremiums gehen kann.

Ein neues Bundesbankgesetz

Die Bundesregierung hat bereits zu Beginn dieser Legislaturperiode eine Novellierung des Bundesbankgesetzes und des Stabilitäts- und Wachstumsgesetzes angekündigt. Beides ist notwendig und beides bedarf gründlicher Überlegungen. Das geld- und kreditpolitische Instrumentarium der Bundesbank muß in seiner Wirksamkeit intensiviert und in seinem Umfang erweitert werden, wobei sowohl die 66/67er als auch die Erfahrungen der stabilitätspolitischen Mißerfolge von 1970 bis 1972 zu berücksichtigen sind. Aber die Erweiterung des Instrumentariums macht auch ein Überdenken der autonomen Position der Bundesbank notwendig. Ein autonomes Gremium wie den Zentralbankrat mit so weitreichenden gesamtwirtschaftlichen Einwirkungsmöglichkeiten allein auf das Ziel Währungsstabilität (ohne Berücksichtigung der anderen gesamtwirtschaftlichen Ziele) festzulegen, scheint mir mit den Bedingungen eines demokratischen und sozialen Rechtsstaates ebenso unvereinbar zu sein wie die absolute Entscheidungsfreiheit einer Reihe unabsetzbarer Beamter mit dem parlamentarischen System. Das soll nun freilich nicht heißen, daß es richtig wäre, die Bundesbank zu einer Unterabteilung des Finanz- oder Wirtschaftsministeriums zu machen. Die Zentralnotenbank braucht eine weitgehende Unabhängigkeit – aber nicht eine absolute. Gerade bei einer Erweiterung des dem Zentralbankrat zur Verfügung stehenden Instrumentariums in Richtung mehr Wirksamkeit sind auch die Ausrichtung der Geld- und Kreditpolitik auf *alle* gesamtwirtschaftlichen Ziele und die Möglichkeiten parlamentarischer Kontrolle zu überlegen. Dabei sind bei der Neugestaltung des Bundesbankrechts vor allem zwei Schwerpunkte zu beachten:

1. Auch die Bundesbankpolitik ist auf das Zielviereck

– Vollbeschäftigung,

– Geldwertstabilität,

– optimales Wirtschaftswachstum bei Außenhandelsgleichgewicht und

– gerechtere Einkommens- und Vermögensverteilung

festzulegen. Natürlich kann diese Festlegung nicht bedeuten, daß die Bundesbank mit ihrem erweiterten Instrumentarium in jeder Lage diese vier Ziele *gleichzeitig* und *gleichmäßig* anzustreben hat. Ihrem speziellen Auftrag entsprechend muß die Geldwertstabilität im Mittelpunkt ihrer Politik stehen, aber sie ist darauf festzulegen, daß die Bemühungen um Geldwertstabilität nicht ohne Rücksicht auf die anderen Zielsetzungen erfolgen dürfen.

2. Wirtschaftspolitische Zielsetzungen sind selten so klar zu definieren und die jeweilige wirtschaftliche Situation noch seltener so eindeutig zu analysieren, daß unterschiedliche Beurteilungen zwischen verschiedenen Instanzen auszuschließen sind. So sind auch unterschiedliche Beurteilungen zwischen Bundesregierung und Bundesbank denkbar. Die gegenwärtig noch geltende Regelung sieht für den Fall eines deutlichen Konflikts zwischen Bundesregierung und Bundesbank keine Lösungsmöglichkeit vor; es ist denkbar (und 1967 auch eine Zeitlang versucht worden), daß die Bundesbank der Wirtschaftspolitik der Bundesregierung entgegenarbeitet. Eine kleine Gruppe hoher Beamter könnte hier im Ernstfall die Politik einer demokratisch gewählten Regierung lahmlegen bzw. zumindest ihre Wirkungen vermindern oder verzögern. Die Tatsache, daß es diesen „Ernstfall“ in voller Schärfe bisher nicht gegeben hat, schließt seine Möglichkeit nicht aus und befreit den Gesetzgeber nicht von der Pflicht, für einen solchen Eventualfall eine Lösungsmöglichkeit vorzusehen. Und da die Bundesbank aus guten Gründen – auch als Bremse gegenüber zu weitgehenden Ressortwünschen – eine relative (aber eben keine absolute) Unabhängigkeit behalten soll, bietet sich hier die Einführung einer Art „Dritten Instanz“ an. Das neue Bundesbankgesetz sollte für den Fall eines ernsthaften und allein nicht zu lösenden Konflikts zwischen Bundesregierung und Bundesbank eine „Schiedsstelle“ berufen. Nimmt man dazu den Wirtschaftsausschuß des Bundestages oder ein für die Legislaturperiode im voraus zu wählendes Gremium aus Mitgliedern des Bundestages und des Bundesrats, so bringt diese „Konfliktlösung“ gleichzeitig die notwendige parlamentarische Kontrolle über die Bundesbankpolitik.

Dieses kritische Infragestellen der Autonomie der Deutschen Bundesbank wird sicherlich in der deutschen Öffentlichkeit auf wenig Verständnis stoßen. Der Glaube an die Weisheit und Unabhängigkeit einiger Beamter scheint in Deutschland weitaus größer zu sein als gegenüber dem parlamentarischen System. Die bösen Erfahrungen mit zwei (zunächst zurückgestauten) Inflationen legen scheinbar dieses Votum für eine autonome Zentralnotenbank nahe. Aber wer so argumentiert, kennt die leidvolle deutsche Währungsgeschichte nur flüchtig: sowohl die Inflation 1923 als auch die große Depression ab 1929 fanden mit kräftiger Hilfe einer Reichsbank statt, deren Autonomie um nichts hinter der gegenwärtig der Bundesbank eingeräumten zurückblieb. Bereits 1924 hat Alfred Lansburgh das Verhalten der autonomen Reichsbank wie folgt charakterisiert: „Die Reichsbank hat in der ganzen Kriegs- und Nachkriegszeit niemals den Versuch gemacht, sich der Inanspruchnahme durch die Reichsfinanzverwaltung und der Überanstrengung ihres Notenemissionsrechtes zu widersetzen. ... Und eine Abänderung des Bankgesetzes im Mai 1922, das der Reichsbank die volle Autonomie verlieh, [hat] ihr Verhältnis zum Reich nicht im geringsten modifiziert. Im Gegenteil: die Beanspruchung der Bank nahm gerade jetzt, wo sie dem Reich als vollständig selbständiges Organ gegenüberstand, jenes Ausmaß an, das schließlich zur völligen Zerrüttung der deutschen Währung geführt hat[68]."

Die gleiche Reichsbank, die 1922/23 die Inflation nicht nur geschehen ließ, sondern selber durchführte und mit ihrer Politik die sich ausbreitende Inflationsmentalität kräftig förderte[69], wurde 1929 auch in autonomer Erhabenheit zur Vollstreckerin der Depression (und damit der Exekution der Weimarer Republik). Reichsbankpräsident Luther und Reichskanzler Brüning standen sich in der Forcierung immer neuer (depressionsverschärfender) Sparmaßnahmen nicht nach. In Gustav Stolpers „Wirtschaftsgeschichte" heißt es zur Situation 1931: „Die deutsche Wirtschaft zehrte von der Substanz. Für 1931 wurde eine negative Investition – Aufzehrung von Vorräten, Abnutzung von Industrieanlagen – im Ausmaß von 5 Milliarden RM errechnet[70]." Luther und Brüning aber fürchteten bei diesen Wirtschaftsdaten einen ‚Rückfall in die Inflation'.

Und auch die „geräuschlose" Finanzierung der Kriegsvorbereitungen von 1933 bis 1938 wurde von einer autonomen Reichsbank durchgeführt. Reichsbankpräsident Schachts „Neuer Plan" wurde zum Vorläufer der Göringschen Vier-Jahres-Pläne und die autonome Reichsbank machte die Schaffung neuer Liquidität auch dann noch mit, als ab 1936 ein Lohn- und Preisstop verhängt wurde.

Das Studium der deutschen Geschichte ist selten ermutigend; die währungspolitische Geschichte der autonomen Reichsbank genauso wenig wie der übrige Verlauf. Sie ermutigt jedenfalls nicht dazu, einer kleinen (autonomen) Beamtengruppe mehr Vertrauen entgegenzubringen als den parlamentarisch-politischen Instanzen. Die bei Wilhelm Hankel plastisch geschilderte, von John Maynard Keynes initierte britische Entwicklung erscheint mir da konsequenter: „Keynes forderte, was auch andere, die nachdachten, mehr oder minder klar erkannten: daß sich das Geldwesen als Diener und nicht als Herr der arbeitenden Menschen selbst verstehen lernen müsse. Es war daher nur folgerichtig, daß man den Herrn des Geldwesens, die Zentralbank, vom Throne der Autonomie herunterholte und dem Regierungsapparat unterordnete, der einerseits der parlamentarischen Kontrolle und einem Volksentscheid durch die Wahlen unterworfen war[71]."

Ergänzung des Stabilitäts- und Wachstumsgesetzes

Auch bei der Neufassung des Stabilitäts- und Wachstumsgesetzes sollte es gleichzeitig um eine Neuformulierung der Ziele und um eine Erweiterung des Instrumentariums gehen. Die Zielsetzungen der geltenden Fassung sind zu eng und lassen noch zu sehr die Herkunft dieses Gesetzes von einer „Nur-Stabilitätskonzeption" erkennen. Soll das stabilitäts- und wachstumspolitische Instrumentarium den künftigen Anforderungen genügen, so ist die gegenwärtige Zielsetzung zu dem oben beschriebenen Viereck zu erweitern. (Diese Erweiterung schließt ein die Konkretisierung des „hohen Beschäftigungsstandes“ zu Vollbeschäftigung und „mäßigen“ Wirtschaftswachstums zu optimalem.) Die zur gleichzeitigen und gleichmäßigen Ansteuerung dieser neu formulierten vier Ziele notwendige Erweiterung des Instrumentariums hat vor allem

- bei der Fiskalpolitik die Einflußmöglichkeiten über die Einnahmenseite des Haushalts auszubauen, um nicht die konsequente Fortführung des Ausbaus der Infrastruktur durch Variationen der Ausgabenseite zu gefährden,
- die Verwendungsmöglichkeiten in der Hochkonjunktur abgeschöpfter Gelder flexibler zu gestalten. Die geltende Fassung des Stabilitäts- und Wachstumsgesetzes sieht vor, daß der „Konjunkturausgleichsrücklage“ nur bei einer die Ziele des Stabilitäts- und Wachstumsgesetzes „gefährdenden Abschwächung der allgemeinen Wirtschaftstätigkeit“ Geld entnommen werden darf. Theoretisch müßte die Bundesregierung nach diesen Bestimmungen bei „normaler“ Konjunkturlage erst eine leichte Rezession veranstalten, bevor sie die in der Hochkonjunktur abgeschöpften und bei der Bundesbank stillgelegten Gelder zur Finanzierung von Infrastrukturausgaben verwenden dürfte. (Sie müßte also die Bürger zur „Kasse bitten“, obwohl „gehortetes Geld“ aus Zeiten einer überhitzten Konjunktur vorhanden ist.)
- Möglichkeiten einer Regionalisierung der Konjunkturpolitik einzubauen; da in der Bundesrepublik erfahrungsgemäß die wirtschaftsschwachen Regionen vom Konjunkturaufschwung später erfaßt werden und trotzdem der Konjunkturabschwung stärker durchschlägt, trifft die globale Anwendung antizyklischer Maßnahmen die „unterentwickelten Regionen“ besonders hart. Nun dürfte es zwar schwer sein, „regionale Reservate“ bei allgemeinen Bremsmaßnahmen abzugrenzen, aber für den Fall expansiver Maßnahmen scheint eine regionale Differenzierung möglich und sinnvoll. Die Wirtschaftstätigkeit schwächt sich oft in ballungsfernen Regionen schon ab,

wenn in den Ballungszentren noch Hochkonjunktur herrscht; wenn dann schon gezielt mit zusätzlichen öffentlichen Investitionen in den ballungsfernen Gebieten der Abschwächung entgegengearbeitet wird, ergibt sich hieraus die Möglichkeit in den Zentren der Konjunktur länger zu warten – anderenfalls drängen die Indikatoren aus den wirtschaftsschwachen Gebieten (vor allem die Arbeitsmarktziffern) zu generell expansiv wirkenden Maßnahmen, obwohl es eigentlich dafür noch zu früh ist. Hier zeigt sich eine der Notwendigkeiten, Struktur- und Konjunkturpolitik enger miteinander zu verzahnen.

- die notwendige Verzahnung zwischen staatlicher Wirtschaftspolitik und der Geld- und Kreditpolitik der Bundesbank sicherzustellen.

Ein so erweitertes Stabilitäts- und Wachstumsgesetz mit der Sicherung ständiger Koordinierung der staatlichen Wirtschaftspolitik mit der Geld- und Kreditpolitik würde die Chancen, das neue Zielviereck einigermaßen gleichmäßig zu erreichen, bedeutsam erhöhen. Freilich nützt das beste Instrumentarium nichts, wenn der Mut zur rechtzeitigen und richtig dosierten Anwendung fehlt. Hier liegt eigentlich der Kernpunkt zahlreicher berechtigter kritischer Einwendungen gegen die marktwirtschaftliche, aber sozial gebundene Wirtschaftsordnung: es ist nicht diese Ordnung, die für die zahlreichen Verzerrungen und Unzulänglichkeiten der wirtschaftlichen Entwicklung in den letzten zwei Jahrzehnten verantwortlich zu machen ist, sondern – neben der bereits oben geschilderten Tatsache, daß zu lange die Sozialbindung vernachlässigt wurde – die Unzulänglichkeiten des Instrumentariums und (noch mehr) der mangelnde Mut zur rechtzeitigen und richtigen Anwendung.

Der rechtzeitigen und richtigen Anwendung des konjunkturpolitischen Instrumentariums stehen in der Praxis freilich auch zwei spezielle Schwierigkeiten entgegen:

- Trotz des Ausbaus der elektronischen Datenverarbeitung erfordert die Aufbereitung der statistisch erfaßten Produktions- und Marktdaten immer noch erhebliche Zeit. Wenn Wirtschaftspolitiker über die gegenwärtige wirtschaftspolitische

Situation sprechen, so handelt es sich bestenfalls um die Situation von vor sechs Wochen, meistens von vor acht und zwölf Wochen.

- Zusätzlich hinkt das öffentliche Bewußtsein den schon technisch verzögerten Daten nochmals hinterher. Wirksame Konjunkturpolitik erfordert aber nicht ein Hinterher, sondern ein Vorhalten der konjunkturpolitischen Maßnahmen. Im Idealfall sollten Bremsmaßnahmen schon zu Beginn des Aufschwungs eingeleitet werden und neue Ankurbelungsmaßnahmen auf dem Gipfel der Hochkonjunktur. Das öffentliche Bewußtsein wird aber zu diesem Zeitpunkt noch genau die gegenteiligen Maßnahmen erwarten und entsprechend schwer ist die rechtzeitige Durchsetzung in einem parlamentarischen System.

Auch intensive Informationsarbeit wird diese Schwierigkeiten nicht beseitigen, sie aber vielleicht abmildern können. Vor allem aber müßte mit breiter Informationsarbeit zu erreichen sein, daß die mangelhafte Anwendung des Instrumentariums nicht als Untauglichkeit der Instrumente deklariert wird, sondern als schwer vermeidbare Unzulänglichkeiten der praktischen Anwendung. Gelingt es, ein so orientiertes öffentliches Bewußtsein zu schaffen, besteht auch die Chance, die praktische Anwendung Schritt für Schritt zu verbessern; andernfalls wird es dem „System" oder den Instrumenten selbst angelastet und es beginnt die Diskussion untauglicher Rezepte, z. B. eines Lohn- und Preisstops.

Die Formel vom „Magischen Dreieck" ist unbewiesen und es muß vermieden werden, daß sie durch die anhaltenden weltweiten Preisauftriebstendenzen neu den Glanz einer Schein-Wahrheit bekommt. Alle Halberfolge oder auch Mißerfolge der Stabilitätspolitik belegen lediglich die Unzulänglichkeiten der Anwendung des modernen konjunkturpolitischen Instrumentariums (und oft mangelnden politischen Mut) aber nicht die Untauglichkeit der Instrumente. Theoretische Überlegungen und praktische Erfahrungen lehren uns zusätzlich, daß die Erweiterung des gesamtwirtschaftlichen Zieldreiecks zu einem Vier- oder Fünfeck das Erreichen der Ziele nicht zusätzlich erschwert, sondern die Bedingungen verbessert.

Vollbeschäftigung und kräftiges Wirtschaftswachstum – nicht in maximalem, sondern in optimalem Sinne, d. h. nach gesamtpolitischen (auch außerökonomischen) Wertvorstellungen differenziertes Wachstum, das aber die vorhandenen Kapazitäten voll ausnutzt – bedingen sich sowieso gegenseitig und sind nur miteinander, nicht gegeneinander realisierbar. Geldwertstabilität im Sinne relativer Preisniveaustabilität (nicht stabiler Einzelpreise) ist wiederum leichter erreichbar, wenn nicht nur die Gewerkschaften, sondern auch die staatliche Wirtschaftspolitik nach einer gerechteren Einkommens- und Vermögensverteilung strebt; wenn der Abbau ungerechtfertigt hoher Einkommensdifferenzierungen und eine breite Streuung der Vermögenstitel zu den gleichzeitig und gleichrangig anzustrebenden gesamtwirtschaftlichen Zielen zählen, werden einzelne Verteilungskämpfe an Schärfe verlieren, weil auch den Gewerkschaften und den durch sie vertretenen Arbeitnehmern an einer Verstetigung der Verbesserung der Einkommensrelationen liegt und sie bei Parallelität ihrer Ziele mit den Zielen der staatlichen Wirtschaftspolitik darauf verzichten können, jede Chance des Arbeitsmarktes in der Hochkonjunktur bis zum letzten Pfennig auszureizen[72].

Jedes Abweichen vom Außenhandelsgleichgewicht wiederum trägt erheblich zur Gefährdung der anderen Ziele bei: ein Importüberschuß löst auf die Dauer Tendenzen zu Arbeitslosigkeit aus, und ein Exportüberschuß ist (durch die Verknappung des Angebots auf dem Binnenmarkt) eine Quelle ständiger Preissteigerungstendenzen. (Für die Bundesrepublik scheitert jeder angeblich empirische Beweis für die Richtigkeit der Formel vom „Magischen Dreieck" schon allein an der Tatsache, daß die Bundesrepublik seit ihrem Bestehen nie ein Außenhandelsgleichgewicht gehabt hat (vgl. Tabelle 11).

Unter Berücksichtigung dieser Verzahnungen muß zweifelhaft erscheinen, ob die Methode des Sachverständigenrats, seine Vorschläge jeweils auf das im Rahmen seines Auftrags am meisten gefährdetste Ziel zu konzentrieren, richtig ist. Eine der Grundvoraussetzungen, um in der Bundesrepublik dem Ziel

Geldwertstabilität näher zu kommen, ist z. B. ein echtes Außenhandelsgleichgewicht; für lange Jahre würden unter den gegenwärtigen Relationen sogar von einem Importüberschuß erhebliche Wohlstandssteigerungen ausgehen. Diese Vielzahl von Wechselwirkungen und Rückkoppelungen erlaubt die Vermutung, daß bei koordinierter Ausrichtung der Wirtschaftspolitik *und* der Geld- und Kreditpolitik auf das gleichzeitige Anstreben aller Ecken des Zielvierecks die Chance, jedem einzelnen der Ziele näher zu kommen, größer ist als bei Konzentration auf eines der Ziele, auch wenn dieses das am meisten gefährdete ist. Wollte man ebenso ungenau arbeiten wie bei der Formel vom „magischen Dreieck", könnte sogar die These aufgestellt werden, daß die vier Ziele *nur* gemeinsam zu erreichen sind und keines einzeln, weil sie so voneinander abhängig sind, daß längeres Abweichen von einer Ecke auch die anderen in Gefahr bringt.

Dieses gleichzeitige und gleichmäßige Ansteuern des Zielvierecks ist nicht nur wünschbar, sondern auch möglich. Grundvoraussetzung ist allerdings eine funktionierende außenwirtschaftliche Absicherung. Die gegenwärtig extern flexiblen und intern stabilen Wechselkurse zeigen dazu einen vernünftigen Weg, der allerdings – bei immer möglichen Abweichungen der wirtschaftlichen Entwicklung innerhalb des gemeinsamen Raumes – die Bereitschaft zu kurzfristig realisierenden Kurskorrekturen in möglichst kleinen Schritten einschließen muß. Diese Bereitschaft hat die Bundesregierung bewiesen. Wird es darüber hinaus möglich, zur Bekämpfung des Preisauftriebs auch über längere Zeit einen Importüberschuß hinzunehmen – die in den letzten zwanzig Jahren angesammelten Devisenreserven machen das auf lange Zeit hinaus möglich – sind die Chancen groß, daß bei konsequenter Anwendung des neuorientierten konjunkturpolitischen Instrumentariums den vier Zielen nahe gekommen werden kann.

Für die dazu notwendige Neuorientierung der Konjunkturpolitik seien hier die beiden wichtigsten Kernpunkte noch einmal wiederholt:

– Effektive außenwirtschaftliche Absicherung gibt der Geld- und Kreditpolitik die volle Handlungsfreiheit wieder. Wird dann der Instrumentenkasten der Bundesbank noch um die Möglichkeit, Mindestreserven auf der Aktivseite der Geschäftsbanken vorzuschreiben – denn es geht darum, im Bedarfsfall die Kreditexpansion drosseln zu können und nicht den Zuwachs an Spareinlagen – erweitert, dann es ist bei konsequenter Handhabung eine Beeinflussung der Investitionsneigung möglich. Und jede Veränderung der Investitionsneigung wirkt – expansiv wie kontraktiv – auf Wirtschaftswachstum und Preisniveau zurück.

– Die wiedergewonnene Handlungsfreiheit der Geld- und Kreditpolitik befreit die Fiskalpolitik von der einen Seite ihrer konjunkturpolitischen Aushilfsrolle. Bei voller Einsatzfähigkeit des verbesserten kreditpolitischen Instrumentariums kann (guten konjunktur-politischen Gewissens) darauf verzichtet werden, Konjunkturschwankungen mit Reaktionen auf der Ausgabenseite der öffentlichen Haushalte zu beantworten. Die dann mögliche stetige Durchführung des Infrastrukturprogramms bringt zusätzlich ein stabiles Element in die wirtschaftliche Entwicklung; für trotzdem notwendige Kaufkraftabschöpfungen bzw. Vermehrungen steht die Einnahmenseite des Haushaltes zur Verfügung.

Mit dieser Neuorientierung der Konjunkturpolitik rückt die Strukturpolitik von ihrer bisher ergänzenden Rolle in den Mittelpunkt der Wirtschaftspolitik. Hilfen zur Beschleunigung des Strukturwandels und zur Vermeidung sozialer Härten bei Veränderungen der Gewichte der wirtschaftlichen Entwicklung können entscheidend dazu beitragen, das Ziel Vollbeschäftigung zu gewährleisten, ohne massive Konjunkturanreize geben zu müssen. Berufliche und regionale Mobilität der Arbeitskräfte helfen bei der Verbesserung der Einkommensverteilung. Verzahnt mit den Maßnahmen des Infrastrukturprogramms kann dann der Einsatz des strukturpolitischen Instrumentariums wesentlich dazu beitragen, dem wirtschaftspolitischen Zielviereck näher zu kommen. Dabei können sich Strukturpolitik und „regionalisierte Konjunkturpolitik“ wirksam ergänzen.

13. Strukturpolitik: Teuer, hart und notwendig

Jede hochentwickelte Volkswirtschaft unterliegt einem laufenden Strukturwandel, der allerdings die einzelnen Wirtschaftszweige und Regionen sehr unterschiedlich berührt. Dieser ständige Strukturwandel ist ein Lebenselement der dynamischen Marktwirtschaft, und er wird um so intensiver je höher der Technisierungsgrad einer Volkswirtschaft ist. Lebensstandard und Wohlstandsniveau aber auch die Position einer Industrienation am Weltmarkt werden weitgehend vom Tempo der technischen und wissenschaftlichen Entwicklung bestimmt. Das unterschiedliche Tempo der strukturellen Veränderungen in den einzelnen Sektoren und Regionen bringt eine Fülle von Umstellungsschwierigkeiten, weshalb jede erfolgreich mit den Mitteln der Globalsteuerung arbeitende Wirtschaftspolitik der strukturpolitischen Ergänzung bedarf. Die Verdrängung der vom technischen Fortschritt überholten Erzeugnisse vom Markt zwingt im Wettbewerb die Produzenten zu permanenter Umstellung und zur Anpassung der Produktion an den Markt von morgen. Nicht immer werden die Unternehmer von sich aus den Zeitpunkt zur Umstellung rechtzeitig erkennen. Sieht die Wirtschaftspolitik lediglich abwartend zu, werden sehr schnell soziale Härten, Arbeitslosigkeit und Wachstumsverluste eintreten. (Das Beispiel der länger als ein Jahrzehnt verschleppten Krise des Steinkohlenbergbaus steht hier warnend vor Augen!) Schon aus der Sozialbindung der marktwirtschaftlichen Ordnung in der Bundesrepublik her dürfen also die notwendigen Umstellungsprozesse in einer vom Strukturwandel ständig betroffenen Volkswirtschaft nicht sich selbst überlassen bleiben. Die Aufgabe der ständigen Wachstumssicherung kommt noch dazu.

Beschleunigung der Strukturveränderungen darf nicht gebremst werden

Unter marktwirtschaftlichen Bedingungen werden unter Strukturpolitik „in der Regel alle wirtschaftspolitischen Maßnahmen verstanden, die darauf gerichtet sind, die bestehende Wirtschaftsstruktur zu verbessern“[73]. Aber diese Maßnahmen dürfen nur „Hilfe zur Selbsthilfe“ sein und sie müssen gleichzeitig der Verbesserung des Wettbewerbs dienen. Nach den in der Bundesrepublik Deutschland erstmals 1958 konkretisierten Grundsätzen für die sektorale und die regionale Strukturpolitik[74] dürfen spezielle staatliche Hilfen nur dann eingesetzt werden, „wenn sich die gesamtwirtschaftlichen Rahmenbedingungen für einzelne Sektoren besonders rasch und einschneidend ändern“ und hieraus unerwünschte gesamtwirtschaftliche und soziale Konsequenzen zu befürchten sind.

Diese im Prinzip richtigen Grundsätze sind freilich weder in der bisherigen Strukturpolitik immer zur Anwendung gekommen, noch wird ihre marktwirtschaftliche Notwendigkeit überall erkannt. Vor allem in den vom Strukturwandel betroffenen Branchen wird Strukturpolitik in der Regel als eine konservierende Schutzpolitik gesehen, die der Erhaltung bestehender Strukturen dienen und die Unternehmen vor Wettbewerb schützen soll. Und bei dieser „Umfunktionierung“ der Strukturpolitik gibt es oft genug eine – aus der Branchensicht verständliche – Allianz zwischen Unternehmen und Gewerkschaften.

Aber das im einzelnen erklärbare Verständnis für die Erhaltung gewohnter Produktionsverhältnisse darf den Strukturpolitiker bei der Durchführung seiner Aufgaben nicht leiten, wenn er Erfolg haben will. Im Gegenteil: die in der Regel recht hohen strukturpolitischen öffentlichen Ausgaben sind nur zu rechtfertigen, wenn sie den Strukturwandel beschleunigen. Verzögerungen sind nur zu verantworten, wenn sie zeitlichen Spielraum für die notwendige Umschulung der Arbeitskräfte und die Anpassung an neue Märkte geben, ohne die generell notwendigen Veränderungen in Gefahr zu bringen. Nichts ist für die Betroffenen und den Staatshaushalt auf lange Sicht gefährlicher als die Erhaltung unzureichender Produktionsbedingungen mit unzulänglichen Mitteln: die staatlichen Aufwendungen werden von Jahr zu Jahr größer und die Betroffenen trotzdem unzufriedener. (Das Beispiel der deutschen und der europäischen Agrarpolitik der fünfziger und sechziger Jahre ist hierfür ein besonders böses Beispiel; von Jahr zu Jahr steigende Milliardenbeträge in den öffentlichen Haushalten haben die Bauern nicht wohlhabend und die Verbraucher immer unzufriedener gemacht. Die seit Beginn der siebziger Jahre forcierte Ausrichtung auf Strukturverbesserungen macht zwar Fortschritte, aber nur sehr langsam spürbare.) Die Strukturpolitik darf darum den vom Markt oder von der Technik her notwendigen Anpassungsprozeß nicht verhindern, sondern nur so weit eingrenzen, wie es zur Sicherung des zur Vermeidung sozialer Härten notwendigen „Gleitfluges" erforderlich ist. Gleichzeitig muß ihr Schwergewicht darauf liegen, bei der Eröffnung neuer Märkte und der Umstellung auf neue Produkte zu helfen.

Keine Konservierung aus traditionellen oder nationalen Prestigegründen

Nicht nur der Druck etablierter Interessen auch nationales traditionsbehaftetes Prestigedenken hat von der Schutzzollpolitik der Bismarck-Zeit bis heute notwendige Strukturveränderungen verhindert bzw. zumindest unnötig (und darum gesamtwirtschaftlich kostspielig) verzögert. Wenn ein bayerischer Ministerpräsident noch in den sechziger Jahren trotz der europäischen Agrarüberschüsse und der auf immer größere Einheiten drängenden landwirtschaftlichen Produktionsbedingungen seinen ländlichen Wählern den stolzen Satz verkündet: „Wer Bauer bleiben will, kann Bauer bleiben!“ so wirkt das auf die gesamtwirtschaftlich wünschenswerte Entwicklung ebenso retardierend wie hanseatisches Wunschdenken, daß deutsche Güter auch unter „deutscher Flagge“ über die Weltmeere transportiert werden müßten. Die in der Industriegesellschaft lebensnotwendige Mobilität – die den Neigungen der Mehrzahl deutscher Bürger nicht gerade entspricht – wird hierdurch zusätzlich gehemmt, bzw. von den Betroffenen nur widerwillig realisiert. Aber die von den gleichen Leuten angestrebte weitere Verbesserung ihres Lebensstandards wird sich gleichzeitig mit dem notwendigen Ausbau öffentlicher Leistungen nur realisieren lassen, wenn die Bereitschaft zur räumlichen und beruflichen Mobilität größer wird und mehr Unternehmer als bisher bereit sind, die vom Markt und von der Technik avisierten Veränderungen vorwegzunehmen, anstatt nach staatlicher Hilfe zu ihrer Abwehr bzw. Verlangsamung zu rufen.

Neben der für den Politiker immer vorhandenen Schwierigkeit, dem Druck der Interessengruppen zu widerstehen, und unter den in der Regel mit Begründungen des „Gemeinwohls“ vorgebrachten Forderungen die Einzelinteressen zu entdecken, machen in der Regionalpolitik zusätzlich zwei Probleme die Entscheidungen besonders kompliziert:

– Nationales Prestigedenken und berechtigte Gründe nationaler Vorsorge sind oft nur schwer voneinander zu unterscheiden: als Bruno Gleitze 1967 die sich auftürmenden Kohlenhalden als „nationale Energiereserve“ deklarieren (und subventionieren) wollte, erntete er allgemeines Gelächter; heute schauen immer mehr Energiepolitiker auf die sich von den USA aus abzeichnende „Energielücke“ der achtziger Jahre und denken ernsthaft über ähnliche nationale Vorsorgemaßnahmen nach. Ähnlich ist es bei der Werftindustrie: den in den Grundsätzen internationaler Arbeitsteilung denkenden Marktwirtschaftler kann angesichts der nie endenden Werft-Hilfsprogramme nur ein Grausen fassen; aber wer will bei den obskuren Besitzverhältnissen der Mehrzahl der Tankerflotten und den politischen Risiken in den meisten Erdöl-Lieferländern die Notwendigkeit einer minimalen Tanker- und Erdöl-Reserve in nationaler Verfügung bestreiten? Beide Fragen sind isoliert nicht zu beantworten. Aber sie müssen gestellt werden und die Lösungsversuche gehören in ein energiepolitisches Gesamtkonzept.

– Sektorale Strukturprobleme treten oft massiert in bestimmten Regionen auf, so daß aus einem Branchenproblem sehr schnell ein regionalpolitisches werden kann. Das gilt für die Steinkohlenbergbaugebiete an Ruhr und Saar ebenso wie für einen Teil der Textilindustrie in westfälischen und süddeutschen Teilregionen sowie für die Werftstandorte im wirtschaftsschwachen norddeutschen Küstengebiet. Auch hier darum zusätzlich ein Zwang zur Erarbeitung übergreifender, die notwendigen Einzellösungen koordinierender Gesamtkonzeptionen.

Natürlich bietet allein die Erarbeitung von Gesamtkonzeptionen noch keine Gewähr dafür, daß der langfristige gesamtwirtschaftliche Nutzen sich tatsächlich gegenüber den Einzelinteressen durchsetzt. Aber die Chancen hierzu sind größer, weil Vor- und Nachteile der Einzelprojekte vor dem Hintergrund eines Gesamtrahmens besser gegeneinander abgewogen und oft auch erst erkennbar werden. Und wenn die verantwortlichen Gremien sich bei ihrer Arbeit noch davon leiten lassen, daß an seit Jahrzehnten bestehende Strukturhilfen besonders strenge Maßstäbe anzulegen sind – weil hier der Verdacht auf Subventionierung aus Gewohnheit besonders naheliegt – kann der Erfolg ein doppelter sein: die regionalpolitische Effizienz der Strukturhilfen wird größer und ihre haushaltsmäßige Dimension kleiner.

Strukturpolitische Vorwärtsstrategien
a) Forderung von Zukunftsindustrien und Innovationen

Anpassungshilfen bei Strukturänderungen sind sozial notwendig und tragen dazu bei, individuelle Einkommenseinbußen und gesamtwirtschaftliche Wachstumsverluste zu vermeiden. Langfristig hängt die weitere Entwicklung einer schon hochentwickelten Volkswirtschaft aber vor allem davon ab, daß der Ausbau jener Produktionszweige, die (stark verallgemeinernd) „Zukunftsindustrien" genannt werden, schnell genug erfolgt und von entsprechendem Tempo beim Ausbau der technischen Forschung und der Entwicklung neuer Produktionsmöglichkeiten und Techniken. In den gegenwärtig durchgeführten Strukturprogrammen ist entsprechend auch die Förderung der Luft- und Raumfahrtindustrie, der elektronischen Datenverarbeitung und der Kernenergieindustrie ebenso enthalten wie die Forderung von Investitionen im Bereich von „Forschung und Entwicklung". So gesamtwirtschaftlich richtig prinzipiell der Ansatz ist, Innovationen und Zukunftsindustrien zu fördern, so groß sind die Zweifel an der gegenwärtigen Praxis. Das gilt für die Auswahl der Bereiche ebenso wie für die Art der Förderung.

Luft- und Raumfahrtindustrie, Kernenergie und elektronische Datenverarbeitung zählen ohne Zweifel zu den für eine hochentwickelte Volkswirtschaft wichtigsten Bereichen. Und für die beiden erstgenannten dürfte auch noch zutreffen, daß bei der hier besonders schnellen Entwicklung der Technik Finanzierungsvolumen und wirtschaftliches Risiko für die Finanzkraft der bestehenden Unternehmen zu groß sind. Bei der elektronischen Datenverarbeitung ist dieses schon zu bezweifeln; hier sind die in der Bundesrepublik ansässigen Firmen von einer auch im Weltmaßstab nicht zu verachtenden Größenordnung. Trotzdem kann es gesamtwirtschaftlich sinnvoll sein, hier gezielt mit öffentlichen Mitteln zu fördern. Aber es erscheint mir höchst zweifelhaft, ob diese Förderung legitim ist, wenn den Unternehmen die völlig freie Gewinnverfügung verbleibt.

Mit diesen Zweifeln soll nicht eine Art „kalter Sozialisierung" über Innovationsförderungen eingeleitet werden. Aber zu einer künftigen strukturpolitischen Gesamtkonzeption gehören auch Überlegungen zu einer sinnvollen Verknüpfung strukturpolitischer Hilfen mit einer teilweisen Gewinnverwendung in der gleichen Richtung, die mit den Strukturhilfen verfolgt wird. Ebenso ist zu beachten, daß auch jede Investition im Bereich Forschung und Entwicklung neue Vermögenswerte schafft. Neue Vermögenswerte, die den konventionellen Eigentümern gehören, obwohl ein Teil davon aus öffentlichen Mitteln finanziert wurde, sind – über die allgemeine Vermögensverteilungsproblematik hinaus – ein zusätzlicher Grund, die Arbeitnehmer mehr als bisher am wachsenden Produktivvermögen zu beteiligen.

Gewinnverwendung in Richtung Forschung und Innovationen sowie Neuordnung der neu zuwachsenden Vermögenstitel sind wichtige Nebenbedingungen einer künftigen strukturpolitischen Konzeption. Der Schwerpunkt muß aber für den Bereich Zukunftssicherung in der Auswahl der zu fördernden Projekte liegen. Auch bei noch so großen politischen Anstrengungen erscheint es kaum denkbar, daß die Finanzkraft der Bundesrepublik ausreicht, um in einer Vielzahl von technischen Zukunftsbereichen zu Spitzenergebnissen zu kommen. In der Luft- und Raumfahrtindustrie z. B. dürfte der amerikanische Vorsprung – auch bei noch so kräftigen deutschen Anstrengungen – nicht aufzuholen sein. Es widerspricht außerdem den Möglichkeiten einer vernünftigen internationalen Arbeitsteilung, wenn alle hochentwickelten Industrienationen in allen technischen Zukunftsbereichen nach Spitzenstellungen streben. Hier ist eine Spezialisierung notwendig, um bei Konzentration der wissenschaftlichen und finanziellen Kräfte wirklich zu Erfolgen zu kommen. Für die Bundesrepublik dürfte etwa die Erarbeitung eines hochleistungsfähigen Schnellbahnsystems binnenwirtschaftlich und für den Weltmarkt erfolgversprechender sein als das „Nachkarten“ in der Luft- und Raumfahrtindustrie. Auch eine Konzentration der Forschung auf die Entwicklung neuer Baustoffe und Fertigungsmethoden dürfte für Geldwertstabilität, Wirtschaftswachstum und künftige Weltmarktgeltung der deutschen Volkswirtschaft mehr hergeben.

Der Begriff Zukunftsindustrien wird bisher recht ungenau verwendet und ist auch kaum wohl exakt zu definieren. Versteht man darunter jene Industriezweige, von denen künftig die höchsten Zuwachsraten zu erwarten sind und/oder deren Ausbau für die Entwicklung der anderen Sektoren besonders notwendig ist, so bedürfen sie sicher besonderer strukturpolitischer Aufmerksamkeit, weil ihre mehr oder weniger gute Entwicklung wesentlich die Chancen zur Erreichung des gesamtwirtschaftlichen Zielvierecks mitbestimmt. Aber gerade deshalb ist Spezialisierung im Sinne internationaler Arbeitsteilung notwendig. Die vor uns liegende Aufgabe eines besseren Ausbaus der Infrastruktur wird die immer knappen öffentlichen Mittel noch knapper machen. Entsprechend höher werden die Ansprüche an eine rationelle Verwendung dieser Mittel. Internationale Spezialisierung und Einbau in den Bundesentwicklungsplan zum Ausbau der Infrastruktur sind darum für die künftige Förderung der Zukunftsindustrien notwendig.

b) Zunehmende Bedeutung der Regionalpolitik

Die Bundesrepublik Deutschland hat gegenüber einem Teil ihrer europäischen Partner (vor allem gegenüber Frankreich und Italien) den großen Vorteil einer relativ gleichgewichtigen Verteilung der Industriezentren. Von München–Augsburg–Ingolstadt über die nordbayerische Industrielandschaft, den Raum Stuttgart–Mannheim, das Rhein-Main-Dreieck bis zu der längst die Grenzen des „Reviers“ sprengenden Industrielandschaft zwischen Aachen und Bielefeld zieht sich ein nur wenig unterbrochener Gürtel industrieller Anlagen. Nordöstlich dieses Gürtels strahlen die Großregionen Hamburg, Hannover–Braunschweig und (in geringerem Maße) Kassel weit in das sie umgebende Land und südwestlich davon weisen das Saarland und die Westpfalz zwar monostrukturierte aber durchaus bedeutsame Industrieregionen auf. Dementsprechend sind Verödungsprobleme in den Dimensionen von Süditalien oder einiger französischer Regionen in der Bundesrepublik nicht anzutreffen. Aber das Einkommensgefälle und vor allem der Unterschied in den Lebenschancen zwischen den Randgebieten und den Ballungszentren ist immer noch beträchtlich und der Verfassungsauftrag des Grundgesetzes zur Gewährleistung einheitlicher Lebensverhältnisse zwingt darum zu aktiver Regionalpolitik. Gleichzeitig liegt in einer gezielten Regionalpolitik auch die Chance zu gleichgewichtigerer (und damit umweltfreundlicherer) Verteilung der künftigen Industriezentren und zur Erschließung heute noch latent vorhandener Wachstumsreserven.

In der Bundesrepublik wurde die Entleerung ländlicher Räume (vor allem das Weser-Ems-Gebiet, die schleswig-holsteinische Westküste, weite Teile des Zonenrandgebiets und der bayerische Wald) zwischen 1949 und 1969 lebhaft beklagt, doch wenig dagegen getan. Erst mit der Neuorientierung der Regionalpolitik durch die regionalen Aktionsprogramme zeigten sich wirksame und dauerhafte Erfolge. (Von 1969 bis 1972 wurden in den wirtschaftsschwachen Regionen rund 400 000 zusätzliche gewerbliche Arbeitsplätze neu geschaffen[75].) Die 1968 erarbeiteten Leitsätze für eine erfolgreiche regionale Strukturpolitik sind zur Grundlage der Gemeinschaftsaufgabe „Verbesserung der regionalen Wirtschaftsstruktur" geworden; ihrer Bedeutung auch für die künftige Regionalpolitik wegen werden sie nachstehend (komprimiert) wiedergegeben[76]:

– In einer freiheitlichen Wirtschaftsordnung obliegt auch die betriebliche Standortwahl der freien unternehmerischen Entscheidung. Aber Standortbedingungen sind nur zum Teil natürlich bestimmt. Der andere – oft größere – Teil wird gestaltet und kann darum verbessert werden. Auf diesem Wege die Anziehungskraft der heute leistungsschwachen Regionen zu erhöhen, ist vordringliche Aufgabe der Regionalpolitik.

– Alle neueren Untersuchungen über die eine Standortwahl beeinflussenden Motive kommen zu dem Ergebnis, daß der Wohn- und Freizeitwert einer Gemeinde heute die unternehmerischen Standortentscheidungen maßgeblich beeinflußt, mindestens ebenso sehr wie vorhandenes qualifiziertes Facharbeiterpotential und gut erschlossenes Industriegelände. Die notwendige Verbesserung der Infrastruktur muß darum mit einer Integration von Struktur-, Bildungs- und Sozialpolitik angestrebt werden, um die den Wohnwert und die Entwicklungsfähigkeit einer Gemeinde bestimmenden Faktoren gleichmäßig zu verbessern.

– Die Notwendigkeit zum großzügigen Aufbau der Infrastruktur verstärkt noch den schon vorhandenen Trend zur Konzentration der Förderungsmaßnahmen. Da jede auf Dauer erfolgreiche Industrieansiedlung – mit vertretbarer Höhe der social costs – ein Mindestmaß an Agglomeration voraussetzt, haben nur ausbaufähige Standorte mit einem Einzugsbereich (eine halbe bis höchstens eine Stunde Weg zur Arbeitsstelle) von 20 000 bis 50 000 Einwohnern echte Entwicklungschancen. Alle Förderungsmaßnahmen sind darum auf entsprechende regionale Schwerpunkte zu konzentrieren.

– Der Zwang zur Konzentration erhöht noch die Bedeutung der Verkehrsverbindungen, vor allem guter, an das Autobahnnetz angebundener Straßen. Bei der Errechnung des künftigen Bedarfs muß darum die Verkehrsplanung den Erfolg der Regionalpolitik antizipieren. Die Verkehrsbedienung muß so verbessert werden, daß aus der Landwirtschaft ausscheidende Erwerbstätige in zumutbarer Zeit einen gut ausgestatteten gewerblichen Arbeitsplatz erreichen können.

– Verteilte Zuständigkeiten in der Regionalpolitik sowie Bezirks- und Kreisgrenzen erschweren die Übersicht und den optimalen Einsatz der Mittel. Es sind darum regionale Aktionsprogramme für nach wirtschaftlichen Gesichtspunkten abgegrenzte größere Förderungseinheiten vorzubereiten. Die Bundes- und Landesmaßnahmen für jedes dieser Gebiete sind auf fünf Jahre zu projektieren und jährlich fortzuschreiben.

– Um den gesamtwirtschaftlich richtigen Einsatz der Mittel zu gewährleisten, sind für die einzelnen Förderungsgebiete Vorausschätzungen der wirtschaftlichen Entwicklung zu erarbeiten und ständig zu überprüfen. Nach den so gewonnenen Erkenntnissen sind für jedes Gebiet ein oder zwei übergeordnete Entwicklungsschwerpunkte zu bilden, die erhöhte Förderungsmittel erhalten.

– In den regionalen Schwerpunkten sind nicht nur Ansiedlungen von Unternehmen der Industrie, des produzierenden Handwerks und des Fremdenverkehrs zu fördern. Auch Niederlassungen lokal unabhängiger Verwaltungen und anderer öffentlicher Institutionen würden wesentlich zur Entwicklung dieser Gebiete beitragen. Die Voraussetzungen für die Entstehung von Einkaufszentren und anderen die Modernität und damit die Anziehungskraft eines regionalen Schwerpunktes erhöhender Einrichtungen sind zu verbessern. Dabei sollte der individuelle Charakter der einzelnen Regionen berücksichtigt werden (Handelsverkehr zum benachbarten Ausland, Ausbildungszentren und Lehranstalten entsprechend dem künftigen industriellen Gesicht des einzelnen Gebietes).

Regionalförderung entsprechend diesen Leitsätzen wird noch wirksamer, wenn sie in ein umfassendes langfristiges Infrastrukturprogramm eingebaut wird. Auch die notwendige Integration von Struktur-, Bildungs- und Sozialpolitik ist in einem derartigen langfristigen Programm leichter und besser herbeizuführen, auch ist der erforderliche Gleichschritt zwischen dem Ausbau der Infrastruktur und den angestrebten Industrieansiedlungen besser zu gewährleisten. Dabei erscheint es auch möglich, gegenüber den heutigen Förderungspräferenzen die direkten Investitionszuschüsse (bzw. Investitionszulagen) an die Industrie allmählich zugunsten des Infrastrukturausbaus zu verringern. Dieses erscheint ohne Beeinträchtigung der Ansiedlungserfolge möglich, weil

– das vorhandene Arbeitskräftereservoir in den wirtschaftsschwachen Regionen bei in der Hochkonjunktur leergefegtem Arbeitsmarkt in den Ballungsgebieten wirksamere Anreize auf standortsuchende Unternehmer ausübt als alle finanziellen Investitionshilfen und
– mit der notwendigen Verschärfung der Umweltschutzgesetzgebung und Anlastung der daraus entstehenden Kosten bei der verursachenden Industrie ein neues Standortgefälle von den Ballungsgebieten zu den peripheren Zonen hin entsteht.

Beide Tendenzen verbessern die Attraktivität der heute noch wenig gesuchten Regionen. Wichtigste Voraussetzung ist freilich ein Mindestmaß an Infrastruktur-Ausstattung, deren Erstellung aber wiederum auch in den wirtschaftsschwachen Regionen Einkommen und Beschäftigung schafft. Die gleichzeitige Konzentration des Infrastrukturausbaus und der Ansiedlungsförderung auf nach der Entwicklungsfähigkeit ausgewählte Schwerpunkte wird dabei „Kerne lokaler Ballungen“ schaffen, die geeignet sind, das Wohlstandsniveau einer ganzen Region zu heben. In einer erfolgreichen Regionalpolitik liegt auch die einzige Erfolg versprechende Chance einer Lösung der Agrarfrage in einem überschaubaren Zeitraum. Wenn in den neuen Kernen lokaler Ballungen attraktive gut bezahlte Arbeitsplätze in zumutbarer Entfernung zu der Mehrzahl der Bauernhöfe entstehen, geht hiervon ein beträchtlicher Anreiz zur Abwanderung aus der Landwirtschaft aus. Das wiederum gibt den in der Landwirtschaft Verbleibenden die Möglichkeit, ihre Produktionseinheiten so lange zu vergrößern, bis sie bei entsprechend extensiver Arbeitsweise ein zureichendes Einkommen erwirtschaften können. Die heute schon bestehenden Hilfen bei der Vergrößerung von Höfen dürften ausreichen – sie könnten auch aufgestockt werden, das wäre auf die Dauer für den öffentlichen Haushalt billiger als die Erhaltung unzureichend großer Höfe – um diesen Prozeß in Gang zu halten.

Verzahnung mit der Konjunkturpolitik

Die Erweiterung des klassischen Zieldreiecks der Wirtschaftspolitik zu einem Viereck durch die Einbeziehung des Strebens nach gerechterer Einkommens- und Vermögensverteilung als gleichrangiges Ziel neben Vollbeschäftigung, Geldwertstabilität und Wirtschaftswachstum bei Außenhandelsgleichgewicht gibt der Strukturpolitik in der Skala aller wirtschaftspolitischen Instrumente einen bedeutend höheren Rang. Der Vorrang stetiger Verbesserung der Infrastruktur bringt die Finanzpolitik zu ihrer klassischen Aufgabe zurück und verdrängt die Konjunkturpolitik auf die Einnahmenseite des Haushaltes. Die Durchführung des langfristigen Infrastrukturkonzepts wird um so besser gelingen, je mehr es gelingt, sich vom Markt und von der Technik her anbahnende Strukturveränderungen der Wirtschaft zu beschleunigen und in ihren Auswirkungen sozial abzusichern. Infrastrukturausbau und gezielte Politik strukturverbessernder Hilfen tragen damit gleichzeitig zur Verstetigung der wirtschaftlichen Entwicklung bei; der konjunkturpolitische Apparat wird entlastet und braucht in geringerem Maße zur Anwendung zu kommen. (Alles dies gilt freilich nur unter der Voraussetzung funktionierender außenwirtschaftlicher Absicherung, sei es über flexible Außenkurse oder über die Bereitschaft zu kurzfristigen kleinen Kurskorrekturen je nach der Export/Importentwicklung.) Die Hauptlast der Konjunktursteuerung muß unter diesen Bedingungen bei der Geld- und Kreditpolitik liegen; jedenfalls die Last notwendiger Bremsmaßnahmen. Erforderliche Ankurbelungen sind leichter über Beschleunigungen der Infrastrukturinvestitionen in Gang zu setzen.

Rückt die Strukturpolitik damit mehr in den Mittelpunkt der wirtschaftspolitischen Operationen, so darf sie selbstverständlich nicht isoliert von der Konjunkturpolitik betrieben werden. In Zeiten überschäumender Hochkonjunktur müssen notfalls auch Strukturhilfen kurzfristig ausgesetzt oder gestreckt werden können; jedenfalls im Bereich der sektoralen Strukturpolitik. Für die Regionalpolitik ist eine differenziertere Betrachtung notwendig: hier können allzu leicht global wirkende Bremsmaßnahmen der Konjunktur erste strukturpolitische Erfolge wieder zunichte machen. (Der von Niedersachsen und anderen Bundesländern im Frühjahr 1973 eingebrachte Gesetzentwurf zur Änderung des Stabilitäts- und Wachstumsgesetzes in Richtung einer „Regionalisierung der Konjunkturpolitik" geht teilweise von diesen Überlegungen aus[77].)

Lupenreine Marktwirtschaftler werden freilich die Idee einer regionalen Differenzierung konjunkturpolitischer Maßnahmen mit Abscheu von sich weisen: nach der „reinen Lehre" darf der

Staat in das wirtschaftliche Geschehen nur mit global wirkenden Maßnahmen – die Gerechte und Ungerechte gleicherweise treffen – eingreifen; welche Einzelveränderungen sich unter diesen Maßnahmen der Globalsteuerung vollziehen, soll dem Markt überlassen bleiben, der die Selektion der Auswirkungen prinzipiell besser kann. Die Schlüssigkeit dieser These ist im Modell der vollkommenen Konkurrenzwirtschaft unbestreitbar; nur dieses Modell ist auch nicht annähernd auf die Wirklichkeit zu übertragen. Je größer aber der Grad der Abweichungen von der Vollkommenheit des Modells, desto größer auch die Zweifel, ob die mit den globalen Maßnahmen ausgelösten Veränderungen tatsächlich in die gewollte Richtung gehen. Und da Wirtschaftspolitik – jedenfalls in der sozial gebundenen Marktwirtschaft – nicht zur Ehre der „reinen Lehre" gemacht wird, sondern um dem wirtschaftspolitischen Zielviereck möglichst nahe zu kommen, müssen auch Differenzierungen von Maßnahmen der Globalsteuerung erlaubt sein, wenn der Verdacht besteht, daß bei Nicht-Differenzierung eines oder mehrere der Ziele besonders stark gefährdet werden.

In der Bundesrepublik ist selbst in Zeiten „allerhöchster Hochkonjunktur" das Ziel Vollbeschäftigung immer noch nach Regionen sehr differenziert erreicht worden. Im Juni 1968 z. B. (als im Bundeswirtschaftsministerium die erste Konzeption der regionalen Aktionsprogramme erarbeitet wurde) betrug die Arbeitslosenquote im Bundesdurchschnitt 1,1 Prozent, während in Leer (Ostfriesland) 4,2 Prozent, in Emden 3,7 Prozent, in Deggendorf (Südbayern) und Schwandorf (Nordbayern) 3,0 Prozent registriert wurden und gleichzeitig der Arbeitsamtsbezirk Stuttgart lediglich 0,1 Prozent auswies. Noch sehr viel stärker waren die Differenzierungen im Winter: im Januar 1969 hatten – bei einem Bundesdurchschnitt von 1,8 Prozent – Leer eine Arbeitslosenquote von 11,6 Prozent, Emden von 7,5 Prozent, Deggendorf von 15,8 und Schwandorf von 12,2 Prozent, während die Zahl für Stuttgart unverändert bei 0,1 Prozent verblieb. Auch auf den Gipfeln der Hochkonjunktur 1970 und 1973 sind diese Differenzierungen nicht verschwunden, wenn auch – jedenfalls in den Sommermonaten – zum Teil erheblich abgeflacht. (Vgl. Tabelle 17.) Diese auch bei der in der Bundesrepublik noch im Vergleich zu anderen europäischen Staaten relativ gleichgewichtigen Regionalstruktur vorhandenen Differenzierungen erfordern auch eine Differenzierung von Maßnahmen der Globalsteuerung.

Für das größte Geschütz aus dem Arsenal der Konjunkturpolitik, die Geld- und Kreditpolitik, kann allerdings irgendeine Art von regionaler Differenzierung nicht in Frage kommen; Verknappungen oder Erweiterungen des Geldvolumens sind ebensowenig wie das Zinsniveau regional manipulierbar. Überlegungen zur Regionalisierung der Konjunkturpolitik können sich also nur auf den finanzpolitischen Teil erstrecken. Dort sind sie in vernünftigen Grenzen möglich. Für den Einsatz des finanzpolitischen Instrumentariums zur Wiederankurbelung der Konjunktur gibt es bereits ein erfolgreiches Beispiel regionaler Differenzierung: die beiden Konjunkturprogramme, mit deren Hilfe die Rezession von 1966/67 überwunden wurde, verfolgten neben dem Ziel der Konjunkturbelebung auch strukturpolitische Ziele. Die beiden Investitionsprogramme des Jahres 1967 – mit denen ein Investitionsvolumen von rund 12,5 Milliarden DM mobilisiert wurde – erhielten gezielte strukturpolitische Ansätze, indem bei der Verteilung der Aufträge auf die einzelnen Bundesländer für die Steinkohlenbergbaugebiete und für die Bundesfördergebiete (etwa dem Umfang der heutigen regionalen Aktionsprogramme entsprechend) der doppelte Bevölkerungsschlüssel angesetzt wurde. Und auch das 1968 beschlossene gemeinsame Strukturprogramm Ruhr–Saar–Zonenrandgebiet–Bundesausbaugebiete – das gemeinsam mit dem 250 Millionen DM ERP-Programm zusätzliche öffentliche Investitionen von rund 2 Milliarden DM induzierte – hatte gleichzeitig die Verbesserung der Infrastruktur in den wirtschaftsschwachen Regionen *und* die Wiederbelebung der Konjunktur zum Ziel.

Dieses erfolgreiche Beispiel und die relativ einfache regionale Abgrenzung dürften sicherstellen, daß auch künftig bei expansiven Konjunkturmaßnahmen relativ leicht eine regionale Verstärkung durchführbar ist. Schwieriger ist die regionale Differenzierung bei Bremsmaßnahmen. Für finanzpolitische auf der Einnahmenseite des Haushalts (z. B. Investitionssteuern und/oder Aussetzung der Möglichkeiten zur degressiven Abschreibung aber auch Zuschläge zur Einkommen- und Körperschaftssteuer) gilt ähnliches wie für die Geld- und Kreditpolitik: eine saubere regionale Abgrenzung ist nur unter zahlreichen Schwierigkeiten (und Umgehungsmöglichkeiten) möglich und sie scheint auch bedenklich. Zwar konnten z. B. in Ostfriesland und im Bayerischen Wald auch im Frühsommer 1970 bzw. 1973 zusätzliche Investitionen ohne Bedenken durchgeführt werden, aber die dazu benötigten Investitionsgüter werden ja nicht ebenfalls in wirtschaftsschwachen Regionen hergestellt. Und auf die gerade 1973 besonders angespannte Investitionsgüterindustrie wirken auch Aufträge aus den wirtschaftsschwachen Regionen noch weiter stimulierend. Der Gesamtzusammenhang der Konjunktur verbietet hier regionale Ausnahmen.

Anders verhält es sich mit der Ausgabenseite des Haushalts. Sie ist bei infrastrukturorientierter Finanzpolitik sowieso nur äußerst sparsam zur Konjunktursteuerung heranzuziehen. Ist dies bei extrem überhitzter Hochkonjunktur trotzdem nicht vermeidbar, so sollten öffentliche Investitionen nicht gekürzt, sondern gezielt gestreckt werden. Bei der dann erforderlichen Selektion können geplante öffentliche Investitionen in wirtschaftsschwachen Regionen von der allgemeinen Streckung ausgenommen werden. (Da die Durchführung der meisten öffentlichen Investitionen bei den Bundesländern liegt und hier eine „natürliche" Konkurrenz zwischen „armen" und „reichen" Ländern besteht, ist hierzu freilich eine gesetzliche Grundlage im Stabilitäts- und Wachstumsgesetz notwendig. Der oben zitierte Gesetzentwurf einiger Bundesländer zielt in diese Richtung.)

Zu diesen Möglichkeiten der regionalpolitisch gezielten Verstärkung öffentlicher Investitionen bei Programmen zur Konjunkturbelebung und der Ausnahmen für wirtschaftsschwache Regionen bei aus Gründen der Konjunkturbremsung verordneten Streckungen öffentlicher Investitionen kommt eine weitere hinzu: die gezielte Vergabe öffentlicher Aufträge an Unternehmen in wirtschaftsschwachen Regionen. Ansätze hierzu gibt es bereits (wenn auch wenig erfolgreich) in der Zonenrandförderung. Bei der Durchführung eines langfristigen Infrastrukturprogramms müßte es möglich sein, diese Ansätze zu verstärken, wozu freilich mehr Flexibilität bei den Vergabevorschriften für öffentliche Aufträge notwendig ist. Doch das wird von der künftigen Wirtschaftspolitik an vielen anderen Stellen auch verlangt.

14. Das Sonderproblem Energie

Eine ausreichende Energieversorgung zählt unbestritten zu den Grundvoraussetzungen jeder wirtschaftlichen Entwicklung. In der Bundesrepublik hat ungeachtet dieser Grunderkenntnis die energiepolitische Diskussion seit der zweiten Hälfte der fünfziger Jahre einen Defensivcharakter gehabt, bestimmt von den nicht mehr zureichenden Wettbewerbsbedingungen des Steinkohlenbergbaus. Gelegentlich vor einem künftigen Energiemangel warnende Stimmen gingen gegenüber den massierten Beschäftigungsproblemen an Ruhr und Saar unter. Und Ludwig Erhards „Wirtschaftspolitik, die keine war" ließ die Einbettung der Lösungversuche der Krise des Steinkohlenbergbaus in ein energiepolitisches Gesamtkonzept nicht zu. Die Vielzahl von Maßnahmen (von der Einführung eines Kohlenzolls und der Heizölsteuer über Frachtbeihilfen für Kohlentransporte innerhalb der Bundesrepublik zu den Selbstbeschränkungsabkommen der Mineralölwirtschaft für das Angebot von leichtem und schwerem Heizöl bis zur Haldenfinanzierung durch die Notgemeinschaft Deutscher Steinkohlenbergbau, um nur die wichtigsten zwischen 1959 und 1965 zu nennen) brachte bis heute keine Lösung des Steinkohleproblems an Ruhr und Saar. Und ließ die Energieversorgung in einem recht unübersichtlichen Zustand. Für das in der Regierungserklärung vom 18. Januar 1973 angekündigte energiepolitische Gesamtkonzept war es also hohe, um nicht zu sagen allerhöchste, Zeit. Inzwischen hat sich freilich auch in der energiepolitischen Diskussion eine Tendenzwende vollzogen. Nicht mehr die möglichst krisenfreie Einschränkung der Produktion heimischer Primärenergie steht im Vordergrund, sondern die zu befürchtende „Energielücke" der achtziger, spätestens der neunziger Jahre. (Eine späte, wenn auch nicht zu späte Rechtfertigung des 1967er Wirtschaftsministers von Nordrhein-Westfalen, Bruno Gleitze!)

Die Energiebotschaft Präsident Nixons

Die in den letzten Jahren schon andiskutierte Tendenzwende in der Energiepolitik wurde durch die Energiebotschaft Präsident Nixons an den amerikanischen Kongreß vom 18. April 1973 mit großem Echo in der Weltöffentlichkeit bestätigt. Nixon nimmt hier Bezug auf seine erste energiepolitische Kongreßbotschaft aus dem Jahre 1971 – die erste Botschaft zur Energiepolitik in den Vereinigten Staaten überhaupt. Aufgrund der Erkenntnisse und Erfahrungen des damals errechneten neuen Bundesamtes zur Planung und Durchführung nationaler Energieprogramme wird in der Energiebotschaft vom 18. April 1973 eine „umfassendere integrierte nationale Energiepolitik" angekündigt. Dazu heißt es in der Energiebotschaft[78]:

„Zur Durchführung dieser Politik müssen wir:

- die einheimische Erzeugung aller Arten von Energie steigern;
- Maßnahmen ergreifen, die wirksamer zum sparsamen Energieverbrauch beitragen;
- uns um Deckung unseres Energiebedarfs zu den niedrigstmöglichen Kosten, wie sie mit der Gewährleistung unserer nationalen Sicherheit und dem Schutz unserer natürlichen Umwelt vereinbar sind, bemühen;
- übermäßige regulative und administrative Hindernisse abbauen, die den Bau von Anlagen zur Energiegewinnung verzögert oder verhindert haben;
- zusammen mit anderen Ländern Maßnahmen treffen, um Forschungsvorhaben auf dem Energiesektor durchzuführen und

Wege zur Verhinderung ernsthafter Verknappungen zu finden; und

- unsere riesigen wissenschaftlichen und technologischen Kapazitäten – staatliche wie private – einsetzen, so daß unsere gegenwärtigen Energiequellen vernünftiger genutzt und neue Quellen und Formen von Energie erschlossen werden können."

Diese Botschaft Präsident Nixons hat an einigen Orten fast einen Schock ausgelöst. Dazu besteht kein Anlaß; in der Botschaft selbst heißt es einleitend: „Neben den natürlichen Brennstoffen haben wir Wasserkraftwerke und eine wachsende Zahl von Atomkraftanlagen zur Verfügung. Weiter können Amerikas riesige Forschungs- und Entwicklungskapazität noch lange, bevor unsere derzeitigen Energiequellen erschöpft sind, uns neue, saubere und praktisch unbegrenzte Energiequellen erschließen. Daher sollten wir uns nicht zu pessimistischen Voraussagen über eine Energiekrise verleiten lassen. Genausowenig aber sollten wir uns von einem trügerischen Sicherheitsgefühl einlullen lassen. Wir müssen unsere Situation realistisch prüfen, die Alternativen sorgfältig abwägen – und dann entschlossen handeln."

Das gilt – in entsprechend reduzierten Dimensionen – auch für die Bundesrepublik Deutschland. Es ist höchste Zeit für die Erarbeitung eines umfassenden energiepolitischen Gesamtkonzepts, aber kein Grund zur Panik.

Die Situation in der Bundesrepublik

In der Bundesrepublik ist im letzten Jahrzehnt der Verbrauch an Primärenergie im Gleichschritt mit dem Bruttosozialprodukt gestiegen. (Durchschnittliche Zuwachsrate des realen Sozialprodukts von 1960 bis 1970 4,7 Prozent; die durchschnittliche jährliche Wachstumsrate des Primärenergieverbrauchs 4,6 Prozent.) Für die Zukunft wird mit einem überproportionalen Anstieg des Bedarfs an Primärenergie gerechnet; die zunehmende Technisierung der Wirtschaft und die mit dem Einkommen steigenden Anforderungen der privaten Haushalte deuten gleichzeitig darauf hin. Noch mehr Beachtung als die Erwartung überproportional steigender Zuwachsraten muß aber die unterschiedliche Entwicklung bei der Erzeugung heimischer Primärenergie und des gesamten Energieverbrauchs finden.

Von 1964 bis 1971 z. B. hat sich die „heimische Gewinnung von Primärenergie" von 192,8 Millionen Tonnen Steinkohleneinheiten (SKE) auf 175,3 Millionen Tonnen SKE verringert, während gleichzeitig der „Primärenergieverbrauch im Inland" von 257,1 Millionen Tonnen SKE im Jahre 1964 auf 339,4 Millionen SKE 1971 gestiegen ist[79]. Bei der heimischen Gewinnung nahm dabei die Steinkohlenproduktion von 142,7 Millionen Tonnen auf 111,1 Millionen Tonnen ab, während die Produktion von Naturgas von 2,7 Millionen Tonnen SKE auf 17,4 Millionen Tonnen zunahm und die Gewinnung aus Wasserkraft von 4,2 Millionen Tonnen SKE auf 6,2 Millionen bei etwa gleichbleibender Energieerzeugung aus Braunkohle und Erdöl. Beim Energieverbrauch dagegen haben sich Mineralöl von 93,4 Millionen Tonnen SKE auf 185,7 Millionen Tonnen und Heizöl von 53,9 Millionen Tonnen auf 111,1 Millionen Tonnen SKE erhöht, während gleichzeitig der Steinkohlenverbrauch von 121,8 auf 90,3 Millionen Tonnen SKE zurückging. Die Kernenergie hat bisher lediglich einen geringfügigen Anteil von 0,6 v. H. am gesamten Verbrauch von Primärenergie. (In der jährlichen Übersicht des Bundeswirtschaftsministeriums lediglich unter „Sonstige Energieträger" ausgewiesen.) Ihr Anteil an der Stromerzeugung beträgt rund 5 Prozent.

Grundlinien eines energiepolitischen Gesamtkonzepts

Auch wer glaubt, in einer außenpolitisch „heilen Welt" zu leben, kann sich wirtschaftspolitisch kaum ganz wohlfühlen, wenn er weiß, daß der heimische Energiebedarf zu gut 60 Prozent von Importen abhängig ist. (Und die gegenwärtig größte Quelle der Energieversorgung, das Mineralöl, zu 94 Prozent aus Importen stammt.) Selbst wer nicht mit Versorgungsschwierigkeiten rechnet, muß zumindest ins Kalkül ziehen, daß – politisch oder ökonomisch motivierte – Engpässe auf dem Weltmarkt zu erheblichen Preissteigerungen führen können. (Aus diesen und aus den Gründen nationaler Vorsorge hat darum die Bundesregierung im Sommer 1970 die Anlegung und Unterhaltung einer zusätzlichen eigenen Mineralölreserve von rund 10 Millionen Tonnen beschlossen und dafür – verteilt auf fünf Jahre – 750 Millionen DM bereitgestellt.)

Ein energiepolitisches Gesamtkonzept kann darum nicht allein von den gegenwärtigen Kostenverhältnissen und den Schätzungen des künftigen Bedarfs ausgehen. Die allgemeine Verpflichtung zu nationaler Daseinsvorsorge ist auf dem Energiesektor besonders ernstzunehmen. Und die europäische Entwicklung in Richtung Wirtschafts- und Währungsunion befreit nicht von der Verpflichtung zur Erarbeitung eines (vorläufig) nationalen Energiekonzepts. Die Vorschläge der EWG-Kommission über „notwendige Fortschritte auf dem Gebiet der gemeinschaftlichen Energiepolitik" vom 4. Oktober 1972 zeigen überdies eine Richtung an, in die sich ein nationales Konzept später einbetten läßt.

Bedeutung und Struktur der deutschen Energiewirtschaft zwingen dazu, an den Anfang eines energiepolitischen Konzepts die Frage zu stellen, ob in diesem Bereich die Prinzipien der Wettbewerbswirtschaft vernünftig oder überhaupt möglich sind. Die Heizölsteuer, Zollkontingente für Importkohle, die Vielzahl der Anpassungs- und Strukturhilfen für den Steinkohlenbergbau stellen alle gewissermaßen staatlich verordnete Wettbewerbsverzerrungen dar. Und diese Maßnahmen haben alle ihre guten Gründe – aber gewährleisten sie auch den künftigen Erfolg? Erfolg in Richtung auf das Ziel, eine möglichst sichere, gleichmäßige (und vielleicht auch noch preisgünstige) Energieversorgung der privaten Haushalte und der Wirtschaft zu gewährleisten.

Wer allein von den gegenwärtigen Kostenrelationen ausgeht, der müßte die Schrumpfungstendenzen des Steinkohlenbergbaus noch beschleunigen und den Anteil des Mineralöls an der Energieversorgung laufend erhöhen. Aber auch ohne Berücksichtigung des Sicherheitsaspekts ist zu bezweifeln, ob einige Jahre nach der Realisierung eines solchen Konzepts die gegenwärtigen Kostenrelationen noch stimmen würden. Die Wahrscheinlichkeit ist groß, daß eine dermaßen kräftige Erhöhung des Mineralölanteils überproportionale Preissteigerungen auf diesem Sektor zur Folge hätte. Allein die Tatsache, daß die Vereinigten Staaten von Amerika in Zukunft immer mehr als Nachfrager auf dem Erdölmarkt auftreten werden, wird schon erhebliche Preiserhöhungstendenzen auslösen. Zunehmende Abhängigkeit der deutschen Energieversorgung von der Mineralölproduktion anderer Staaten täte ein übriges. (Der 1969 gestartete Versuch durch Bundeshilfen an die DEMINEX – 575 Millionen DM bis 1974 als „rückzahlbare Starthilfe" – den Aufschluß und Ankauf von Erdölfeldern durch die deutsche Mineralölgruppe zu forcieren, hat bisher nennenswerte Erfolge nicht gebracht.) In einem energiepolitischen Gesamtkonzept muß darum versucht werden, künftige Markttendenzen und Kostenentwicklungen sowie die Notwendigkeit nationaler Vorsorge und die Möglichkeiten der heimischen Produktion in ein abgewogenes Verhältnis zu bringen.

Basis der heimischen Energieversorgung und darum Zentrum jedes energiepolitischen Gesamtkonzepts ist die deutsche Kohleproduktion. (Hier Steinkohle und Braunkohle zusammengenommen.) Die deutsche Steinkohleproduktion ist von 143,3 Millionen Tonnen im Jahre 1960 auf 111,1 Millionen Tonnen 1971 gesunken. Die Braunkohleproduktion von 26,3 Millionen Tonnen SKE 1960 bis 1971 auf 28,2 Millionen Tonnen SKE gestiegen. Die Braunkohle ist in der Bundesrepublik Deutschland im Tagebau – und darum relativ kostengünstig – zu fördern, aber dem Aufschluß neuer Braunkohlenfelder stehen die hohen Kosten der Abraumbeseitigung vor Beginn der Förderung entgegen. Für den Steinkohlenbergbau wird eine kostengünstigere Produktion von der weiteren Stillegung der unrentabelsten Anlagen erwartet. Bei einem Steinkohleabsatz von rund 96

Millionen Tonnen im Jahre 1972 und einem Bestand von rund 20 Millionen Tonnen auf Halde wird gegenwärtig davon ausgegangen, die Steinkohleproduktion bis 1976 auf rund 85 Millionen Tonnen zu reduzieren. Strittig ist, ob der durch das „Verstromungsgesetz" garantierte Absatz von Steinkohle an die Elektrizitätswirtschaft ebenfalls reduziert oder stabil gehalten werden soll.

Die Vielzahl gegenwärtiger und künftiger Hilfen an den Steinkohlenbergbau in Milliarden-Höhe – die bezogen auf die Ruhrkohle AG geringer sein könnten, wenn seinerzeit bei der Gründung dieser „Einheitsgesellschaft" die Bergbauunternehmen nicht zugunsten der Altgesellschafter von den gewinnbringenden Anlagen, vor allem den Kraftwerken, getrennt worden wären, aber das ist nicht mehr reparabel – stellen die künftige Wirtschafts- und Finanzpolitik vor die Frage, ob weiterhin in jedem Jahr steigende Haushaltsmittel für die notwendigen Anpassungshilfen eingesetzt werden müssen, oder ob nicht eine neue Preispolitik auf dem gesamten Energiesektor zweckmäßiger ist. Die deutsche Energiewirtschaft zeichnet sich gegenwärtig vor allem durch bunte Vielfalt aus: Kommunale Versorgungsunternehmen bestehen neben privatwirtschaftlich organisierten aber mit starker öffentlicher Beteiligung versehenen überregionalen Werken; bei einem Teil der Großunternehmen ist der Anteil der öffentlichen Hand – mangels Finanzmasse bei notwendigen Kapitalerhöhungen – einem ständigen Schrumpfungsprozeß unterworfen. Die unterschiedlichen regionalen Abgrenzungen sind meist nur traditionell erklärbar – wirtschaftlich sinnvoll nicht immer. Und da ein echter Wettbewerb um den Abnehmer schon wegen des „Leitungsmonopols" nicht stattfinden kann, sind große Zweifel angebracht, ob unterschiedliche Strompreise eine vernünftige Funktion haben. Bewegliche und unterschiedliche Preise haben in der Marktwirtschaft die Aufgabe, Produktion und Konsum so zu steuern, daß Tendenzen zu einem Marktgleichgewicht ausgelöst werden. Diese Funktionen können die Energiepreise auch nicht annähernd erfüllen; neben den Produktionskosten haben die unterschiedlichen Intensionen der verschiedenen Versorgungsunternehmen entscheidenden Einfluß auf die Preisgestaltung: bei dem einen kommunalen Gas- und E-Werk werden aus den Erlösen die Nahverkehrsbetriebe subventioniert, das andere führt Überschüsse an die Stadtkasse ab, das nächste wiederum strebt nur nach Kostendeckung, während die überwiegend privatwirtschaftlich organisierten sich bemühen, eine „anständige Rendite" auszuweisen. Der Abnehmer hat aber – ob ihm diese Motive bekannt sind oder nicht, ob sie ihm gefallen oder nicht – keine Möglichkeit, ihm nicht zusagenden Preisforderungen auszuweichen und sich einen anderen Lieferanten zu suchen.

Wenn bei der Energieversorgung also überhaupt von Markt gesprochen werden kann, so ist es ein sehr monopolistischer Markt. Es erscheint somit zusätzlich fraglich, ob unterschiedliche Energiepreise eine vernünftige Funktion haben. Warum soll je nach den unterschiedlichen Motiven oder Organisationsformen der einzelnen Gas- und E-Werke ein Unternehmen in X billigere Energie beziehen als in Y oder die privaten Haushalte in X preisgünstiger versorgt werden als in Y? Und das gleiche gilt für die Produktionskosten: ob ein Energieunternehmen auf Mineralölbasis kostengünstiger produzieren kann als ein anderes, und ein anderes noch günstiger als das erste aufgrund vorhandener Möglichkeiten zur Ausnutzung von Wasserkraft sagt wenig über gewachsene oder verkehrstechnisch günstige Standortbedingungen. Einheitliche, d. h. nach Abnehmern, vor allem zwischen industrieller und privater Verwendung gestaffelte, Energiepreise dürften für eine rationale Standortwahl sehr viel vorteilhafter sein.

Ein in diesem Sinne einheitlicher Energiepreis gäbe die Möglichkeit, eine Mindestbasis einheimischer Versorgung mit Primärenergie (die in der Bundesrepublik auf lange Zeit nur von der Steinkohle geleistet werden kann) zu stabilisieren ohne permanent steigende Haushaltsaufwendungen für die Steinkohlenbergbaugebiete. Die Verteilung eines Teils der Lasten auf alle Energieabnehmer ist auch „marktgerechter" als die Finanzierung aus allgemeinen Steuermitteln. Sichere Energie ist kurz-

und wahrscheinlich auch mittelfristig teurer als eine Energieversorgung, die alle Kostenschwankungen der internationalen Energiequellen ausnutzen kann; den gegenwärtig erkennbaren Tendenzen nach dürfte dies langfristig nicht mehr gelten. Ein die künftige Entwicklung der Weltvorräte berücksichtigendes Nebeneinander von Steinkohle/Braunkohle einerseits und Mineralöl/Erdgas andererseits bei forcierter Entwicklung der Kernenergieträger ist für die künftige Energieversorgung der Bundesrepublik unerläßlich. Ein einheitlicher – selbstverständlich nach Abnehmergruppen gestaffelter – Energiepreis könnte für die Durchsetzung eines solchen Konzepts eine wesentliche Hilfe sein. Und vor ähnlichen Fehlleistungen bewahren, wie es bei der Gründung der Ruhrkohle AG die Vereinbarung über den Kokskohlepreis an die Stahlindustrie (gleichzeitig Altgesellschafter der Ruhrkohle) war. (Die vereinbarte Orientierung am Weltmarktpreis berücksichtigt – zu Lasten der Ruhrkohle – weder die bessere Qualität der Koks-Kohle von der Ruhr noch die marktwirtschaftliche Tatsache, daß jede Reduzierung der Lieferungen von der Ruhr auf den Weltmarktpreis stimulierend wirken würde.)

15. Pluralistische Vermögensstruktur als Beitrag zur Lösung des Verteilungsproblems

In einer marktwirtschaftlichen aber sozial gebundenen Wirtschaftsordnung ist die Tarifautonomie unverzichtbares Element für die Funktionsfähigkeit eben dieser Wirtschaftsordnung. Die Gewerkschaften als organisierte Interessenvertretung der Arbeitnehmer mit dem Ziel einer stetigen Verbesserung der Arbeits- und Lebensbedingungen haben – im Rahmen dieser Autonomie – ein breit gefächertes tarifpolitisches Instrumentarium entwickelt, um ihrem Auftrag gerecht zu werden. Ob es ihnen freilich gelungen ist, ihren lohnpolitischen Auftrag – den Anteil der Arbeitnehmer am Volkseinkommen wirksam und auf die Dauer zu erhöhen – zu erfüllen, unterliegt nach einem Blick auf die Einkommensstatistik einigen Zweifeln. Zumindest zeigt ein Vergleich den langen Reihen der Einkommensstatistik mit den Zeitreihen wirtschaftspolitischer Daten, daß die Erfolge der gewerkschaftlichen Lohnpolitik nicht unabhängig von der Wirtschaftspolitik sind. (Vgl. Kapital I/4.)

Nur begrenzte Verteilungserfolge der Nominallohnpolitik

Der Generalauftrag der Gewerkschaften zur permanenten Verbesserung der Arbeits- und Lebensbedingungen ihrer Mitglieder hindert sie, sich ausschließlich auf die Lohnpolitik zu konzentrieren, wenn sie auch Zentrum gewerkschaftlicher Arbeit ist und bleiben muß. Doch dauerhafte lohnpolitische Erfolge sind nur zu erringen, wenn

- nicht nur im Durchschnitt, sondern auch an der Mehrzahl der Teilmärkte Vollbeschäftigung herrscht,
- scharfer Wettbewerb und außenwirtschaftliche Absicherung, die Überwälzungsspielräume der Unternehmen nach Lohnerhöhungen in Grenzen halten und
- das System der sozialen Sicherung (wie in der Bundesrepublik die dynamische Rente) dafür sorgt, daß lohnpolitische Aktionen nicht durch Rücksichtnahme auf die Rentner gebremst werden müssen.

Von diesen Bedingungen waren in der Bundesrepublik seit 1955/57 die erste und die letzte weitgehend erfüllt mit Ausnahme der Jahre 1966/67 und einiger seit 1968 kleiner werdender regionaler Teilarbeitsmärkte. Die zweite Bedingung freilich war nur selten erfüllt; doch jede Maßnahme zur Verschärfung der Wettbewerbsverhältnisse, vor allem die Verbesserungen des Wechselkurses, hinterließen sofort ihre positiven Spuren in der Einkommensverteilung. (Wilhelm Hankel macht in seiner „Währungspolitik" nachdrücklich darauf aufmerksam, daß die Aufwertung von 1961 bei der Einkommensverteilung 1962 dazu führte, daß der Anteil der Unternehmer von 39,2 Prozent im Jahre 1960 auf 36,1 Prozent, 1962 sank; 1970 – bei entsprechend höherem Aufwertungssatz – betrug der Anteil der Unternehmergewinne am Volkseinkommen 32,5 Prozent gegenüber 36 Prozent im Jahre 1968[80]. Dieses Beispiel wie auch der rückläufige Kurs der Lohnquote in den fünfziger und der (wenn auch nur leichte) Anstieg in den sechziger Jahren zeigen deutlich die positiven Auswirkungen einer die gewerkschaftliche Lohnpolitik unterstützenden Wirtschaftspolitik.

Die Rücksichtnahme auf die Sicherheit der Arbeitsplätze und die Preisniveaustabilität zwingt die Gewerkschaften dazu, bei ihrer Lohnpolitik das gleiche Zielviereck zu beachten wie es oben für die Wirtschaftspolitik in einem sozialen Rechtsstaat dargestellt wurde. Das erfordert den Übergang von einer Nur-Lohnpolitik zu breit gefächerter Einkommenspolitik, der in der tarifpolitischen Praxis auch längst vollzogen wurde, auch wenn der Begriff „Einkommenspolitik" – als Mittel staatlicher Beeinflussung der Löhne im Sinne einer restriktiven Lohnpolitik diskreditiert – suspekt blieb[81]. In der tarifpolitischen Praxis aber ist mit der breiten Skala von Nebenforderungen (zusätzliches Urlaubsgeld, Abfindungen bei Rationalisierungsmaßnahmen, zusätzliche Sozialleistungen und so weiter) und der Einbeziehung vermögenswirksamer Leistungen in den Tarifkatalog eine umfassende Einkommenspolitik in der Mehrzahl der Wirtschaftszweige Realität geworden.

Dieser tarifpolitischen Praxis der Gewerkschaften fehlt leider das theoretische Fundament. Um die zu Beginn der fünfziger Jahre auf breiterer Basis vertretene „expansive Lohnpolitik" von Victor Agartz[82] ist es seit langem still geworden; doch im Anschluß an diese „Dynamisierung" der alten Kaufkrafttheorie des Lohnes hat es eine geschlossene gewerkschaftliche Lohntheorie nicht mehr gegeben. Der heute von allen Gewerkschaften benutzte Begriff „aktive Lohnpolitik" ist ungenau und besagt lediglich, daß die Gewerkschaften lohnpolitische Aktionen von sich aus ergreifen und sich nicht mit einer passiven Rolle begnügen. (Hier wäre, wenn es schon eine von allen Gewerkschaften akzeptierte Lohntheorie nicht gibt, der Begriff „positive Lohnpolitik" vorzuziehen. Im ersten Halbjahr 1967 wurde im Rahmen der Konzertierten Aktion ein Übereinkommen gefunden, keine „negative Lohnpolitik" zu betreiben, womit gemeint war, alles zu verhindern, was zu einer realen Minderung der Löhne und Gehälter führen könne. Da die Gewerkschaften stets eine Verbesserung der Löhne und Gehälter anstreben, wäre die Bezeichnung „positive Lohnpolitik" zutreffender als „aktive".)

Auch ohne theoretische Grundlage läßt sich diese „aktive Lohnpolitik" auf ein gemeinsames Grundmuster aller DGB-Gewerkschaften bringen, das darin besteht, mit den Möglichkeiten der Tarifpolitik Löhne und Gehälter so hoch zu steigern, wie es jeweils ohne Gefährdung der Vollbeschäftigung möglich ist. Doch nicht allein die Rücksicht auf die Arbeitsplätze setzt der gewerkschaftlichen Lohnpolitik Grenzen – noch mehr das Marktgeschehen. Das gewerkschaftliche Ziel einer Erhöhung des Anteils der Arbeitnehmer am Volkseinkommen ist nur zu erreichen, wenn es gelingt, bei den Tarifabschlüssen Lohnerhöhungen durchzusetzen, die über die Zuwachsraten des Sozialprodukts hinausgehen. Auch wenn die Organisationskraft der Gewerkschaften groß genug ist, um Tarifvereinbarungen in dieser Höhe zu erreichen, bleibt – sofern sich nicht gleichzeitig die Sparneigung erhöht – die Frage offen, ob aus den tarifmäßig fixierten nominalen Erhöhungen auch reale Verbesserungen auf Dauer werden. Wenn (bei gleichbleibender Sparneigung der Arbeitnehmer) die Löhne und Gehälter stärker steigen als in der gleichen Periode die Konsumgüterproduktion ausgedehnt werden kann, sind einen Teil der Lohnerhöhungen wieder kompensierende Preissteigerungen unvermeidlich. Eine Verschärfung des Wettbewerbs und verbesserte Außenhandelsrelationen können diesen Tendenzen entgegenwirken, bei unveränderten Rahmenbedingungen aber sind diese Rückwirkungen unvermeidlich. (Die Einkommensstatistik bestätigt diese theoretischen Überlegungen.)

Für eine langfristig verteilungswirksame Tarifpolitik muß also der einkommenspolitische Instrumentenkasten der Gewerkschaften unter Berücksichtigung dieser Zusammenhänge erweitert werden. Diese Erweiterung aber setzt voraus, daß für die Lohnpolitik selbst Orientierungsmaßstäbe gefunden werden, die sicherstellen, daß von der Lohnpolitik die gesamtwirtschaftlichen Ziele Vollbeschäftigung, Wirtschaftswachstum und Geldwertstabilität nicht gefährdet werden.

Der Sachverständigenrat hat in der berühmten Ziffer 248 seines ersten Gutachtens versucht, entsprechende Maßstäbe für eine Geldwertstabilität und Vollbeschäftigung gleicherweise sichernde Lohnpolitik aufzustellen. Er hat diesen Versuch im vierten Jahresgutachten zu einem „Rahmenpakt für Expansion und Stabilität erweitert. Der vom Rat selbst vorgenommenen Klassifizierung dieses Rahmenpaktes als Synthese aus der Kostentheorie und der Kaufkrafttheorie des Lohnes wird man freilich nicht folgen können; die kostenniveauneutrale Lohnpolitik des Sachverständigenrats besteht überwiegend aus Elementen der Kostentheorie. Von der Kaufkrafttheorie finden sich in diesem Rahmenpakt nur Spurenelemente. So ist für die Gewerkschaften die Basis dieses Rahmenpaktes unannehmbar. Sie haben bisher mit Recht abgelehnt, sich nach der produktivitätsorientierten Lohntheorie zu richten, und sie befanden sich dabei in der guten Gesellschaft angesehener Wirtschaftswissenschaftler[83]. Ein Einschwenken auf die Linie des Sachverständigenrats aus dem vierten Jahresgutachten – das eine Leitlinie für Tariflohnerhöhungen unter dem erwarteten Produktivitätswachstum vorsah – hätte die Aufgabe des verteilungspolitischen Zieles der Gewerkschaften bedeutet[84].

Geeigneter als die Maßstäbe der kostenniveauneutralen Lohnpolitik des Sachverständigenrates erscheinen die Orientierungspunkte, nach denen die Industriegewerkschaft Bau, Steine, Erden ihre Lohnpolitik ausgerichtet hat. Diese Gewerkschaft hat seit Anfang der sechziger Jahre ihre Lohnpolitik an gesamtwirtschaftlichen Daten orientiert[85]. Grundlage dieser Orientierung war die nominale Zunahme des Bruttosozialprodukts je Erwerbstätigen, des weiteren wurden die allgemeine Konjunktursituation, die spezielle Lage der Bauwirtschaft und die von der Wirtschafts- und Finanzpolitik zu erwartenden Einflüsse mit ins Kalkül gezogen. Tarifabkommen aufgrund dieser Orientierungsdaten schließen weitreichende Umverteilungsziele mit Hilfe der Lohnpolitik aus, aber sie gewährleisten einen Anstieg der Arbeitnehmereinkommen im Gleichschritt mit den Zuwachsraten des Sozialprodukts und auch bei unterschiedlicher Entwicklung der Zahl der Unselbständigen und der Selbständigen einen gleichmäßigen Anstieg der Unternehmer- und Arbeitnehmereinkommen. Eine so konzipierte Lohnpolitik ist damit zumindest geeignet, sicherzustellen, daß die Arbeitnehmer am wachsenden Konsumwohlstand in etwa dem gleichen Maße teilnehmen wie die übrigen Bevölkerungsgruppen.

Zu einer Veränderung der Verteilung zugunsten der Arbeitnehmer bedarf es allerdings darüber hinausgehender Maßnahmen. Enthält das einkommenspolitische Gesamtkonzept der Gewerkschaften entsprechende Maßnahmen, ist eine an den obigen

Maßstäben sich orientierende Lohnpolitik als geeignetes Kernstück dieser Einkommenspolitik anzusehen, weil sie gleichzeitig stabilitäts- und wachstumsgerecht ist. Als wirksame Ergänzung bieten sich vermögenswirksame Tarifvereinbarungen an, die um so wirksamer sind, je besser gleichzeitig die Sparförderung funktioniert.

Werden Tarifverträge über vermögenswirksame Zahlungen auf der Grundlage einer am gesamtwirtschaftlichen Wachstum orientierten Lohnpolitik abgeschlossen, so ist sichergestellt, daß diese Zahlungen zusätzlich erfolgen[86]. Sie können auch zusätzlich erfolgen, ohne Preisreaktionen an den Verbrauchsgütermärkten hervorzurufen, denn diese Zahlungen gelangen nicht als Nachfrage auf den Konsumgütermarkt. Sie werden statt dessen in den verschiedensten Formen zu Vermögensanlagen der Arbeitnehmer. Diese Vermögensanlagen stehen den Unternehmern für Investitionszwecke über den Kapitalmarkt zur Verfügung. Der Finanzierungsspielraum für Investitionen bleibt unverändert, doch es verschieben sich in den Unternehmen die Relationen zwischen Selbst- und Fremdfinanzierung. Der Gewinn des *Unternehmens* bleibt unverändert, aber das Einkommen des *Unternehmers* wird verringert zugunsten der Ausschüttungen an die Mitunternehmer bzw. Kapitalgeber. Der vermögenswirksame Teil der Tarifabschlüsse ist zwar für die Arbeitnehmer nicht sofort verfügbares Einkommen, aber es ist ein Beitrag zu generell besseren Verteilungsrelationen und er bringt längerfristig den Arbeitnehmern neben ihrem laufenden Einkommen aus Löhnen und Gehältern ein zusätzliches Einkommen aus Vermögenstiteln. Damit wird die personelle Verteilung stärker zugunsten der Arbeitnehmer verändert als die funktionelle; aber allein die personelle ist auch für den individuellen Arbeitnehmer interessant.

Eine konjunkturelle Variante

Das oben skizzierte einkommenspolitische Grundkonzept entspricht den Bedingungen einer wachsenden Wirtschaft in der sozial gebundenen Marktwirtschaft, und seine Praktizierung auf breiter Basis wäre geeignet, dem wirtschafts- und sozialpolitischen Zielviereck näherzukommen. Eine Orientierung der jeweiligen Lohnsteigerungen am gesamtwirtschaftlichen Wachstum birgt ein bedeutsames Element der Stabilität in sich. Die Lohnsteigerungen und damit die Einkommenszuwächse der Arbeitnehmer werden um so gleichmäßiger, je stabiler das Wachstum ist. Ein stabiles Wachstum ist aber nicht selbstverständlich; die industrielle Wirtschaft – sich selbst überlassen – neigt zu Konjunkturschwankungen. Zwar gibt die moderne Wirtschaftstheorie einer zum Handeln entschlossenen Regierung genügend Instrumente an die Hand, um einen in etwa gleichmäßigen Wachstumspfad ansteuern zu können. Aber die Anwendung dieser Instrumente ist oft unpopulär und erfolgt darum nicht selten mit Verzögerung oder in zu geringer Dosierung (vgl. Abschnitt 12). Und so, wie die gewerkschaftliche Lohnpolitik wirksamer wird, wenn sie nicht auch gegen die staatliche Wirtschaftspolitik ankämpfen muß, sondern von dieser unterstützt wird, so ist auch die antizyklische Konjunkturpolitik der Regierung wirksamer, wenn auch das einkommenspolitische Konzept der Gewerkschaften konjunkturelle Varianten enthält.

Von den drei Bestandteilen der gewerkschaftlichen Einkommenspolitik,

Lohneinkommen,
Sozialeinkommen und
vermögensbildende Einkommen,

bieten sich für eine konjunkturelle Variation allein die vermögensbildenden Einkommen an. Die Sozialeinkommen als Einkommen zur Sicherung des Lebensabends oder des sozialen Existenzminimums müssen hier außer Ansatz bleiben. Im Gegenteil: bei Schwankungen auf der Einnahmenseite ist hier vorübergehende Notenbankfinanzierung angebracht, um das den

Sozialeinkommen innewohnende Element der konjunkturellen Stabilität zu erhalten. Die Lohneinkommen machen bei Orientierung am gesamtwirtschaftlichen Wachstum sowieso die Konjunkturbewegungen mit, bzw. auch bei Nichtwachstumsorientierung erzwingt die Arbeitsmarktsituation eine entsprechende Anpassung. Vermögensbildende Einkommen dagegen eignen sich hervorragend für konjunkturelle Variationen. Sie sind nicht für den gegenwärtigen Konsum bestimmt, und ihre Aussetzung oder Verringerung gefährdet darum auch nicht die Lebenshaltung der Arbeitnehmer und damit die Konsumgüternachfrage. Sie bilden zwar langfristig einen Teil der finanziellen Grundlage eines inflationsfreien Wachstums, aber bei rückläufiger Konjunktur gibt es keine Inflationsgefahren, so daß ihr Ausfall durch Notenbankfinanzierung ersetzt werden kann. Tarifverträge über vermögensbildende Zuschläge zum jeweiligen Lohneinkommen sollten darum nicht mit festen, sondern mit variablen Größen arbeiten. Die Zuschläge werden bei einer überhitzten Hochkonjunktur gesteigert (statt zusätzlicher Nominallohnerhöhung!) und bei sich abschwächender Konjunktur verringert bzw. gestundet, um nach erfolgter Wiederbelebung erhöht, bzw. von den Unternehmen nachgezahlt zu werden. Mit entsprechend variablen Vermögenszuschlägen werden Tarifverträge, die eine Kombination aus Lohn- und Vermögenseinkommen enthalten, gleichzeitig stabilitäts- und wachstumsgerecht sowie verteilungswirksam.

Zugang für Arbeitnehmer zum Produktivvermögen öffnen

Die Anfang 1970 durchgeführte völlige Neuorientierung des Dritten Vermögensbildungsgesetzes gegenüber seinen Vorgängern hat dazu geführt, daß innerhalb von zwei Jahren vier von fünf Arbeitnehmern von den Möglichkeiten dieses Gesetzes Gebrauch machen. (Bis 1969 war es einer von fünf.) Und 12 Millionen der 16 Millionen vermögenswirksam sparenden Arbeitnehmer haben Anspruch auf zusätzliche tarifliche vermögenswirksame Leistungen. Aber obwohl 1972 rund 8 Milliarden DM im Rahmen des Dritten Vermögensbildungsgesetzes angelegt wurden, ist die Beteiligung der Arbeitnehmer am Produktivvermögen immer noch völlig unzureichend; sowohl mit der Tarifpolitik als auch mit der staatlichen Sparförderung läßt sich lediglich – unter erheblichen Haushaltsaufwendungen – eine Verbesserung der Geldvermögensbildung der Arbeitnehmer erreichen. Gesellschaftspolitisches und wirtschaftspolitisches Ziel der Vermögenspolitik in einem sozialen Rechtsstaat aber muß die breitere Streuung des Eigentums an Produktionsmitteln, d. h. ein besserer Zugang der Arbeitnehmer zum Produktivvermögen sein. Die vorhandene Vermögensstruktur und die gesamtwirtschaftlichen Bedingungen einer wachsenden Wirtschaft erfordern ein über die bisherigen Maßnahmen hinausgehendes Konzept, um diesem Ziel näherzukommen.

Zur Durchführung dieser notwendigen gesellschaftspolitischen Operation gibt es eine Vielzahl von Plänen[87]. Es wäre wenig sinnvoll, auch nur die wichtigsten hier darzustellen, zumal es sich in der Regel nur um Variationen einiger weniger Grundmuster handelt. Politisch relevant sind hierunter nur die Konzeptionen der beiden Regierungsparteien. Die CDU/CSU-Bundestagsfraktion hat zwar im Frühjahr 1971 einen Gesetzentwurf zur Beteiligung der Arbeitnehmer am Produktivvermögen vorgelegt, doch hier handelt es sich lediglich um Vorschläge zu einer gesetzlichen „Investivlohnregelung“, die außerdem noch auf bestehende Leistungen aus Tarifverträgen anrechenbar wäre. Außerdem besteht die begründete Vermutung, daß die CDU/CSU diesen Gesetzentwurf nie verabschiedet hätte, wenn sie noch Regierungspartei gewesen wäre; in den zwei Jahrzehnten ihrer Regierungszeit hatten ähnliche Entwürfe jedenfalls keine Chance. Schon die Einführung der „Tariffähigkeit“ vermögenswirksamer Leistungen in das Zweite Vermögensbildungsgesetz erfolgte nur auf äußersten gewerkschaftlichen Druck[88].

Die FDP hat auf ihrem ersten Parteitag nach Bildung der sozialliberalen Koalition in Freiburg i. Br. eine intensive vermögenspolitische Diskussion geführt und drei Anträge zur Erarbeitung einer „vermögenspolitischen Programmvorlage“ beschlossen. Mit diesem Programm soll „allen Schichten der Bevölkerung persönliche Beteiligung am volkswirtschaftlichen Vermögen ermöglicht werden. Und zwar durch

– gezielte Förderung der privaten Vermögensbildung durch Beteiligung aller am Vermögenszuwachs,
– Begünstigung der Bezieher niedriger und mittlerer Einkommen,
– Ausbau der Möglichkeiten zu ertragbringenden Vermögensanlagen bei freier Wahl der Anlageart.

Mit dem vermögenspolitischen Programm der FDP soll das Ziel verfolgt werden, die Unabhängigkeit jedes einzelnen wirklich zu stärken und die soziale Marktwirtschaft durch Verhinderung unerwünschter Vermögenskonzentration und durch Herstellung größerer sozialer Gerechtigkeit zu sichern“.

Mit diesen Anträgen wurde auch „die Prüfung verschiedener Fondslösungen“ eingeleitet, bei denen folgende Kriterien zu beachten sind:

– „Keine Einengung der Mobilität der Arbeitnehmer;
– einen gerechten Anteil am Wachstum der Volkswirtschaft herbeizuführen;
– Erwerb von Fondsanteilen mit staatlich finanziertem Sozialrabatt durch die Arbeitnehmer und damit eine ‚Erziehung‘ zur Selbstverantwortung;
– Finanzierung des Fonds durch die Unternehmungen in Form eines Ertragsanteils. Die Gelder werden in Beteiligungswerten angelegt[89].“

Die SPD hat die vermögenspolitischen Grundsatzbeschlüsse ihres Saarbrücker Parteitages vom Mai 1970 auf dem Parteitag in Hannover (10. bis 14. April 1973) in „Leitsätzen zur Beteiligung der Arbeitnehmer am wachsenden Produktivvermögen“[90] konkretisiert. Diese Leitsätze enthalten (komprimiert) folgende vermögenspolitische Konzeption:

– Unternehmen mit einem Steuerbilanzgewinn von mehr als 400 000 DM werden durch Gesetz verpflichtet „einen bestimmten Prozentsatz des Gewinns zur Bildung von Grundkapital zu verwenden und die entstehenden Anteilsrechte" an von den Arbeitnehmern zu errichtende Fonds zu übertragen. Bei Kapitalerhöhungen aus Gesellschaftsmitteln besteht gleichzeitig die Verpflichtung, einen bestimmten Prozentsatz Gratisaktien an die Fonds zu übertragen und bei „Kapitalerhöhungen gegen bar oder Sacheinlage" ist ein Teil der jungen Aktien zum Emissionskurs anzubieten. Das Bezugsrecht der Eigentümer ist in beiden Fällen in entsprechendem Umfang ausgeschlossen.

- Es werden ein zentraler Fonds, der die Anteilsrechte sammelt und regionale, nicht miteinander konkurrierende Fonds gebildet. Die regionalen Fonds halten entsprechend der Zahl der Berechtigten, die bei ihnen erfaßt werden, Anteile an dem zentralen Fonds.
- Die Bezugsberechtigten jedes regionalen Fonds wählen eine Vertreterversammlung, wobei jeder Berechtigte unabhängig von der Zahl seiner Anteilsrechte nur eine Stimme hat. Die Vertreterversammlungen ihrerseits wählen „zwei Drittel der Mitglieder für den Verwaltungsrat; ein Drittel des Verwaltungsrats wird aus Vertretern des öffentlichen Interesses besetzt. Der Verwaltungsrat bestellt den Vorstand, überwacht dessen Geschäftstätigkeit und bestimmt die Ausübung der Gesellschaftsrechte".
- Die Vorsitzenden der Verwaltungsräte der regionalen Fonds sind gleichzeitig Mitglieder des Verwaltungsrates für den zentralen Fonds. In diesen zentralen Fonds entsendet die Bundesregierung ein Drittel der Mitglieder als Vertreter des öffentlichen Interesses. Auch hier bestellt der Verwaltungsrat den Vorstand und überwacht dessen Geschäftsführung.
- Der Prozentsatz der Abgabeverpflichtung soll so bemessen werden, daß „im ersten Jahr der Aufbringung ein Volumen von mindestens real fünf Milliarden DM erreicht wird". Es sind Beteiligungswerte abzugeben, „die der Rechtsform des führenden Unternehmens entsprechen". (Für Nicht-Kapitalgesellschaften sind geeignete Beteiligungsformen zu schaf-

fen.) Bezugsberechtigt für die von den regionalen Fonds entsprechend dem Gesamtaufkommen auszugebenden Zertifikate sind Arbeitnehmer mit einem zu versteuernden Einkommen bis zu 36 000 DM bzw. 48 000 DM bei Verheirateten im Jahr. Die Zertifikate werden gratis übertragen, lediglich der dem Aufkommen aus Kapitalerhöhungen entsprechende Anteil wird „zu günstigen Kaufbedingungen“ angeboten.

– Das Verfügungsrecht über die Zertifikate unterliegt einer Sperrfrist von sieben Jahren. Während dieses Zeitraums sind auch Erträge gesperrt, sie werden zinsbringend angesammelt. Nach Ablauf der Sperrfrist ist Rückgabe an den Fonds möglich, wobei sich der Rücknahmepreis am realen Wert zu orientieren hat.

Bei der Durchführung dieses Konzepts würden 12 Prozent der Kapitalgesellschaften und 1,5 Prozent der Personengesellschaften und Einzelunternehmen (das sind 2 Prozent aller Unternehmer aufgrund einer vorläufigen Berechnung für das Jahr 1974) zu einer ihrem Vermögenszuwachs entsprechenden Übertragung von Anteilsrechten verpflichtet. Unternehmen mit einem Jahresbilanzgewinn von 400 000 bis einer Million DM erfahren dabei eine Übergangsregelung, so daß der volle Satz zur Übertragung erst bei einem Jahresgewinn von einer Million DM beginnt.

Die Sozialbindung des Eigentums ernst genommen

Eine Realisierung dieser vermögenspolitischen Leitsätze würde – im Gegensatz zur bisherigen Praxis in der Bundesrepublik – die Absätze (1) und (2) des Artikels 14 des Grundgesetzes gleicherweise ernst nehmen. Die im Zuge des Wiederaufbaus der westdeutschen Wirtschaft erfolgte beispiellose Konzentration des Eigentums an Produktionsmitteln in wenigen Händen widerspricht zwar nicht der im Absatz (1) des Artikels 14 geschützten Eigentumsordnung, wohl aber der im Absatz (2) ausdrücklich festgelegten sozialen Verpflichtung. Papst Johannes XXIII.’ eindeutige Aussage aus „mater et magistra“: „Es genügt nicht, den natürlichen Charakter des Rechts auf Privateigentum auch an Produktivgütern zu behaupten, man muß zugleich nachdrücklich auf seine wirksame Streuung unter allen sozialen Schichten drängen" trifft heute noch zu. Konzeptionen, die diese päpstliche Forderung realisieren wollen, sind – aller Polemik im Anschluß an den SPD-Parteitag von Hannover zum Trotz[31] – nicht eigentumsfeindlich; sie nehmen allerdings die Sozialbindung unserer Eigentumsordnung ernst.

Und das Konzept entspricht der marktwirtschaftlichen, sozial gebundenen Wirtschaftsordnung der Bundesrepublik. Mit seiner Durchführung werden die künftig entstehenden Vermögenstitel nicht mehr allein den bisherigen Inhabern zuwachsen, sondern zunehmend breiter gestreut. Dieses Konzept ist verteilungswirksam ohne wachstumspolitische Nachteile. Es kann sogar – gewissermaßen als Nebenwirkung – aus seiner Durchführung ein zusätzlicher Impuls zu rationellerem Wirtschaften und zu besserer Selektion der Investitionen ausgehen.

Die Verpflichtung der Unternehmen, den Vermögenszuwachs als Eigenkapital auszuweisen, verhindert jene Art von Kapitaldispositionen, die heute allein aus steuerlichen Gründen oft mit nur wenig Rücksicht auf die Produktivität getroffen werden. Mit der Abführung eines Teils der Vermögenstitel an dem neu gebildeten Eigenkapital an Arbeitnehmerfonds wird dem Unternehmen nichts an Investitionsmitteln entzogen. Lediglich die traditionellen Eigentümer erhalten weniger Kapitalzuwachs als vor der Einführung der Verpflichtung zur Vermögensübertragung. Diese Maßnahme schmälert also das für Investitionszwecke zur Verfügung stehende Kapitalvolumen nicht. Es verteilt allerdings die Vermögenstitel – und damit die zukünftigen Vermögenserträge – neu. Und genau dieser Effekt ist gewollt.

Der positiven wachstumspolitischen Beurteilung dieses Konzepts folgt eine noch positivere marktwirtschaftliche. Eine breite Streuung der Vermögenstitel an den Produktionsmitteln und deren Verteilung auf dezentrale Fonds sind sehr geeignet, das marktwirtschaftliche System zu intensivieren und tragfähiger zu machen. Ordnungspolitisch können diese neuen Investmentfonds

– parallel zum Ausbau der Mitbestimmung – als geeignete Gegengewichte gegen die zunehmende Konzentration und des damit verbundenen Einflusses der Großbanken angesehen werden. Die zur Verwaltung und Verteilung der Vermögenstitel gewählte Konstruktion stellt sicher, daß bei den Arbeitnehmerfonds nicht neue anonyme Machtzusammenballungen entstehen, sondern daß hier die Vielzahl der Anteilseigner über entsprechende Wahlverfahren die Kontrollorgane der Fonds besetzen und damit die „Richtlinien der Geschäftspolitik" bestimmen[92].

Gegenüber diesem Konzept schlagen auch die üblichen Einwendungen nicht durch, die einen Rückgang der Investitionsneigung, Kapitalflucht ins Ausland oder eine Verhinderung des gewollten Effekts durch solidarische Preisüberwälzungen der Unternehmer befürchten. Die marktwirtschaftlich ausgewogene Konstruktion widerlegt diese Befürchtungen: Die Übertragung eines Teils der Vermögenstitel an dem neu zuwachsenden Produktivvermögen an die Arbeitnehmer wird auf die Investitionsentscheidungen des Managements wenig Einfluß haben. Investitionen werden vor allem von den langfristigen Absatzerwartungen und den Marktchancen bestimmt, nicht von der mehr oder weniger großen Zahl der Anteilseigner. Und auch bei Nicht-Kapitalgesellschaften kann mit nennenswerter Einschränkung der Investitionstätigkeit nicht gerechnet werden. Verminderung der Investitionen bedeutet für den Unternehmer eine Minderung des künftigen Gewinns. Er kann sich durch eine Verkleinerung des Gewinns der Übertragungsverpflichtung nicht entziehen, es sei denn, er liegt an der Grenze der noch zu erfassenden Unternehmen. (Über diese Marginalfälle braucht man nicht zu reden.) Während ein Rückgang der Investitionen den künftigen Gewinn – der nach wie vor in seiner Verwendung dem Unternehmer/Manager zur Verfügung steht – mindert, werden bei Fortführung der vom Markt her bestimmten Investitionsentscheidungen lediglich die Vermögenstitel neu verteilt. Für Unternehmer, die dem hohen Anspruch der marktwirtschaftlichen Ordnung an diesen Beruf auch nur halbwegs gerecht werden, kein Grund, nicht mehr zu investieren.

Noch weniger überzeugend sind Hinweise auf mögliche Gefahren der Kapitalflucht. Für das Investitionsklima in einer Volkswirtschaft ist nicht allein die Gewinnhöhe und noch weniger die Streuung der Titel am Produktionskapital entscheidend. Die langfristigen Produktions- und Absatzerwartungen, die in erster Linie die Investitionsdispositionen bestimmen, werden entscheidend mitbeeinflußt von der Stabilität der gesellschaftlichen Verhältnisse, dem Klima des Arbeitsmarktes und dem Vertrauen auf eine insgesamt positive wirtschaftliche Entwicklung. Diese Faktoren sind in keiner vergleichbaren Industrienation stabiler als in der Bundesrepublik. In zahlreichen Volkswirtschaften Europas sind sie sehr viel instabiler. Eine breitere Verteilung des Produktivvermögens wird die gesellschaftliche und wirtschaftliche Stabilität in der Bundesrepublik noch erhöhen. Selbst wenn ein Teil der Unternehmer die mit der Vermögenspolitik angestrebte breitere Verteilung als bedrohlich für den eigenen Vermögensbestand empfinden sollte, werden diese Empfindungen die übrigen Standortvorteile der Bundesrepublik nicht übertreffen.

Mit der Überzeugungskraft des Überwälzungsarguments steht es noch schlechter. Dieser Einwand wird gegen jede verteilungspolitische Operation aus der „marktwirtschaftlichen Trickkiste“ hervorgeholt. Es ist schon gegenüber Lohnerhöhungen und Steuererhöhungen nur partiell zutreffend, denn

a) entscheiden nicht die Ansichten des Unternehmers über Kosten und Gewinnspannen darüber, ob Überwälzungen möglich sind, sondern die Marktsituation mit all ihren gesamtwirtschaftlichen Rahmenbedingungen und

b) wenn Überwälzungen so leicht möglich sind, ist nicht zu begreifen, warum die Unternehmer (die ja in der Marktwirtschaft keine Altruisten sind) nicht längst *vor* der Einführung dieser Maßnahmen die Preise erhöht haben.

Bei diesem vermögenspolitischen Konzept entfällt zusätzlich noch das mit den Überwälzungstheorien gewöhnlich verbundene Kostenargument. Die Verpflichtung, den Vermögenszuwachs in jeder Periode als Eigenkapital auszuweisen und die Vermögenstitel an diesem Kapitalzuwachs auf die Arbeitnehmer zu übertragen, verändert nicht die Kostensituation des Unternehmens. Auch die gesamtwirtschaftliche Nachfrage bleibt in ihrem Umfang und in ihrer Zusammensetzung unverändert, d. h. es gibt keinen Überwälzungsspielraum.

Auch nach Ablauf der Sperrfristen verändert sich die Gesamtnachfrage nicht im Sinne einer Erleichterung von Überwälzungsabsichten. Das Konzept sieht nach sieben Jahren die Rückgabemöglichkeit an den Fonds bei einer Orientierung des Rücknahmepreises am realen Wert vor. Der Fonds zahlt bei Rückgabe zwar Geld aus, das in den Konsum fließen kann. Aber die Anteilsrechte bleiben nicht bei den Fonds liegen, sondern werden anderen Arbeitnehmern zum Kauf angeboten. Der Entsparvorgang des einen wird also durch zusätzliches Sparen eines anderen kompensiert. Machen nach Ablauf der Sperrfristen – mit der jährlich nur ein Siebentel der Gesamtsumme frei wird – viele Arbeiter von der Möglichkeit der Rückgabe Gebrauch, mindert das den realen Wert und aus dem sinkenden Kurs ergibt sich eine natürliche Bremswirkung. Im übrigen ist nach allen bisherigen Erfahrungen mit der Sparneigung der deutschen Arbeitnehmer mit einer massierten Rückgabe nicht zu rechnen[93].

Und noch die Antikritik zu einem weiteren häufig gebrauchten Gegenargument: Auch bei der Diskussion dieses Konzepts auf dem Hannoverschen Parteitag der SPD ist oft betont worden, daß vermögenspolitische Aktionen zurückzustellen seien, weil der Vorrang dem Ausbau der Infrastruktur zukomme. Dieser Vorrang ist unbestritten, die Versäumnisse in der Infrastrukturpolitik von 1949 bis 1969 machen es dringend erforderlich, den Anteil der öffentlichen Hand am wachsenden Sozialprodukt zu erweitern und die Verwendung dieses sich erweiternden Anteils auf öffentliche Investitionen zu konzentrieren.

Aber diese Notwendigkeit allein sagt noch nichts gegen die ebenfalls vorhandene Notwendigkeit, einen ernsthaften Versuch zu unternehmen, die ungleichmäßige Vermögensstruktur im Privatbereich zu verbessern. Auch wenn es uns in Zukunft gelingt, den Anteil der öffentlichen Hand und die öffentlichen Investitionen den gesellschaftlichen Bedürfnissen entsprechend zu erweitern, bleibt das Problem ungelöst, daß im Rahmen des verbleibenden Anteils der privaten Investitionen die Vermögenstitel an den neuen Produktionsmitteln immer wieder den konventionellen Inhabern von Produktionsmitteln zuwachsen. Dieser Teufelskreis der permanenten Wiedergeburt sozialen Unrechts wird auch durch noch so kräftige Erhöhung der Ausgaben für die Infrastruktur nicht durchbrochen.

Es ist auch lediglich ein Scheinargument, daß durch die Einführung gesetzlicher Vermögensübertragungen der Spielraum für den Zugriff der öffentlichen Hand zur Finanzierung öffentlicher Investitionen vermindert wird. Bei dem vorliegenden Konzept wird davon ausgegangen, daß die Unternehmen verpflichtet werden, einen bestimmten Prozentsatz ihres Vermögenszuwachses als Eigenkapital offen auszuweisen und die Vermögenstitel an diesem neu gebildeten Eigenkapital an die Arbeitnehmer zu übertragen. Durch diesen Vorgang bleibt das für Investitionszwecke zur Verfügung stehende Volumen unverändert. Es kommen lediglich zu den traditionellen Inhabern Neuinhaber von Vermögenstiteln hinzu.

Aus den bei den Fonds sich ansammelnden Erträgen, deren Ausschüttung aufgrund der Sperrfristen nur mit erheblicher Verzögerung möglich ist, ist im Gegenteil die Finanzierung von Anleihen der öffentlichen Hand möglich und wünschenswert. Die zunehmende Vermögensbildung der Arbeitnehmer eröffnet dadurch einen größeren Spielraum für die in der Bundesrepublik bisher unterentwickelte Kreditfinanzierung der öffentlichen Hand und erhöht damit die Möglichkeiten zur Verbesserung der Infrastruktur.

Die Arbeitnehmer erhalten aber damit kein „Vermögen zweiter Klasse“, wie auch gern gesagt wird. Die Vermögensbildungsfonds der Arbeitnehmer sind nicht als „All-Zweck-Waffe“ gedacht, das heißt für diesen Fall *nicht* als besonders günstige Finanzierungsquelle für Infrastrukturinvestitionen, sondern als kapitalmarktgerechte. Und eine infrastrukturorientierte Wirtschafts- und Finanzpolitik muß generell dafür sorgen, daß die Erträge öffentlicher Finanzierungstitel nicht hinter dem Durchschnitt der privaten zurückbleiben. (Vgl. Hankels „Entwicklungsbudget“, Abschnitt 11.)

16. Neue sozialpolitische Aspekte

„Sozialpolitik ist ... Kernstück der Innenpolitik eines demokratischen Staates, ja sie ist Wesensbestandteil des sozialen Rechtsstaates, den wir alle wünschen." Dieser Satz steht am Beginn einer Rede Walter Arendts aus seinem ersten Amtsjahr als Bundesarbeitsminister. Und fügt man hinzu: „Der Begriff sozial [muß] endgültig von seinem besorgt obrigkeitsstaatlichen Beigeschmack befreit werden" und „sozial muß als Strukturkennzeichen unserer Gesellschaft verstanden werden"[94], so ist der Stellenwert der Sozialpolitik in der sozial-liberalen Koalition treffend gekennzeichnet. Die kürzeste Legislaturperiode der Bundesrepublik (von 1969 bis 1972) enthält gleichzeitig die längste Bilanz sozialpolitischer Erfolge: die Einführung einer flexiblen Altersgrenze in der sozialen Rentenversicherung, Dynamisierung der Kriegsopferversorgung, Vorsorgeuntersuchungen zur Früherkennung lebensdrohender Krankheiten in der sozialen Krankenversicherung, die gesetzliche Unfallversicherung für Schüler, Studenten und Kinder in Kindergärten sowie die grundlegende Reform des Betriebsverfassungsgesetzes seien hier nur als Beispiele aus einer langen Reihe genannt. Sie umreißen gleichzeitig das ganze Spektrum der neuen Sozialpolitik, die immer noch die alte klassische Hilfs- und Schutzfunktion enthält, doch gleichzeitig immer mehr vorausschauenden, vorsorgenden, vorausplanenden Charakter bekommt, oder – um noch einmal Walter Arendt zu zitieren – „die alles daransetzt, die Spannungen und

Konflikte unserer Gesellschaft zu einem rationalen Austragen zu bringen und dadurch die Lebensbedingungen für alle Bürger unserer hochindustrialisierten Gesellschaft zu verbessern".

In diesem Buch soll keine sozialpolitische Leistungsbilanz gezogen werden. Aber die mehr oder weniger gute Lösung zahlreicher sozialpolitischer Aufgaben wirkt in vielfältiger Weise auf die wirtschaftliche Entwicklung ein: eine vorausschauende Arbeitsmarktpolitik, die große Aufgabe der Rehabilitation und nicht zuletzt die Anstrengungen zu mehr Humanisierung und Demokratisierung des Wirtschaftsprozesses können bei der Erarbeitung von Konzeptionen für eine infrastrukturorientierte Wirtschaftspolitik nicht unberücksichtigt bleiben. Die wichtigsten Verzahnungen hier aufzuzeigen, ist die Aufgabe dieses Abschnitts.

Arbeitsmarktpolitik für morgen und übermorgen

Spätestens mit der Verabschiedung des Arbeitsförderungsgesetzes im Sommer 1969 – und der damit verbundenen Umwandlung der „Bundesanstalt für Arbeitslosenvermittlung und Arbeitslosenversicherung" in die „Bundesanstalt für Arbeit" – begann in der Bundesrepublik eine neue Phase der Arbeitsmarktpolitik: nicht mehr die „versicherungsmäßige" Abdeckung des Risikos Arbeitslosigkeit stand im Mittelpunkt, sondern die Vorausschau auf die Arbeitswelt von morgen und eine der künftigen Entwicklung möglichst entsprechende Berufslenkung und Berufsberatung. Hilfe bei individuellen Aufstiegsmöglichkeiten und Wünschen zu geben und sie mit den sich wandelnden Gegebenheiten des Arbeitsmarktes in Übereinstimmung zu bringen, die Anforderungen an berufliche und regionale Mobilität mit dem Beharrungsvermögen der Mehrzahl der Bürger zu konfrontieren, das sind nur ein paar Stichworte für die Probleme einer vorausschauenden Arbeitsmarktpolitik mit dem Ziel, jedem Erwerbstätigen *einen* ihm zusagenden Arbeitsplatz und jedem Arbeitgeber die gewünschten Fachkräfte zu vermitteln. Komplexe und schwierige Aufgaben, die in der Bundesrepublik besser gelöst werden als es in der öffentlichen Meinung wahrgenommen wird – dort herrscht (wenn auch zunehmend weniger) noch allzu oft das Leitbild des „Arbeitsamtes alten Stils" vor – wenn auch noch längst nicht so, wie es das Tempo der Strukturveränderungen erfordert. Doch im europäischen Vergleich der OECD-Arbeitsmarktexamen wurde die Bundesrepublik mit einer vorzüglichen Note versehen[95].

Nimmt man den Bericht der Bundesregierung über die Erfahrungen mit dem Arbeitsförderungsgesetz[96] als Maßstab, so wird in der Bundesrepublik das Handwerk der Arbeitsmarktpolitik solide betrieben. Das wird den Anforderungen von morgen nicht genügen – aber es gibt eine gute Ausgangsbasis. Von dieser Basis aus ist ein vorausschauendes arbeitsmarktpolitisches Konzept zu entwickeln, das etwa folgende Grundlinien zeigen sollte:

a) Vorausschauende Berufslenkung

Das zunehmende Tempo der strukturellen Veränderungen verschiebt nicht nur die Bedeutung einzelner Wirtschaftszweige im gesamtwirtschaftlichen Produktionsfeld, es wirkt noch stärker auf die Bedeutung ehemals erlernter Berufe und stellt ständig neue Anforderungen an berufliche Fähigkeiten und berufliches Wissen. „Mobilität" ist zwar inzwischen fast zu einem Schlagwort geworden, aber sie ist in vielen Bereichen noch längst nicht groß genug. Und die Arbeitsmarktpolitik muß nicht nur die berufliche und regionale Mobilität erhöhen, sie muß auch – was sehr viel schwieriger ist – die mobiler gewordenen Arbeitskräfte (beruflich und regional) in eine Richtung lenken, die morgen noch Bestand hat. Die Anstrengungen zu grundlegender Reform der Berufsausbildung – die in der letzten Legislaturperiode begonnen haben und jetzt in vollem Gange sind (mit dem Ziel, den theoretischen Anteil zu verstärken, ohne die Verbindung zur betrieblichen Praxis zu verlieren) – können die Lösung dieser Aufgabe wesentlich erleichtern, sie bleibt schwer genug. Das neue

Institut für Berufsbildungsforschung in Berlin sowie das ältere Erlanger Institut für Arbeitsmarktforschung sollten für diese hochrangige Aufgabe qualitativ und quantitativ kräftig ausgebaut werden.

Doch die Erweiterung und Intensivierung der in ihren Grundzügen bereits vorhandenen Politik ist nicht genug. Je erfolgreicher die Strukturpolitik in Zukunft notwendige Veränderungen durchführt und die Konservierung überholter Strukturen vermeidet, desto schwieriger werden die Probleme der Arbeitsmarktpolitik. Die bis heute nicht gelösten Probleme der Vermittlung bestimmter Minderheiten (älterer Arbeitnehmer, Frauen mit Teilzeitbeschäftigungswünschen etc.) werden bei schnellerem Strukturwandel größer und sich auf weitere – wenn auch kleine – Gruppen erstrecken. Langfristig richtig prognostizierte Entwicklungslinien des Arbeitsmarktes können hier ebenso helfen wie eine breitere Grundausbildung; es bleibt das Problem, individuelle Berufswünsche und ökonomische Möglichkeiten jeweils in Übereinstimmung zu bringen.

Aus den Arbeitsmarktberichten der OECD (vgl. Anmerkung 95) geht noch ein konjunkturelles Problem hervor, das künftig partiell auch in der Bundesrepublik Bedeutung gewinnen kann: die Schwierigkeit, daß die Globalwirkung konjunktureller Bremsmaßnahmen in strukturschwachen Sektoren oder Regionen zu schnell durchschlägt und daß aus strukturellen Rücksichten dann die Bremsmaßnahmen abgeschwächt werden, bevor der stabilitätspolitisch erwünschte Erfolg erreicht ist. Gösta Rehn, der zuständige OECD-Direktor, hat für diesen Fall wiederholt zur Diskussion gestellt, prophylaktisch in strukturschwachen Regionen und Sektoren berufliche Umschulungs- und Ausbildungsmaßnahmen durchzuführen, um damit gleichzeitig der Stabilitätspolitik einen längeren Atem zu geben und die künftigen Strukturen für eine Verstetigung des wirtschaftlichen Wachstums zu glätten. Ein in der Praxis sicher sehr viel schwieriges Unterfangen als der Beweis seiner Schlüssigkeit im theoretischen Ansatz. Grundvoraussetzung für das Funktionieren wäre vor allem ein sehr viel größeres Detailwissen um partielle wirtschaftliche Entwicklungen als es heute den wirtschafts- und arbeitsmarktpolitischen Instanzen zur Verfügung steht. Aber es lohnt sich über die Möglichkeiten einer Realisierung dieses Gedankens nachzudenken und mit der Entwicklung eines entsprechenden prognostischen Apparats und seiner Durchführungsmöglichkeiten zu beginnen. Die partiell notwendige Differenzierung der Globalsteuerung ist im Bereich der Arbeitsmarktpolitik besonders notwendig, doch – wenn sie funktioniert – auch besonders verdienstvoll.

b) Flexiblere Gestaltung der Arbeitszeit

Die Aufhebung der seit mehr als fünfzig Jahren bestehenden starren Altersgrenze von 65 Jahren in der sozialen Rentenversicherung zugunsten einer vorgezogenen aber flexibleren Grenze hat Aspekte für die künftige Arbeitswelt, die über den hohen sozial- und gesundheitspolitischen Stellenwert noch hinausgehen. Sie ist darüberhinaus ein wesentlicher Schritt zu mehr Individualität im gesamten Arbeitsleben. Parallel zu der seit 1970 intensivierten Diskussion um einen individuelleren Übergang vom Arbeitsleben in das Ruhealter sind die täglichen und wöchentlichen Arbeitszeiten in Bewegung gekommen. Zwar waren die Motive für die Einführung einer „gleitenden Arbeitszeit" anfangs vorwiegend verkehrspolitischer Natur: unzureichendes Straßennetz und unzulängliche Nahverkehrsmittel drängten Betriebsräte und Arbeitgeber gleicherweise auf die Suche nach besserer Verteilung der Hauptstoßzeiten. Inzwischen aber ist in zahlreichen Verwaltungen und auch in einer Reihe von Produktionsbetrieben die Arbeitszeit auch ohne Rücksicht auf den Verkehr flexibel gestaltet worden, was vielen individuellen Neigungen und persönlichen Umständen entgegenkommt. Und die bisherigen Erfolge ermuntern zum Weitermachen[97].

Im Rahmen der OECD-Arbeitsmarktuntersuchungen hat Gösta Rehn im September 1972 in Paris die Möglichkeiten einer flexibleren Gestaltung der Arbeitszeit um eine (auf den ersten Blick atemberaubende) Dimension erweitert: nicht nur die Möglichkeit gleitender Arbeitszeiten am Tag und ein individuell zu bestimmender Übergang vom Arbeitsleben in den Ruhestand wurden dort zur Diskussion gestellt, sondern eine sehr viel individuellere Verfügung über die Zeit des gesamten Arbeitslebens. Stark komprimiert gehen die Rehnschen Überlegungen[98] von folgender Vorstellung aus:

Zumindest in Mitteleuropa und Skandinavien ist die Arbeit in der Industriegesellschaft in ein umfassendes System sozialer Sicherung eingebettet, dessen Leistungen aus gesetzlich fixierten Abgaben der Arbeitnehmer finanziert werden. Der einzelne erwirbt in diesem System mit der Zahlung seiner Beiträge Ansprüche auf individuelle Leistungen bei bestimmten Tatbeständen, vor allem bei Krankheit, Erwerbsunfähigkeit, Arbeitslosigkeit und Alter. Für die Höhe dieser Leistungen bilden seine Beiträge zwar in der Regel eine individuelle Berechnungsgrundlage, die Leistungen sind aber keineswegs auf die Summe der Beiträge begrenzt. (In stark wachsenden Volkswirtschaften würden z. B. die Rentenversicherungsbeiträge entsprechend den heutigen Arbeitsentgelten nur einige wenige Jahre – trotz Zins und Zinseszins – die Rentenzahlungen von morgen sicherstellen können.) Konkret findet in den Systemen sozialer Sicherung in jeder Produktionsperiode ein Solidarausgleich zwischen der arbeitenden Bevölkerung und der aus (festgelegten Gründen) nicht arbeitenden Bevölkerung statt. Rehns Überlegungen gehen jetzt dahin, nach Sicherstellung einer Grundsicherung vor den Hauptrisiken, dem einzelnen eine Reihe von Verfügungsmöglichkeiten über seine „Sozialkonten" einzuräumen; etwa sich mit 35 Jahren für eine niedrigere Altersrente zu entscheiden und dafür aus diesem Sozialkonto sich einen halbjährigen Bildungsaufenthalt finanzieren zu lassen. Oder: für den Fall einer Erkrankung oder vorübergehender Erwerbslosigkeit auf über die allgemeine Grundsicherung hinausgehende – nach der Höhe der Beiträge und damit nach der Höhe des Einkommens bemessener – Zuschläge im voraus zu verzichten und sich aus diesem „Freikonto" einen mehrmonatigen Urlaub zu finanzieren.

Auch dies ist ein Aspekt, der hier nur angedeutet werden

kann, der aber intensiveres Nachdenken für die künftige wirtschaftliche und gesellschaftliche Entwicklung wert ist. Die Möglichkeiten der elektronischen Datenverarbeitung lassen die technische Durchführung als möglich erscheinen – sozial vertretbar erscheint die Idee, wenn das durchschnittliche Einkommensniveau in einer Volkswirtschaft einen Stand erreicht hat, daß die Differenzen zwischen der lebensnotwendigen Grundsicherung und den beitragsgerechten Leistungen des sozialen Sicherungssystems groß genug sind, daß eine individuelle Verfügung über die „Sozialkonten" sich lohnt. In der Bundesrepublik ist das zur Zeit mit Sicherheit (vgl. Tabelle 4) noch nicht der Fall; aber die Zeit ist absehbar, wo bei vernünftiger Wirtschaftspolitik dieser Zustand erreicht werden kann. Auf dem Wege, aus der „leistungsbesessenen" Gesellschaft eine *humane* Leistungsgesellschaft zu machen, können Überlegungen dieser Art recht hilfreich sein.

Die große Aufgabe Rehabilitation: Ein sozialpolitisches Anliegen mit positiven ökonomischen Wirkungen

Rund vier Millionen Menschen leben in der Bundesrepublik mit angeborenen bzw. durch Unfälle oder andere Vorfälle zugefügten Behinderungen. Die medizinischen und sozialpädagogischen Wissenschaften haben in den letzten zwei Jahrzehnten in immer vollkommenerer Weise eine Vielzahl von Verfahren entwickelt, die es möglich machen, in mehr als 90 Prozent der Fälle Behinderte wieder voll gesellschaftlich und beruflich einzugliedern. Es ist freilich ein langwieriger, mühseliger und kostenaufwendiger Prozeß. Und trotz der mit dem Aktionsprogramm der Bundesregierung 1970 eingeleiteten vervielfachten Anstrengungen (organisatorischer, pädagogischer und finanzieller Art) bleiben zahlreiche Möglichkeiten noch ungenutzt. Das liegt teilweise an fehlender Information der Betroffenen, aber auch – immer noch – partiell an zu wenig qualifizierten Rehabilitationseinrichtungen. Wie in der Bildungspolitik ist es aber auch hier nicht nur eine Frage der Bereitstellung der nötigen Finanzmittel, sondern der Heranbildung qualifizierten Fachpersonals. Um den Generalauftrag der Regierungserklärung vom 28. Oktober 1969: „Wir werden besonders für die Mitbürger sorgen, die trotz Hochkonjunktur und Vollbeschäftigung im Schatten leben müssen. Wir werden um verstärkte Maßnahmen bemüht sein, die den Behinderten in Beruf und Gesellschaft Chancen eröffnen, wo immer dies möglich ist" zu erfüllen, ist – über die materiellen Anstrengungen hinaus – mehr Verständnis und mehr Interesse für die Situation der behinderten Menschen in der Bevölkerung notwendig.

Mehr Wissen um die Möglichkeiten und die Erfolge, vor allem der beruflichen Rehabilitation, würde dieses Verständnis mit Sicherheit erhöhen. So kostenaufwendig Rehabilitationseinrichtungen auch sind, eine langfristige gesamtwirtschaftliche Rechnung bringt – über den individuellen Erfolg für den einzelnen, der in Mark und Pfennig nicht ausgedrückt werden kann hinaus – einen politiven Saldo auf der Habenseite. Denn jede erfolgreiche Rehabilitation befreit den Staat bzw. die Sozialversicherungsträger für die künftigen Jahrzehnte von (dynamisierten) Leistungen und bringt Einnahmen an Steuern und Beiträgen. Schon allein aus dieser simplen „Ausgaben- und Einnahmenrechnung" ergibt sich für die Mehrzahl der Rehabilitationsfälle ein Plus, das sehr viel größer wird, wenn der von dem wiedereingegliederten bis zu seinem Ausscheiden aus dem Erwerbsleben geleistete Beitrag zum Sozialprodukt einkalkuliert werden könnte. Doch allein schon die simple „Einnahmen- und Ausgabenrechnung" ist ökonomisch eindrucksvoll wie die nachstehenden Beispiele[99] zeigen:

Grundannahmen:
Es werden zwei Modellfälle durchgerechnet, wo nach der medizinischen Rehabilitation die Entscheidung über die Möglichkeiten beruflicher Rehabilitation oder den Bezug von Erwerbsunfähigkeitsrente zu treffen ist. Da auch bei Nichterfolg bzw. -versuch der beruflichen Wiedereingliederung die Kosten der *medizinischen* Behandlung von den jeweiligen Versicherungs-

trägern zu tragen sind, werden diese in den nachstehenden Rechnungen nicht berücksichtigt. Im Modellfall I wird eine Minderung der Erwerbsfähigkeit um 100 Prozent angenommen, im Modellfall II um siebzig Prozent; in beiden Fällen wird von einem verheirateten Versicherten mit einem Kind ausgegangen. Im Modellfall II (Wehrdienstunfall) bleibt die Grundrente außer Ansatz, da diese auch bei voller Arbeitsfähigkeit weitergezahlt wird. Sämtliche Rechnungen beziehen sich auf die Rechtslage 1972 bei „Status-quo-Unterstellung“ für die Rechtslage sowie für die Preis- und Einkommensverhältnisse während des Berechnungszeitraumes.

MODELLFALL I

35jähriger Angestellter mit privatem Unfall

I.	*Rentenaufwendungen ohne Rehabilitation*		
	a) Durchschnittliche Erwerbsunfähigkeitsrente bei 35 bis 40 anrechnungsfähigen Versicherungsjahren monatlich		739,– DM
	b) bis zum 63. Lebensjahr = 28 Jahre Rentenbezug		248 304,– DM
II.	*Kosten und Nutzen der Rehabilitation*		
	a) Rehabilitationskosten	20 000 DM	
	+ 1½ Jahre EU-Rente	13 302 DM	
		33 302 DM	
	b) Aufkommen aus Steuern und Beiträgen		
	Jahres-Lohnsteuer	1 824 DM	
	Sozialversicherungsbeiträge	2 175 DM	
	Summe in 26½ Jahren	105 974 DM	
III.	*Gesamtertrag der Rehabilitation*		
	Rentenersparnis plus Saldo aus Rehabilitationskosten und Aufkommen aus Steuern und Beiträgen [b) ./. a)]		320 976 DM
	abzüglich Unsicherheitsfaktor (vorzeitiges Ausscheiden oder längere Arbeitsunterbrechung, durchschnittlich 15 Prozent)	./.	50 976 DM
	Nettoertrag der Rehabilitation		270 000 DM

MODELLFALL II

20jähriger Arbeiter, Wehrdienstunfall

I.	*Rentenaufwendungen ohne Rehabilitation*		
	Ausgleichsrente monatlich	215,— DM	
	bis zum 63. Lebensjahr =		
	43 Jahre Rentenbezug	110 940,— DM	
II.	*Kosten und Nutzen der Rehabilitation*		
	a) Rehabilitationskosten	18 000 DM	
	+ 1½ Jahre Ausgleichsrente	3 870 DM	
		21 870 DM	
	b) Aufkommen aus Steuern und Beiträgen		
	Jahres-Lohnsteuer	1 824 DM	
	Sozialversicherungsbeiträge	2 175 DM	
	Summe in 41½ Jahren	165 959 DM	
III.	*Gesamtertrag der Rehabilitation*		
	Rentenersparnis plus Saldo aus Rehabilitationskosten und Aufkommen aus Steuern und Beiträgen [b) ./. a)]		255 029 DM
	abzüglich Unsicherheitsfaktor (vorzeitiges Ausscheiden oder längere Arbeitsunterbrechung, durchschnittlich 15 Prozent)	./.	40 029 DM
	Nettoertrag der Rehabilitation		215 000 DM

Umweltqualität am Arbeitsplatz

Das in den letzten Jahren fast sprunghaft intensivierte Umweltbewußtsein beginnt auch in den betrieblichen Strukturen Wirkungen zu zeigen. Rund ein Drittel ihres Lebens verbringen die meisten Menschen an einem mehr oder weniger gut ausgestatteten Arbeitsplatz – waches Umweltbewußtsein sollte somit mit der Qualität der Umwelt des Arbeitsplatzes anfangen. Auch hier hat die Sozialgesetzgebung seit 1970 eine Fülle von Anstößen gegeben – Richtlinien zur „Beurteilung von Arbeitslärm am Arbeitsplatz“, Gesetz über technische Arbeitsmittel, Arbeitsstoffverordnung, Gesetzentwurf über Werksärzte und Sicherheitsingenieure sowie die Errichtung einer Bundesanstalt für Arbeitsschutz und Unfallforschung, um nur die wichtigsten Beispiele zu nennen – aber gerade hier zeigt sich auch die „obrigkeitsstaatliche" Herkunft der deutschen Sozialpolitik mit all ihren Spätwirkungen, wie sie schon die Sprache verrät: die für die Qualität des Arbeitsplatzes so wichtigen Vorschriften über die Ausstattung industrieller Arbeitsplätze finden sich im „Maschinenschutzgesetz", so als sollten hier die Maschinen vor unsachgemäßer Behandlung durch brutale Arbeiter geschützt werden und nicht sichergestellt, daß die Arbeitsplätze den menschlichen und nicht den maschinellen Bedürfnissen nach ausgestattet werden. Ein Detail nur, und sicher ein unbewußtes, aber einen verbreiteten „unbewußten Bewußtseinsstand" charakterisierend.

Über die notwendige Verbesserung von Einzelvorschriften hinaus werden sich aber die Anstrengungen der Zukunft vor allem darauf richten müssen, den industriellen Prozeß zunehmend mehr von stumpfsinnigen, isolierten, „entfremdenden" Tätigkeiten zu befreien. Die fortschreitende Automatisierung hat hier bereits in zwei Richtungen gewirkt: sie hat eine Vielzahl von Tätigkeiten, die allein auf wenige sich ständig wiederholende, auskalkulierte Handgriffe gerichtet war, aufgehoben und den dafür viel geeigneteren Maschinen übertragen; gleichzeitig sind andere (zahlenmäßig geringere) Arbeitsplätze „automatischer" geworden. Diesen Restbeständen und den Fertigungsmethoden überhaupt muß in Zukunft das Interesse der Arbeitswissenschaften gelten – die Bundesrepublik ist hier noch unerfreulich weit im Rückstand. In Skandinavien, den Niederlanden und in den Vereinigten Staaten z. B. hat es in den letzten Jahren eine Fülle von Versuchen zu individuellerer Gestaltung von Fließfertigungen gegeben, mit großem sozialem und zusätzlichem Produktivitätserfolg. Die hierüber unter anderem bei einem vom Bundesarbeitsministerium initiierten und vom Rationalisierungskuratorium der deutschen Wirtschaft veranstalteten Symposium (vgl. Anmerkung I/65; 6. November 1972 in Düsseldorf) vorgetragenen Fakten haben eine Reihe von Anstößen zu weiterer Arbeit gegeben, vor allem in drei Richtungen:

– Für die Lösung der Aufgabe einer ständigen Umweltverbesserung am Arbeitsplatz reicht das übliche politische Instrumentarium – Erlaß von Gesetzen, Verordnungen und Verwaltungsvorschriften sowie die sonstigen bürokratischen Möglichkeiten – nur begrenzt aus. Natürlich geht es nicht ohne diese Maßnahmen, doch es werden mit ihnen lediglich Ansprüche geschaffen, ohne sie im einzelnen realisieren zu können. Die sich in der industriellen Produktion besonders drastisch niederschlagende technische Entwicklung erfordert ein flexibleres Rechtssetzungssystem, auch schon bei der Erarbeitung von Rahmenvorschriften. Das Bundesarbeitsministerium hat hier ein System der Verknüpfung staatlicher Rahmenvorschriften mit technischen Regeln – die im Rahmen der Selbstverwaltung der Wirtschaft durch Wirtschaftsfach-, Berufsverbände und Gewerkschaften aufgestellt werden – gefunden, das weiter zu entwickeln ist. Nur in einem geregelten Zusammenspiel der Gesetzgebungs- und Verwaltungsinstanzen mit den autonomen Gruppen einerseits und voller Ausschöpfung der durch das neue Betriebsverfassungsgesetz gebotenen Mitbestimmungsrechte und Möglichkeiten andererseits wird sich hier auch der Erfolg „an der Basis" einstellen. Hinzu kommt die oben bereits erwähnte Modernisierung der Ausbildungsordnungen. Breitere Grundausbildung mit nachfolgender spezialisierter Stufenausbildung werden die künftigen Facharbeiter nicht nur mehr als bisher in die Lage versetzen, bei Veränderungen der Produktionsweise auch die Tätigkeit wechseln zu können, sie werden auch – als sehr erwünschtes Nebenergebnis – das Anspruchsniveau der Ausgebildeten heben. Dies wiederum ist eine wichtige Voraussetzung dafür, daß sich die Beschäftigten bei Veränderungen des Produktionsprozesses nicht alles von der „angeblich vorgegebenen" Technik gefallen lassen, sondern auf die Gestaltung des technischen Prozesses Einfluß nehmen. Die rechtlichen Möglichkeiten dazu bietet das neue Betriebsverfassungsgesetz in umfassender Weise.

– Wissenschaft und Lehre müssen sehr viel stärker als bisher die sozialen und ökonomischen Auswirkungen von Veränderungen der Fertigungsmethoden untersuchen und *verbreiten.* Die Einführung neuer Fertigungsmethoden und menschengerechtere

Gestaltung der einzelnen Arbeitsplätze verursachen Kosten; wird damit eine größere Identifizierung der Arbeitnehmer mit ihrer Aufgabe erreicht, sind auch sehr positive Auswirkungen auf Produktion und Wachstum zu erwarten. Und wenn betriebliche Führungskräfte schon während ihrer Ausbildungszeit lernen, Technik menschengerecht zu gestalten und Arbeitsabläufe nicht vorrangig von der Technik her, sondern von den an den Maschinen beschäftigten Menschen her zu konzipieren, dürfte Schritt für Schritt eine freundlichere Umwelt auch im industriellen Produktionsprozeß zu erreichen sein. (Und wem die soziale Verpflichtung als Anstoß nicht genügt: die zunehmende Knappheit des Produktionsfaktors „Arbeitskraft" dürfte vielleicht auch Techniker und Ökonomen gleicherweise davon überzeugen, die ökonomischen Gesichtspunkte der pfleglichen Behandlung eines knappen Produktionsfaktors mehr als bisher ins Kalkül zu bringen.) Das gilt z. B. auch für die betriebliche Kostenerfassung, in der immer noch die kostenrechnerische Darstellung des Faktors „Arbeit" sehr viel weniger differenziert erfolgt als die des Faktors „Kapital". Indikatoren für die Auswirkungen des „Betriebsklimas" auf Produktivität und Rentabilität zu entwikkeln, ist mehr als die Erfüllung gesellschaftlicher Forderungen. Es gehört zur Abrundung moderner Kostenrechnung.

– Hier liegt auch ein Feld für die Tarifvertragsparteien. In den letzten Jahren sind in einer Reihe von Wirtschaftszweigen Rationalisierungsschutzabkommen abgeschlossen worden. Warum sollte es nicht in der gleichen Form Rationalisierungsförderungsabkommen geben, in denen die Tarifvertragsparteien nicht nur bei kommenden technischen Betriebsveränderungen die sozialen Auswirkungen durch ein Schutzabkommen auffangen, sondern gleichzeitig Normen dafür setzen, die Veränderungen der Technik so zu gestalten, wie sie die menschengerechte Ausstattung von Arbeitsplätzen erfordert. Die Gestaltungsmöglichkeiten der Tarifverträge sind groß genug, um solche Versuche zu wagen. Und die Bedingungen der einzelnen Wirtschaftszweige sind sicher durch die autonomen Gruppen „maßgeschneiderter" zu erfassen als durch globale staatliche Rahmenvorschriften.

Selbstverständlich ist das hier zu bearbeitende Feld breiter als in den drei oben angeführten Punkten zum Ausdruck kommt. Hier kam es nur darauf an, einige besonders wichtige Grundlinien der künftigen Entwicklung zu zeigen. Eine Entwicklung, die gleichzeitig über die künftige „Qualität des Lebens" und die Leistungsfähigkeit der Industrienation Bundesrepublik Deutschland entscheiden wird.

Paritätische Mitbestimmung: unabdingbarer Schritt zur Überwindung spätkapitalistischer Strukturrudimente

Der Stand der Arbeits- und Sozialgesetzgebung, gemeinwirtschaftliche Unternehmen und der Einfluß öffentlich rechtlicher Betriebsformen, die Kraft der Gewerkschaften bei voller Tarifautonomie und die weit über die liberale „Nachtwächterrolle" hinausgehende Datensetzung durch die staatliche Wirtschafts-, Sozial-, Finanz- und Umweltschutzpolitik verbieten bei objektiver Analyse die Bundesrepublik als einen spätkapitalistischen Staat zu bezeichnen. (Vgl. Kapitel II.) Doch kann es andererseits keinen Zweifel daran geben, daß eine Vielzahl rudimentärer Bestandteile einer kapitalistischen Wirtschaftsverfassung vorhanden sind. Sie finden sich vor allem in den Unternehmensstrukturen und in der Konzentration der Eigentumstitel an den Produktionsmitteln. Beides aber ist ohne „revolutionäre" Umwälzungen und/oder grundlegende Systemveränderungen zu überwinden und in ein pluralistisches Machtgleichgewicht einzubetten. Im vorigen Abschnitt wurden Wege zu einer „pluralistischen Vermögensstruktur" gezeigt. Der Schwerpunkt der Anstrengungen zu mehr Demokratisierung der Wirtschaft aber muß bei der Einführung der paritätischen Mitbestimmung in allen Großunternehmen liegen.

Die Notwendigkeit zur Ausdehnung der bestehenden Mitbestimmungsrechte wird inzwischen in der Bundesrepublik nirgendwo mehr ernsthaft bestritten. Die grundlegende Reform des Betriebsverfassungsgesetzes aus dem Jahre 1971 hat bis auf einige (koalitionsbedingte) Schwachpunkte den Arbeitnehmern auf der Betriebsebene zureichende Mitbestimmungsmöglichkeiten eröffnet. Die Regelung für die Unternehmensebene steht noch aus. In der Regierungserklärung vom 18. Januar 1973 wird ein Gesetzentwurf auf der Grundlage der „Gleichberechtigung und Gleichgewichtigkeit von Arbeitnehmern und Anteilseignern" angekündigt. Vielleicht wird es interessierten Juristen nicht schwer fallen, diesen Grundsatz so zu interpretieren, daß auch ein Gesetzentwurf mit *nicht*-paritätischer Mitbestimmung als formale Erfüllung dieses Auftrages anzusehen ist; den gesellschafts- und wirtschaftspolitischen Notwendigkeiten in einem sozialen Rechtsstaat entspricht allein die *paritätische* Besetzung der Aufsichtsgremien in den Großunternehmen durch Arbeitnehmer und Anteilseigner.

Auch die umfassende und intensive Untersuchung der „Mitbestimmung im Unternehmen", die in den Jahren 1968/69 von der „Sachverständigenkommission zur Auswertung der bisherigen Erfahrungen bei der Mitbestimmung" unter dem Vorsitz von Professor Biedenkopf durchgeführt und im Januar 1970 der Bundesregierung vorgelegt wurde, kommt inhaltlich zu diesem Ergebnis, wenn auch (paradoxerweise) zu Vorschlägen, die unterhalb der Parität liegen. Aber zu Beginn des Absatzes „Rechtfertigung der Mitbestimmung" heißt es: „Bei ihren Empfehlungen zur Mitbestimmung der Arbeitnehmer im Unternehmen geht die Kommission davon aus, daß die Mitbestimmung der Arbeitnehmer in den Organen des Unternehmens nicht nur politisch gefordert und historisch gegeben, sondern sachlich notwendig ist...

Die Mitbestimmung der Arbeitnehmer im Unternehmen ist nach Ansicht der Kommission abzuleiten aus

1. dem besonderen rechtlichen, wirtschaftlichen und sozialen Charakter des *Arbeitsverhältnisses*, wie er durch den Arbeitsvertrag, die organisatorische Eingliederung des Arbeitnehmers in den Betrieb, die Verfügung über die Arbeitskraft des Arbeitnehmers und die damit verbundene, dem Arbeitsverhältnis eigene Autoritätsbeziehung gestaltet wird;

2. der Zugehörigkeit des *Arbeitnehmers zum Unternehmen*, die durch das Arbeitsverhältnis begründet wird und ihre konkrete Gestaltung durch den Beitrag erfährt, den der Arbeitnehmer im Rahmen der Organisation zur Verwirklichung des Zwecks der Organisation entsprechend der unternehmerischen Planung und unter einheitlicher Organisationsgewalt leistet[100]."

Es kann hier nicht versucht werden, eine Übersicht über die Vielzahl der positiven Erfahrungen mit der paritätischen Mitbestimmung in der Montanindustrie, wie sie in dem Bericht der Mitbestimmungskommission dargelegt sind, zu geben. Lediglich auf drei besonders wichtige Punkte sei hingewiesen:

die Kommission kommt u. a. zu der Feststellung, daß[101] durch

– die Einführung der Mitbestimmung ein Zwang „zur Kooperation zwischen Arbeitgeber und Arbeitnehmer" sowie zur „Einführung von Argumentations- und Diskussionszwängen" begründet wird,
– „weil nur auf diese Weise die besondere, der Stellung und Tätigkeit der Arbeitnehmer im Unternehmen eigene Sachkunde und Betrachtungsweise zuverlässig in die Entscheidungsprozesse im Unternehmen Eingang finden",
– und die „Funktionsmöglichkeiten des Aufsichtsrates durch die Aufnahme geeigneter Arbeitnehmervertreter, insgesamt gesehen, bereichert" werden.

Diesen und vielen anderen positiven Feststellungen gegenüber wirken die Begründungen für das Ergebnis „den Vertretern der Kapitalseite eine Mehrheit im Aufsichtsrat zuzuweisen" etwas weit hergeholt. Oder ist es überzeugend, wenn festgestellt wird, „daß sich die Politik des Aufsichtsrates ungeachtet der sozialen und sozialpolitischen Bindungen des Unternehmens an der Rentabilität als der primären unternehmerischen Zielfunktion orientieren sollte" und zur Gewährleistung „einer solchen Entscheidungstendenz" die Anteilseignerseite eine Mehrheit bekommen soll, wenn zwei Seiten vorher bei den Erfahrungen mit dem zwei Jahrzehnte lang geltenden Montanmitbestimmungsgesetz festgestellt wird, daß „sich bisher vergleichsweise nur wenige so zugespitzte Entscheidungssituationen ergeben (haben), daß das neutrale Aufsichtsratsmitglied tatsächlich die Rolle des Züngleins an der Waage spielen mußte; in der Mehrzahl der Fälle konnte – wenn auch zum Teil erst nach schwierigen Verhandlungen – eine Übereinstimmung erzielt werden[102]". Die Reihe der Beispiele, die beweisen, daß bei den Schlußfolgerungen der Mitbestimmungskommission weniger die festgestellten Erfahrungen als eigene (politische) Vorstellungen der Kommissionsmehrheit den Ausschlag gaben, ließe sich beliebig verlängern. Doch dies ist nicht der Ort für eine Kritik der – in den ersten vier Abschnitten (ohne die Empfehlungen) so verdienstvolle – Arbeit der Mitbestimmungskommission; das umfangreiche Tatsachenmaterial bestätigt jedenfalls die wirtschaftliche Zweckmäßigkeit einer Ausdehnung der Mitbestimmung ebenso wie die gesellschaftspolitische Notwendigkeit.

Wer es gut meint mit der marktwirtschaftlichen, aber sozial gebundenen Wirtschaftsordnung und die Erhaltung dieses leistungsfähigen Systems wünscht, der muß auf baldige Einführung der paritätischen Mitbestimmung für alle Großunternehmen drängen. (Dabei ist das Montanmodell in zahlreichen Details variationsfähig: vor allem die Sonderposition des Arbeitsdirektors, des „neutralen" Mannes und auch Einzelheiten des Wahlverfahrens sind zu überprüfen; aber unverzichtbar ist der Grundsatz der Parität zwischen Arbeit und Kapital und das Vorschlagsrecht der Gewerkschaften für einen Teil der Arbeitnehmervertreter.) Die paritätische Mitbestimmung ist das geeignete Institut der Sozialverpflichtung entgegenstehende spätkapitalistische Überreste der marktwirtschaftlichen Ordnung in der Bundesrepublik zu beseitigen, mehr demokratische Kontrolle und damit mehr Machtgleichgewicht zu erreichen und damit insgesamt diese Wirtschaftsordnung zu festigen und leistungsfähiger zu machen.

17. Neues Beamtenrecht und gleichgewichtige Bundesländer

Notwendige Verbesserungen der institutionellen Infrastruktur: Voraussetzung für eine neue Politik

Für eine infrastrukturorientierte und verteilungswirksame Wirtschaftspolitik sind nicht nur langfristige Konzeptionen in vielen Teilbereichen – eingebettet in eine umfassende Rahmenplanung –, sondern auch entsprechende Veränderungen in dem vielschichtigen (traditionell gewachsenen) Bereich der *institutionellen* Infrastruktur notwendig. Zu Beginn dieses Kapitels wurde bereits versucht, die für die Erarbeitung eines „langfristigen Infrastrukturprogramms als Bundesentwicklungsplan" notwendigen neuen Funktionsbereiche zwischen Gesetzgebung und Verwaltung zu skizzieren. Was dort gesagt wurde, trifft für alle anderen Bereiche, etwa die Arbeitsmarktpolitik, ebenso zu. Es muß bezweifelt werden, ob die künftig erforderliche größere Flexibilität in der Durchführung, höhere Transparenz der Entscheidungsfindung und mehr Demokratie bei den Entscheidungsprozessen mit den herkömmlichen Grundsätzen des Berufsbeamtentums ohne größere Reibungsverluste in Übereinstimmung zu bringen sind. Aber auch Anzahl und Struktur der Bundesländer erscheinen für die Erfüllung dieser Aufgaben nicht gerade förderlich; der Verfassungsauftrag des Artikels 28 zu einer Neugliederung der Bundesländer erhält hier zusätzliche Aktualität.

Freilich zeigt das Beispiel der Bundeshauptstadt Bonn die Weisheit des alten Spruches, daß nichts so dauerhaft sei wie ein Provisorium. Vielfältige Verfestigungen, neue und alte Traditionen und vieles andere mehr deuten darauf hin, daß auch die von den Verfassungsgebern provisorisch gemeinte föderative Grundstruktur der Bundesrepublik dauerhafter ist, als 1947/1949 vorauszusehen war. Trotzdem wird in den letzten Jahren mit ernsthaftem politischen Willen an einer Neuordnung der Bundesländer gearbeitet; und im Verhältnis zu den Problemen einer Neuordnung des Beamtenrechts scheint dieses schwierige Problem sogar relativ leicht zu sein. Zu beiden Problemkomplexen können in diesem Buch keine Lösungen geboten werden, aber es sind die Grundlinien jener Veränderungen aufzuzeigen, die zur Durchführung der wirtschaftspolitischen Konzeptionen notwendig sind.

Kurz- und mittelfristig notwendige Veränderungen im öffentlichen Dienst

Die auf breiter Front diskutierte Notwendigkeit einer Neuordnung des öffentlichen Dienstes hat die Bundesregierung der ersten sozial-liberalen Koalition veranlaßt, eine Studienkommission mit der Untersuchung der Notwendigkeiten und Möglichkeiten einer solchen Neuordnung zu beauftragen. Diese Kommission hat im Mai 1973 ihre Arbeit vorgelegt und in der Öffentlichkeit wenig Beifall gefunden.

Zu groß waren die Erwartungen, daß das Programm „Innerer Reformen" auch in der Struktur des öffentlichen Dienstes durchschlagen müßte – vor diesem Erwartungshorizont sind die von der Kommission vorgeschlagenen Veränderungen (bei aller Zweckmäßigkeit verschiedener Detailvorschläge) zu klein. Die einleitende Aussage der Enquete-Kommission zu dem Abschnitt „Die Reformbedürftigkeit der geltenden Dienstrechtssysteme" scheint mir für die Grundhaltung der Mehrheit der Kommissionsmitglieder charakteristisch zu sein: „Wird der gegenwärtige Zustand der öffentlichen Dienstrechtssysteme an den Reformzielen gemessen, erscheint die Feststellung gerechtfertigt, daß diese Systeme sich in ihrer Grundstruktur im wesentlichen bewährt haben; es genügt, darauf hinzuweisen, daß der öffentliche Dienst eine ungewöhnliche Wiederaufbauleistung nach dem Kriege ermöglicht und mitgetragen hat[103]." Bei so viel Selbstzufriedenheit mit dem bisherigen Zustand, können wegweisende Veränderungsvorschläge wohl nicht erwartet werden, jedenfalls dann nicht, wenn die nachstehende Beurteilung „reformrelevanter Einstellungen und Werthaltungen" hinzu kommt: „Jede Veränderung bestehender Strukturen des öffentlichen Dienstes kann Folgen für die Einstellungen und das Verhalten der Bediensteten und damit für die Arbeitsmarktsituation der öffentlichen Dienstgeber haben. Deshalb steht jede Reform in Gefahr, unbeabsichtigt etwas Bestehendes zu beseitigen, das sich heute für die Leistungsfähigkeit der Verwaltung positiv auswirkt oder zur Befriedigung wesentlicher Bedürfnisse ihrer Mitarbeiter beiträgt, andererseits umgekehrt etwas Neues einzuführen, für dessen Erfolg die motivationalen Voraussetzungen bei den Bediensteten fehlen[104]."

Bei dieser traditionellen Grundstruktur ist man dann fast überrascht, eine Reihe progressiver Detailvorschläge in dem Kommissions-Bericht zu finden. Vor allem die Vorschläge zur Bildung von „Funktionsgruppen", der Befreiung des Aufstiegs von „formalen Begrenzungen" und zur „Übertragung von Spitzenpositionen auf Zeit" sollten baldmöglichst realisiert werden. Insgesamt gesehen aber wird der Bericht der notwendigen Neuordnung eher hinderlich sein, vor allem die deutliche Tendenz, *allen* 3,2 Millionen im öffentlichen Dienst Beschäftigten einen beamtenähnlichen Status zu geben, wird den an den öffentlichen Dienst von morgen zu stellenden Anforderungen nicht gerecht.

Der Mehrheitsmeinung der im öffentlichen Dienst Beschäftigten dürfte dies allerdings entsprechen – jedenfalls von der Bonner Sicht aus gesehen. Diese Schlußfolgerung läßt sich allein aus der gereizten Aufnahme ziehen, die eine Untersuchung von zwei Hilfsreferenten aus dem Bundeswirtschaftsministerium „Über die Voraussetzungen für eine Reform von Regierung und Verwaltung“[105] bei ihren Kollegen und vor allem beim Deutschen Beamtenbund gefunden hat. (Wobei festgehalten zu werden verdient, daß am lautesten gegen die auf der letzten Seite der Untersuchung veröffentlichten Bruttobezüge der „Besoldung der Ministerialbeamten“ polemisiert wurde: vielleicht deshalb, weil in Anbetracht dieser Zahlen über irgendeinen „Besoldungsrückstand“ nicht mehr diskutiert werden kann[106].

Für die notwendigen Überlegungen zu einer ernsthaften Reform des öffentlichen Dienstes gibt die Untersuchung von Eberhard Moths und Monika Wulf-Mathies mehr Anregungen als der Bericht der Studienkommission, der (von Detailvorschlägen abgesehen) grundlegende Reformvorstellungen nur in dem Minderheitsvotum ab Seite 356 enthält.

Nun kann und soll in diesem Buch keine Reformkonzeption für den öffentlichen Dienst entwickelt werden. Aber die Überlegungen zur Erarbeitung eines langfristigen Infrastrukturkonzepts haben gezeigt, daß wenigstens einige Minimalveränderungen notwendig sind, damit die hier zu lösenden Aufgaben durchgeführt werden. Unter Beschränkung auf diesen Aspekt sind die nachstehenden Überlegungen zu verstehen, wobei zwischen kurz- und mittelfristigen Lösungen und langfristigen Perspektiven unterschieden wird.

Kurz- und mittelfristig scheint mir vor allem notwendig zu sein, die Position der politischen Beamten neu zu überdenken und zu ordnen, Besoldung und Funktion generell in mehr Übereinstimmung zu bringen und die Zuordnung von Mitarbeitern funktionsgerechter zu gestalten.

a) Notwendige Neuordnung der politischen Funktionen im Beamtenapparat

Die Bonner Beamtenschaft – von unterschiedlicher Qualifikation, aber mit differenzierter konservativer Grundstruktur – wurde von dem Regierungswechsel im Oktober 1969 zwar nicht unvorbereitet getroffen, war aber in ihrer großen Mehrheit davon überrascht. Die Vorbereitungsphase der Sozialdemokraten auf ihre führende Rolle in der Bonner Politik – die Große Koalition – hatte in den Tiefen des Beamtenapparats noch nicht die Vorstellung wachgerufen, daß politischer Führungswechsel in einem demokratischen Staat als „Normalfall" anzusehen ist. Dafür hatte die Vorherrschaft der CDU/CSU zu lange gedauert; auch schien sie von 1967 bis 1969 noch relativ fest gefügt zu sein. Und so sind die zum Teil heftigen (wenn auch kurzfristigen) Reaktionen auf die in der Mehrzahl der Ressorts nur zögernd vorgenommenen Veränderungen unter den leitenden Beamten wahrscheinlich auch aus dieser Gewöhnung an die Rolle einer Partei als „Staatspartei" zu erklären.

Selbst das geltende Beamtenrecht ist da schon sehr viel fortschrittlicher als die Bonner öffentliche Meinung und die Betroffenen selbst es wahrhaben wollen. Staatssekretäre und Ministerialdirektoren werden dort ausdrücklich zu politischen Beamten erklärt, die *jederzeit* ohne Angabe von Gründen in den Wartestand versetzt werden können. Eine Regelung, die stillschweigend voraussetzt, daß die Staatssekretäre und Abteilungsleiter zur politischen Leitung eines Ministeriums zählen.

Ob diese Regelung, bezogen auf die Leiter aller Fachabteilungen, vernünftig ist, kann bezweifelt werden. So wie sie im Jahre 1953 aber festgelegt worden ist, muß davon ausgegangen werden, daß der Gesetzgeber die Möglichkeit schaffen wollte, die politische Leitung eines Ministeriums ganz kurzfristig veränderbar zu machen. Für jeden, der sich von dem merkwürdigen Selbstverständnis einer großen Partei als „Staatspartei" gelöst hat, eine Selbstverständlichkeit; denn wie soll eine neue Regierungsmehrheit ihre politischen Akzente setzen können, wenn die Leitung der Ressorts in den alten („bewährten") Händen bleibt. Wer sich von dem traditionellen Irrglauben gelöst hat, daß es „reine" Verwaltungsarbeit ohne politische Akzente geben könne, der wird den Wechsel in der politischen Leitung der Ressorts für das Funktionieren einer demokratischen Staatsordnung für ebenso notwendig ansehen wie wechselnde Mehrheiten im Parlament.

Das oben Gesagte bedeutet freilich nicht, daß alle Verwaltungsarbeit zu politisieren sei. Aber es muß der Leitung eines Ressorts möglich sein, neue Akzente zu setzen, ohne ausdrücklich Weisung geben zu müssen, wie diese Akzente durchzuführen sind. Diese Möglichkeit ist sicher nur unzureichend oder gar nicht gegeben, wenn bei einem politischen Wechsel allein der Minister und sein persönlicher Stab in das im übrigen in der gesamten Beamtenhierarchie unveränderte Ministerium einzieht. Die mit jedem Wechsel unvermeidbar verbundenen Reibungsverluste müßten unter diesen Bedingungen ins Endlose wachsen. Wer es mit dem politischen Wechsel in der Demokratie ernst meint, muß darum auch in den Ministerien die Möglichkeit eines Wechsels der gesamten politischen Leitung schaffen. Sorgfältig abzuwägen ist aber, wie groß der Kreis zu ziehen ist, der zu „Beamten mit stündlicher Kündigungsfrist" deklariert werden muß.

Die für einen politischen Wechsel in der Bundesrepublik erste vorhandene Ausgangslage 1969 bietet für diese Analyse nur wenig Anhaltspunkte: zu ungewohnt war der Wechsel für die Mehrzahl der Beamten, zu zögernd und tastend die vorgenommenen Veränderungen in der Mehrzahl der Ressorts. Aber wenn diese Erfahrungen auch mit Sicherheit kein Modellfall für einen künftigen Regierungswechsel abgeben, sie können als eine Art „trial and error system" angesehen werden, aus dessen Vorzügen und Nachteilen Lehren für die Zukunft zu ziehen sind. Unter Berücksichtigung dieser systembedingten Erfahrungen die folgenden Überlegungen:

Jede neue Legislaturperiode beginnt mit einer Regierungserklärung, die das politische Programm der neuen Regierung enthält und im Regelfall auch eine Reihe detaillierter Maßnahmen zur Durchführung dieses Programms angibt. Eine gute Regierungserklärung ist gleichzeitig generelle Richtschnur und (in großen Zügen) Aufgabenkatalog für jedes Ressort.

Der Leitung des Ressorts obliegt es, die einzelnen Absichtserklärungen in Gesetzentwürfe, Verordnungen und andere geeignete Maßnahmen zur Durchführung umzugießen. Für die Erfüllung dieser Aufgaben gibt es – wie auch für alle anderen Arbeiten in den Ministerien – zwei grundsätzliche Arbeitsmöglichkeiten (mit zahlreichen Variationen):

- Die Leitung des Hauses gibt konkrete und auch ins Detail gehende Weisungen bis hinunter zum ausführenden Referat oder
- die zu erarbeitende Konzeption wird noch vor Beginn der Detailarbeit in großen Zügen abgesteckt und vor der endgültigen Erarbeitung in wechselnden (Querschnitts) Gremien besprochen.

Von diesen beiden Grundprinzipien sind zahlreiche Variationen möglich, vor allem auch die, daß ein Referent von sich aus mit der Idee und Konzeption einer zu erledigenden Aufgabe an die Leitung des Ministeriums herantritt. Welcher Arbeitsstil in welcher Abänderung aber auch immer bevorzugt wird – jeder hat zur Voraussetzung, daß der Minister über mehr in seiner Richtung politisch engagierte Mitarbeiter verfügt als Sekretärin und Persönlichen Referenten. Und diese Notwendigkeit ist um so größer, je weniger autoritär der persönliche Führungsstil eines Ressortleiters ist. Das ist an Hand der Durchführung eines Reformprogramms besonders deutlich zu demonstrieren.

Bei fast allen während der VI. Legislaturperiode angepackten Reformvorhaben erforderten schon die ersten groben Überlegungen zur Durchführung der angestrebten Veränderungen relativ große Sachkenntnis; und nicht nur Sachkenntnis der Details des eigenen Programms auch Überblick über die zu erwartenden Rückwirkungen und die Auswirkungen in andere Sektoren hinein. Allein die möglichen Rückkoppelungseffekte verbieten oft die Erarbeitung einer isolierten Konzeption, und die von der Geschäftsordnung vorgeschriebene Beteiligung der anderen Ressorts bietet keineswegs eine ausreichende Gewähr für die Berücksichtigung der Rück- und Nebenwirkungen. Es geht dabei nicht nur um Rückwirkungen materieller Art wie beispielsweise die finanziellen Konsequenzen einer zusätzlichen Rentenerhöhung in der Kriegsopferversorgung; es geht in gleicher Weise um die Prüfung, ob diese oder jene materielle Rückwirkung nicht geeignet sein kann, die politische Zielsetzung dieser Maßnahmen bei einer anderen gesellschaftlichen Gruppe in ihr Gegenteil zu verkehren, oder zumindest zu beeinträchtigen.

Aber kann von einer Fachabteilung, deren Leiter politisch nicht engagiert ist, erwartet werden, diese Konsequenzen – über die saubere materielle Arbeit hinaus – zu prüfen?

Bei allem Respekt vor der Loyalität der großen Mehrzahl der deutschen Beamten kann diese Frage kaum vorbehaltlos mit ja beantwortet werden. Da braucht noch gar nicht Böswilligkeit oder mangelndes Interesse unterstellt zu werden: eine Vielzahl von Fragestellungen ergibt sich allein aus dem politischen Engagement; wer dieses nicht teilt, wird auch die entsprechende Fragestellung nicht finden. Die obige Feststellung zeigt aber nicht nur die Notwendigkeit einer größeren Zahl von Mitarbeitern des Ministers mit dem gleichen politischen Engagement, sie zeigt auch, daß die Abgrenzung der politischen Beamten wie sie das Beamtengesetz von 1953 vornimmt, diesen Notwendigkeiten nicht gerecht wird. Von der subtileren Regelung für den Auswärtigen Dienst abgesehen, bestimmt das Beamtengesetz alle Staatssekretäre und Ministerialdirektoren zu politischen Beamten. Doch Amtsbezeichnis und Besoldungsgruppe allein sind nur sehr unzureichende Kriterien für den Status eines politischen Beamten, dessen besondere Merkmale vor allem in seiner Bereitschaft zu politischem Engagement – und dementsprechend „stündlicher Kündigungsfrist" – zu sehen sind. In jedem Ressort gibt es aber Abteilungen von sehr unterschiedlichem politischem Gewicht. Auch wenn die Administration im einzelnen nicht Sache der Ministerien ist, so hat jedes Ressort doch Abteilungen mit überwiegend administrativen Aufgaben, andere mit eindeutig politischer Ausrichtung. Die unterschiedslose Einstufung der Abteilungsleiter als politische Beamte dann, wenn sie der Besoldungsgruppe B 9 angehören, berücksichtigt die unterschiedlichen Aufgaben der Abteilungen nicht und führt zu dem zweifach unerfreulichen Ergebnis, daß

– auch Ministerialdirektoren als Leiter *nur* administrativer Abteilungen als politische Beamte mit allen entsprechenden Unsicherheitsfaktoren gelten und

– Abteilungsleiter, die nicht (oder noch nicht) Ministerialdirektoren sind, auch dann nicht politische Beamte sind, wenn sie Abteilungen mit eindeutig politischer Zielsetzung wie z. B. die Grundsatz- oder Planungsabteilung leiten.

Die notwendige Möglichkeit für die Ressortleitung, mit Aussicht auf Erfolg jederzeit politische Impulse geben zu können und damit sicherzustellen, daß die Erarbeitung einzelner Konzeptionen der politischen Grundrichtung entspricht, erfordert nicht die Möglichkeit des politischen Wechsels bei allen Beamten ab Besoldungsgruppe B 9 notwendig, sie erfordert diese Möglichkeit bei der Besetzung und Abberufung bestimmter Funktionen. Amtsbezeichnung und Besoldungsgruppe sind dabei von sekundärer Bedeutung, auch wenn es sich der Natur der Aufgaben entsprechend vorwiegend um Beamte des höheren Dienstes handeln wird. Die Abgrenzung aber muß nach der im Ministerium wahrzunehmenden Funktion erfolgen und nicht nach der Amtsbezeichnung. Für ein mittelgroßes Ressort bieten sich hier in der Regel folgende Funktionen als politisch zu besetzen an:

– der Staatssekretär als politischer Verwaltungschef,
– der Leiter eines Leitungsstabes (Ministerbüros) und der Leiter der Pressestelle und der Stelle für Öffentlichkeitsarbeit,
– der Leiter der Grundsatzabteilung und die Leiter von Fachabteilungen mit überwiegend politischer Zielsetzung.

Für den so neu abgegrenzten Kreis der politischen Beamten erscheint die gegenwärtige Regelung der jederzeitigen Möglichkeit einer Entlassung aus dem Amt ohne Angabe von Gründen bei der Verpflichtung des Staates zur Zahlung des bis dahin „erdienten Ruhegehalts“ vernünftig und zumutbar. Die mit der Pensionsverpflichtung verbundene Sicherung – wenn auch bei kurzer Dienstzeit auf entsprechend bescheidenem Niveau – kann dabei helfen, jenen unabdingbar notwendigen Grad von Unabhängigkeit zu gewährleisten, den politische Mitarbeiter haben sollen und müssen. Vorzuziehen wäre allerdings bei politischen Beamten unter 50 bzw. 45 Jahren statt der „Mini-Pension“ die Möglichkeit einer gut bemessenen Abfindung einzuführen; eine solche Möglichkeit würde die (anzustrebende) Vergleichbarkeit zu leitenden Positionen in der Wirtschaft erhöhen und bei einem Wechsel die Startchancen für eine neue Position verbessern anstatt der ersten Vorbereitung auf den Ruhestand zu dienen.

b) Die dringlichsten Organisationsveränderungen

Von geringerem politischen Gewicht aber von erheblicher Bedeutung für eine funktionierende Verwaltung ohne zusätzliche Haushaltsausgaben scheinen mir eine Reihe kleinerer Änderungen im gegenwärtigen Beamtengefüge:

1. Die nur traditionell zu erklärende Bezahlung nach der Amtsbezeichnung und nicht der Funktion (es heißt ja statt Bezahlung auch Besoldung) führt regelmäßig auf allen Ebenen der ministeriellen Hierarchie zu unvertretbaren Ungerechtigkeiten. Bei der immer noch in der Regel vorhandenen Gliederung der Ressorts in Abteilungen, Unterabteilungen und Referate mit entsprechender Aufgabenstellung für die jeweiligen Leiter dieser Verwaltungseinheiten sind heute (vor allem bei Unterabteilungsleitern und Referatsleitern) bei gleicher Funktion Gehaltsdifferenzen bis zu 1000 DM monatlich anzutreffen. Die Gründe liegen in der Besoldungsordnung und den Laufbahnrichtlinien, wonach die Bezahlung nicht nach der Funktion, sondern nach dem jeweils erreichten Rang (also Ministerialdirigent und nicht Unterabteilungsleiter) erfolgt. Die Minister sind relativ frei in der Beauftragung mit organisatorischen Funktionen; sie können einen Oberregierungsrat zum Unterabteilungsleiter machen, nur kann er dann nicht auch wie der Unterabteilungsleiter nebenan, der die gleiche Funktion erfüllt aber Ministerialdirigent ist, bezahlt werden. Einer entsprechenden Beförderung des mit der Leitung einer Unterabteilung beauftragten Oberregierungsrates stehen meistens zahlreiche Hemmnisse aus den Laufbahnrichtlinien entgegen. Und dieses absurde Ergebnis wird noch absurder, weil die Möglichkeit besteht, einen Mann gleichen Alters und gleicher Vorbildung wie den erwähnten Oberregierungsrat von außen als Angestellten hereinzuholen und mit der Leitung einer Unter-

abteilung zu beauftragen. Dieser kann auch (mit Zustimmung des Kabinetts) wie ein Ministerialdirigent bezahlt werden, freilich auf Anstellungsvertrag, d. h. verringert um die Sozialversicherungsbeiträge.

Es bedarf kaum einer Begründung, daß Regelungen dieser Art nicht gerade leistungsfördernd sind; zumal es meist noch die Unterabteilungen bzw. Referate mit dem größten Arbeitsanfall sind, mit deren Leitung junge Beamte außerhalb der Laufbahnrichtlinien beauftragt werden. Sie dürfen also für sehr viel weniger Geld sehr viel mehr tun als der „etablierte" Kollege aus der Nachbarabteilung. Aufgrund besonderen politischen Engagements einer Reihe jüngerer Beamter hat dieses System in den letzten Jahren in Bonn trotzdem funktioniert – aber das ist keine Begründung für die Fortdauer solcher Ungerechtigkeiten.

2. Leider hat das Schema der Besoldungsordnung auch Eingang in die Tarifverträge für den öffentlichen Dienst gefunden, mit dem für die Angestellten noch absurderen Ergebnis, daß z. B. eine Vorzimmerkraft nach der Besoldungsgruppe des Herrn, in dessen Vorzimmer sie sitzt, bezahlt wird und nicht nach ihrer Aufgabe. Die Sekretärin eines Abteilungsleiters also nur dann nach der für diese Position vorgesehenen BAT-Gruppe V c, wenn „ihr" Abteilungsleiter nach B 9 bezahlt wird. Ist er dazu zu jung, bzw. lassen die Laufbahnrichtlinien aus anderen Gründen seine Beförderung zum Ministerialdirektor nicht zu und er leitet die Abteilung trotz gleicher Aufgaben nur mit einem Gehalt nach B 6, darf auch nur seine Sekretärin entsprechend der BAT-Leistungsgruppe VI b bezahlt werden. Für jeden nicht mit der jahrhunderte alten Tradition des öffentlichen Dienstes in Deutschland Vertrauten ein nicht zu fassendes Ergebnis.

3. Geht es bei den beiden obigen Punkten „nur" um mehr Gerechtigkeit und Leistungsansporn, so bei dem folgenden um mehr oder weniger Haushaltsmittel für den gleichen Zweck. Mit Recht wird seit Jahren die Stellenvermehrung im öffentlichen Dienst hart kritisiert. Für das „Parkinsonsche Gesetz" wurde nicht zufällig der öffentliche Dienst als Modell gewählt (obwohl eine Reihe von Großunternehmen ihm inzwischen auch

unterliegen). Damit soll keineswegs bestritten werden, daß ein gewisses Maß von Stellenvermehrungen unvermeidlich ist; man kann von der öffentlichen Hand nicht ständig neue Dienstleistungen erwarten, ohne entsprechende Personalverstärkungen. Aber die Personalvermehrungen könnten unter zwei Bedingungen kleiner sein:

– Wenn das Prinzip des „Lebenszeit-Beamten“ nicht dazu geführt hätte, daß ein Teil der Beamten, einmal mit einer Spezialaufgabe betraut, nur noch sehr schwer und oft wenig erfolgreich mit neuen Aufgaben betraut werden kann, auch wenn die alten kaum noch existieren und

– endlich in den Haushaltsplänen das Prinzip des „Stellenkegels“ aufgehoben würde. Immer noch werden in der Mehrzahl der Ressorts Personalstrukturen nach dem einmal ersonnenen „Stellenkegel“ aufgebaut, der für jede leitende Beamtenposition einen entsprechend großen „Unterbau“ aus abgestuften Diensträngen vorsieht. Für viele neue Aufgaben – vor allem in neuen Ressorts, wie beispielsweise im Wissenschaftsministerium – ist ein solcher „Unterbau“ aber nicht nur nicht erforderlich, sondern oft hinderlich: der neue Referent soll die Beine auf den Tisch legen und über neue Probleme nachdenken und sich nicht von seinem nachgeordneten Apparat mit „Althergebrachtem“ beschäftigen lassen. Bei umfassender Prüfung des „Staatsapparates“ ergäben sich mit Sicherheit eine Reihe weiterer notwendiger Veränderungen, um zu größerer Arbeitsrationalität zu gelangen; vor allem sind Zweifel an der überkommenen Referatsstruktur angebracht[107]. Aber das kann nur im Rahmen einer langfristigen Neuorientierung zu lösen versucht werden – die Erfüllung der obigen drei Punkte aber wäre kurzfristig durchführbar und hätte erheblichen Effekt.

Wer unvoreingenommen die Entwicklung vom für „Recht und Ordnung“ sorgenden Obrigkeitsstaat des 19. Jahrhunderts zum demokratischen „Bürgerstaat“ mit seinem ständig zu vergrößernden Angebot an öffentlichen Leistungen betrachtet, muß dazu kommen, daß das neue Selbstverständnis und die neuen Aufgaben auch eine grundlegend neue Struktur des öffentlichen Dienstes erfordern. Es ist aber in der Bundesrepublik die traditionelle Dreiteilung in Beamte/Richter, Angestellte und Arbeiter erhalten geblieben, wenn auch die Anteile sich verschoben und die Rechte der beiden letzten immer mehr der ersten Gruppe angeglichen worden sind. Und nach der Mehrheitsmeinung der Studienkommission für den öffentlichen Dienst sollte dies auch „für alle Ewigkeit“ so bleiben. Doch die Weisheit dieser Meinung muß sehr bezweifelt werden.

Ohne auf die anderen politischen Bereiche hier eingehen zu wollen – für die Bildungspolitik und die Gesundheitspolitik z. B. trifft das sicherlich ebenso zu – weder für die Erarbeitung noch für die Durchführung der hier vorgelegten wirtschaftspolitischen Konzeptionen scheint die gegenwärtige Struktur des öffentlichen Dienstes sonderlich geeignet. Langfristig wird – über die oben skizzierten Minimalveränderungen hinaus – eine grundlegende Reform des öffentlichen Dienstes stattfinden müssen oder ein großer Teil der neuen Aufgaben bleibt unerfüllt. In den „Nebenverwaltungen“ bei Bundesbahn und Bundespost hat in diesem Sinne die „Zukunft schon begonnen“. Mit den neuen Unternehmensverfassungen wird sich dort (wenn auch mühsam) eine neue Personalstruktur ergeben. Die Mehrzahl der Verwaltungsbereiche mit operationalen Planungsaufgaben wird diesem Beispiel folgen müssen.

Unerläßlich scheint dabei die Gewährleistung von sehr viel mehr Fluktuation zwischen Verwaltung und Wirtschaft (einschließlich der Gewerkschaften). Bei gegenseitiger personeller Durchdringung der beiden großen Bereiche wird in Zukunft geregeltes Nebeneinander bei der Erfüllung paralleler und originärer Aufgaben möglich sein. Die größere Flexibilität dürfte aber nur zu erreichen sein, wenn aus der „klassischen“ Dreiteilung des öffentlichen Dienstes einheitliche Dienstverhältnisse werden, die freilich bis auf wenige Ausnahmebereiche (z. B. Richter und Urkundsbeamte) dem heutigen Angestelltenstatus näher kommen müssen als dem Beamtenverhältnis.

Neues Selbstverständnis notwendig

Aber nicht nur aus Gründen größerer Flexibilität und Effektivität ist eine Strukturreform des öffentlichen Dienstes notwendig. Die Ergebnisse der Untersuchung von Eberhard Moths und Monika Wulf-Mathies bestätigen die oft in der Öffentlichkeit geäußerten Befürchtungen, daß Selbstverständnis und Verhaltensweisen der Ministerialverwaltung nur partiell an den Leitbildern einer demokratischen Leistungsgesellschaft orientiert sind. Hierfür aus der zitierten Untersuchung drei Beispiele:

– Die Frage: „Glauben Sie, im Bundeswirtschaftsministerium eine im weiteren Sinn politische Tätigkeit auszuüben?“ wurde von 75 Prozent der befragten Juristen und 62 Prozent der befragten Volks- und Betriebswirte eindeutig mit „Ja“ beantwortet; aber 78 Prozent der Juristen und 81 Prozent der Volks- und Betriebswirte lehnen den „Einfluß von Parteien“ ebenso eindeutig ab. Die Autoren dieser Untersuchung kommentieren diesen Tatbestand wie folgt: „Diese einhellige Ablehnung von Parteipolitik läßt sich nur begrenzt mit der leicht suggestiven Form der Fragestellung erklären. Die Antworten entsprechen eher der traditionellen Vorstellung, daß Parteipolitik sich außerhalb der Ministerien vollziehen sollte und ein Hineinwirken in den ministeriellen Bereich verhindert werden muß. Angesichts der dominierenden Rolle der Parteien im politischen Leben der Bundesrepublik Deutschland ist es jedoch fraglich, wie Beamte ohne jeden parteipolitischen Einfluß politisch tätig werden wollen. Vgl. Grundgesetz, Art. 21 – Mitwirkungsrecht der Parteien bei der politischen Willensbildung[108].“

– Im Bundeswirtschaftsministerium – also einem modernen, nicht klassischen Ministerium – haben 90 Prozent der Beamten und Angestellten im höheren Dienst „noch nie einen Computer für prognostische und analytische Zwecke benutzt" und „nur 8 Prozent haben Erfahrungen mit Computern". Aber mehr als zwei Drittel lehnen den Einsatz der elektronischen Datenverarbeitung in ihrem Arbeitsgebiet ab – da nur knapp zehn Prozent über entsprechende Arbeitserfahrungen verfügen, kann es sich nur „bei diesen Antworten in erster Linie um eine gefühlsmäßige Ablehnung eines neuen, gefährlich erscheinenden Hilfsmittels" handeln. Schlußfolgerungen auf Verhalten und Arbeitsweise sind hier in zahlreichen Variationen möglich.
– Obwohl nur 14 Prozent der Befragten der Auffassung sind, „daß in der öffentlichen Verwaltung das Leistungsprinzip ausreichend angewandt wird", lehnen fast 80 Prozent einen „objektivierten Leistungstest" ab. Und fast zwei Drittel der Befragten lehnen ebenso – trotz „ständiger Erweiterung von Aufgaben und Befugnissen der obersten Bundesbehörden" – eine „verstärkte politische Kontrolle durch das Parlament" ab. Kommentar von Moths/Wulf-Mathies: „Die Beamten wünschen also weder objektivere Verfahren der Leistungskontrolle, noch sind sie bereit, sich einer politischen Kontrolle ihrer Tätigkeit durch das Parlament zu stellen[109]."

Die Ergebnisse dieser Untersuchung aus dem Bundeswirtschaftsministerium sind sicher nicht für alle Behörden repräsentativ; sie geben aber eine Vielzahl von Verhaltensweisen und Grundeinstellungen zutreffend wieder und bestätigen damit die Dringlichkeit einer Strukturreform des öffentlichen Dienstes. Ein weiterer vordringlicher Punkt liegt auf einem anderen Feld: den zunehmenden Versuchen kleiner Spezialistengruppen des öffentlichen Dienstes, alle Möglichkeiten eines freien Arbeitsmarktes für sich in Anspruch zu nehmen, ohne das hiermit verbundene Risiko einzugehen. Ohne das gerade aktuelle Beispiel der Fluglotsen hier strapazieren zu wollen, Arbeitskämpfe unter der Überschrift „Dienst nach Vorschrift" beschwören das (makabre) Bild von „Revolutionären mit Pensionsanspruch". Mit dem „Beamtenverhältnis als Dienst- und Treueverhältnis", wie es auch von der Studienkommission für die Reform des öffentlichen Dienstrechts gesehen wird, ist diese Verhaltensweise jedenfalls nicht vereinbar. Dementsprechend kommt die Mehrheit der Kommission auch zu einer Ablehnung des Streikrechts für den öffentlichen Dienst, Arbeitskämpfe sind nach dieser Meinung „auch aus der Interessenlage der Bediensteten nicht zu rechtfertigen"[110].

Die Begründungen für diesen außerordentlichen Tatbestand so weitgehender Beschränkungen der Möglichkeiten des Arbeitsrechts für mehr als drei Millionen Beschäftigte (von denen heute rund 1,7 Millionen das Streikrecht haben) vermögen allerdings nicht zu überzeugen. Das Minderheitsvotum in der Kommission für ein Dienstrecht, das „je nach Gegenstand teils durch Gesetz, teils durch Tarifvertrag geregelt" wird, erscheint einem demokratischen Verständnis der Aufgaben des öffentlichen Dienstes angemessener. Die Übernahme dieser Vorschläge[111] würde den aus wirtschaftspolitischer Sicht zu stellenden Anforderungen an den Beamtenapparat sehr viel mehr entsprechen. Vielleicht wäre dann auch die Chance größer, daß sich Lenins Motto für den Staatsapparat: „Lieber weniger, aber besser!" allmählich in der Bundesrepublik durchsetzen würde[112].

Leistungsfähige Verwaltungseinheiten als Träger des Infrastrukturausbaus

Der Kompetenzverteilung des Grundgesetzes nach liegt die Durchführung der meisten Infrastrukturaufgaben bei den Bundesländern bzw. bei den Gemeinden oder Gemeindeverbänden. Diese in Artikel 28 normierte Verfassungsstruktur mit seiner starken Stellung der Gliedstaaten und autonomen Kommunen stellt jedes umfassende (bundesweite) Infrastrukturkonzept vor große Schwierigkeiten. Man kann es sich aber auch nicht so leicht machen und vorwiegend dem Föderalismus die strukturpolitischen Versäumnisse der Vergangenheit anlasten. Da der Infrastrukturpolitik die im Wirtschaftsablauf so hilfreichen marktwirtschaftlichen Steuerungselemente fehlen, spricht im Gegenteil vieles dafür, die Entscheidungen zu dezentralisieren, sie so weit wie möglich „vor Ort“ erfolgen zu lassen.

Sollen möglichst viele Dispositionen „vor Ort“ getroffen werden, ist freilich notwendig, daß die einzelnen „Orte“ groß genug sind, um funktionsfähig zu sein. Die Väter des Grundgesetzes waren weise genug, dem den föderativen Aufbau normierenden Artikel 28 den Auftrag zu einer Neugliederung des Bundes folgen zu lassen. „Die Neugliederung soll Länder schaffen, die nach Größe und Leistungsfähigkeit die ihnen obliegenden Aufgaben wirksam erfüllen können“, heißt es in Artikel 29. Wenn dieses weise Gebot auch auf Gemeinden und Gemeindeverbände übertragen wird, besteht – allen landsmannschaftlichen und „kirchturmspolitischen“ Querelen zum Trotz – Aussicht, zu zeitgerechter Regionalgliederung und funktionsfähigem Verwaltungsaufbau zu kommen.

Es kann im Rahmen dieses Buches nicht einmal der Versuch einer Grobskizzierung der notwendigen Neugliederung von Ländern und Gemeinden unternommen werden. Erlaubt sei lediglich der Hinweis, daß meiner Meinung nach die Gliederung des Großraums Hannover richtungsweisend für manche Neuordnung der Gemeinden innerhalb der neu abzugrenzenden Länder sein könnte und daß die Vorschläge des Ministerpräsidenten von Nordrhein-Westfalen[113] ein vernünftiges Konzept für die baldige Erfüllung des Verfassungsauftrages nach Artikel 29 anbieten. Allen alten und neuen Hemmungen zum Trotz braucht die Bundesrepublik gleichgewichtigere Bundesländer. Wer von den Vorzügen eines föderativen Aufbaus überzeugt ist, der muß für eine Beschleunigung der Neugliederung der Bundesländer eintreten; nur wenn die Verwaltungseinheiten groß und leistungsfähig genug sind, werden die Bürger auf Dauer den dreistufigen Aufbau akzeptieren. In der Mehrzahl der Bundesländer sind in den letzten Jahren vernünftige Gemeindereformen durchgeführt bzw. begonnen worden – partikularer Egoismus dürfte ähnliches auf der Landesebene nicht aufhalten.

Wichtige Vorbedingungen für die gemeinsame bessere Aufgabenerfüllung von Bund und Ländern sind mit den durch die Ergänzungen des Artikels 91 im Sommer eingeführten Gemeinschaftsaufgaben bereits getroffen worden. Die Gesetzgebungskompetenzen des Bundes für „die Regelung der Ausbildungsförderung" und die „wirtschaftliche Sicherung der Krankenhäuser" können ebenso wie die gemeinsame Bund–Länder-Kommission für Bildungsplanung und die Gemeinsamen Planungsausschüsse für die Gemeinschaftsaufgaben dazu beitragen, wichtige Vorarbeiten für das umfassende Infrastrukturkonzept zu leisten.

Und deshalb interessiert uns an der Gestaltung des Wirtschaftslebens der Zukunft gar nicht so sehr, ob sie kapitalistisch oder sozialistisch sein wird, ob die Menschen gebraten oder gesotten werden, sondern – um im Bilde zu bleiben – ob es in der Zukunft noch Möglichkeiten geben wird, ungebraten und ungesotten davonzukommen. Das heißt also: ob sich in der Wirtschaft der Zukunft noch Platz für die weder kapitalistischen noch sozialistischen Wirtschaftssysteme, ... findet.

Werner Sombart

Zum ersten Male seit der Erschaffung wird somit der Mensch vor seine wirkliche, seine beständige Aufgabe gestellt, wie seine Freiheit von drückenden wirtschaftlichen Sorgen zu verwenden ist, wie seine Muße auszufüllen ist, die Wissenschaft und Zinseszins für ihn gewonnen haben, damit er weise, angenehm und gut leben kann.

John Maynard Keynes

IV. CHANCEN

Schwankend zwischen Hoffnung und Furcht, zwischen Fortschrittsglauben und Angst vor den Folgen eben dieses Fortschritts bietet sich vor dem letzten Viertel des zwanzigsten Jahrhunderts die „Weltmeinung" dar. Diese ungewisse Haltung vermehrt die Zahl der Anhänger jener, die „letzte Wahrheiten" verkünden, verstärkt die Suche nach dem „heilen System" oder auch (in schlimmeren Fällen) den Ruf nach dem „starken Mann". Beides ist allen bisherigen Erfahrungen nach vergeblich und führt meist zum Gegenteil des Erstrebten.

Die Wirtschaftspolitik, auch wenn sie sich als politische Ökonomie versteht, kann die Probleme der Menschheit nicht lösen; sie verändert (oder verändert nicht) die materiellen Dinge, letzten Endes aber bestimmen inmaterielle Dinge das Glück des Menschen. Aber zwischen „letzten Endes"und der Alltagspraxis liegt eine große Spannweite. Ein Bogen, der ausgefüllt sein kann mit täglich sinnloser Plackerei an einem ungeliebten Arbeitsplatz, mit trotz der Plackerei geringem Einkommen und entsprechend häuslichen Sorgen einschließlich der (verzweifelten) Zukunftsaussichten, daß die nächste Generation einen genauso schlechten Start haben werde, oder der frei *von* Sorgen dieser Art ist. Die

Wirtschaftspolitik hat heute die Chance und die Möglichkeit, einem immer größeren Teil der Menschheit diese mögliche Freiheit *von* Hunger und Not zu bringen – die Chance wird allerdings nicht auf silbernem Tablett serviert, sie muß durch harte politische Arbeit realisiert werden.

Nach dem für diese Arbeit geeigneten Instrumentarium zu suchen, war die Aufgabe dieses Buches. Die zur Erfüllung dieser Aufgabe in Kapitel I vorweggestellte Lagebeurteilung zeigt Versäumnisse und Unzuträglichkeiten in Fülle, aber auch, daß die Möglichkeiten groß und die Voraussetzungen für eine bessere Gestaltung zu schaffen sind. Zu dieser notwendigen Verbesserung der gesellschaftlichen und individuellen Voraussetzungen, um dem letzten Viertel des zwanzigsten Jahrhunderts entsprechende demokratische Verhältnisse schaffen zu können, bedarf es keiner „Systemüberwindung". Die Möglichkeiten des Wirtschafts- und Gesellschafts-„Systems" (ein schreckliches Wort!) der Bundesrepublik sind groß und veränderbar genug – man muß sie nur nutzen.

Die Möglichkeiten zu nutzen ist – wirtschaftspolitisch gesehen – nicht nur Chance, sondern auch Verpflichtung. Solange das Einkommensniveau auch in der Bundesrepublik noch so niedrig – die Tabellen 1 bis 4 im Anhang widerlegen da manche gängige Meinung – und der Hunger in der Welt so groß sind, sind alle spekulativen Modelle über die Notwendigkeit einer Begrenzung des wirtschaftlichen Wachstums das Gerede von Leuten, die anderen Wasser predigen und selber den Wein trinken, wie Gottfried Bombach es neulich treffend formuliert hat. Bombachs Feststellung: „Die Propagandisten des Meadows-Modells ignorieren das Problem der Einkommensverteilung innerhalb der einzelnen Länder und die Verteilung über die Länder der Erde. Politisch gesehen sind die Folgerungen dehalb naiv. Wachstumsverzicht bedeutet, daß die heutige Einkommensverteilung eingefroren wird"[1] ist nicht zu bestreiten und sie verpflichtet die Wirtschaftspolitik auf ein möglichst stetiges, voll die Kapazitäten auslastendes Wachstum. Allerdings nicht eines ziellosen maximalen „Wachstums um jeden Preis", sondern eines nach gesamtpolitischen Zielvorstellungen differenzierten Wachstums mit der gleichzeitigen Verpflichtung, für eine bessere (nationale und internationale) Verteilung der Wachstumserfolge zu sorgen.

Mehr Chancengleichheit, mehr soziale Gerechtigkeit und mehr Demokratie in Wirtschaft und Gesellschaft sind im Rahmen der bestehenden Wirtschafts- und Gesellschaftsordnung nicht nur möglich – wenn die Sozialstaatsverpflichtung des Grundgesetzes ernst genommen wird, sind sie als Verfassungsauftrag anzustreben. In Kapitel III ist versucht worden, die Grundlinien der zur Erfüllung dieses Verfassungsauftrags notwendigen Wirtschaftspolitik aufzuzeigen, einer Wirtschaftspolitik, die gleichzeitig infrastrukturorientiert und verteilungswirksam ist. Dazu bedarf es teilweise einer Verbesserung des wirtschaftspolitischen Instrumentariums, vor allem aber konsequenter Anwendung. Geschieht das, sind Wahrscheinlichkeit und Effektivität der Erfolge (gesamtgesellschaftlich und individuell) sehr viel größer als sie von andern „Systemen" zu erwarten sind. Die Literatur der Neuen Linken im Westen jedenfalls bietet keine überzeugende Alternative und die Wirtschaftsreformen im Osten zielen in Richtung auf „mehr Markt" und nicht woanders hin.

Diese Aussage gilt selbst für das zur Zeit am meisten diskutierte Problem: den Umweltschutz. Die Internationale Umweltschutzkonferenz im Juni 1972 in Stockholm und auch die vierte Internationale Arbeitstagung der Industriegewerkschaft Metall im April 1972 in Oberhausen haben umfassend den Beweis erbracht, daß die zunehmenden negativen ökologischen Begleiterscheinungen der industriellen Produktion nichts irgendwie „systemimmanentes" der unterschiedlichen gesellschaftlichen Organisation des industriellen Prozesses sind, sondern daß *alle* Industrienationen in gleicher Weise gesündigt haben. Ebenso ist das erwachende und sich verschärfende Umweltbewußtsein nicht auf einen Teil des Erdballs beschränkt, sondern hat – wenn auch mit unterschiedlicher Intensität und unterschiedlichem Erfolg – in allen Kontinenten erste Schritte zur Eindämmung der Gefahren herbeigeführt.

Und auch hier gilt, daß die Probleme und ihre Lösungen nicht von der gesellschaftlichen Organisation des Produktionsprozesses abhängen, sondern (zumindest die Größenordnungen) vorwiegend vom Grad der erreichten Kapitalintensität der Produktion. Auch sind die Schwierigkeiten, optimale Lösungen durchzusetzen, in allen Gesellschaftssystemen groß – vorläufig sprechen die Erfahrungen sogar dafür, daß es in den westlichen Demokratien schwerer ist einer auf mehr Umweltschutz drängenden Öffentlichkeit zu widerstehen, als es den Planungsbürokratien im Ostblock schwer fällt, die eingeplanten Wachstumsziffern der Schwerindustrie auch gegen ökologische Bedenken durchzusetzen. Natürlich sind Feststellungen dieser Art keine Entschuldigung für „westliche" Versäumnisse in der Vergangenheit und noch weniger für die Zukunft. Insofern hat Gerhard Kade recht, wenn er Hinweise auf das „Umweltschutz-Defizit" der „sozialistischen" Staaten als Abschirmungsstrategie"[2] disqualifiziert. Aber es ist wenig hilfreich – und weist ihn als einen jener von Henri Lefèbvre so treffend charakterisierten „Ultradogmatiker" aus – wenn Kade trotz der bisher negativen Erfahrungen in den „sozialistischen" Ländern zur Lösung der Umweltprobleme nichts anderes zu bieten hat als die Feststellung, daß die „Umweltkatastrophe kein Thema für ‚innere Reformen' [ist]" und daß „die Frage des Umweltschutzes zur Frage nach der Ablösung des kapitalistischen Systems, nach der Beseitigung der privaten Verfügungsmacht über den Einsatz der produktiven Faktoren"[3] wird.

So ist das zu billig. Das Rezept der Vergesellschaftung der Produktionsmittel hat erwiesenermaßen vor den Umweltgefahren dort, wo die Produktionsmittel vergesellschaftet sind, nicht geschützt und das Privateigentum hat sich gegen das erwachende Umweltbewußtsein nicht sperren können. Der zunehmende Smog über Schanghai und der zurückgedrängte über London sind hierfür handfeste Beispiele. Darum ist mit „Patentrezepten" niemandem genützt. Wer die Probleme der Zukunft in den Griff bekommen will, braucht beweglichere, mit einer Vielzahl von Instrumenten operierende Konzeptionen. Die Zeit für die

Wirksamkeit „einfacher Patentrezepte“ ist vorbei, das heißt, sie war in der praktischen Politik nie da, aber immer faszinierend für die theoretische Artikulation.

Diese Faszination für einfache Rezepte scheint (bei aller komplizierten Ausdrucksweise) die Neue Linke generell zu beherrschen – in Analyse und Programm. Die undifferenzierten Klasseneinteilungen verhindern als Instrument „gesamtgesellschaftlicher Analysen“ ein realistisches Wahrnehmen der gesellschaftlichen Wirklichkeit und wecken Erwartungen an eine nicht vorhandene) proletarische Klasse und deren „Klassenbewußtsein“. Auch diesen Tatbestand hat Henri Lefebvre – anhand einer Analyse der Rolle des Klassenbewußtseins bei Georg Lukács – in drastischer Präzision dargestellt: „Das Proletariat stellt die Totalität dar – das Erfassen der vergangenen, gegenwärtigen, zukünftigen (möglichen) Wirklichkeit in der radikalen Negation der gegebenen Wirklichkeit. Unglücklicherweise ist kein derartiges Geschichtsbewußtsein bei der Arbeiterklasse vorhanden, bei keinem wirklichen Individuum, bei keiner wirklichen Gruppe. Es ist das spekulative Gedankengebilde eines Philosophen, dem die Arbeiterklasse fremd ist[4].“

Dieses Mystifizieren eines nicht vorhandenen (und nicht erreichbaren) proletarischen Klassenbewußtseins hat seine Parallele in der Mystifikation des „Kapitals“. Nicht einzelne Kapitalisten, und schon gar nicht einzelne Unternehmer oder Unternehmensverbände sind es, die nach Analysen in der Art Mandels den Wirtschaftsprozeß steuern, sondern das „Kapital“ selbst hat alle Fäden in der Hand. Schon Joseph A. Schumpeter hat über diesen „Aberglauben“, der unter anderem auch zu einer „Theorie des Kapitalexports und der Kolonisation“ und damit zu einer „fundamentalen Erklärung der internationalen Politik“ erhoben wurde, kräftig gespottet und mit einer Art Umkehrung der „Kinderfibel“[5] verglichen. Joseph A. Schumpeters glänzende Analyse „Kapitalismus, Sozialismus und Demokratie“ – die zu Beginn der vierziger Jahre geschrieben wurde und Deutschland unmittelbar nach dem Kriege erreichte – ist heute noch von bestürzender Aktualität.

Mehr Kenntnis der Schumpeterschen Werke[6] aber auch der „Kritik von links"[7] würde den Analysen der Neuen Linken vielleicht zu mehr Wirklichkeitsnähe und diese vielleicht wiederum zu konkreten Vorstellungen über den (sozialistischen) Produktionsprozeß verhelfen. Die bisher vorliegenden Arbeiten sagen jedenfalls über die konkrete Steuerung der wirtschaftlichen Entwicklung wenig[8] – und zwar sowohl auf der Produktions- als auch auf der Verteilungsseite. Das alte Patentrezept „Vergesellschaftung der Produktionsmittel" allein vermag nicht zu überzeugen; es müßte schon gezeigt werden, welche Einrichtungen mit welchen Instrumenten den Produktions- und Verteilungsprozeß so steuern, daß

– die Produktion von Gütern und Dienstleistungen den Bedürfnissen der Mehrheit der Bevölkerung entspricht,
– die Verteilung der Einkommen, vor allem aber der Lebenschancen gerechter wird, mögliche Steigerungen der Produktivkräfte aber wahrgenommen werden,
– ökologische Notwendigkeiten und die ständige Verbesserung der öffentlichen Leistungen durchgesetzt werden, die „Entfremdung der Arbeit" Schritt für Schritt beseitigt und
– mehr Demokratie in Wirtschaft und Gesellschaft verwirklicht wird.

Von empirischen Fakten gar nicht zu reden, auch theoretisch ist bisher nirgendwo der Nachweis gelungen, daß die Vergesellschaftung der Produktionsmittel diese notwendigen Verbesserungen herbeiführt. Sie *kann* dabei helfen – sie muß es nicht. Ist sie mit der Einführung eines zentralistischen Planungsmodells verbunden, sprechen empirische Erfahrungen und theoretische Erkenntnisse mehr dafür, daß nicht Fortschritte erzielt werden, sondern eine Rückentwicklung einsetzt. Auch mit der modernen Computertechnik verfeinerte planwirtschaftliche Modelle haben bisher die Spontaneität des Marktes nicht ersetzen können – die Grundrichtung der Wirtschaftsreformen im Ostblock zeigt dagegen, daß man sich dort von einer Stärkung der marktwirtschaftlichen Elemente in der immer neu zu suchenden Kombination „Plan und Markt" mehr verspricht. Die von der Neuen

Linken im Westen dagegen immer wieder erhobene Forderung nach kollektiver „Verfügung der arbeitenden Klassen über das kollektiv erarbeitete Gesamtprodukt und nationalen Einsatz der Produktivkräfte im analytisch ermittelten Interesse der gesamten arbeitenden Gesellschaft“[9] hat sich bisher als nicht darstellbar erwiesen: weder die Steuerung des „rationalen Einsatzes der Produktivkräfte“ noch die Ermittlung der „gesamtgesellschaftlichen Bedürfnisse“. (Aber wer diese befriedigen will, muß sie auch kennen oder zumindestens sagen können, wie er sie ermitteln will.)

Noch weniger als über die konkrete Steuerung des Produktions- und Verteilungsprozesses ist freilich über die Beseitigung der „Entfremdung der Arbeit“ zu finden. Mit der Vergesellschaftung der Produktionsmittel wird die Arbeitsteiligkeit des industriellen Produktionsprozesses ja keineswegs aufgehoben und auch die Organisationsformen ändern sich hiermit nicht automatisch[10]. Und die Arbeiten von Wlodzimierz Brus und anderen Wirtschaftsreformern im Ostblock, vor allem aber auch die Werke von Ota Šik beweisen, wie schwer es auch in „sozialistischen“ Produktionsverhältnissen ist, mehr Selbstbestimmung der Arbeitnehmer durchzusetzen.

Der vielfältigen und schillernden Begriffsbestimmungen wegen ist es auch notwendig, hier abschließend die Vielzahl von „Sozialismen“, wie sie von der Neuen Linken gebraucht werden, gegenüber dem „demokratischen Sozialismus“ des Godesberger Grundsatzprogramms der Sozialdemokratischen Partei Deutschlands abzugrenzen. Jenseits aller theoretischen Begriffsbestimmungen gilt für den demokratischen Sozialismus der nachstehende Satz aus der Dissertation Kurt Schumachers: „Vor dem Leben hat der Sozialismus nur recht, wenn er den Menschen in ihren täglichen Nöten und Leiden etwas Gegenwartsglück bringt[11].“ Ein Maßstab, der auch für die Wirtschaftspolitik zu gelten hat, auch wenn sie nur (bessere Voraussetzungen schaffende) Dienerin der Gesamtpolitik ist.

Ausgehend von den zum Abschluß des Kapitels II genannten Aufgaben, die zur Erfüllung des Verfassungsauftrags zur Schaf-

fung eines sozialen Rechtsstaates vordringlich zu erfüllen sind,
- mehr Chancengleichheit,
- menschengerechtere Lebens- und Arbeitsbedingungen,
- mehr Demokratie in Wirtschaft und Gesellschaft,
- Vervollkommnung der sozialen Sicherung und
- eine gerechtere Einkommens- und Vermögensverteilung

scheint mir eine marktwirtschaftliche Wirtschaftsordnung mit sehr ernst genommener Sozialbindung die geeignetste Grundlage zu sein. Beschleunigte Ergänzung des wirtschaftspolitischen Instrumentariums (wie in Kapitel III beschrieben) und konsequente Anwendung aller Möglichkeiten des neu sortierten Instrumentenkastens können die ökonomische Basis der künftigen Entwicklung in der Bundsrepublik entscheidend verbessern. Um das zu verdeutlichen, seien die Hauptprobleme und ihre Lösungsmöglichkeiten hier abschließend nochmals zusammengefaßt:

1. Die am 11. März begonnene Linie konsequenter außenwirtschaftlicher Absicherung ist fortzusetzen, das Mittel der Wechselkurspolitik muß dabei auch weiterhin so flexibel gehandhabt werden wie der übrige Teil des Instrumentenkastens. Hinter einem stets sorgfältig zu beobachtenden (und notfalls zu verstärkenden) „außenwirtschaftlichen Schutzwall" ist es dann möglich, die notwendige Neuorientierung der Wirtschaftspolitik vorzunehmen. Dabei muß vor allem

- die Finanzpolitik von ihrer konjunkturpolitischen „Hilfsbremser-Rolle" entlastet und voll auf den Ausbau der Infrastruktur und die ständige Verbesserung des Angebots sämtlicher öffentlicher Leistungen ausgerichtet werden,
- die Geld- und Kreditpolitik, die bei funktionierender außenwirtschaftlicher Absicherung ihre Funktionsfähigkeit wieder bekommt, den überwiegenden Teil der Konjunktursteuerung übernehmen, was mit entsprechend verschärften Zugriffsmöglichkeiten auf die Größenordnung des Geldvolumens (Mindestreservensätze auf der Aktivseite der Banken) möglich ist,
- der Strukturpolitik im Rahmen der gesamten Wirtschaftspolitik eine zentrale Bedeutung gegeben werden bei gleichzeitiger Verstärkung der Ausrichtung der Strukturpolitik auf die Ge-

staltung der wirtschaftlichen Entwicklung (und Abkehr von der „Erhaltungsfunktion“ veralteter Strukturen) und
– eine enge Verzahnung der konjunkturpolitischen mit den arbeitsmarkt- und sozialpolitischen Maßnahmen (vor allem Berufsausbildung und Rehabilitation) sichergestellt werden bei flexibel zu handhabender Regionalisierung der global wirkenden Maßnahmen.

Grundvoraussetzung für das Gelingen einer so infrastrukturorientierten Wirtschaftspolitik ist eine nahtlose Koordination der Wirtschafts- und Finanzpolitik der Bundesregierung und der Geld- und Kreditpolitik der Deutschen Bundesbank. Darum ist es notwendig, die Geld- und Kreditpolitik ebenso wie die Wirtschafts- und Finanzpolitik darauf zu verpflichten, das gesamtwirtschaftliche Zielviereck
– Vollbeschäftigung,
– Geldwertstabilität,
– optimales Wirtschaftswachstum bei Außenhandelsgleichgewicht und
– gerechtere Einkommens- und Vermögensverteilung

gleichrangig und gleichzeitig anzustreben.

2. Die der Finanzpolitik verbleibende Teilaufgabe der Konjunktursteuerung ist überwiegend auf die Einnahmenseite zu verlagern. Mit gezielter Veränderung der Steuersätze können die Bemühungen der Bundesbank zur Beeinflussung des Geld- und Nachfragevolumens wirksam unterstützt werden – aber die Ausgabenseite der öffentlichen Haushalte ist primär auf den Ausbau der Infrastruktur festzulegen und ihre Entwicklung entsprechend dem langfristigen Infrastrukturprogramm zu steuern. Ein parallel zu dem „Infrastrukturprogramm als Bundesentwicklungsplan“ zu erarbeitendes „Entwicklungsbudget“ bietet sich dabei als ein geeignetes Hilfsinstrument an, um durch neue Kombinationen zwischen Steuer- und Kreditfinanzierung die Last des Infrastrukturausbaus zwischen den Generationen und zwischen den Regionen besser zu verteilen.

3. Gezielte Strukturpolitik und konsequente Wettbewerbspolitik erhöhen die Möglichkeiten der gewerkschaftlichen Ein-

kommenspolitik, wenn diese in einer Kombination von Lohn- und Vermögenspolitik angewendet wird. Die Ergänzung der Tarifpolitik durch eine Beteiligung der Arbeitnehmer am wachsenden Produktivvermögen auf gesetzlicher Grundlage kann die Verteilungsproblematik erheblich entschärfen und zu gerechterer Verteilung des von Jahr zu Jahr größer werdenden Volkseinkommens beitragen. Wird parallel dazu der Ausbau der paritätischen Mitbestimmung vorangetrieben, erhöhen sich auch die Chancen für eine laufende Verbesserung der „Lebensqualität am Arbeitsplatz". Arbeitsschutzgesetzgebung, ständige Erhöhung der Qualifikation der Ausbildung und Mitbestimmung sind kombiniert zum Abbau der „Entfremdung der Arbeit" einzusetzen; diese Anstrengungen können wirksam ergänzt werden durch die Einflußmöglichkeiten der Arbeitnehmer über ihre wachsenden Beteiligungsrechte am Produktivvermögen.

4. Die notwendige Umlenkung der Kapazitäten von der Erzeugung eines „wohlstandsmindernden" Exportüberschusses auf ein Mehr an öffentlichen Leistungen schafft gleichzeitig den notwendigen Raum für die Produktion notwendiger Umweltschutzeinrichtungen. Auch dieses Problem wird freilich nur durch die Einbettung in ein langfristiges Infrastrukturprogramm vernünftig zu lösen sein. Wir haben uns bei der sich verschärfenden Umweltproblematik in Zukunft vor einer sich möglicherweise wieder einschleichenden „Umweltgleichgültigkeit" ebenso zu hüten wie vor den Gefahren einer „Umwelthysterie". Der anzustrebenden Verbesserung der „Qualität des Lebens" ist nicht damit gedient, wenn in den achtziger Jahren abends um sieben das Licht ausgeht, weil der Bau von Kraftwerken mit der wirtschaftlichen Entwicklung nicht Schritt gehalten hat. Natürlich soll dieser Hinweis keine Aufforderung zum bedenkenlosen Bau neuer Kraftwerke an ungeeigneten Standorten sein, sondern die Notwendigkeit zeigen, die Energiepolitik in ein langfristiges Infrastrukturprogramm einzubetten, um bei sorgfältiger Standortauswahl und entsprechend harten Umweltschutzauflagen die Versorgung für morgen und übermorgen sicherstellen zu können.

Auch wenn eine sich an den obigen Grundlinien orientierende Wirtschaftspolitik konsequent gehandhabt wird, darf niemand eine „vollkommene Ökonomie" erwarten. Das anspruchsvolle gesamtwirtschaftliche Zielviereck wird immer nur annäherungsweise erreichbar sein, Friktionen und partielle Fehlentwicklungen sind unvermeidbar. Aber die in dieser Wirtschaftsordnung zu realisierende Kombination von strikter staatlicher Datensetzung, Rahmenplanung und marktwirtschaftlicher Autonomie ist flexibler als andere (theoretisch wie empirisch bekannte) „Systeme", um Hemmungen überwinden und auf Fehlentwicklungen reagieren zu können.

Diese marktwirtschaftliche Wirtschaftsordnung mit ernst genommener Sozialbindung und Vorrang der öffentlichen Investitionen ist ein kompliziertes ständig veränderungsbedürftiges Gebilde, dem die Faszination des „großen Wurfes" fehlt und das des ständigen politischen Muts zur Überwindung von Einzelinteressen bedarf. Dieses in sich widerspruchsvolle, aber steuerbare und im parlamentarischen System und bei autonomen gesellschaftlichen Gruppen in einem Zustand dezentralisierten Machtgleichgewichts zu haltende komplizierte Gebilde kann keinen Anspruch auf Vollkommenheit erheben, aber es scheint „unter den in der gegenwärtigen Welt vorhandenen und unter den gedachten Wirtschafts- und Sozialverfassungen das geringste Übel zu sein. Wie veränderungsbedürftig, wie moralisch fragwürdig es ist, die angebotenen Alternativen versprechen nichts, was der Freiheit und der Gerechtigkeit förderlich wäre. Einzugestehen, daß es nach Maßgabe demokratischer Prinzipien ein Übel, unter den heute vorhandenen Formen und den diskutierten Denkmodellen aber das kleinste Übel ist, dürfte ein Gebot nicht bloß der praktischen Vernunft, sondern auch der intellektuellen Redlichkeit sein"[12].

Chancen zur Realisierung dieser Politik sind in der Bundesrepublik vorhanden, in Mitteleuropa zu erwarten. Die auf dem Europäischen Gipfeltreffen in Den Haag (1970) von Bundeskanzler Brandt erhobene Forderung, die Europäischen Gemeinschaften zum „sozial fortschrittlichsten Großraum" der Welt zu machen, ist zwar ein Fernziel, aber kein unerreichbares. Das „Europa der Neun" kann diesem Ziel Schritt für Schritt näher kommen auf der Grundlage einer Wirtschaftsordnung, die sich ernsthaft bemüht, das „beste aus beiden Welten" zu vereinen: der marktwirtschaftlichen Ordnung den Vorrang der Infrastruktur vorzugeben, mit strikter Datensetzung ökologische Schäden und soziale Rückwirkungen zu verhindern, aber Spontaneität und Dynamik zu erhalten. Zwischen den unversöhnlichen „Systemen" in der puristischen Ausformung des 19. Jahrhunderts steht als Gesellschafts- und Wirtschaftsordnung der Zukunft der demokratische Sozialismus als „die niemals abgeschlossene Aufgabe, Ungerechtigkeiten der bestehenden Wirtschafts- und Gesellschaftsordnung abzubauen und den sozialen Anspruch der Demokratie immer mehr und immer wieder im politischen Kampf zu verwirklichen, anders ausgedrückt: persönliche und politische Freiheitsrechte des einzelnen soziale Wirklichkeit werden zu lassen"[13].

Bei der Verwirklichung dieses demokratischen Sozialismus hat die Wirtschaftspolitik – auch eine im Sinne politischer Ökonomie so umfassende wie in Kapitel III dargestellt – nur eine Hilfsfunktion: sie kann die materielle Basis entscheidend verbessern und damit günstigere Grundvoraussetzungen für die notwendige Bildungs-, Sozial-, Gesundheits-, Verkehrs-, Städtebaupolitik (um nur die wichtigsten Beispiele zu nennen) schaffen. Eine bessere (und vor allem gerechtere) ökonomische Basis schafft aber auch günstigere Voraussetzungen für das notwendige politische Engagement zur Konkretisierung der sozialen Demokratie; ein Engagement, das zusätzlich gefördert würde, durch schnelle und gründliche Verbesserung der institutionellen Infrastruktur – das heißt eine grundlegende Reform des Beamtenapparates[14].

Gelingt es zusätzlich, einen Teil des intellektuellen Potentials in der Bundesrepublik aus dem „Rückzug in eine marxistisch verbrämte Orthodoxie"[15] und im Sinne der Forderung von Jürgen Habermas nach „Parteilichkeit für Vernunft" für die Kärrner-Arbeit der täglichen Reformpraxis zu interessieren, werden die Chancen noch besser. Der demokratische Sozialismus erfordert neben Engagement auch Geduld, ein heißes Herz und kalkuliertes Wollen, schöpferische Fantasie und Augenmaß gleichzeitig, dieses und vieles mehr in der Fixierung auf die Grundwerte Freiheit, Gerechtigkeit und Solidarität. So viel Lauheit, Eigennutz, Beharrungsvermögen und falsches Traditionsbewußtsein dem auch entgegensteht, die progressiven Kräfte sind in den letzten Jahren in Bewegung gekommen. Hier, im demokratischen Sozialismus, liegt die Chance Mitteleuropas, der Welt einen Weg aus den Erstarrungen der letzten drei Jahrzehnte zu zeigen, gleichgültig, ob man ihn nun „Dritter Weg“ oder einen „vierten“ oder „fünften“ nennt.

1 Joseph A. Schumpeter, „Kapitalismus, Sozialismus, Demokratie“, Bern 1946, der diese Wertung so zwar nicht expressis verbis vornimmt, sie ergibt sich aber deutlich aus seiner Bewertung dieser von ihm angeführten Marxschen „Funktionen“. In gleicher Weise betont Oswald von Nell-Breuning, „Auseinandersetzung mit Karl Marx“, München 1969, S. 42, die Bedeutung der Marxschen „Analyse der industriellen Gesellschaft“. Auch bei dieser Gelegenheit: Respekt vor diesem großen alten Mann der katholischen Soziallehre, der bei aller grundsätzlichen Gegnerschaft den folgenden Satz nicht scheute: „Wir stehen alle auf den Schultern von Karl Marx“ ..., a. a. O., S. 30, was sich vor allem auf das bei Marx zu findende gesellschaftliche *und* geschichtliche Denken bezieht.

2 Auch hierzu findet sich sehr Lesenswertes bei von Nell-Breuning, a. a. O., S. 9 ff., siehe aber vor allem Ota Šik, „Der dritte Weg“, Hamburg 1972, S. 25 ff.

3 Nur als Beispiele: Gisbert Rittig, „Sozialismus heute“, Hannover 1954, Erich Preiser, „Die Zukunft unserer Wirtschaftsordnung“, Göttingen 1949, zweite erweiterte Auflage 1955.

4 Vgl. Herbert Ehrenberg, „Die Erhard-Saga – Analyse einer Wirtschaftspolitik, die keine war“, Stuttgart 1965.

5 Das gilt nicht nur für die Handelsbilanz – deren Überschüsse von 706 Millionen DM im Jahre 1952 über 4,9 Milliarden DM 1958 und 18,4 Milliarden 1968 auf 20,3 Milliarden im Jahre 1972 gestiegen sind – wie oft beschwichtigend gesagt wird, sondern für die gesamte Zahlungsbilanz. Hier erhöhte sich der Überschuß des Jahres 1952 von 2,9 Milliarden DM auf 3,4 Milliarden 1958 und 7,0 Milliarden im Jahre 1968 und auch der ständig steigende Reiseverkehr, die enorm wachsenden Überweisungen der inzwischen rund 2,4 Millionen Gastarbeiter und die zunehmenden Leistungen der Entwicklungshilfe vermochten es nicht, 1972 einen Passivsaldo zu erzielen, die Zahlungsbilanz schloß mit einem Überschuß von 15,7 Milliarden DM ab. (Für den Gesamtverlauf vgl. Tabelle 11.)

6 Einer der schärfsten und geistreichsten Kritiker des Währungssystems von Bretton Woods, L. Albert Hahn, sieht in diesem System einen Racheakt des amerikanischen Verhandlungsführers Harry S. White (der später in den USA wegen kommunistischer Umtriebe angeklagt wurde) an der westlichen Welt, vgl. Albert Hahn, „Ein Traktat über Währungspolitik“, Tübingen 1964, S. 23 ff. Mag hier auch Hahns Phantasie seltsame Blüten treiben, niemand, der es

mit der marktwirtschaftlichen Ordnung und ihrer Sozialbindung ernst meint, wird bestreiten können, daß dieses Währungssystem in einer Welt wachstumsbewußter Vollbeschäftigungspolitik einen „Anachronismus“ nicht-marktwirtschaftlicher Art darstellt. Doch fast drei Jahrzehnte lang wurde vergeblich versucht, mit theoretischen Argumenten den „Systemglauben“ zu erschüttern, erst die Anlage in härteren Währungen suchenden Dollarwellen zu Beginn des Jahres 1973 haben das vermocht.

7 Vgl. Hans Herbert Götz, „Weil alle besser leben wollen ... Porträt der deutschen Wirtschaftspolitik“, Düsseldorf–Wien, 1963, S. 112 ff.

8 Rachel L. Carson, „Der stumme Frühling“, München 1962.

9 Dennis Maedows, „Die Grenzen des Wachstums – Bericht des Club of Rome zur Lage der Menschheit“, Stuttgart 1972.

10 Ebenda, S. 24.

11 Thomas Robert Malthus, „Essay on Population“, 1798, deutsche Ausgabe nach der 7. englischen Auflage „Versuch über das Bevölkerungsgesetz“, Berlin 1879, enthielt eine weltweites Aufsehen erregende Bevölkerungstheorie, die beispielsweise David Ricardos Theorem vom „natürlichen Preis der Arbeit“ („Principles of Political Economy and Taxation“, London 1929 – nach der ersten Auflage von 1817 – S. 71) erheblich beeinflußte, von Karl Marx allerdings als ein „schülerhaft oberflächliches und pfäffisch verdeklamiertes Plagiat ...“ abqualifiziert wurde. („Das Kapital I: Der Produktionsprozeß des Kapitals“, 5. Auflage, Frankfurt–Berlin–Wien 1969 nach der Ausgabe von 1872 mit den Abweichungen der 3. und 4. Auflage, S. 566, Anm. 76.) Höflicher, aber nicht weniger hart ist Gottfried Bombachs Urteil über das „Weltmodell“ des „Club of Rome“: „... bei dem ganzen Unterfangen wird in geradezu grotesker Weise die Bedeutung des Computers überschätzt: die Resultate können immer nur so gut sein wie die Gleichungen und Parameter, die man eingibt. Werden unsinnige Dinge eingegeben, so kann der Computer nichts als potenzierten Unsinn liefern.“ („Planspiele zum Überleben“ in „Mitteilungen der List Gesellschaft“, April 1973, S. 4.)

12 a. a. O., S. 155.

13 Entsprechend kamen bei der Vorbereitung der Umweltkonferenz der Vereinten Nationen vom 5. bis 16. Juni in Stockholm die Teilnehmer eines Kolloquiums zu der Feststellung, „daß die weltumspannende Solidarität nicht dazu verleiten darf, die Umweltprobleme allgemein so zu sehen, wie sie sich in der einen oder anderen spezifischen Industriegesellschaft stellen. Der Kampf gegen Krankheit und Armut und das Wettrennen um die Ernährung sind für zwei Drittel der Menschheit die beherrschenden Umwelt-

faktoren". (Serge Antoine, „Qualität der Umwelt und Raumordnung", in „Qualität des Lebens".) Beiträge zur vierten internationalen Arbeitstagung der Industriegewerkschaft Metall für die Bundesrepublik Deutschland, 11. bis 14. April 1972 in Oberhausen, Band 4, „Umwelt", Frankfurt am Main 1973, S. 80.

14 a. a. O., S. 159.

15 Vgl. Herbert Gross, „Das quartäre Zeitalter", Düsseldorf–Wien 1973, S. 222 ff.

16 Gottfried Bombach hat zu diesem Problemkreis auf der vierten internationalen Arbeitstagung der IG Metall u. a. festgestellt: „Die Schädigung der Umwelt ist nicht die Folge von gegenwärtigen Zuwachsraten, sondern des bereits erreichten hohen Produktionsniveaus, das letztlich niemand gern aufzugeben bereit ist. Wenn das Wohlstandsniveau gesichert und die Schädigung der Umwelt zugleich in Zukunft verhindert werden soll, so sind dazu zusätzliche produktive Kräfte erforderlich ... Hinzu kommt, daß uns nicht nur die Schäden laufender Produktion Sorgen bereiten, sondern vor allem auch die über Generationen akkumulierten Zerstörungen. Künftige Generationen werden an dieser Aufgabe zu tragen haben, so daß umgekehrt argumentiert werden kann: Beseitigung akkumulierter Schäden, Vermeidung der Schäden laufender Produktion und Beibehaltung eines hohen Wohlstandsniveaus sind nur durch anhaltendes Wachstum zu erreichen." („Qualität des Lebens" ..., Band 7, „Qualitatives Wachstum", Frankfurt 1973, S. 61.

17 John Kenneth Galbraith, „Gesellschaft im Überfluß", München/Zürich 1958, S. 148 f.

18 Trotz des umfassenden und in Einzelbeiträgen sehr instruktiven Material- und Ergänzungsbandes „Theorie und Praxis der Infrastruktur", herausgegeben von Reimut Jochimsen und Udo E. Simonis, Berlin 1970, blieb der Ertrag der Tagung für den mit der Lösung von Infrastrukturaufgaben beauftragten Politiker bescheiden, vor allem weil (von den Wissenschaftlern) zu viel formale und zu wenig praktikable Lösungen diskutiert wurden.

19 Wilhelm Hankel, „Finanzierung von staatlichen Infrastruktur-Investitionsprogrammen", in „Grundfragen der Infrastrukturplanung für wachsende Wirtschaften", Schriften des Vereins für Socialpolitik, Neue Folge, Band 58, Berlin 1971, S. 431 ff.

20 Gottfried Bombach, „Die Theorie hinkt hinterher", „Der Volkswirt" Nr. 18/69, S. 34 f.

21 Prof. Karl Steinbuch, der 1968 mit seinem Buch „Falsch programmiert" (Deutsche Verlagsanstalt, Stuttgart) einiges Aufsehen erregt hatte, ist unmittelbar vor der Bundestagswahl 1972 aus der

SPD ausgetreten, angeblich, um damit vor einer (durch die SPD geförderten) gefährlichen politischen Entwicklung zu warnen. Die von ihm Anfang 1973 ähnlich griffig formulierte „Kurskorrektur" (Seewald Verlag, Stuttgart) kann aber in der Bundesrepublik nur von der SPD erwartet werden, auf den von Steinbuch angesprochenen Gebieten hat sie sehr konkret begonnen und wird von der sozialliberalen Koalition weiter forciert. (Vgl. Steinbuchs „Minimalkanon", S. 160 ff.)

22 Bundeskanzler Brandt, „Reden und Interviews", Hamburg 1971, S. 135 f.

23 „Langzeitprogramm 1"; Texte, Bonn–Bad Godesberg 1972.

24 Vgl. Gottfried Bombach, „Quantitative und monetäre Aspekte des Wirtschaftswachstums", in „Finanz- und wirtschaftspolitische Bedingungen stetigen Wirtschaftswachstums", Schriften des Vereins für Socialpolitik, Neue Folge, Band 15, Berlin 1959, S. 203.

25 Klaus-Dieter Arndt hat 1963 den überzeugenden Nachweis gebracht, daß allen Hypothesen rund um das „Magische Dreieck" zum Trotz die Ziele Vollbeschäftigung, Wirtschaftswachstum und Preisniveaustabilität bei ausgeglichener Handelsbilanz dann erreichbar sind, wenn die mittelfristige Wirtschafts- und Finanzpolitik durch eine entsprechende Einkommenspolitik ergänzt wird. Vgl. „Einkommens- und Vermögensbildung in der wachsenden Wirtschaft", in „Stabilität und Aufstieg", Dokumentation der Wirtschaftspolitischen Tagung der Sozialdemokratischen Partei Deutschlands vom 3. bis 5. Oktober 1963, Hannover 1963, S. 125 ff.

26 „Memorandum über die Lohn- und Preisentwicklung" des Bundesbankpräsidenten Karl Blessing vom 12. 1. 1960, veröffentlicht vom Presse- und Informationsamt der Bundesregierung, S. 6, für eine kritische Durchleuchtung des „Blessing-Memorandums" vgl. Erwin Topf, „Konjunkturpolitik müßte man machen", Stuttgart 1960.

27 Bereits am 30. April *1957* hat der Wissenschaftliche Beirat beim Bundeswirtschaftsministerium in seinem damaligen Gutachten – das freilich vom Bundeswirtschaftsministerium als geheim erklärt und erst sehr viel später veröffentlicht wurde – mit überzeugender gesamtwirtschaftlicher Beweisführung eine Aufwertung der DM gefordert, vgl. Wissenschaftlicher Beirat beim Bundeswirtschaftsministerium, „Gutachten vom Januar 1957 bis März 1961", Band 5, Göttingen 1961, S. 22 ff.

28 Monatsberichte der Deutschen Bundesbank, August 1966, S. 3.

29 Karl Otto Pöhl, „Anatomie einer Rezession", „Der Volkswirt" Nr. 35/67, S. 1893.

30 Vgl. Monatsberichte der Deutschen Bundesbank, Juli 1973, S. 74*.

31 Vgl. Karl Otto Pöhl, a. a. O., S. 1892; auch der Geschäftsbericht

1966 der Deutschen Bundesbank – der ja im Frühjahr 1967, also angesichts einer um rund acht Prozent rückläufigen Industrieproduktion und mehr als einer Million verlorengegangener bzw. gefährdeter Arbeitsplätze geschrieben wurde – zeigt keinerlei Einsicht in bezug auf die eigene konjunkturelle Fehleinschätzung, statt dessen wird über die „geschmälerten Wachstumsgrundlagen" der Bundesrepublik philosophiert. (Geschäftsbericht der Deutschen Bundesbank 1966, S. 19, vgl. hierzu auch Herbert Ehrenberg, „Wachstumspolitik und Bundesbank", in „Gewerkschaftliche Monatshefte", Heft Juni 1967, S. 321 ff.) Die „Philosophie von den geschmälerten Wachstumsgrundlagen" wurde dann zwei Jahre später mit Wachstumsraten des *realen* Bruttosozialprodukts von 7,3 bzw. 8,2 Prozent – mit Ausnahme von 1960 den *höchsten* seit 1955 *„eindrucksvoll bestätigt"*.

32 In seinen 1970 erschienenen Memoiren beschreibt Brüning seinen Zusammenstoß mit dem damaligen Reichsbankpräsidenten Luther über die Modalitäten der vierten Notverordnung und zu der Tatsache, daß er in der Frage der Festsetzung des Diskontsatzes nachgeben mußte, heißt es dann: „Es ist der einzige Punkt in allen Entscheidungen der beiden Jahre, der mich nachträglich bitter gereut hat. Die 4. Notverordnung wirkte sich dadurch leider nicht voll aus." Heinrich Brüning, „Memoiren 1918–1934", Stuttgart 1970, S. 479.

33 Vgl. Karl Otto Pöhl, a. a. O., S. 1894.

34 John Maynard Keynes, „Allgemeine Theorie der Beschäftigung, des Zinses und des Geldes", deutsche Ausgabe Berlin 1952; die wichtigsten Denkanstöße finden sich aber bereits in dem 1924 gehaltenen Vortrag „The End of Laissez-Faire", Sidney Ball Lexture delivered before the University of Oxford in 1924.

35 So hieß es z. B. 1962 in der „Zeit" im Anschluß an eine Darstellung der Erhardschen konjunkturpolitischen Ankündigungen und Maßnahmen: „Es kreißte der Bonner Berg . . . aber es gab nur eine Baupreis-Mißgeburt", Ausgabe Nr. 16/1962, S. 18.

36 „Stabilität im Wachstum", Jahresgutachten 1967/68, Stuttgart und Mainz 1967, Ziffer 57 ff. und Ziffer 83.

37 Vgl. Protokolle des Deutschen Bundestages, 20. Sitzung vom 15. März 1973, S. 909 ff. und 936 ff.

38 Die mir bisher bekannte gründlichste Darstellung dieser Zusammenhänge findet sich in der im Auftrage des Bundeskanzleramtes erarbeiteten prognos-studie „Gesellschaftspolitische Grundlagen der längerfristigen Sicherung des wirtschaftlichen Wachstums", Band I und II von Dieter Schroeder, Konrad Roesler, Gotthold Zubeil und Edgar Dammroff, Basel Ende 1969.

39 Helmut Schmidt hat diesen Sachverhalt auf dem Dortmunder Parteitag der SPD im Oktober 1972 treffend damit charakterisiert, daß „nur sehr reiche Leute sich einen armen Staat leisten können“.

40 Vgl. Franz Böhm, „Marktwirtschaft von links und von rechts“, Frankfurter Allgemeine Zeitung vom 24. 10. 1953.

41 Aus einer im Frühjahr 1973 veröffentlichten Untersuchung des Deutschen Instituts für Wirtschaftsforschung über die Produktivitätsentwicklung in verschiedenen Unternehmensgrößen in den Jahren 1954 und 1967 ergibt sich u. a., „daß die echte Produktivitätsdifferenz zwischen großen und sonstigen Unternehmungen 1967 eher kleiner war als 1954“. Zwar hat sich von 1954 bis 1967 der Nettoproduktionswert der großen Unternehmungen vervierfacht und der der mittleren und kleinen „nur“ verdreifacht, doch die abschließende Würdigung der Ergebnisse durch das DIW verdient volle Zustimmung: „Dieser Vergleich einer dreizehnjährigen Entwicklung bestätigt die vom DIW bereits 1959 prognostizierten Chancen gut geführter Mittel- und Kleinbetriebe, sich im Markt zu behaupten. Im übrigen ist zu bedenken, daß jede mittelgroße Unternehmung, die die statistische Grenze zum Grundunternehmen im Zeitablauf erreicht und überschreitet, nicht als Beweis für die fehlende Lebensfähigkeit kleinerer Unternehmungen angeführt werden kann.“ („Produktivitätsvorsprung der Großunternehmungen?“, DIW-Wochenbericht Nr. 10/73, S. 88.)

42 Der große strukturpolitische Ansatz der Europäischen Kommission von 1968 „Memorandum zur Reform der Landwirtschaft in der EWG“ (besser als „Mansholt-Plan“ bekannt) ist in den anschließenden (Interessenten-)Diskussionen zwar erheblich verwässert worden, aber Fortschritte „über die Marktpolitik hinaus“ sind unverkennbar; vor allem hat die im Sommer 1968 von der Bundesrepublik ausgehende Verzahnung der Agrarpolitik mit der Regionalpolitik neue Dimensionen einer schrittweise und europäisch differenziert durchzuführenden Umstrukturierung eröffnet. (Vgl. Reinhard Strehlke, „Agrarpolitik – Ärgernis und Herausforderung“, in „Neun für Europa“, herausgegeben von Ulrich Weinstock, Düsseldorf–Köln 1973, vor allem S. 100 ff.)

43 Walter Eucken, („Die Grundlagen der Nationalökonomie“, 4. Aufl., Jena 1944) unterscheidet sechs gesamtwirtschaftliche Daten: Die Bedürfnisse, Natur und Klima, Zahl und Qualität der Arbeitskräfte, Größe und Zusammensetzung der Gütervorräte, technisches Wissen und die „soziale und rechtliche Organisation“. (S. 179) In der Ausgestaltung der letztgenannten liegen die Gestaltungsmöglichkeiten des Staates. Auch gegenüber „multinationalen Konzernen“, die arbeits- und sozialrechtlich heute schon

gleichen Bedingungen unterworfen sind, mit einer Verschärfung der Bewertungsgrundsätze wäre innerhalb des geltenden Steuersystems auch die Finanzseite zu erfassen, wie schon mit dem Steuerfluchtgesetz Verlagerungen verhindert werden.

44 Herbert Giersch in einer Besprechung des Buches von J. E. Meade, „Planning and Price Mechanism", London 1948, in „Weltwirtschaftliches Archiv" 1952/II, S. 216 ff.

45 Karl William Kapp, „Ökonomie der Umweltgefährdung und des Umweltschutzes", in: „Qualität des Lebens", Band 4, „Umwelt", Frankfurt am Main 1973, S. 20.

46 Gottfried Bombach, „Konsum oder Investitionen für die Zukunft", in: „Qualität des Lebens", ... Band 7, „Qualitatives Wachstum", S. 47. Bombach betont mit Recht die Notwendigkeit dieser Kennzahlen, die „für den Wohlstand positiv zu bewertende Tatbestände oder auch negative darstellen" können und über soziale Kosten und Tatbestände besser informieren als eine „gekünstelte Geldbewertung". (Zum Beispiel sagen Angaben über die Zahl der Krankenhausbetten je 1000 Einwohner, die Ärztedichte und die Häufigkeit bestimmter Krankheiten mehr über das Gesundheitswesen als die jährlichen Milliardenausgaben dafür.)

47 Diese Fragen gewinnen zunehmend Bedeutung bei den verschiedenen Management-Instituten, vor allem bei Seminaren für das Top-Management. So stand beispielsweise „das traditionelle Treffen in der Benediktiner-Abtei Maria Laach" des Management-Instituts Hohenstein (Dilsberg-Neuhof) unter dem Generalthema: „Gewinnmaximierung und/oder gesellschaftliche Verantwortung des Unternehmers und Managers" und unter Referenten und Teilnehmern fanden sich nur vereinzelte Stimmen, die *voll* für Gewinnmaximierung plädierten. (Und was auch immer unter „gesellschaftliche Verantwortung" subsumiert werden mag, von dem paläoliberalen Unternehmerbild waren die Teilnehmer dieses Seminars jedenfalls meilenweit entfernt.)

48 a. a. O., S. 26.

49 a. a. O., S. 31; in dem gleichen Band der IG-Metall-Reihe „Qualität des Lebens" findet sich in dem Beitrag von Stewart P. Blake, „Umwelt-Management", S. 92 ff., umfassendes Zahlenmaterial über die Kosten wirksamen Umweltschutzes, das – bei aller Problematik der einzelnen Rechnungen – einen guten Überblick gibt und durch die Bezugnahme auf volkswirtschaftliche Gesamtgrößen den „Schrecken der Milliardenbeträge" relativiert; die für die USA z. B. errechneten 105 Milliarden Dollar für den Zeitraum von 1970 bis 1975 machen etwa 1,6 Prozent des Bruttosozialprodukts aus. (a. a. O., S. 97.)

50 „Planspiele zum Überlegen“, S. 8.

51 Auch in neuesten Arbeiten finden die Umweltbedingungen freilich nur in der Form von Warnungen der Unternehmer vor Verschärfungen der „Kontrolle der Luft- und Wasserverschmutzung“ Eingang, vgl. z. B. das Stichwort „Standortfaktoren und Standortanalyse“ in der „Management-Enzyklopädie“ München 1971, Band 5, S. 504 ff.

52 Eingeleitet im Sommer 1968 im Bundeswirtschaftsministerium, vgl. die dort herausgegebene Broschüre „Intensivierung und Koordinierung der regionalen Strukturpolitik“, dann weitergeführt durch die Gemeinschaftsaufgabe „Verbesserung der regionalen Wirtschaftsstruktur“. Mit Hilfe dieser Förderung wurden in den Jahren 1969 bis 1972 in den wirtschaftsschwachen Gebieten rund 400 000 neue gewerbliche Arbeitsplätze geschaffen (vgl. Bundestagsdrucksache 7/401, S. 8), das ist in vier Jahren mehr als das Doppelte als vorher in zwei Jahrzehnten.

53 Bulletin der Bundesregierung vom 8. Juni 1973, S. 593 f.

54 Josef Stingl, „Wo liegt die Grenze der Ausländerbeschäftigung?“ in: „Wirtschaftsdienst“ Nr. 2/1973, S. 66.

55 Josef Stingl, a. a. O., S. 68.

56 Vortrag im Rahmen der von der „Financial Times“ veranstalteten Konferenz „Europe's Human Resources“ am 13. März 1972 in Düsseldorf.

57 So übernimmt z. B. Urs Jaeggi in seiner in 165 000 Exemplaren als Fischer-Taschenbuch verbreiteten gesamtgesellschaftlichen Analyse des „kapitalistischen Systems der Bundesrepublik“ ungeprüft eine Berechnung von Kurt Lungwitz über „die Verteilung und Umverteilung des westdeutschen Nationaleinkommens von 1950 bis 1968“ (DWI-Berichte 9/1970, Berlin Ost), wonach sich nach der „Umverteilung (des Nationaleinkommens) durch den Staatshaushalt“ der „Profit der Kapitalistenklasse“ von 44,3 Prozent des Nationaleinkommens auf 53,9 Prozent unter Zugrundelegung der „tatsächlichen Entwicklung“ erhöht hat. Jaeggi führt allerdings außer der Tabelle der Indexreihen und Relativzahlen weder die absoluten Größenordnungen noch sonstige Berechnungsgrundlagen an – eine auch bei Ernest Mandel beliebte Methode (vgl. Kapitel II/7) – so daß eine Überprüfung der Lungwitzschen Rechnungen nicht möglich ist. Die Einkommensstatistik der Bundesrepublik zeigt für den Zeitraum von 1950 bis 1968 eine Entwicklung des Volkseinkommens von 76,9 Milliarden DM auf 416,9 Milliarden und einen Anstieg des „Nettoeinkommens aus Unternehmertätigkeit und Vermögen“ – dieser Begriff ist umfassender als Lungwitz' „Profit der Kapitalistenklasse“, da die Einkommen aller Selbstän-

digen und die Vermögenseinkommen der Unselbständigen hier zusammengefaßt werden, während Lungwitz noch eine gesonderte Spalte für die „Nettoeinkommen der kleinen Warenproduzenten" ausweist – von 25,2 Milliarden auf 118,2 Milliarden DM aus, (vgl. Tabellen 1 und 2) was einem Rückgang der „Nettoprofitquote" von 32,8 auf 28,4 Prozent entspricht. Auch die Nettolohnquote ist allerdings von 46,5 auf 45,7 Prozent zurückgegangen, beide Rückgänge zugunsten der „öffentlichen Übertragungen", also zugunsten der Renten- und Sozialhilfeempfänger, die ja auch Jaeggi wohl kaum zur „Kapitalistenklasse" zählen wird. Doch Fakten zählen bei dieser Art „Analysen" nicht, wenn nur – und sei das Material auch noch so obskur – die „Herrschaft des Kapitals" nachgewiesen werden kann. (Urs Jaeggi, „Kapital und Arbeit in der Bundesrepublik", neue Ausgabe von „Macht und Herrschaft in der BRD", Frankfurt 1973, S. 66.)

58 „Notlüge, Lüge, Statistik" ist zwar eine oft gebrauchte Steigerungsformel, aber sie trifft selten die statistischen Grundlagen, sondern meist den wenig wahrheitsliebenden Umgang mit den Daten, vgl. hierüber Herbert Ehrenberg, „Die Erhard-Saga", S. 101, Stuttgart 1969.

59 In der volkswirtschaftlichen Gesamtrechnung werden zu der Bruttolohn- und Gehaltssumme, wie sie sich aus den Statistiken der Sozialversicherungsträger und den Lohnsteuerverzeichnissen ergibt, noch die sogenannten „Lohnnebenkosten" sowie die Arbeitgeberbeiträge zu den verschiedenen Zweigen der Sozialversicherung und fiktive Rückstellungen für (nicht vorhandene) Beamtenpensionsfonds hinzugerechnet. Die von 1950 bis 1960 vorhandene „60 Prozent-Konstanz" hat u. a. den damaligen Staatssekretär im Bundesarbeitsministerium, Wilhelm Claussen, dazu ermuntert, hier von „naturgesetzlicher Unabänderlichkeit" zu sprechen (vgl. „Frankfurter Allgemeine Zeitung" vom 1. 3. 1962), witzigerweise 1962, nachdem 1961 der kontinuierliche Anstieg der Lohnquote begonnen hatte.

60 Vgl. Herbert Ehrenberg, „Lohnpolitik heute", Stuttgart 1963, S. 34 f.

61 Vgl. Herbert Ehrenberg, „Vermögenspolitik für die siebziger Jahre", Stuttgart 1971, S. 15 ff.

62 Carl Föhl, unter Mitarbeit von Manfred Wagner und Leo Kowalski, „Kreislaufanalytische Untersuchung der Vermögensbildung in der Bundesrepublik und der Beeinflußbarkeit ihrer Verteilung", in: Schriftenreihe des Instituts für angewandte Wirtschaftsforschung, Band 2, Tübingen 1964.

63 Wilhelm Krelle, Johann Schunck, Jürgen Siebke, „Überbetriebliche Ertragsbeteiligung der Arbeitnehmer", Band I und II, For-

schungsauftrag des Bundesministeriums für Arbeit und Sozialordnung, Tübingen 1968.

64 a. a. O., Seite 40 f.

65 Vgl. zum Beispiel die Ergebnisse der internationalen Konferenzen über „Enhancing the Quality of Working Life“ in New York und über „Changing the Work Ethik“ in Chikago sowie zahlreicher schwedischer, norwegischer, holländischer und italienischer Untersuchungen, über die Eberhard Ulich, Peter Groskurth und Agnes Bruggemann in dem RKW-Projekt – Z 23 „Maßnahmen zur Verbesserung der Arbeitssituation in der industriellen Fertigung“ berichten sowie Willi Pöhler, „Soziale Voraussetzungen und soziale Konsequenzen veränderter Kooperation bei Aufhebung der Fließarbeit“, beide im Extrakt vorgetragen im Rahmen der auf Initiative des Bundesministers für Arbeit und Sozialordnung durchgeführten Tagung des Rationalisierungskuratoriums der Deutschen Wirtschaft (KKW) vom 6. November 1972 in Düsseldorf, „Humanisierung des Arbeitslebens“, Symposion des RKW zu Möglichkeiten neuer Formen der Arbeitsorganisation mit Beiträgen von Walter Arendt, Willi Pöhler, Eberhard Ulich, Herbert Ehrenberg, Frankfurt 1973.

66 „Mitbestimmung im Unternehmen“, Bericht der „Sachverständigenkommission zur Auswertung der bisherigen Erfahrungen bei der Mitbestimmung“, Bochum, Januar 1970.

67 Heinz-Dietrich Ortlieb, „Eine Gesellschaft Unterprivilegierter?“ in: „Wirtschaftsdienst“ Nr. 2/1973, S. 58.

Anmerkungen Kapitel II

1 Ernst Bloch, „Marx als Denker der Revolution“, in: „Marx und die Revolution“, Frankfurt am Main 1970, S. 7 f.

2 Henri Lefèbvre, „Soziologie nach Marx“, Frankfurt 1972, S. 161, siehe ferner „Probleme des Marxismus, heute“, Frankfurt am Main 1965, Vorwort, S. 9.

3 Karl Marx, „Das Kapital – Kritik der politischen Ökonomie, Band III: der Gesamtprozeß der kapitalistischen Produktion“, ungekürzter Text der Ausgabe von 1872 mit den Abweichungen der 3. und 4. Auflage, Frankfurt–Berlin–Wien 1971, S. 237.

4 Ota Šik, „Der dritte Weg“, Hamburg 1972, S. 25.

5 Ernest Mandel, „Der Spätkapitalismus“, Frankfurt am Main 1972, S. 183.

6 Vgl. vor allem Jan Tinbergen, „Kommt es zu einer Annäherung

zwischen den kommunistischen und freiheitlichen Wirtschaftsordnungen?" in: „Hamburger Jahrbuch für Wirtschafts- und Gesellschaftspolitik", Tübingen 1963, S. 11 ff. und „Die Rolle der Planungstechniken bei einer Annäherung der Strukturen in Ost und West", in: „Wirtschaftsplanung im Ostblock", herausgegeben von Erik Boettcher, Stuttgart–Berlin–Köln–Mainz 1966, S. 35 ff., aber auch die Gegenposition bei Karl C. Thalheim. „Wirtschaftsreformen in Osteuropa – eine Zwischenbilanz nach 9 Jahren", in: Hans-Hermann Höhmann, Michael C. Kaser, Karl C. Thalheim, „Die Wirtschaftsordnungen Osteuropas im Wandel", Band II, Freiburg im Breisgau 1972, S. 317 ff.

7 Karl Georg Zinn, „Arbeitswerttheorie", Herne–Berlin 1972, S. 138.

8 W. I. Lenin, „Die Entwicklung des Kapitalismus in Rußland", Sämtliche Werke, Band III, Wien–Berlin 1929, S. 21.

9 Vor diesem „häufigen Irrtum manches ‚Marxisten'" warnt Gisbert Rittig ausdrücklich in seinem Vorwort zur deutschen Ausgabe von Paul M. Sweezy, „Theorie der kapitalistischen Entwicklung", Übersetzung nach der 4. amerikanischen Ausgabe von 1956, Köln-Deutz 1959, S. IX.

10 Auf dem 11. Parteitag der KPR (B) sagte Lenin zu diesem Thema: „Nicht einmal kam Marx auf den Gedanken, auch nur ein einziges Wort darüber zu schreiben und ist gestorben, ohne ein einziges exaktes Zitat und unwiderlegliche Hinweise hinterlassen zu haben. Deshalb müssen wir uns jetzt selber aus der Klemme ziehen." Vgl. Lenin-Werke, Band 23, S. 264.

11 Vgl. Helge Pross, „Kapitalismus und Demokratie", Frankfurt 1972, S. 92.

12 Herbert Marcuse, „Ideen zu einer kritischen Theorie der Gesellschaft", 3. Auflage, Frankfurt 1962, S. 174.

13 a. a. O., S. 86.

14 Vgl. Herbert Marcuse, „Der eindimensionale Mensch", Neuwied und Berlin 1967, S. 268.

15 Ebenda, S. 24.

16 „Briefe an Kugelmann", mit dem Vorwort zur russischen Ausgabe von 1907 von W. I. Lenin, Berlin 1952, S. 67.

17 Joseph Schumpeter, a. a. O., S. 98.

18 Karl Georg Zinn, „Allgemeine Wirtschaftspolitik als Grundlegung einer kritischen Ökonomie", Stuttgart–Berlin–Köln–Mainz 1970, S. 43; bei Zinn findet sich auch die schöne Feststellung, daß sich „bei orthodoxen Marxisten und festgefahrenen Paläoliberalen die gleiche Aversion gegen mathematische Methoden zur Lenkung des soziökonomischen Bereichs" findet; „Sozialistische Planwirtschaftstheorie", Stuttgart–Berlin–Köln–Mainz 1971, S. 8.

19 Paul M. Sweezy, „Die Zukunft des Kapitalismus", deutsche Ausgabe, Frankfurt 1970, S. 90.

20 Paul A. Baran, „Zur politischen Ökonomie der geplanten Wirtschaft", deutsche Ausgabe, Frankfurt 1968, S. 97; auch bei Karl Kautsky z. B., der einen ernsthaften Versuch unternahm, die Funktionsweisen der künftigen sozialistischen Wirtschaft zu beschreiben („Die soziale Revolution", 2. Auflage, Berlin 1907, vgl. vor allem Teil II, „Am Tage nach der sozialen Revolution"), finden sich nur vage Angaben über „technische Schwierigkeiten" der direkten zentralen Leitung, aber keine konkrete Ablaufschilderung.

21 Neben den vorstehend und in Fußnote II/9 zitierten Werken vor allem noch Baran/Sweezy, „Monopolkapital", deutsche Ausgabe, Frankfurt 1967.

22 Rohentwurf der „Grundrisse der Kritik der politischen Ökonomie", 1857/58, zitiert bei Paul Baran, a. a. O., S. 37 f.

23 a. a. O., S. 38.

24 a. a. O., S. 39.

25 Vgl. Andrew Shonfield, „Geplanter Kapitalismus – Wirtschaftspolitik in Westeuropa und USA", deutsche Ausgabe Köln–Berlin 1968.

26 a. a. O., S. 70.

27 a. a. O., S. 84.

28 Paul M. Sweezy, „Die Zukunft des Kapitalismus und andere Aufsätze zur politischen Ökonomie", deutsche Ausgabe, Frankfurt 1970, S. 108.

29 a. a. O., S. 45; im gleichen Sinne spricht Sweezy von der „reinen Theorie" der „Keynesianer", die seiner Meinung nach, „da sie weitgehendst von realen Problemen befreit ist, von Natur aus der letzte Stützpunkt veralteter Ideen ist" (Theorie der kapitalistischen Entwicklung", S. 39, ein wahrhaft entlarvender Satz, aber über den, der ihn ausspricht.

30 Henri Lefèbvre, „Probleme des Marxismus, heute", Frankfurt 1965, S. 33.

31 a. a. O., S. 35.

32 Harald Gerfin, im Nachwort: „Zur Theorie der kapitalistischen Entwicklungsgesetze", zu 3. Band „Das Kapital" der fünften Auflage, Frankfurt–Berlin–Wien 1969, S. 849.

33 Friedrich Engels, „Herrn Eugen Dührings Umwälzung der Wissenschaft (‚Anti-Dühring')", 10. Auflage, Berlin 1957, S. 182.

34 a. a. O., S. 46.

35 a. a. O., S. 95.

36 a. a. O., S. 99.

37 Ausgelöst vor allem durch den Prawda-Artikel von E. G. Liberman, „Plan, Gewinn, Prämie“ vom 9. September 1962, zitiert bei Erik Boettcher, „Wirtschaftsplanung im Ostblock“, Stuttgart–Berlin–Köln–Mainz 1966, S. 15 ff.

38 Urs Jaeggi, „Kapital und Arbeit in der Bundesrepublik“, Frankfurt 1973.

39 Claus Offe, „Strukturprobleme des kapitalistischen Staates“, Frankfurt 1972.

40 Ernest Mandel, „Der Spätkapitalismus“, Frankfurt 1972, S. 8.

41 Werner Sombart, „Der moderne Kapitalismus, Historisch-systematische Darstellung des gesamteuropäischen Wirtschaftslebens von seinen Anfängen bis zur Gegenwart“, Band 1, 1.2; 2, 1.2; 3, 1.2, München–Leipzig 1924–1927.

42 Ernest Mandel, „Geschichte des Kapitalismus und seine Bewegungsgesetze“, in: „Kapitalismus in den siebziger Jahren“, Frankfurt am Main 1971, S. 27.

43 Ernest Mandel, „Marxistische Wirtschaftstheorie“, Frankfurt am Main 1968.

44 Ebenda, S. 564 ff. und 573 ff.

45 Wäre die Neue Linke nicht prinzipiell so verbissen humorlos, so müßte dieser Exkurs über Ernest Mandel die Form einer Satire haben. Welche Möglichkeiten der 542 Seiten starke Band „Der Spätkapitalismus“ hier bietet, sei an drei Beispielen illustriert:

– Zur Begründung der spätkapitalistischen Ausdehnung des „Bereichs der Warenproduktion“ führt Mandel unter anderem (in vollem Ernst) folgendes an:

„Das Dienstmädchen, die Privatköchin und der Privatschneider produzieren keinen Mehrwert; aber die Produktion von Staubsaugern, von Zentralheizungsanlagen, von Strom für den privaten Verbrauch und von industriell erzeugten Fertiggerichten sind unmittelbar kapitalistische Waren- und Mehrwertproduktion, wie jede andere kapitalistische Industrieproduktion. Deshalb widersetzt sich das Monopolkapital auch keineswegs dem Eindringen des Kapitals in die Dienstleistungssphäre, obwohl dies ohne Zweifel den industriellen Durchschnittsprofit herabsetzt, weil nun eine industriell erzeugte Mehrwertmasse unter einer viel größeren Masse gesellschaftlichen Kapitals aufgeteilt werden muß. Es kann sich ihm um so weniger widersetzen, als die Ansammlung einer ständig wachsenden Menge brachliegenden Kapitals für die Großkonzerne tatsächlich die Gefahr einschließt, daß sich dieses Kapital auf die Dauer nicht mehr mit dem Durchschnittszins zufriedengeben kann und gewaltsam versuchen muß, in die monopolisierten Sphären wieder einzubrechen, die Konkurrenz

zu intensivieren – und so die monopolistischen Surplus-Profite anzutasten.“
Nicht demokratische Parteien und Gewerkschaften, nicht Sozialgesetzgebung und Vollbeschäftigungspolitik haben also (auch durch die wenigstens schichtenspezifische Einkommensnivellierung – man denke an die Einkommensrelationen zwischen einem Regierungsrat und einem Facharbeiter heute und vor dem Ersten Weltkrieg) jene Vielzahl unwürdiger Abhängigkeitsverhältnisse und privatester Dienstleistungen, die oft den Charakter direkter Herrschafts-Knechtschaftsverhältnisse annahmen, beseitigt, sondern das unersättliche Streben des Kapitals nach Mehrwert hat jene Vielzahl von Menschen aus den direkten (und schlecht bezahlten) Herrschaftsverhältnissen befreit. Vielleicht wollte Mandel aber auch in dieser Hinsicht nur seinem Großmeister folgen, der im „Kommunistischen Manifest“ dem Kapital (in der Marxschen Sprache der Bourgeoisie) bescheinigt hat, daß sie „Nationen in die Zivilisation (reißt). Sie hat enorme Städte geschaffen ... und so einen bedeutenden Teil der Bevölkerung dem Idiotismus (sic?) des Landlebens entrissen“ („Manifest der Kommunistischen Partei“, neu abgedruckt in: „Karl Marx“, herausgegeben von Franz Borkenau, Frankfurt 1956, S. 102.)
Freilich hätte Marx selber eine solche Anbiederung als sehr „unmarxisch“ empfunden.
Im gleichen Kontext beklagt Mandel den zunehmenden „Zerfall der Arbeiterfamilie als Produktionseinheit“ und ihren tendenziellen „Zerfall als Konsumeinheit“: „Der sich ausdehnende Markt für Fertiggerichte und Konserven, für Konfektionskleider und Staubsauger, die steigende Nachfrage nach elektrischen Haushaltsgeräten aller Art entsprechen dem rapiden Rückgang der innerhalb der Familie früher durch die Arbeiterfrau, die Arbeitermutter oder die Arbeitertochter gesicherten Produktion unmittelbarer Gebrauchswerte: Mahlzeiten, Kleider und unmittelbare Dienstleistungen für den ganzen Haushalt, d. h. Heizen, Putzen, Waschen usw. Indem die Reproduktion der Ware Arbeitskraft immer mehr durch kapitalistisch erzeugte Waren und kapitalistisch organisierte und angebotene Dienstleistungen vermittelt wird, erlischt die materielle Basis der Einzelfamilie auch in der Konsumsphäre.“
Hierzu anstelle eines Kommentars nur den Wunsch, daß es mir vergönnt sein möge, gelegentlich als Zuhörer an einer Diskussion emanzipierter Frauengruppen mit Mandel über die Rolle der „Arbeiterfrau“ oder „Arbeitertochter“ teilzunehmen.
Und noch eine Kostprobe aus den „Hauptursachen“ der sich gra-

duell ausdehnenden „Differenzierung der zahlungsfähigen Nachfrage des Proletariats der industrialisierten Länder“:
„Der direkte ökonomische Zwang zum Kauf bestimmter Waren und Dienstleistungen, ohne welche der Verkauf der Ware Arbeitskraft und der Kauf der Reproduktionsmittel dieser Ware physisch unmöglich werden (dies ist zu unterscheiden von dem indirekten gesellschaftlich-manipulativen Zwang, z. B. über die Reklame). Für den durchschnittlichen Lohnabhängigen ist es ökonomisch nicht mehr möglich, zu Fuß zur Arbeit zu gehen, sich nicht in eine Krankenversicherung einzutragen, sich mit privat produzierter Holzkohle anstelle von Briketts, Heizöl, Gas oder Elektrizität zu versorgen.“ Kann diese Aussage etwas anderes sein als der Ausdruck modischer Nostalgie eines Intellektuellen, der von den realen Arbeitsbedingungen der Zeit vor dem „Spätkapitalismus“ nichts weiß?

46 Vgl. Joseph Schumpeter, a. a. O., S. 20.

47 „Der dritte Weg“, S. 14 f.

48 a. a. O., S. 138.

49 Vgl. z. B. S. 256 und 163, wo ohne Hinweise auf die Grundzahlen lange Reihen von Relativzahlen angeführt werden, eine Methode, bei der jeder professionelle Statistiker sich mit Grausen abwendet.

50 Ebenda, S. 153.

51 „Der Spätkapitalismus“, S. 150, für die tatsächliche Entwicklung vgl. „für die Jahre von 1925 bis 1938 „Statistisches Jahrbuch für die Bundesrepublik Deutschland 1957“, S. 558; für 1950 bis 1956 „Wirtschaft und Statistik“, Heft 7/1957, S. 353 ff.

52 „Der Spätkapitalismus“, S. 401 f.

53 a. a. O., S. 403 f.

54 a. a. O., S. 430 f.

55 „Die deutsche Wirtschaftskrise“, Frankfurt 1969, S. 9.

56 Ebenda, S. 22.

57 Ebenda, S. 26.

58 „Der Spätkapitalismus“, S. 440.

59 Wilhelm Hankel, „Währungspolitik“, S. 60.

60 „Das Kapital I“, S. 177, vgl. ferner S. 570, wo Karl Marx sein Theorem präzisiert: „Um mathematischen Ausdruck anzuwenden: die Größe der Akkumulation ist die unabhängige Variable, die Lohngröße die abhängige, nicht umgekehrt.“

61 „Der Spätkapitalismus“, S. 288.

62 Vgl. Andrew Shonfield, a. a. O., S. 149 ff. und für das Gesamtsystem der französischen Rahmenplanung Pierre W. L. Edelmann, „Möglichkeiten und Grenzen der französischen Planification“, Berlin und Frankfurt 1971.

63 Diese Bewegung ging vor allem von polnischen Ökonomen aus,

besonders Oskar Lange, der bereits vor dem Zweiten Weltkrieg die „Rechenhaftigkeit" sozialistischer Systeme nachgewiesen hatte, „On the Economic Theory of Socialismus", in: B. E. Lippincok, Editor, „On the Economic Theory of Socialismus", Minneapolis 1938 und Michal Kalecki, „Grundlagen der Wachstumstheorie einer sozialistischen Wirtschaft", Warschau 1963.

64 Vgl. Erik Boettcher, „Die Planwirtschaft im Wandel", in: „Wirtschaftsplanung im Ostblock", S. 17 ff.

65 Eine knappe, aber gute Übersicht über diese Diskussion und entsprechende Schlußfolgerungen für eine „Annäherung der Strukturen" findet sich bei Jan Tinbergen, Die Rolle der Planungstechniken bei einer Annäherung der Strukturen in Ost und West, in: „Wirtschaftsplanung im Ostblock", S. 35 ff.

66 a. a. O., S. 35, siehe aber auch die Bedenken bei Karl C. Thalheim, ebenda, S. 54 ff.

67 Symptomatisch dafür der 1973 erschienene Sammelband „Politische Planungssysteme", hrsgb. von Frieder Naschold und Werner Väth, Opladen 1973, der eine Fülle interessanter Beiträge zu verschiedenen Planungsmöglichkeiten und -systemen enthält, für die ökonomische Planung bezogen auf die Bundesrepublik aber lediglich einen Aufsatz von Karl Schiller: „Preisstabilität durch globale Steuerung der Marktwirtschaft", S. 99–103.

68 „Sozialistische Planwirtschaftstheorie", S. 19.

69 a. a. O., S. 27 f.

70 a. a. O., S. 45.

71 a. a. O., S. 62.

72 a. a. O., S. 143.

73 a. a. O., S. 199.

74 a. a. O., S. 65.

75 a. a. O., S. 71.

76 a. a. O., S. 67 f.

77 a. a. O., S. 137.

78 a. a. O., S. 140.

79 a. a. O., S. 130.

80 „Allgemeine Wirtschaftspolitik als Grundlegung einer kritischen Ökonomie", Stuttgart–Berlin–Köln–Mainz 1970, S. 72.

81 „Der dritte Weg", S. 183 f.

81a Im Juni 1973 hat Karl Georg Zinn zwar in „Konkret" ein Planungsschema vorgelegt, dessen „Bundesamt für Investitionskontrolle" wohl der obigen „Zentrale" entspricht. Aber weder kann die Entscheidungsfindung in diesem Schema überzeugen, noch finden sich zureichende Kriterien für die Auswahl der einzelnen Investitionsentscheidungen.

82 In Deutsch liegen vor: „Funktionsprobleme der sozialistischen Wirtschaft" (nach der 2. polnischen Auflage 1964, inzwischen gibt es tschechische, italienische, ungarische und französische Übersetzungen), Frankfurt 1971 und „Wirtschaftsplanung – Für ein Konzept der politischen Ökonomie", Frankfurt 1972.
83 „Wirtschaftsplanung", S. 50.
84 u. a. „Wirtschaftsplanung", S. 57, „Funktionsprobleme", S. 60 ff.
85 „Funktionsprobleme", S. 38.
86 „Funktionsprobleme", S. 19 f.
87 Ebenda, S. 21 ff.
88 „Wirtschaftsplanung", S. 21.
89 „Funktionsprobleme", S. 217 f.
90 Ebenda, S. 227.
91 Ebenda, S. 288 und 294 f.
92 „Wirtschaftsplanung", S. 54 f.
93 Ebenda, S. 27.
94 Ota Šik, S. 100 ff., vor allem S. 111.
95 Zitiert bei Wlodzimierz Brus, „Wirtschaftsplanung", S. 94.
96 „Wirtschaftsplanung", S. 94 f.
97 Ebenda, S. 62 ff.
98 Ebenda, S. 64 f.
99 Vgl. vor allem die britischen Erfahrungen zur Zeit der Labourregierung bei John Kenneth Galbraith, „Die moderne Industriegesellschaft", München–Zürich 1968, S. 118 ff. und für die deutsche Entwicklung Kurt Nemitz, „Sozialistische Marktwirtschaft", Frankfurt am Main 1960, S. 142 ff.
100 W. I. Lenin, „Was tun? – Brennende Fragen unserer Bewegung", Bücherei des Marxismus-Leninismus, Band 13, 6. Auflage, Berlin 1962.
101 „Sozialistische Planwirtschaftstheorie", S. 116.
102 Ebenda, S. 103.
103 Walter Rathenau, „Von kommenden Dingen", Berlin 1917.
104 James Burnham, „Das Regime der Manager", Stuttgart 1948.
105 Galbraith, „Die moderne Industriegesellschaft", vor allem S. 118 ff.

Anmerkungen Kapitel III

1 Zu diesem vielschichtigen und zunehmend mehr diskutierten und interpretierten Begriff vgl. die Rede von Willy Brandt zum 20. Todestag von Kurt Schumacher, in: Bundeskanzler Brandt, „Reden und Interviews" II, Bonn 1973.

2 Vgl. Reimut Jochimsen, „Theorie der Infrastruktur“, Tübingen 1966, S. 100. Auf die bei Jochimsen sehr detailliert dargestellte Unterscheidung in materielle, personale und institutionelle Infrastruktur soll hier im einzelnen verzichtet werden, der Begriff wird in der Regel komplex gebraucht. (So wird davon ausgegangen, daß beispielsweise bei den Programmen zu besserer Gesundheitsvorsorge nicht nur mehr und besser ausgestattete Krankenhäuser gebaut (materielle Infrastruktur), sondern auch qualifiziertes Personal (personale Infrastruktur) bereitgestellt sowie das Verhältnis Arzt : Patient und das Verhältnis Arzt/Krankenhaus/Ärztekammern (institutionelle Infrastruktur) neu geordnet werden.

3 Das trifft für den Ausbau zahlreicher Verkehrswege ebenso zu wie für die Verbesserung der personalen Infrastruktur durch Arbeitsschutzgesetzgebung und Volksschulpflicht. Der Anstoß zu den ersten preußischen Arbeitsschutzbestimmungen z. B. ging von dem 1828 erstellten Bericht des Generalleutnants v. Horn aus, der feststellte, daß die frühe Beschäftigung jugendlicher Arbeiter so starke gesundheitsschädigende Folgen hätte, daß er nicht mehr die nötigen Truppenkontingente zusammenbringen könne (vgl. Franz Osterroth/Dieter Schuster, „Chronik der deutschen Sozialdemokratie“, Hannover 1963, S. 9).

4 „Zur Bestimmung von Mängeln der gewachsenen Infrastruktur“, in: „Theorie und Praxis der Infrastrukturpolitik“, S. 401.

5 Vgl. Georg Picht, „Die deutsche Bildungskatastrophe“, Olpen und Freiburg 1964, vor allem S. 30 ff. Aus den Beispielen des katastrophalen Bildungsgefälles darf allerdings nicht schon gegen den kulturpolitischen Föderalismus argumentiert werden; es gibt keine Gewähr dafür, daß ohne Kulturhoheit der Länder der Bundesdurchschnitt sich in der Nähe der Stadtstaaten oder der hessischen Situation eingependelt hätte. Die Vermutung liegt nahe, daß eher Rheinland-Pfalz oder Bayern – zumindest bis 1966 – beispielgebend gewirkt hätten.

6 „Theorie der Infrastruktur“, S. 96. Über die statistischen Schwierigkeiten bei der Feststellung des Integrationsgrades vgl. ebenda, S. 171 und über die Möglichkeiten der Berechnung Walter Buhr, „Zur Berechnung des Integrationsgrades“, ebenda, S. 221 ff.

7 Vgl. Rolf Krengel, „Regionale und sektorale Unterschiede von Kapitalkoeffizienten und Kapitalintensitäten, dargestellt am Beispiel der Bundesrepublik Deutschland“, in: „Theorie und Praxis der Infrastrukturpolitik“, S. 462, ferner den Strukturbericht der Bundesregierung 1970, Bundestagsdrucksache VI/761, S. 21, Tabelle 2.

8 „Der Vorteil des wirtschaftlichen Wachstums besteht ... darin, daß es die Wahlmöglichkeiten der menschlichen Existenz vermehrt

... dem Menschen mehr Macht über seine Umgebung gibt und deshalb seine Freiheit erhöht", W. A. Lewis, „Die Theorie des wirtschaftlichen Wachstums", übersetzt im Auftrage der List-Gesellschaft, Tübingen–Zürich 1956, S. 473 f.

9 Vgl. die Gegenüberstellung der verschiedenen Varianten bei Hans Peter Widmaier und Bruno Frey, „Wachstumstheorie und Bildungsökonomie", in Konjunkturpolitik", 1967, S. 129 ff.

10 „Gesellschaftspolitische Grundlagen der längerfristigen Sicherung wirtschaftlichen Wachstums", Band I, S. V.

11 a. a. O., Band I, S. 5.

12 a. a. O., Band I, S. 14. Durch den gleichen Tatbestand kommen Kahn und Wiener bei ihren Projektionen bis zum Jahr 2000 zu dem Ergebnis, daß die Bundesrepublik in der Entwicklung des Sozialprodukts je Einwohner bis zu diesem Zeitpunkt sowohl von Japan als auch von der DDR überholt werden wird. (H. Kahn und A. J. Wiener, „The Year 2000", New York 1967, S. 163 ff.)

13 Die Kapitalintensivierung entwickelt sich nach der Prognos-Studie von 1950 bis 1968 wie folgt:

1950–1955	0,8 Prozent
1955–1960	4,1 Prozent
1960–1964	5,7 Prozent
1964–1968	7,5 Prozent

Der Restfaktor, der alle anderen „Faktoren und Nebenbedingungen", welche die Arbeitsproduktivität beeinflussen, enthält, zeigt dagegen folgende Entwicklung:

1950–1955	6,5 Prozent
1955–1960	4,0 Prozent
1960–1964	3,4 Prozent
1964–1968	3,0 Prozent

Zur Erklärung dieser gegenläufigen Entwicklung heißt es: „Die Ursachen für diesen Rückgang lassen sich nur vage abschätzen. Eindeutig ist die mangelnde Bildungsintensivierung. Vor dem Kriege war Deutschland unter den entwickelten Industrieländern in bezug auf die Bildungsintensität der Arbeitskräfte Spitzenreiter. Mittlerweile ist sie jedoch ans Schlußlicht geraten, im Gegensatz zu Japan, das seine Nachkriegswachstumsrate durch anhaltende Bildungsintensivierung auf hohem Niveau zu halten vermochte." Prognos-Studie, Band I, S. 65 ff.

14 Jahresgutachten 1969/70, Ziffer 54.

15 Vgl. Peter Widmaier und Bruno Frey, a. a. O., wo amerikanische Berechnungen mit einer „Bildungsrendite" von 10 bis 35 Prozent jährlich angeführt werden gegenüber einer Rendite der Realinvestitionen von 5,5 bis 8,5 Prozent.

16 a. a. O., Band I, S. 72 f.

17 Vgl. über die praktische Schwierigkeit einer wachstumsoptimalen „Relation zwischen privaten und staatlichen Investitionen", Harald Jürgensen, „Wachstums- und Verteilungseffekte bei Investitionen", in: „Wirtschaftskreislauf und Wirtschaftswachstum", Festschrift für Carl Föhl, Tübingen 1966, S. 88.

18 Vgl. Reimut Jochimsen, „Für einen Bundesentwicklungsplan", Die Neue Gesellschaft Nr. 3/1969, S. 238 ff.

19 Bundeskanzler Brandt auf dem SPD-Parteitag in Saarbrücken, vgl. „Reden und Interviews", I, S. 138.

20 Vgl. hierzu die interessanten Ausführungen von Klaus Stern, „Rationale Infrastrukturpolitik und Regierungs- und Verwaltungsorganisation", in: „Grundfragen der Infrastrukturplanung für wachsende Wirtschaften", Schriften des Vereins für Socialpolitik, Neue Folge, Band 58, S. 69 ff.

21 Eine Massierung der Mittel für regionale Strukturpolitik in den wirtschaftsschwachen Regionen ist nur dann erfolgreich, wenn es gelingt, kurzfristig so attraktive Arbeitsplätze zu schaffen, daß ihr Sog stark genug ist, um die für eine rationale Produktion überzähligen Arbeitskräfte aus der Landwirtschaft in die gewerbliche Wirtschaft abwandern zu lassen. Nur auf diesem Wege ist sowohl das Einkommensgefälle zwischen den verschiedenen Regionen als auch zwischen Stadt und Land allmählich abzubauen.

22 Die Unterschätzung der realen Wachstumsmöglichkeit durch die Zielprojektion hat u. a. dazu beigetragen, daß von 1968 bis 1970 das Wachstum des Bundeshaushalts erheblich hinter den Wachstumsraten des Bruttosozialprodukts zurückgeblieben ist. Es stiegen in diesem Zeitraum: das nominale Bruttosozialprodukt um 24,8 Prozent, der Gesamthaushalt der öffentlichen Hand um 20 Prozent, der Bundeshaushalt um 18,6 Prozent.
Der Versuch der Bundesregierung, diesen „lag" durch eine überproportionale Zuwachsrate des Bundeshaushalts 1971 (12,1 Prozent bei erwartetem nominalen Wachstum des Bruttosozialprodukts um 7 bis 8 Prozent) etwas auszugleichen, hat sofort lautstarke öffentliche Kritik ausgelöst, die Wachstumsrate des Bruttosozialprodukts lag dann *tatsächlich* bei 13,3 Prozent.

23 Prognos-Studie, Band 2, S. 448.

24 In den Jahren 1970 bis 1972 wiesen die Sozialversicherungsträger einen Finanzierungsüberschuß von jeweils sieben bis acht Mrd. DM auf (Sozialbericht 1972, S. 144), ein Stabilitätsbeitrag der Arbeitnehmer, der nirgendwo in der Öffentlichkeit Beachtung fand.

25 Wilhelm Hankel, „Währungspolitik – Geldwertstabilisierung,

Währungsintegration und Sparerschutz", Stuttgart, Berlin, Köln, Mainz, 2. Auflage 1972, S. 224.

26 Ende 1972 lag die Steuerquote mit 23,8 Prozent freilich immer noch unter den 24,0 Prozent von 1969, während der Anteil des Beitragsaufkommens in der Sozialversicherung im gleichen Zeitraum von 10,2 auf 11,6 Prozent gestiegen ist. (Vgl. der Bundesminister für Arbeit und Sozialordnung, „Arbeits- und Sozialpolitik, Statistiken 1973", Tabellen 1.16 und 7.4.)

27 Vgl. Wilhelm Hankel, „Währungspolitik", S. 226.

28 Hans Möller in einer Rezession der Hankelschen „Währungspolitik", in: „Vorwärts" vom 24. Mai 1973.

29 „Probleme der Finanzierung von langfristigen staatlichen Infrastrukturinvestitionsprogrammen", in: „Grundfragen der Infrastrukturplanung", vor allem S. 443 ff.

30 a. a. O., S. 449.

31 Nach den Brüsseler Währungsbeschlüssen vom 11. März 1973 (Block-floating der Benelux-Staaten, Dänemarks, Frankreichs und der Bundesrepublik bei festen Kursen untereinander, ab 19. März unter Beteiligung von Norwegen und Schweden, nach vorausgegangener dreiprozentiger DM-Aufwertung) hat sich der (Netto-) Gold- und Devisenbestand der Deutschen Bundesbank um rund 900 Mio. DM verringert, um dann im Juni wieder um etwas mehr als zwei Milliarden zu steigen (vgl. „Monatsberichte der Deutschen Bundesbank", Juli 1973, S. 74) – die Antwort der Bundesregierung war die neue Aufwertung der Deutschen Mark um 5,5 Prozent am 29. Juni 1973. Die Liquiditätszuflüsse fanden allerdings weniger über den US-Dollar als über einige der festen Paritäten innerhalb des „Block-floating-Raumes" statt; solange – vor allem zwischen der Bundesrepublik und Frankreich – erhebliche Differenzierungen in den Schwerpunkten der Wirtschaftspolitik bestehen, bleibt hier eine „offene Flanke", die möglicherweise (allen *politischen* Schwierigkeiten zum Trotz) nur über ein isoliertes „Floaten" der Deutschen Mark zu schließen ist.

32 Der wiederholte Hinweis auf die „außenwirtschaftliche Flanke" wird oft als Ablenkung von „binnenwirtschaftlichen Versäumnissen" mißinterpretiert, aber hier liegt *tatsächlich* (auch wenn es die veröffentlichte Meinung nicht wahrhaben will) der Drehpunkt jeder für die Bundesrepublik wirksamen Stabilitätspolitk. Die Erfolglosigkeit der massiven binnenwirtschaftlichen Stabilitätsprogramme ab 1970 ist nur durch die Dimensionen der Liquiditätszuflüsse aus dem Ausland – mehr als sechzig Milliarden DM in dreieinviertel Jahren – erklärbar, und wenn es nicht gelingt, die Erfolge vom 11. März 1973 zu konsolidieren, so werden wir weiterhin das

Güterangebot auf dem Binnenmarkt zugunsten des Auslands verringern und/oder statt der eigenen Infrastruktur den Ausbau in Kanada oder Tokio finanzieren.

33 Dazu gehören:

– Entwurf eines Gesetzes zur Änderung des Hypothekenbankgesetzes und des Schiffsbankgesetzes, BT-Drucksache 7/114.

– Entwurf eines Gesetzes zur Änderung des Gesetzes über die Pfandbriefe und verwandte Schuldverschreibungen öffentlich-rechtlicher Kreditanstalten, BT-Drucksache 7/112.

– Entwurf eines Gesetzes zur Änderung des Börsgengesetzes, BT-Drucksache 7/101.

34 Wilhelm Hankel, „Währungspolitik“, S. 260.

35 Das bis zur Zeit der Großen Koalition unbeirrte Festhalten an der „Soll- und Habenzinsverordnung“, mit der jeder Wettbewerb von der Kreditwirtschaft ferngehalten wurde, ist auch ein plastischer Beweis für die Diskrepanz zwischen Verlautbarungen zum Wettbewerbsprinzip und praktisch-politischem Handeln. Die sich sonst so gern marktwirtschaftlich gebenden Banken standen bei der Verteidigung „fixierter Zinssätze“ in einer Linie mit Bundesregierung und Bundesbank. (Vgl. die Apologie dieser Art „Zinspolitik“ durch den früheren Vizepräsidenten der Deutschen Bundesbank Wilhelm Könnecker, „Die Zinsverordnung, ihre Aufgabe und die Grenzen ihrer Wirksamkeit“, in: „Zeitschrift für das gesamte Kreditwesen“, 1966, S. 19.)

36 Vgl. z. B. Harold Rasch, „Die Finanzierung des Wirtschaftswunders“, Stuttgart 1966, vor allem das Kapital „Die großen Widersprüche“, S. 171 ff.

37 „Quantitave und monetäre Aspekte des Wirtschaftswachstums“, Schriften des Vereins für Socialpolitik, NF Band 15, S. 203.

38 a. a. O., S. 215, vgl. auch Alfred E. Ott, „Magische Vielecke“, in: „Fragen der wirtschaftlichen Stabilisierung“, Ringvorlesung, gehalten von Mitgliedern der wirtschaftswissenschaftlichen Abteilung der Universität Tübingen, hrsgb. von A. E. Ott, Tübingen 1967, S. 93 ff.

39 Joan Robinson, „Die fatale politische Ökonomie“, Frankfurt am Main 1968, S. 27.

40 Band I, S. 234 ff.

41 Vgl. Jürgen Habermas, „Legitimationsprobleme im Spätkapitalismus“, Frankfurt am Main 1973, S. 11; dort wird diese Feststellung zwar für generelle Krisen von Gesellschaftssystemen getroffen, aber sie gilt auch für begrenzte (ökonomische) Zielvielecke und ihre Lösungsmöglichkeiten.

42 Prognos-Studie, Band I, S. 233.

43 Friedrich-Wilhelm Dörge, „Elemente und Instrumente der Wirt-

schafts- und Sozialpolitik“, in: „Wirtschafts- und Sozialpolitik, Modellanalysen politischer Probleme“, herausgegeben von Heinz-Dietrich Ortlieb und Friedrich-Wilhelm Dörge, Opladen, 2. Auflage 1964, S. 56.

44 Materielle Absicherung bis ans Lebensende, wie sie das deutsche Beamtenrecht (auch Lehrstuhlinhabern) bietet, scheint überhaupt den Blick für die Schwierigkeiten einer ungesicherten Existenz anderer zu trüben. Die wegweisende (aber in vielen Einzelfällen noch sehr unzureichende) Rentenreform z. B. war vor und nach ihrem Inkrafttreten von zahlreichen „professoralen“ Kommentaren, die eindringlich vor den „Gefahren“ einer zu weitgehenden sozialen Sicherung warnten, begleitet. Auch im Vorwort der jährlich vom Bundesarbeitsministerium herausgegebenen Übersicht „Soziale Sicherung in der Bundesrepublik Deutschland“ hat der zuständige Abteilungsleiter Prof. Jantz 1962 die Frage aufgeworfen, „ob nicht die Gefahr besteht, daß die soziale Sicherung über das Maß des Notwendigen hinausgeht“? (Vgl. hierzu Herbert Ehrenberg, „Sozialreform und Konjunktur“, in: „Soziale Sicherheit“, Heft 5/1956, S. 129 ff. und „Sozialpolitik auf dem Weg in die Restauration“?, ebenda, Heft 9/1962, S. 259 ff.)

45 „Kommentar zum Gesetz zur Förderung der Stabilität und des Wachstums der Wirtschaft“, hrsgb. von Alex Möller, bearbeitet von Christoph Böckenförde, Otto-Erich Geske, Jürgen Glückert, Claus Noë und Manfred Schüler, Hannover 1968, S. 80.

46 Siehe der Bundesminister für Arbeit und Sozialordnung, „Arbeits- und Sozialstatistiken 1973“, Tabelle 8.1.

47 Der Krankenstand und die Funktion der Ärzte in der Bundesrepublik ist auch eine jener vielen Stellen, wo die Mandelsche Analyse des „Spätkapitalismus“ als wirklichkeitsfremd zu entlarven ist. Unter seinen gelegentlichen Anweisungen für revolutionäre Praktiken findet sich auch die Feststellung, daß der studentische „Widerstand gegen überspezialisiertes, deshalb wissenschaftlich unzulängliches Studium“ dazu führen könnte, daß die Betriebsärzte eine „die Wirklichkeit der kapitalistischen Produktionsweise enthüllende, systemstörende und systemerschütternde Funktion erfüllen“, indem sie sich weigern, „das Ausstellen von Attesten auf das vom Unternehmer aus Rentabilitätsgründen gewünschte Maß zu beschränken und ausschließlich den Gesundheitszustand des individuellen Lohnabhängigen im Auge behalten“.

Ernest Mandel weiß einfach nicht, daß in der Bundesrepublik Betriebsärzte gar keine Legitimation zum Ausstellen von Arbeitsunfähigkeitsbescheinigungen haben, sondern daß dies ausschließlich den approbierten Ärzten obliegt. Diese wiederum sind materiell in keiner Weise vom „Kapital“ abhängig, aber um so mehr an einer Vielzahl von Krankenscheinen und damit an einem „Wohlverhalten“ gegenüber den Arbeitnehmern interessiert.

48 Milton Friedman, „Die optimale Geldmenge“, München 1970.

49 Irving Fisher, „Die Kaufkraft des Geldes“, Berlin und Leipzig 1926.

50 a. a. O., S. 71 f.

51 „Währungspolitik“, S. 79 bis 86.

52 John Maynard Keynes, „Allgemeine Theorie der Beschäftigung, des Zinses und des Geldes“, Berlin 1952 (unveränderter Nachdruck der Ausgabe von 1936), S. 114 f.

53 „Währungspolitik“, S. 62.

54 Ebenda, S. 138, für die folgende Darstellung vgl. vor allem Ziffer 9 und 10.

55 „Geschäftsbericht der Deutschen Bundesbank für das Jahr 1972“, S. 27.

56 Im Jahresgutachten des Sachverständigenrates 1967/68 werden den Wachstumsverlust und das Fehlverhalten der Bundesbank im Detail nachgewiesen, vgl. vor allem Ziffer 1 bis 19 und 83 bis 85.

57 „Geschäftsbericht der Deutschen Bundesbank für das Jahr 1967“, S. 6.

58 a. a. O., S. 23.

59 „Geschäftsbericht der Deutschen Bundesbank für das Jahr 1966“, S. 11.

60 a. a. O., S. 1894.

61 Geschäftsbericht 1966, S. 5, 1967, S. 25.

62 Geschäftsbericht 1972, S. 6 f.

63 Ebenda, S. 1.

64 a. a. O., S. 21 und 23.

65 Bei aller Problematik von Durchschnittszahlen zeigen diese Werte als Durchschnitt von mehr als acht Millionen Renten doch deutlich, daß vielen Millionen Rentnern auch im Jahre 1966 noch lediglich eine Minimalexistenz durch die Sozialversicherung gewährleistet wurde; vgl. „Übersicht über die Soziale Sicherung in Deutschland“, herausgegeben vom Bundesministerium für Arbeit und Sozialordnung, Stand Januar 1967, S. 32 und S. 35.

66 Der Bund weist in diesen beiden Jahren zusammengerechnet gleich hohe Einnahmen und Ausgaben aus, Länder und Gemeinden einen ansteigenden Nettokreditbedarf, vgl. Finanzbericht 1973, S. 42, Tabelle 6; die Sozialversicherungsträger hatten insgesamt 1970 einen Überschuß von 6,99 Mrd., 1971 von 7,18 Mrd. und 1972 von 8,04 Mrd. DM, vgl. „Sozialbericht 1972“, S. 144, vom Bundesarbeitsministerium auf den neuesten Stand gebracht.

Auch im ersten Halbjahr 1973 hat die Finanzgestaltung des Bundes das Geldvolumen *nicht* expansiv beeinflußt. Von Januar bis

Juni 1973 stiegen die Ausgaben des Bundes um 7,8 v. H. auf 54,8 Milliarden DM; die Einnahmen um 12,7 v. H. auf 54,6 Milliarden DM (vgl. BMF-Dokumentation Nr. 78 vom 31. 7. 1973). Dieses Gleichgewicht in der Einnahmen- und Ausgabenrechnung bei sehr viel stärkeren Zuwachsraten der Einnahmen zeigt konjunkturell kontraktive Tendenzen.

67 a. a. O., S. 6.

68 Vgl. Alfred Lansburgh, „Die Politik der Reichsbank und die Reichsschatzanweisungen nach dem Kriege", München und Leipzig 1924, S. 35 und 37.

69 Vgl. Gustav Stolper, Karl Häuser, Knut Borchardt, „Deutsche Wirtschaft seit 1870", Tübingen 1966, S. 101 ff.

70 a. a. O., S. 139.

71 „Währungspolitik", S. 245 f.

72 Die deutschen Gewerkschaften haben das nie getan, aber für ihre gesamtwirtschaftlich verantwortungsvolle Haltung selten Anerkennung gefunden. Und es wird fraglich, wie lange sie diese Haltung durchstehen können, wenn die Unternehmen sich weiterhin bei jedem Anlaufen der Konjunktur mit übertariflichen Zahlungen überbieten. Die zunehmende Lohndrift seit dem Frühjahr 1973 verschärft hier die schon durch die Preisentwicklung prekär gewordene Lage der Gewerkschaften erheblich.

73 Vgl. Herbert Ehrenberg, Artikel „Strukturpolitik", in: „Management-Enzyklopädie", München 1971, 5. Band, S. 626.

74 Vgl. „Bulletin der Bundesregierung" vom 24. Januar 1968.

75 Vgl. BT-Drucksache 7/401, S. 8. Dort befinden sich auch eine vollständige Aufstellung der im Rahmenplan für die Gemeinschaftsaufgabe „Verbesserung der regionalen Wirtschaftsstruktur" festgelegten Förderungsgebiete in den 21 regionalen Aktionsprogrammen sowie die jeweiligen Rahmenpläne.

76 Für eine ausführliche Darstellung siehe Herbert Ehrenberg, Artikel „Strukturpolitik", a. a. O., S. 637.

77 Bundestagsdrucksache 7/499 vom 2. Mai 1973.

78 „Energiebotschaft Präsident Nixons", in: „amerikadienst", United States Information Service Nr. 17/1973, S. 5 und S. 2.

79 „Daten zur Entwicklung der Energiewirtschaft in der Bundesrepublik Deutschland", Ausgabe 1972, hrsgb. vom Bundesministerium für Wirtschaft, S. 3 und S. 4.

80 a. a. O., S. 159 f.

81 Diese Skepsis geht vor allem auf negative ausländische Erfahrungen (Großbritannien, Niederlande) zurück, aber auch darauf, daß im Zusammenhang mit „Einkommenspolitik" allzu oft der Begriff „Lohnleitlinien" auftaucht, vgl. u. a. „Lohnpolitik und Konzer-

tierte Aktion", Referate einer öffentlichen Tagung der DGB-Bundesschule Bad Kreuznach am 2. und 3. April 1969.

82 Viktor Agartz, „Expansive Lohnpolitik", WWI-Mitteilungen, Heft 12/1953, S. 245 ff.

83 Vgl. vor allem die Stellungnahme des wissenschaftlichen Beirats beim Bundeswirtschaftsministerium vom 21. Februar 1961 und den Aufsatz von Oswald von Nell-Breuning, „Immer noch Streit um die Lohnpolitik", „Der Volkswirt" Nr. 50/1967, S. 2760 f.

84 Vgl. Herbert Ehrenberg, „Leid-Linie für Arbeiter", „Die Zeit" vom 21. Dezember 1967.

85 Vgl. den Geschäftsbericht der Industriegewerkschaft Bau–Steine–Erden 1963–1965, S. 21 ff.

86 Das bestätigt über den theoretischen Ansatz hinaus auch die Tariflohnstatistik, wenn man die Entwicklung von Branchen mit zusätzlichen Leistungen denen ohne „aufgefächerte" Tarifpolitik gegenüberstellt, vgl. Herbert Ehrenberg, „Gewerkschaftliche Einkommenspolitik in der sozialen Marktwirtschaft", in: „Beiträge zur Wirtschafts- und Gesellschaftsgestaltung", Festschrift für Bruno Gleitze, Berlin 1968, S. 343 f.

87 Vgl. Herbert Ehrenberg, „Vermögenspolitik für die siebziger Jahre" sowie für eine detaillierte Übersicht: Waltraud Bohlen, „Die volkswirtschaftlichen Auswirkungen von Vermögensbildungsplänen", Schriftenreihe des Forschungsinstituts der Friedrich-Ebert-Stiftung, Hannover 1969, für den CDU/CSU-Gesetzentwurf siehe BT-Drucksache VI/616.

88 Der erste Entwurf zu einem „Tarifvertrag über die Gewährung vermögenswirksamer Leistungen" in der Bundesrepublik (vom 4. März 1965 für die „gewerblichen Arbeitnehmer im Baugewerbe") sah in seiner Präambel vor, daß dieser Tarifvertrag nur dann in Kraft tritt, wenn das II. Vermögensbildungsgesetz „bis zum 30. September 1965 in Kraft tritt und die Vereinbarung vermögenswirksamer Leistungen zuläßt" – eine vor dem Bundestagswahltermin Mitte September 1965 wohl recht wirksame Bestimmung, vgl. hierzu Georg Leber im Vorwort der „Dokumentation 4, Vermögensbildung in Arbeitnehmerhand", Frankfurt am Main 1966.

89 „Grundsätze liberaler Eigentumspolitik", eine Dokumentation, Schriftenreihe der Friedrich-Naumann-Stiftung, Heft 11, August 1970, S. 21 f.

90 SPD-Parteitag Hannover 1973: „Beschlüsse zur Vermögensbildung", herausgegeben vom SPD-Parteivorstand, Bonn 1973.

91 Auf die Polemik einzugehen, die jeden gewerkschaftlichen oder sozialdemokratischen Vorstoß auf diesem Gebiet begleitet, ist an dieser Stelle nicht möglich. Sie wäre eine eigene Publikation wert,

die einsetzend bei der ersten Sozialgesetzgebung über die Lohnfortzahlung im Krankheitsfalle, bis zu den einzelnen Stationen der Vermögensbildung reichen müßte. Aber dann würde sich ergeben, daß 1964 schon das 312-Mark-Gesetz als Preisgabe des freiheitlichen Staates ebenso proklamiert worden ist wie es 1973 als „wertvoller und wichtiger Ansatz in der Praxis" von den gleichen Kritikern gepriesen wird, die heute den zweiten notwendigen Schritt zur Vermögensbildung als „antiliberal" oder „kollektivistisch" diskreditieren.

92 Gegen die Konstruktion dieser Fonds wird oft eingewendet, daß hier anonyme Machtzusammenballungen mit bedrohlichen Auswirkungen auf die freiheitliche Wirtschaftsordnung entstehen würden. Merkwürdigerweise erfolgt diese Argumentation oft von den Leuten, die gegen das Depotstimmrecht bei den Banken nichts einzuwenden haben; wenn aber „anonyme Macht" ausgeübt wird, dann bei der Wahrnehmung der Verfügungsrechte aus den bei Banken deponierten Aktien. Die Konstruktion der Organe dieser Arbeitnehmerfonds dagegen ist transparent und die Delegation in die Aufsichtsgremien erfolgt durch Wahl der Inhaber der Vermögenstitel. Diesen Vorgang als anonyme Machtzusammenballung zu bezeichnen (womit offen oder versteckt immer die Gewerkschaften gemeint sind) heißt, das gesamte Prinzip der repräsentativen Demokratie in Zweifel zu ziehen.

93 Diese Feststellung wird auch nicht durch das traurige Schicksal der „Volksaktien-Emissionen" widerlegt. Die Ausgabe der Volksaktien zu einem besonders günstigen Kurs erfolgte auf einem engen Markt an einen kleinen Teil der Arbeitnehmerschaft. Das nach gutem Aktienmaterial gierige Börsenpublikum veranstaltete sofort eine Jagd nach diesen bewährten Stücken, was entsprechende Kurssteigerungen zur Folge hatte. Wen wundert es, daß die (wertpapierungewohnten) Arbeitnehmer diesen Verlockungen nicht widerstehen konnten?

Im Gegensatz zu diesen Vorgängen kommen bei Realisierung des SPD-Konzepts von Hannover nicht Teilbestände von drei Werken auf den Aktienmarkt der Bundesrepublik, sondern es werden Jahr für Jahr Vermögenstitel von mehr als 5 Milliarden DM an die Arbeitnehmer übertragen. Das schafft eine mit der bisherigen Ausgabe von Aktien unvergleichbare Situation.

94 Walter Arendt, „Kennzeichen sozial – Wege und Ziele der sozialen Sicherung", Stuttgart–Berlin–Köln–Mainz 1972, S. 10 und S. 21.

95 OECD: „German Labour Market Policy, Examiners Report", Working Document vom 15. May 1972. Wenig Verständnis zeig-

ten OECD-Examinatoren allerdings für die isolierte Beitragsfinanzierung statt Deckung aus allgemeinen öffentlichen Mitteln, vgl. S. II/8 ff.

96 BT-Drucksache 7/403 vom 23. März 1973.

97 Vgl. zu diesem Thema die interessanten Überlegungen des Sprechers der „Arbeitsgruppe für die Neuordnung der Zeit“ beim französischen Ministerpräsidenten Jacques des Chalendar, „Die Neuordnung der Zeit“, Aldingen 1972.

98 „New Pattern for Working Time“, Vortrag von Gösta Rehn auf der OECD-Konferenz in Paris im September 1972.

99 Auf der Grundlage von im Juni 1972 im Bundesministerium für Arbeit und Sozialordnung durchgeführter Berechnungen.

100 „Mitbestimmung im Unternehmen“, Bericht der Sachverständigenkommission zur Auswertung der bisherigen Erfahrungen bei der Mitbestimmung, Bochum im Januar 1970, S. IV/1 f.

101 a. a. O., S. IV/37, 39 und 58.

102 a. a. O., S. V/22 und 20.

103 Studienkommission für die Reform des öffentlichen Dienstes, „Bericht der Kommission“, Baden-Baden 1973, S. 117.

104 Ebenda, S. 121 f.

105 Eberhard Moths/Monika Wulf-Mathies, „Des Bürgers teure Diener, Bürokratie ohne Leistungszwang – eine empirische Untersuchung über die Voraussetzungen für eine Reform von Regierung und Verwaltung“, Karlsruhe 1973.

106 Die abgedruckte Tabelle (Stand 1. April 1973) weist die Monatsgehälter – „errechnet auf der Basis der 9. Dienstaltersstufe aus Grundgehaltssatz, Ortszuschlag, Kinderzuschlag für zwei Kinder und der Ministerialzulage“ für sämtliche Besoldungsgruppen (von A1 Amtsgehilfe bis B 11 Staatssekretär) aus und zeigt dabei die Spannweite von 1424,20 bis 9041,45 DM. Da das durchschnittliche Bruttoeinkommen der 22,5 Millionen Arbeitnehmer im Jahre 1972 monatlich 1625,– DM betrug, dürfte diese Tabelle für die Besoldungsforderungen des Deutschen Beamtenbundes in der Tat reichlich peinlich sein. Berücksichtigt man die (von den Beamten nicht zu zahlenden) Sozialversicherungsbeiträge bei den Arbeitnehmern negativ und die Beihilferegelungen des öffentlichen Dienstes bei den Beamten positiv, so ist (auch unter Berücksichtigung der Veränderungen von 1972 zu 1973) der Schluß erlaubt, daß in der Bundesrepublik rund die Hälfte *aller* Arbeitnehmer *weniger* verdient als ein Beamter (verheiratet, zwei Kinder) in der *niedrigsten* Besoldungsstufe.

107 Vgl. Eberhard Moths/Monika Wulf-Mathies, a. a. O., S. 51 ff.

108 Ebenda, S. 58.

109 a. a. O., S. 59.
110 a. a. O., S. 347.
111 a. a. O., S. 356 ff.
112 „Lieber weniger, aber besser", veröffentlicht in „Prawda" vom 4. März 1923, abgedruckt in Lenin, „Ausgewählte Schriften", München 1963, S. 1178 ff.
113 Vgl. die Ausführungen von Frido Wagener, „Neubau der Verwaltung", Schriftenreihe der Hochschule Speyer, Band 41, Berlin 1969.

Anmerkungen Kapitel IV

1 Gottfried Bombach, „Planspiele zum Überleben", Mitteilungen der List-Gesellschaft, April 1973.
2 Vgl. Gerhard Kade, in der Diskussion der Arbeitsgruppe „Umwelt" bei der vierten Internationalen Arbeitstagung der Industriegewerkschaft Metall in Oberhausen, in „Qualität des Lebens", Band 4 „Umwelt", S. 160 ff.
3 Gerhard Kade, „Ökonomische und gesellschaftspolitische Aspekte des Umweltschutzes", in: „Gewerkschaftliche Monatshefte", Heft 5, 1971, S. 269.
4 Henri Lefèbvre, „Soziologie nach Marx", S. 33.
5 Mit der „Kinderfibel" erklärte der „Vulgär-Liberalismus" das Entstehen der großen Unternehmen aus der Sparsamkeit der „Kapitalisten". Und immer noch gilt für viele „gesamtgesellschaftliche Analysen", die von der hochleistungsfähigen Taschenbuchproduktion in zehn- und hunderttausenden Exemplaren verbreitet werden, daß man ihre Mystifikation des „Kapitals" entsprechend dem bei Schumpeter gebrachten „Aberglauben" charakterisieren kann, „der von manchen würdigen unkomplizierten Leuten gehegt wird, die sich die moderne Geschichte auf Grund der Hypothese erklären, daß es irgendwo ein Komitee von überaus weisen und böswilligen Juden gibt, die hinter der Szene die internationale oder vielleicht alle Politik kontrollieren". (a. a. O., S. 96) Wenn man hier „Juden" durch „Kapital" ersetzt, hat man die Quintessenz vieler „gesamtgesellschaftlicher Analysen". Das gilt auch besonders für die „Analyse" des Verhältnisses zwischen „Kapital" und Staat; vgl. z. B. Claus Offe, der glaubt, „daß der Staatsapparat selber mit der kapitalistischen *Produktion* und der Aufrechterhaltung ihrer Bedingungen in einer Weise verfilzt ist, daß die Fiktion seiner Selbständigkeit, d. h. seiner nur negatorischen Bezogenheit auf die Dynamik

der Einzelkapitale, nicht mehr aufrechterhalten werden kann", (a. a. O., S. 175) oder auch Urs Jaeggi, der hier Offe voll übernimmt (a. a. O., S. 320 ff.) obwohl er sonst auf dem kritischen linken Auge nicht immer blind ist, was allein nachstehende Feststellung ausweist: „Daß man sich in linken Diskussionen oft genug auf einem Konzil von Kirchenvätern zu befinden vermeint, ist keine bloße Unterstellung." (a. a. O., S. 364)

6 In seiner Einleitung zur deutschen Ausgabe von „Kapitalismus, Sozialismus und Demokratie" stellt Edgar Salin mit vollem Recht fest: „Schumpeter ist Sozialist ... Nirgendwo sonst in der wissenschaftlichen Literatur sind daher auch die Grenzen der theoretischen Leistung von Marx mit solcher Schärfe abgesteckt wie von diesem Sozialisten; aber vielleicht ist auch nirgendwo sonst die außerordentliche Größe der Marxschen Leistung so unvoreingenommen und bleibend gewürdigt wie von diesem Nicht-Marxisten." Und „nirgendwo sonst, außer vielleicht bei Marx selbst, wird mit solcher Sicherheit das Ende des Kapitalismus als nahe bevorstehend wissenschaftlich erwiesen; aber nirgendwo sonst, außer vielleicht wieder bei Marx und auch noch bei Sombart, wird gleichzeitig die ökonomische und soziale Bedeutung des Kapitalismus so fast emphatisch gepriesen". (a. a. O., S. 8 f.)

7 Neben Henri Lefèbvre ist hier vor allem Lelio Basso zu erwähnen, der es beispielsweise „erstaunlich" findet, daß „wieder die Rede davon ist, den Schwerpunkt des Kampfes in die Fabriken zu verlagern" und der für die „Strategie der Arbeiterbewegung" festgestellt hat, daß „das Kriterium für den revolutionären Wert einer politischen Strategie nicht die Reinheit ihrer theoretischen Prämissen ist, sondern ihre Fähigkeit, die Realität zu verändern". („Zur Theorie des politischen Konflikts", Frankfurt am Main 1969, S. 10 und S. 8)

8 Es ist wohl kaum ein Zufall, daß in den von Norbert Gansel herausgegebenen Beiträgen zu einer „Theorie einer antikapitalistischen Strategie" („Überwindet den Kapitalismus oder was wollen die Jungsozialisten?", Reinbeck bei Hamburg 1971) weder in dem Teil „Strategie" noch bei dem Abschnitt „Antikapitalistische Strukturreformen" konkrete Aussagen zur Wirtschaftspolitik erst gar nicht versucht werden.

9 Hans G. Helms, „Fetisch Revolution – Marxismus und Bundesrepublik", Darmstadt und Neuwied 1969, S. 11.

10 „In jeder modernen Gesellschaft ist die Automatisierung ein Mittel zur Erhöhung der Produktionseffektivität, zur Senkung des Arbeitsaufwandes je Produktionseinheit. Unter diesen Verhältnissen kann der ökonomische Nutzeffekt der Automatisierung natürlich

mit ihrem menschlichen Effekt nicht zusammenfallen: das Tempo der Einführung der Automatisierung und der Charakter der angewandten automatischen Vorrichtungen hängen von den realen Ressourcen ab, über die die Gesellschaft verfügt; deshalb ist es nicht immer möglich, alle ihre Formen zur Bereicherung des schöpferischen Inhalts der Arbeit der Werktätigen auszunutzen." German Diligenski, Sektionschef an der Akademie der Wissenschaften der UdSSR, in seinem Vortrag, „Sozialismus und Probleme der Zukunft" auf der vierten internationalen Tagung der Industriegewerkschaft Metall in Oberhausen, siehe „Qualität des Lebens", Band 1, S. 178 f.

11 Zitiert bei Karl Anders, „Die ersten hundert Jahre – Zur Geschichte einer demokratischen Partei", Hannover 1963, S. 48.

12 Helge Pross, „Kapitalismus und Demokratie", S. 124.

13 Willy Brandt, „Das Grundgesetz verwirklichen – Deutsche Politik und sozialdemokratische Grundsätze", Rede auf dem SPD-Parteitag von Hannover, vgl. „Unkorrigiertes Protokoll" vom 11. April 1973, S. 24; hervorzuheben ist in diesem Zusammenhang auch die Definition von Carl Landauer, der die Spannweite von sozialdemokratischem Programm zu sozialdemokratischer Praxis in der „Synthese des Glaubens an die Notwendigkeit positiver Gemeinschaftsaktion mit der Idee der individuellen Freiheit" sieht (vgl. Carl Landauer, „Die Sozialdemokratie – Geschichtsabriß und Standortbestimmung", Hamburg 1972, S. 99).

14 Helge Pross sieht in der „sozialen Kontinuität" und der „Standestradition" der Ministerialbürokratie in der Bundesrepublik eine „die *entschiedene* demokratische Identifikation versperrende Kraft". Sie zog 1966 aus den Materialien von Wolfgang Zapf („Die Verwalter der Macht; Materialien zum Sozialprofil der höheren Beamtenschaft", in: Beiträge zur Analyse der deutschen Oberschicht", München 1965) u. a. folgende Schlußfolgerungen: „Die hierarchische Struktur der Bürokratie, die Normierung der Dienstbeziehungen zwischen den Amtsinhabern sowie zwischen Amtsinhabern und Außenseitern, die Bindung der Dienstentscheidungen an mehr oder weniger starre Regeln, schließlich die Abhängigkeit der Karriere von der Befolgung der Vorschriften, alle diese für das Funktionieren bürokratischer Verwaltung unentbehrlichen Reglementierungen nähren das Ordnungsdenken, die Regeltreue, die Bejahung einer hierarchischen Verfassung auch der außerbürokratischen Welt. Wenn es überhaupt eine Rückwirkung der Berufsstruktur auf die Persönlichkeitsstruktur und einen Einfluß der Persönlichkeitsstruktur auf die politische Einstellung gibt, dann erzeugt die Bürokratie häufiger Illiberalität als Bejahung des demokratischen Prin-

zips. Das ist in der Bundesrepublik um so eher anzunehmen, als hier die typische Ausbildung, das Jurastudium, die konservative Tendenz weiter verstärkt." (a. a. O., S. 29)
Nun hat sich seit 1966 vor allem in der Bonner Ministerialbürokratie zwar einiges geändert, aber die 1970 bis 1972 durchgeführten Untersuchungen von Eberhard Moths und Monika Wulf-Mathies (vgl. Textziffer 17) zeigen, daß die Haltung gegenüber dem parlamentarischen System relativ distanziert ist und das Werner Webers Ansicht von der „unverzichtbaren überwölbenden Einheit der staatlichen Herrschaftsordnung" (Werner Weber, „Spannungen und Kräfte im westdeutschen Verfassungssystem", 2. erweiterte Auflage, Stuttgart 1958, S. 58) immer noch vorzuherrschen scheint. Aus des „Staates teure", des „Bürgers treue" Diener zu machen ist eine ebenso schwierige wie notwendige Aufgabe, die noch vor uns liegt.

15 Jürgen Habermas, „Legitimationsprobleme im Spätkapitalismus", S. 195.

Literatur

Agartz, Victor, „Expansive Lohnpolitik", WWI-Mitteilungen, Heft 12/1953.

Anders, Karl, „Die ersten hundert Jahre – Zur Geschichte einer demokratischen Partei", Hannover 1963.

Antoine, Serge, „Qualität der Umwelt und Raumordnung", in: „Qualität des Lebens", Frankfurt/M. 1973.

Arendt, Walter, „Kennzeichen sozial – Wege und Ziele der sozialen Sicherung", Stuttgart–Berlin–Köln–Mainz 1972.

Arndt, Klaus-Dieter, „Einkommens- und Vermögensbildung in der wachsenden Wirtschaft", in: Stabilität und Aufstieg, Hannover 1963.

Baran, Paul A., „Zur politischen Ökonomie der geplanten Wirtschaft", deutsche Ausgabe, Frankfurt a. M. 1968.

Baran/Sweezy, „Monopolkapital", deutsche Ausgabe, Frankfurt a. M. 1967.

Basso, Lelio, „Zur Theorie des politischen Konflikts", Frankfurt a. M. 1969.

Blake, Stewart P., „Umwelt-Management", in: Qualität des Lebens, Band 4 Umwelt.

Bloch, Ernst, „Marx als Denker der Revolution", in: Marx und die Revolution, Frankfurt a. M. 1970.

Blessing, Karl, „Memorandum über die Lohn- und Preisentwicklung", veröffentlicht vom Presse- und Informationsamt der Bundesregierung 1970.

Boettcher, Erik (Hrsg.), „Wirtschaftsplanung im Ostblock", Stuttgart–Berlin–Köln–Mainz 1966.

– „Die Planwirtschaft im Wandel", in: Wirtschaftsplanung im Ostblock.

Bohlen, Waldtraud, „Die volkswirtschaftlichen Auswirkungen von Vermögensbildungsplänen", Hannover 1969.

Bombach, Gottfried, „Konsum oder Investitionen für die Zukunft", in: Qualität des Lebens, Band 7, Frankfurt a. M. 1973.

– „Planspiele zum Überleben", in: Mitteilungen der List-Gesellschaft, April 1973.

– „Die Theorie hinkt hinterher", in: Der Volkswirt Nr. 18/69.

– „Quantitative und monetäre Aspekte des Wirtschaftswachstums", in: Schriften des Vereins für Socialpolitik, Neue Folge Band 15.

Brandt, Willy, „Reden und Interviews" I und II, Hamburg 1971 und Bonn 1973.

– „Das Grundgesetz verwirklichen – Deutsche Politik und sozialdemokratische Grundsätze", in: Unkorrigiertem Protokoll des SPD-Parteitages vom 11. April 1973.

Brüning, Heinrich, „Memoiren 1918–1934", Stuttgart 1970.

Brus, Wlodzimierz, „Funktionsprobleme der sozialistischen Wirtschaft", Frankfurt 1971. „Wirtschaftsplanung – Für ein Konzept der politischen Ökonomie", Frankfurt a. M. 1972.

Buhr, Walter, „Zur Berechnung des Integrationsgrades", in: Reimut Jochimsen, „Theorie der Infrastruktur", Tübingen 1966.

Burnham, James, „Das Regime der Manager", Stuttgart 1968.

Carson, Rachel L., „Der stumme Frühling", München 1962.

Chalendar, Jacques des, „Die Neuordnung der Zeit“, Aldingen 1972.
Diligenski, German, „Sozialismus und Probleme der Zukunft“, in: Qualität des Lebens, Band 1, Frankfurt a. M. 1973.
Dörge, Friedrich-Wilhelm, „Elemente und Instrumente der Wirtschafts- und Sozialpolitik“, in: Wirtschafts- und Sozialpolitik, Modellanalysen politischer Probleme, Opladen 1964.
Edelmann, Pierre W. L., „Möglichkeiten und Grenzen der französischen Planification“, Berlin und Frankfurt 1971.
Ehrenberg, Herbert, „Die Erhard-Saga – Analyse einer Wirtschaftspolitik, die keine war“, Stuttgart 1965.
– „Lohnpolitik heute“, Stuttgart 1963.
– „Wachstumspolitik und Bundesbank“, Gewerkschaftl. Monatshefte, Heft 6/1967.
– „Vermögenspolitik für die siebziger Jahre“, Stuttgart 1971.
– „Leid-Linie für Arbeiter“, in: Die Zeit vom 21. Dezember 1967.
– „Gewerkschaftliche Einkommenspolitik in der sozialen Marktwirtschaft“, in: Beiträge zur Wirtschafts- und Gesellschaftsgestaltung, Festschrift für Bruno Gleitze, Berlin 1968.
– „Strukturpolitik“, in: Management-Enzyklopädie, München 1971, 5. Band.
– „Sozialreform und Konjunktur“ und „Sozialpolitik auf dem Weg in die Restauration“, in: Soziale Sicherheit, Heft 5/1956 und Heft 9/1962.
Engels, Friedrich, „Eugen Dührings Umwälzung der Wissenschaft (‚Anti-Dühring‘)“, 10. Auflage, Berlin 1957.
Eucken, Walter, „Die Grundlagen der Nationalökonomie“, 4. Auflage, Jena 1944.
Fisher, Irving, „Die Kaufkraft des Geldes“, Berlin und Leipzig 1926.
Föhl, Carl, unter Mitarbeit von Wagner, Manfred und Kowalski, Leo, „Kreislaufanalytische Untersuchung der Vermögensbildung in der Bundesrepublik und der Beeinflußbarkeit ihrer Verteilung“, Tübingen 1964.
Friedman, Milton, „Die optimale Geldmenge“, München 1970.
Galbraith, John Kenneth, „Gesellschaft im Überfluß“, München–Zürich 1958.
– „Die moderne Industriegeesellschaft, München–Zürich 1968.
Gansel, Norbert (Hrsg.), „Überwindet den Kapitalismus oder was wollen die Jungsozialisten?“, Reinbeck bei Hamburg 1971.
Gerfin, Harald, „Zur Theorie der kapitalistischen Entwicklungsgesetze“, in: „Das Kapital III“, Nachwort, Frankfurt a. M.–Berlin–Wien 1971.
Götz, Hans Herbert, „Weil alle besser leben wollen ... Portrait der deutschen Wirtschaftspolitik“, Düsseldorf–Wien 1963.
Gross, Herbert, „Das quartäre Zeitalter“, Düsseldorf–Wien 1973.
Habermas, Jürgen, „Theorie und Praxis“, Frankfurt a. M. vierte erweiterte Auflage 1971.
– „Erkenntnis und Interesse“ mit einem neuen Nachwort, Taschenbuchausgabe, Frankfurt a. M. 1973
– „Bedingungen für eine Revolutionierung spätkapitalistischer Gesellschaftssysteme“, in: Marx und die Revolution, Frankfurt a. M. 1970.
– „Legitimationsprobleme im Spätkapitalismus“, Frankfurt a. M. 1973.
Hahn, Albert, „Ein Traktat über Währungspolitik“, Tübingen 1964.

Hankel, Wilhelm, „Finanzierung von staatlichen Infrastruktur-Investitionsprogrammen", in: Schriften des Vereins für Socialpolitik, Neue Folge, Band 58, Berlin 1971.
– „Währungspolitik – Geldwertstabilisierung, Währungsintegration und Sparerschutz", Stuttgart–Berlin–Köln–Mainz, 2. Auflage 1972.
Jaeggi, Urs, „Kapital und Arbeit in der Bundesrepublik", Frankfurt a. M. 1973.
Jochimsen, Reimut, „Theorie der Infrastruktur", Tübingen 1966.
– „Für einen Bundesentwicklungsplan", in: Die Neue Gesellschaft, Nr. 3/1969.
– (Hrsg.) gemeinsam mit Simonis, Udo E., „Theorie und Praxis der Infrastrukturpolitik", Berlin 1970.
Jürgensen, Harald, „Wachstums- und Verteilungseffekte bei Investitionen", in: Wirtschaftskreislauf und Wirtschaftswachstum, Festschrift für Carl Föhl, Tübingen 1966.
Kade, Gerhard, „Ökonomische und gesellschaftspolitische Aspekte des Umweltschutzes", in: Gewerkschaftliche Monatshefte", Heft 5, 1971.
Kahn, H. und *Wiener*, A. J., „The Year 2000", New York 1967.
Kalecki, Michal, „Grundlagen der Wachstumstheorie einer sozialistischen Wirtschaft", Warschau 1963.
Kapp, Karl William, „Ökonomie der Umweltgefährdung und des Umweltschutzes", in: Qualität des Lebens, Band 4 „Umwelt", Frankfurt a. M. 1973.
Kautsky, Karl, „Die soziale Revolution", 2. Auflage, Berlin 1907.
Krengel, Rolf, „Regionale und sektorale Unterschiede von Kapitalkoeffizienten und Kapitalintensitäten, dargestellt am Beispiel der Bundesrepublik Deutschland", in: Theorie und Praxis der Infrastrukturpolitik, Berlin 1970.
Keynes, John Maynard, „Allgemeine Theorie der Beschäftigung, des Zinses und des Geldes", Berlin 1952.
– „Wirtschaftliche Möglichkeiten für unsere Enkelkinder", in: Politik und Wirtschaft, Tübingen–Zürich 1965.
– „The End of laissez-faire", Oxford 1924.
Krelle, Wilhelm, „Überbetriebliche Ertragsbeteiligung der Arbeitnehmer", Band I und II, Forschungsauftrag des Bundesministeriums für Arbeit und Sozialordnung, Tübingen 1968.
Könnecker, Wilhelm, „Die Zinsverordnung, ihre Aufgabe und die Grenzen ihrer Wirksamkeit", in: „Zeitschrift für das gesamte Kreditwesen", 1966.
Lange, Oskar, „On the Economic Theory of Socialismus", Minneapolis 1938.
Lange, O./W. Brus/T. Kowalik/I. Sachs, „Wirtschaftswissenschaft", Frankfurt–Berlin–Wien 1972.
Landauer, Carl, „Die Sozialdemokratie – Geschichtsabriß und Standortbestimmung", Hamburg 1972.
Lansburgh, Alfred, „Die Politik der Reichsbank und die Reichsschatzanweisungen nach dem Kriege", München und Leipzig 1924.
Leber, Georg (Hrsg.), „Vermögensbildung in Arbeitnehmerhand", Dokumentation 4, Frankfurt a. M. 1966.
Lefèbvre, Henri, „Soziologie nach Marx", Frankfurt a. M. Deutsche Erstausgabe 1972. – „Der dialektische Materialismus", Frankfurt a. M. 1966.

– „Probleme des Marxismus, heute“, Frankfurt a. M. 1965.
Lenin, W. I., „Die Entwicklung des Kapitalismus in Rußland“, Sämtliche Werke, Band III, Wien–Berlin 1929.
– „Was tun?“, 6. Auflage, Berlin 1962.
– „Lieber weniger, aber besser“, in: „Ausgewählte Schriften“, München 1963.
Lewis, W. A., „Die Theorie des wirtschaftlichen Wachstums“, Tübingen–Zürich 1956.
Liberman, E. G., „Plan, Gewinn, Prämie“, in Karl C. Thalheim, „Die Wirtschaft der Sowjetunion in Krise und Umbau“, Berlin 1964.
Lukács, Georg, „Geschichte und Klassenbewußtsein“, Frühschriften II, Neuwied und Berlin 1968.
Malthus, Thomas Robert, „Versuch über das Bevölkerungsgesetz“, Berlin 1879.
Mandel, Ernest, „Der Spätkapitalismus“, Frankfurt 1972.
– „Geschichte des Kapitalismus und seine Bewegungsgesetze“, in: „Kapitalismus in den siebziger Jahren“, Frankfurt a. M. 1971.
– „Marxistische Wirtschaftstheorie“, Frankfurt a. M. 1968.
– „Die deutsche Wirtschaftskrise“, Frankfurt a. M. 1969.
Marcuse, Herbert, „Der eindimensionale Mensch“, Neuwied u. Berlin 1967.
– „Ideen zu einer kritischen Theorie der Gesellschaft“, Frankfurt a. M. 1969.
– „Freiheit und Notwendigkeit – Bemerkungen zu einer Neubestimmung“, in: „Marx und die Revolution“, Frankfurt a. M. 1970.
Meade, J. E., „Planning and Price Mechanism“, London 1948.
Meadows, Dennis, „Die Grenzen des Wachstums“ – Bericht des Club of Rome zur Lage der Menschheit“, Stuttgart 1972.
Marx, Karl, „Das Kapital – Kritik der politischen Ökonomie“, Band I bis III, ungekürzter Text der Ausgabe von 1872 mit den Abweichungen der 3. und 4. Auflage, Frankfurt–Berlin–Wien 1969 bis 1971.
– „Briefe an Kugelmann“, mit dem Vorwort zur russischen Ausgabe von 1907 von W. I. Lenin, Berlin 1952.
– „Texte zu Methode und Praxis“, Pariser Manuskripte 1844, Hamburg 1966.
– „Auswahl aus den Schriften von Karl Marx“, herausgegeben von Franz Borkenau, Frankfurt a. M. 1956.
Möller, Alex (Hrsg.), „Kommentar zum Gesetz zur Förderung der Stabilität und das Wachstum der Wirtschaft“, Hannover 1968.
Moths, Eberhard/*Wulf-Mathies*, Monika, „Des Bürgers teure Diener“, Bürokratie ohne Leistungszwang – eine empirische Untersuchung über die Voraussetzungen für eine Reform von Regierung und Verwaltung, Karlsruhe 1973.
Naschold, Frieder u. *Väth*, Werner (Hrsg.), „Politische Planungssysteme“, Opladen 1973.
Nell-Breuning, von, Oswald, „Auseinandersetzung mit Karl Marx“, München 1969.
– „Immer noch Streit um die Lohnpolitik“, in: „Der Volkswirt“ Nr. 50/1967.
Offe, Claus, „Strukturprobleme des kapitalistischen Staates“, Frankfurt a. M. 1972.
Ortlieb, Heinz-Dietrich, „Eine Gesellschaft Unterprivilegierter“ in: „Wirtschaftsdienst“, Nr. 2/1973.

Osterroth, Franz, „Chronik der deutschen Sozialdemokratie", Hannover 1963.
Ott, Alfred E., „Magische Vielecke", in: „Fragen der wirtschaftlichen Stabilisierung", Tübingen 1967.
Picht, Georg, „Die deutsche Bildungskatastrophe", Olpen und Freiburg 1964.
Pöhl, Karl Otto, „Anatomie einer Rezession", in: „Der Volkswirt" Nr. 35/67.
Pöhler, Willi; *Ulich*, Eberhard; *Arendt*, Walter; *Ehrenberg*, Herbert, „Humanisierung des Arbeitslebens", Frankfurt a. M. 1973.
Preiser, Erich, „Die Zukunft unserer Wirtschaftsordnung", Göttingen 1949, zweite erweiterte Auflage 1955.
Pross, Helge, „Kapitalismus und Demokratie", Frankfurt a. M. 1972.
– „Soziale Schichten in der Bundesrepublik", in: Blätter für deutsche und internationale Politik, Heft 5/1964.
Rasch, Harold, „Die Finanzierung des Wirtschaftswunders", Stuttgart 1966.
Rathenau, Walter, „Von kommenden Dingen", Berlin 1917.
Rehn, Gösta, „New Pattern for Working Time", Vortrag auf der OECD-Konferenz in Paris im September 1972.
Ricardo, David,„ Principles of Political Economy and Taxation", London 1929.
Rittig, Gisbert, „Sozialismus heute", Hannover 1954.
Robinson, Joan, „Die fatale politische Ökonomie", Frankfurt a. M. 1968.
Schroeder, Dieter; *Roesler*, Konrad; *Zubeil*, Gotthold; *Dammroff*, Edgar; „Gesellschaftspolitische Grundlagen der längerfristigen Sicherung des wirtschaftlichen Wachstums", Band I und II, Basel Ende 1969.
Schumpeter, Joseph, A., „Kapitalismus, Sozialismus, Demokratie", Bern 1946.
Shonfield, Andrew, „Geplanter Kapitalismus – Wirtschaftspolitik in Westeuropa und USA", deutsche Ausgabe Köln–Berlin 1968.
Šik, Ota, „Der dritte Weg", Hamburg 1972.
– „Fakten der tschechoslowakischen Wirtschaft", Wien–München–Zürich 1969.
Sombart, Werner, „Der moderne Kapitalismus, Historisch-systematische Darstellung des gesamteuropäischen Wirtschaftslebens von seinen Anfängen bis zur Gegenwart", Band 1, 1.2; 2, 1.2; 3, 1.2, München–Leipzig 1924–27.
Steinbuch, Karl, „falsch programmiert", Stuttgart 1968.
– „Kurskorrektur", Stuttgart 1973.
Stingl, Joseph, „Wo liegt die Grenze der Ausländerbeschäftigung?", in: „Wirtschaftsdienst" Nr. 2/1973.
Stolper, Gustav; *Häuser*, Karl; *Borchardt*, Knut, „Deutsche Wirtschaft seit 1870", Tübingen 1966.
Strehlke, Reinhard, „Agrarpolitik – Ärgernis und Herausforderung", in: „Neun für Europa", Düsseldorf–Köln 1973, herausgegeben von Ulrich Weinstock.
Sweezy, Paul M., „Die Zukunft des Kapitalismus", deutsche Ausgabe, Frankfurt 1970.
– „Theorie der kapitalistischen Entwicklung", Köln-Deutz 1959.
Thalheim, Karl C., „Wirtschaftsreformen in Osteuropa – eine Zwischenbilanz nach neun Jahren", in: Höhmann/Kaser/Thalheim, „Die Wirtschaftsordnungen Osteuropas im Wandel", Band II, Freiburg im Breisgau 1972.
Tinbergen, Jan, „Modelle zur Wirtschaftsplanung", München 1967.

– „Kommt es zu einer Annäherung zwischen den kommunistischen und den freiheitlichen Wirtschaftsordnungen?“, in: „Hamburger Jahrbuch für Wirtschafts- und Gesellschaftspolitik“, Tübingen 1963.
– „Die Rolle der Planungstechniken bei einer Annäherung der Strukturen in Ost und West“, in: „Wirtschaftsplanung im Ostblock“, herausgegeben von Erik Boettcher, Stuttgart–Berlin–Köln–Mainz 1966.
Topf, Erwin, „Konjunkturpolitik müßte man machen“, Stuttgart 1960.
Wagener, Frido, „Neubau der Verwaltung“, Schriftenreihe der Hochschule Speyer, Band 41, Berlin 1969.
Weber, Werner, „Spannungen und Kräfte im westdeutschen Verfassungssystem“, 2. erweiterte Auflage, Stuttgart 1958.
Widmaier, Peter, „Wachstumstheorie und Bildungsökonomie“, in: „Konjunkturpolitik“, 1967.
Zapf, Wolfgang, „Die Verwalter der Macht; Materialien zum Sozialprofil der höheren Beamtenschaft“ in: Beiträge zur Analyse der deutschen Oberschicht, München 1965.
Zinn, Karl Georg, „Allgemeine Wirtschaftspolitik als Grundlegung einer kritischen Ökonomie“, Stuttgart–Berlin–Köln–Mainz 1970.
– „Arbeitswerttheorie“, Herne–Berlin 1972.
– „Sozialistische Planwirtschaftstheorie“, Stuttgart–Berlin–Köln–Mainz 1971.

Weitere Materialien

BMWI-Texte.
Bulletin der Bundesregierung.
Der Bundesminister für Arbeit und Sozialordnung: „Arbeits- und Sozialpolitik, Statistiken 1973“.
DIW-Wochenberichte.
Finanzbericht 1973.
Geschäftsberichte der Deutschen Bundesbank.
Jahresgutachten des Sachverständigenrates zur Begutachtung der gesamtwirtschaftlichen Entwicklung.
Monatsberichte der Deutschen Bundesbank.
OECD: „German Labour Market Policy, Examiners Report“.
Protokolle des Deutschen Bundestages.
Sachverständigenkommission zur Auswertung der bisherigen Erfahrungen bei der Mitbestimmung: „Mitbestimmung im Unternehmen“, Bochum 1970.
Sozialberichte der Bundesregierung.
SPD-Langzeitprogramm-Texte.
Statistisches Jahrbuch für die Bundesrepublik Deutschland.
Studienkommission für die Reform des öffentlichen Dienstes: „Bericht der Kommission“, Baden-Baden 1973.
Wirtschaft und Statistik.

Register